权威·前沿·原创

皮书系列为

“十二五”“十三五”国家重点图书出版规划项目

BLUE BOOK

智库成果出版与传播平台

江西蓝皮书
BLUE BOOK OF JIANGXI

江西经济社会发展报告（2021）

ANNUAL REPORT ON ECONOMIC AND SOCIAL DEVELOPMENT OF JIANGXI（2021）

主　编 / 王国强　田延光　蒋金法
副主编 / 樊雅强　龚剑飞

社会科学文献出版社
SOCIAL SCIENCES ACADEMIC PRESS (CHINA)

图书在版编目(CIP)数据

江西经济社会发展报告. 2021 / 王国强，田延光，蒋金法主编. -- 北京：社会科学文献出版社，2021.6
（江西蓝皮书）
ISBN 978 - 7 - 5201 - 8408 - 3

Ⅰ. ①江… Ⅱ. ①王… ②田… ③蒋… Ⅲ. ①区域经济发展 - 研究报告 - 江西 - 2021②社会发展 - 研究报告 - 江西 - 2021 Ⅳ. ①F127.56

中国版本图书馆 CIP 数据核字（2021）第 094830 号

江西蓝皮书
江西经济社会发展报告（2021）

主　　编 / 王国强　田延光　蒋金法
副 主 编 / 樊雅强　龚剑飞

出 版 人 / 王利民
责任编辑 / 桂　芳

出　　版 / 社会科学文献出版社 · 皮书出版分社（010）59367127
地址：北京市北三环中路甲 29 号院华龙大厦　邮编：100029
网址：www.ssap.com.cn
发　　行 / 市场营销中心（010）59367081　59367083
印　　装 / 三河市东方印刷有限公司

规　　格 / 开 本：787mm × 1092mm　1/16
印 张：33　字 数：497 千字
版　　次 / 2021 年 6 月第 1 版　2021 年 6 月第 1 次印刷
书　　号 / ISBN 978 - 7 - 5201 - 8408 - 3
定　　价 / 198.00 元

编 辑 部

主　　编　王国强　田延光　蒋金法

副 主 编　樊雅强　龚剑飞

成　　员　李志萌　高　平　麻智辉　孙育平　李小玉
甘庆华　张宜红　盛方富　马　回　朱　羚
万　欣　王露瑶　龚梦玲　刘　东　陈　翔

摘 要

2021年是“十四五”开局之年，也是开启全面建设社会主义现代化国家新征程、向第二个百年奋斗目标进军的第一年，江西将深入贯彻习近平总书记视察江西重要讲话精神，聚焦“作示范、勇争先”目标定位和“五个推进”重要要求，统筹推进“五位一体”总体布局，协调推进“四个全面”战略布局，以推动高质量发展为主题，以深化供给侧结构性改革为主线，以改革创新为根本动力，以满足人民日益增长的美好生活需要为根本目的，统筹发展和安全，深入落实省委“二十四字”工作思路、高质量跨越式发展首要战略，奋力谱写全面建设社会主义现代化国家江西篇章，描绘好新时代江西改革发展新画卷。《江西经济社会发展报告（2021）》主要围绕党的十九届五中全会提出的重大理论和实践问题、习近平总书记视察江西重要讲话精神，根据省委十四届十二次全体（扩大）会议提出的部署，紧密结合江西省实际，总结“十三五”取得的成绩和经验，展望“十四五”及2035年远景目标，就全省2021年发展中面临的若干重大问题进行研究与探讨，由总报告、分报告、专题报告、区域报告四大部分构成。

总报告回顾了“十三五”时期江西经济社会发展的基本情况，对未来五年的发展环境与形势进行了研判分析，聚焦发展中存在的短板与不足，科学合理预判了“十四五”时期江西发展的格局与态势，并就未来五年江西实现经济社会高质量发展的目标提出战略思考与对策建议。

分报告回顾了“十三五”时期江西投资、财政、工业、农业农村、城镇建设、文化和旅游、金融、商务、科学技术、教育、卫生健康、生态环境、社会稳定与社会治安、人力资源与社会保障等方面的基本情况，分析预判了未来五年的发展态势、面临的机遇与挑战、存在的问题与不足，并围绕“十四五”时期的发展目标提出具体思路与措施。

专题报告紧紧围绕“十四五”时期江西经济社会发展面临的时代性、全局性、战略性、前瞻性问题展开深入研究，重点对新发展格局下江西面临的机遇挑战及突破路径、实施创新驱动、推进内陆开放型经济试验区建设、数字经济新高地、制造业“危”与“机”、扭住扩大内需战略基点构建内需体系、优化升级产业链供应链、打造最优营商环境、推进人与自然和谐共生现代化、传承红色基因、加快农业农村现代化、社会治理现代化等进行专题研究。

区域报告回顾了过去五年江西赣江新区和11个设区市的基本发展情况，科学分析预判了各个地区未来五年的发展态势、面临的机遇与挑战、存在的困难与瓶颈，并围绕“十四五”时期的发展目标提出了具体实施策略与措施。

Abstract

The year 2021 marks the start of the 14th Five-Year Plan. China will embark on a new journey toward fully building a modern socialist country and realizing its Second Centenary Goal. Jiangxi will implement thoroughly the spirit of General Secretary Xi Jinping's important speech when visiting Jiangxi, and will focus on the target of "demonstration and competition" and the higher requirement of "Five Promotion", coordinating the five-sphere integrated plan and the four-pronged comprehensive strategy. Meanwhile, by pursuing high-quality development as the general aim, advancing supply-side structural reform as the main task, and harnessing reform and innovation as the key source of momentum in our endeavor to meet the fundamental goal of satisfying the people's growing needs for a better life, Jiangxi will ensure better coordination in pursuing development and upholding security, thoroughly implementing 24-words working concepts and the primary strategy of high-quality leapfrog development. *Annual Report on Economic and Social Development of Jiangxi* 2020 was composed of four parts: general report, sectional reports, monographic reports and regional reports, concentrated on guidelines and practical issues put forth at the fifth plenary session of the 19th CPC Central Committee, and the spirit of General Secretary Xi Jinping's important speech, summerized performance and experience during the 13th Five-Year period, expectation of the 14th Five-year, and long-range objectives through the year 2035, proceeded research and discussion about major issues in 2021.

The general report reviewed Jiangxi economic and social development status in the 13th Five-year period, made scientific and reasonable judgement of Jiangxi's development pattern and trend during the 14th Five-year period by considering the weakness in development, and put forward strategic suggestions for Jiangxi to achieve economic and social high-quality development in next five years.

The sectional reports mainly conducted discussions and researches according to the present situations of investment, industry, agriculture, urban construction, culture and tourism, business, finance and banking, as well as the popular issues on science, education, culture and health, human resource, eco-environmental protection, and social stability. Within this part, there were comprehensive reviews on development results, main measures, difficulties and challenges in the 13th Five-year period, as well as analysis and prospective for the trend, target and measures of development in the 14th Five-year period.

The monographic reports researched the strategic issues of overall importance and perspective during the 14th Five-year period, focusing on the following topics: opportunities and challenges Jiangxi will face under the new development pattern, proceeding innovation-driven development, promoting pilot economic zones construction for inland opening up, new heights for the digital economy, opportunities and challenges of manufacturing industry, building a system of domestic demand, optimizing and upgrading industrial and supply chains, creating an optimal business environment, promoting modernization in which man and nature live in harmony, passing on the red gene, accelerating agricultural and rural modernization, modernization of social governance.

The regional reports reviewed basic development situations of Ganjiang New District and Jiangxi 11 cities in the last five years, scientifically analyzed the future development pattern, opportunities and challenges of these districts in next five years, and proposed specific strategies and measures on the basis of the 14th Five-Year Plan development goals.

目 录

Ⅰ 总报告

Ⅱ 分报告

Ⅲ 专题报告

Ⅳ 区域报告

皮书数据库阅读**使用指南**

CONTENTS

I General Report

II Sectional Reports

Ⅲ Monographic Reports

Ⅳ Regional Reports

总报告

General Report

B.1

“十四五”时期江西经济社会形势研判与远景展望

江西省社会科学院课题组*

摘　要：“十三五”时期，是江西发展史上极不平凡的五年，面对新冠肺炎疫情及各类风险挑战，江西省委、省政府有效应对，在各方面都取得了决定性胜利。“十四五”时期，面对中华民族伟大复兴战略全局和世界百年未有之大变局，江西将立足新发展阶段、贯彻新发展理念、构建新发展格局，以创新驱动为战略方向，促进区域协调发展，健全现代化产业体系，培育经济发展新增长点，深入推进内陆双向开放，积极扩大内需，打造全国构建新发展格局的重要战略支点，促进江西经济社会高质量跨越式

* 课题组组长：蒋金法，江西省社会科学院院长、二级教授，博士生导师，研究方向为区域经济。课题组成员：麻智辉，江西省社会科学院经济所所长、研究员，研究方向为区域经济；盛方富，江西省社会科学院江西发展战略研究所副研究员，研究方向为区域经济；李华旭，江西省社会科学院经济所助理研究员，博士，研究方向为区域经济。

发展，奋力谱写全面建设社会主义现代化国家江西篇章。

关键词： 经济发展 社会发展 高质量发展 江西

"十三五"时期，是江西发展史上极不平凡、极不寻常的五年，脱贫攻坚战取得全面胜利，高质量跨越式发展势头强劲，红土圣地迈上新的发展阶段。"十四五"时期，是谱写全面建设社会主义现代化国家江西篇章的重要五年，面对中华民族伟大复兴战略全局和世界百年未有之大变局，江西将以习近平新时代中国特色社会主义思想为指导，深入贯彻习近平总书记视察江西重要讲话精神，立足新发展阶段，完整准确全面贯彻新发展理念，加快打造全国构建新发展格局的重要战略支点，奋力描绘好新时代江西改革发展新画卷。

一 "十三五"时期江西经济社会发展回顾

根据《江西省国民经济和社会发展第十四个五年规划和二〇三五年远景目标纲要》，经过五年的高质量跨越式发展，"十三五"时期江西规划确定的主要目标任务总体实现，其中，社会消费品零售总额、进出口总额等指标提前完成规划任务目标，全员劳动生产率、实际利用外资等指标全面完成规划任务目标，地区生产总值、财政总收入等指标基本完成或接近完成规划任务目标（见表1）。

表1 "十三五"时期江西经济社会发展主要指标完成情况

指标名称	2015年	2020年		"十三五"累计或年均增长(%)		完成情况
		预期实现值	规划目标	预期实现值	规划目标	
地区生产总值(亿元)	16781	25692	26000左右	7.6	8.5左右	基本完成或接近完成
全员劳动生产率(万元/人)	6.39	9.84	9.56	8.5以上	8.5左右	全面完成

续表

指标名称	2015 年	2020 年		"十三五"累计或年均增长(%)		完成情况
		预期实现值	规划目标	预期实现值	规划目标	
财政总收入(亿元)	3022	4048	4700	6	9 左右	基本完成或接近完成
500 万元以上固定资产投资(亿元)	16994	—	30000	11.8	12	基本完成或接近完成
社会消费品零售总额(亿元)	6940	10372	9700	—	10.5 左右	提前完成
进出口总额(亿美元)	424 (2629 亿元)	578 (4010 亿元)	500	8.8	3	提前完成
实际利用外资(亿美元)	94.7	146	140	9	8	全面完成
研发经费投入强度(%)	1.03	1.75	2	[0.72]	[0.94]	基本完成或接近完成
城镇居民人均可支配收入(元)	26500	38556	40770	7.8	9 左右	基本完成或接近完成
农村居民人均可支配收入(元)	11139	16981	17500	8.8	9.5 左右	基本完成或接近完成

资料来源:《江西省国民经济和社会发展第十四个五年规划和二〇三五年远景目标纲要》。

具体来看,江西高质量跨越式发展成效显著,经济社会各领域发展迈上新台阶。

(一)经济综合实力明显增强

自 2017 年全省 GDP 首次突破两万亿元以来,江西经济总量持续快速增长,2020 年达到 25692 亿元,是 2015 年 16781 亿元的 1.53 倍,"十三五"期间年均增长为 7.6%,其中前四年年均增速高达 8.6%,经济增速持续稳居全国"第一方阵",剔除 2020 年因新冠肺炎疫情影响江西 GDP 增速在中部排名第二位外,前四年均排名中部第一位。面对新冠肺炎疫情的严重冲击,财政总收入在 2019 年突破 4000 亿元的基础上进一步增加,2020 年达到 4048 亿元。2020 年全省社会消费品零售总额达到 10372 亿元,成功迈入万亿元行列。过去五年,是江西进位跃升的五年,江西 GDP

在全国的排位由2015年的第18位跃升至2020年的第15位，江西GDP占全国的份额由2015年的2.45%提升至2020年的2.53%，经济综合实力明显增强。

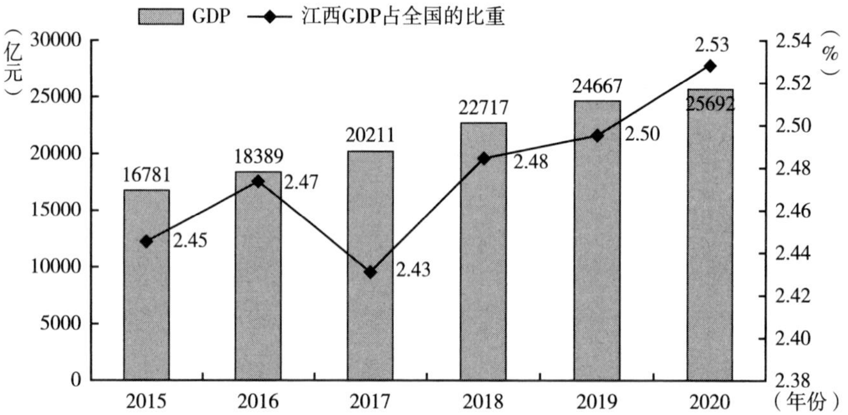

图1 “十三五”期间江西GDP及占全国比重情况

资料来源：《江西省国民经济和社会发展第十四个五年规划和二〇三五年远景目标纲要》《中国统计年鉴（2020）》，2020年数据来自公开数据。

（二）创新型省份建设迈出坚实步伐

过去五年，鄱阳湖国家自主创新示范区、中科院赣江创新研究院、国家稀土功能材料创新中心等重大创新平台先后设立，全省研究投入持续稳步快速增加，区域创新能力在全国的排位稳步提升。2020年，江西研发经费内部支出突破400亿元，研发经费投入强度（即研发经费占GDP的比重）自2015年首次突破1%、达到1.03%后，2020年为1.75%，是2015年的1.7倍，呈现逐年上升的良好态势；综合科技创新水平指数升至56.68%，是全国唯一连续7年进位的省份；根据《中国区域创新能力评价报告（2017～2020）》，在全国31个省（区、市）中，江西区域创新能力整体上稳步提升，由2017年的第19位升至2020年的第16位。表明“十三五”时期，江西创新引领作用日益凸显，经济社会发展的创新动能更加强劲。

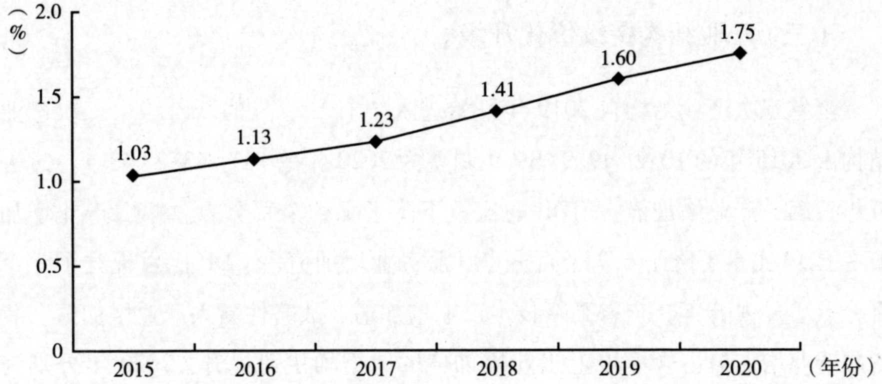

图2　2015～2020年江西研发投入强度情况

资料来源：《中国科技统计年鉴（2007～2020）》，2020年数据来自《江西省国民经济和社会发展第十四个五年规划和二〇三五年远景目标纲要》。

表2　2017～2020年江西区域创新能力在全国排位情况

地区＼年份	2020	2019	2018	2017	地区＼年份	2020	2019	2018	2017
北　京	2	2	2	3	湖　北	7	8	9	9
天　津	15	9	7	7	湖　南	12	13	12	12
河　北	19	20	19	23	广　东	1	1	1	1
山　西	24	26	29	30	广　西	23	21	20	20
内蒙古	30	30	30	28	海　南	18	18	16	16
辽　宁	17	19	17	17	重　庆	10	7	8	8
吉　林	28	27	24	27	四　川	11	11	11	11
黑龙江	29	28	28	26	贵　州	20	16	18	18
上　海	4	4	4	4	云　南	25	22	22	24
江　苏	3	3	3	2	西　藏	31	31	31	31
浙　江	5	5	5	5	陕　西	9	12	13	13
安　徽	8	10	10	10	甘　肃	27	25	25	21
福　建	14	14	14	14	青　海	21	24	23	29
江　西	16	17	21	19	宁　夏	22	23	27	22
山　东	6	6	6	6	新　疆	26	29	26	25
河　南	13	15	15	15					

资料来源：《中国区域创新能力评价报告（2017～2020）》。

（三）产业结构持续优化升级

全省三次产业结构自2019年开始进入“三二一”的新阶段，三次产业结构由2015年的10.2∶49.9∶39.9调整为2020年的8.7∶43.2∶48.1。过去五年，第一产业增加值占GDP的比重下降了1.5个百分点，第二产业增加值占GDP比重下降了6.7个百分点，服务业增加值占GDP比重提升了9个百分点。过去五年，全省高新技术产业增加值、战略性新兴产业增加值、装备制造业增加值占规模以上工业增加值的比重均快速提升，2020年分别为38.2%、22.1%、28.5%，较2015年分别增加12.5、9.1、5.7个百分点。纵深推进“2+6+N”产业①高质量跨越式发展行动计划，实施高规格产业链链长制，全省千亿产业达13个、千亿开发区达5个，制造业高质量发展指数从全国第21位升至第13位。

表3　2015～2020年江西三次产业结构变化情况

年份	一产	二产	三产
2015	10.2	49.9	39.9
2016	9.8	48.0	42.2
2017	9.2	48.1	42.7
2018	8.6	46.6	44.8
2019	8.3	44.2	47.5
2020	8.7	43.2	48.1

资料来源：《江西统计年鉴》（2016～2020），2020年数据来自《江西省国民经济和社会发展第十四个五年规划和二〇三五年远景目标纲要》。

（四）区域协调发展水平不断提升

“十三五”时期，“一圈引领、两轴驱动、三区协同”② 的全省区域发

① 即打造2个万亿级、6个五千亿级、N个千亿级产业。

② 即以融合一体的大南昌都市圈为引领，以沪昆、京九高铁经济带为驱动轴，以赣南等原中央苏区振兴发展、赣东北开放合作、赣西转型升级为三大协同发展区。

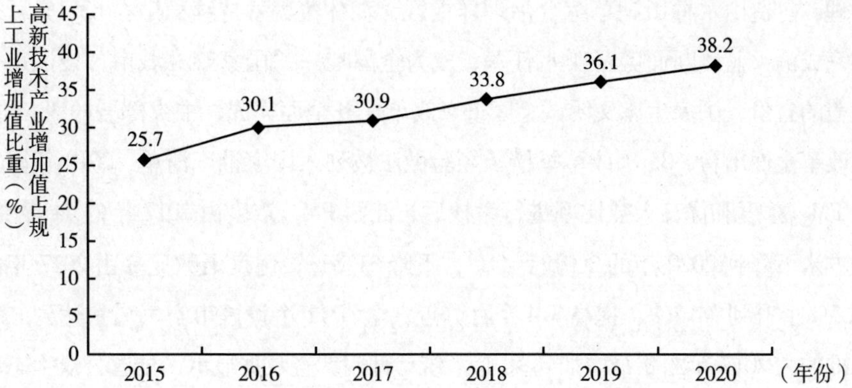

图3　2015～2020年江西高新技术产业发展情况

资料来源：《江西统计年鉴》（2016～2020），2020年数据来自《江西省国民经济和社会发展第十四个五年规划和二〇三五年远景目标纲要》。

展格局正加速构建，大南昌都市圈融合发展按下快进键，沪昆、京九高铁经济带发展驶入快车道，赣南等原中央苏区振兴发展、赣东北扩大开放、赣西转型升级成效凸显，江西全域发展效能明显提升。2020年底，全省综合交通网络里程达到22万公里，较"十二五"末增加32.5%，农村公路总里程达到18.4万公里，县道三级及以上公路比例达55%，实现高速铁路"市市通"、高速公路"县县通"、动力电"村村通"、水泥（油）路"组组通"；窄带物联网实现省域全覆盖，5G基站实现设区市主城区全覆盖。截至2020年9月底，全省境内外上市公司达83家（境内54家、境外29家），成为继安徽之后中部地区第二个实现A股上市公司全省各设区市全覆盖的省份。

（五）生态环境质量保持全国前列

过去五年尤其是2018年以来，全省聚焦打赢污染防治攻坚战，高标准打造美丽中国"江西样板"，构建五级①"河长制""湖长制""林长制"，在全国率先实现全流域生态补偿，全面开展"五河两岸一湖一江"全流域系统

① "五级"指省、市、县、乡、村五级。

治理，打造山水林田湖草综合治理样板区，森林覆盖率持续稳定在63.1%，如期完成消灭监测断面劣V类水任务，成为全国唯一“国家森林城市”设区市全覆盖的省份，国家生态文明试验区重点改革任务全面完成，中央部署的38项重点改革全面出台，35项改革举措及经验做法被列入国家推广清单。2018年国家对$PM_{2.5}$浓度和优良天数比率进行考核后，江西$PM_{2.5}$浓度由2017年的44微克/立方米下降到2020年的30微克/米^3，下降31.8%；优良天数比率由2017年的87.3%上升到94.7%，提高7.4个百分点；全省11个设区市空气质量达到二级标准的由2017年的0个增加到10个。统计部门调查数据显示，全省公众生态环境满意度从2017年的83.6%上升到2019年的89.3%，提高5.7个百分点。

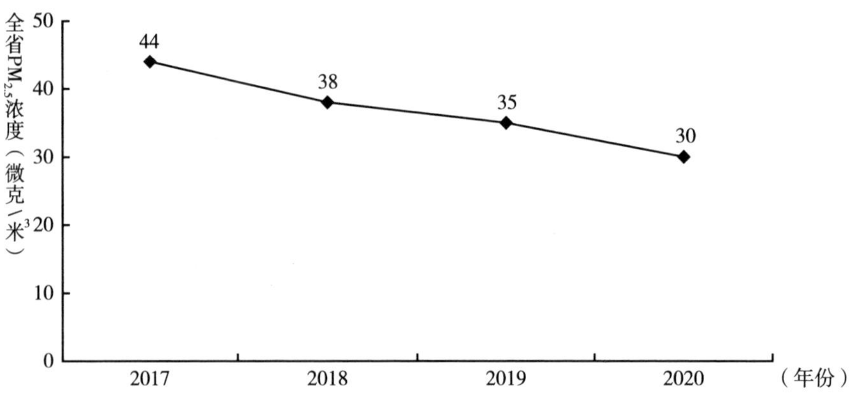

图4　“十三五”期间江西$PM_{2.5}$浓度变化情况

资料来源：根据江西省生态环境厅公开资料整理。

（六）改革攻坚取得历史性突破

“十三五”期间，全省纵深推进供给侧结构性改革，“三去一降一补”①重点任务得到全面落实，深入推进国资国企、农业农村、文化等重点领域和关键环节改革，省属国企混合所有制改革全国领先，绿色金融、农村宅基地

① “三去一降一补”是指去产能、去库存、去杠杆、降成本、补短板。

等江西改革特色品牌走在全国前列。"一次不跑""一窗受理""一网通办"改革加速推进，在全国率先推行延时、错时、预约政务服务；"赣服通"实现省、市、县三级全覆盖，服务事项和上网证照种类均居全国首位；创造性开展"降成本优环境"专项行动，五年累计为企业减负 6400 多亿元，成为全国降成本成效最为明显的省份之一。

（七）经济外向水平稳步提升

过去五年，江西内陆开放型经济试验区、九江跨境电商综合试验区、井冈山综合保税区、海峡两岸（江西）产业合作区等先后获批，举办中国绿色食品博览会、世界 VR 产业大会、对接粤港澳大湾区经贸合作等重大活动，参加中国国际进口博览会，赣欧班列开行呈跨越式发展。全省货物贸易进出口规模连跨 3000 亿元、4000 亿元两个台阶，由 2015 年的 2629 亿元增至 2020 年的 4010 亿元，年均增长 8.8%。全省实际利用外商直接投资由 2015 年的 94.7 亿美元增至 2020 年的 146 亿美元，年均增长 9.0%。江西经济外向型水平①整体呈上升趋势，由 2016 年的 14.35% 提升至 2020 年的 15.61%，增加了近 1.3 个百分点。

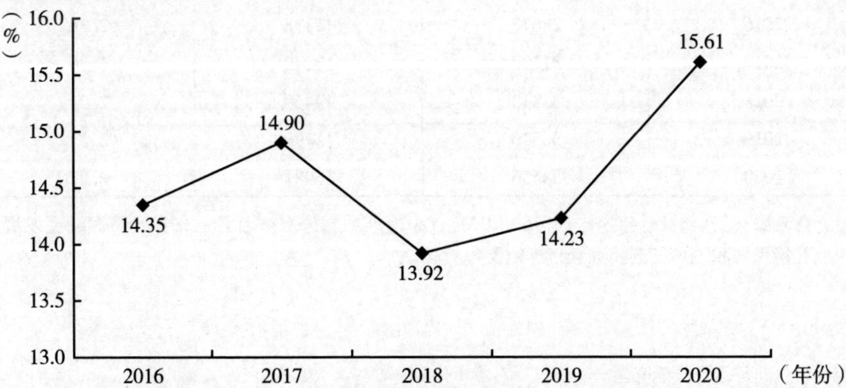

图 5 "十三五"期间江西经济外向度变化情况

资料来源：《江西统计年鉴》（2016～2020），2020 年数据来自《江西省国民经济和社会发展第十四个五年规划和二〇三五年远景目标纲要》。

① 即外贸进出口总额与地区生产总值的比值。

（八）人民生活水平显著提高

过去五年，脱贫攻坚战取得全面胜利，农村人居环境整治取得扎实成效，城市功能与品质得到明显提升，乡村振兴战略纵深推进，文化强省建设取得新成效。全省人民获得感幸福感安全感不断提升。井冈山市在全国率先实现脱贫，2020 年底全省 25 个贫困县全部摘帽、3058 个贫困村全部退出、现行标准下农村贫困人口全部脱贫，88.61 万城镇贫困群众有效解困。实现城乡居民社会保障体系全覆盖、医疗保障体系全覆盖、公共就业服务全覆盖，基本公共服务均等化水平不断提升。连续 16 年获评为全国综治考评优秀省。全省城镇居民人均可支配收入由 2015 年的 26500 元增加到 2020 年的 38556 元，年均增长 7.8%；农村居民人均可支配收入由 2015 年的 11139 元增加到 2020 年的 16981 元，年均增长 8.8%；城乡居民收入比由 2.38∶1 缩小到 2.27∶1。

表 4　“十三五”时期江西城乡居民人均可支配收入情况

年份	城镇居民人均可支配收入(元)	农村居民人均可支配收入(元)	城乡居民收入比
2015	26500	11139	2.38
2016	28673	12138	2.36
2017	31198	13242	2.36
2018	33819	14460	2.34
2019	36546	15796	2.31
2020	38556	16981	2.27

资料来源：《江西统计年鉴》（2016～2020），2020 年数据来自《江西省国民经济和社会发展第十四个五年规划和二〇三五年远景目标纲要》。

二　存在的不足与短板

过去五年，江西经济社会发展取得历史性成就，然而与高质量跨越式发展的要求相比还存在不足与短板。

（一）经济总量不大，人均水平偏低

一是从经济总量看，2020 年，江西 GDP 在中部六省中排倒数第 2 位，只有河南省的 46.71%、湖北省的 59.14%、湖南省的 61.49%、安徽省的 66.42%，较 2015 年的占比分别增长 1.46、2.98、2.79、-9.84 个百分点，表明江西与安徽省的差距在逐步拉大（见表 5）；江西 GDP 不到广东省的 1/4（23.20%），只有江苏的 1/4（25.02%），不到浙江省的四成（39.76%）。二是从发展质量看，全员劳动生产率是衡量发展质量的一个重要指标，2020 年，江西全员劳动生产率只有全国平均水平的 84%、江苏的 46%、浙江的 59%（见表 6）。三是从人均发展水平看，2020 年江西人均 GDP 为 5.51 万元，在全国 31 个省份中居第 20 位，在中部居第 5 位，仅占全国平均水平 7.24 万元的 76.10%，与东部发达省份及中部其他省份的差距较为明显。

表 5　2015～2020 年江西 GDP 与中部省份的比较

单位：%

年份	江西 GDP 与河南省的比例	江西 GDP 与湖北省的比例	江西 GDP 与湖南省的比例	江西 GDP 与安徽省的比例	江西 GDP 与山西省的比例
2015	45.25	56.16	58.70	76.26	141.77
2016	45.69	56.29	59.53	76.24	153.93
2017	44.90	56.39	59.01	74.05	138.12
2018	45.75	55.85	60.36	73.27	137.77
2019	45.63	54.02	62.28	66.71	145.40
2020	46.71	59.14	61.49	66.42	145.56

资料来源：各省统计年鉴及 2021 年政府工作报告。

表 6　2020 年江西与全国及部分省份全员劳动生产率比较

单位：万元/人

区域	全员劳动生产率
全国	11.77
江苏	21.5
浙江	16.6
湖北	12.19
安徽	8.83
重庆	14.7
江西	9.84

资料来源：根据公开资料整理，有的为预计数。

（二）创新能力较弱，创新成果转化不畅

一是创新能力不够强劲。2020 年，江西全社会研发经费投入强度为 1.75%，与同期全国平均水平（2.40%）相比相差较大。2019 年，江西规模以上工业企业中开展了创新活动的企业占比为 42.9%，较全国平均水平低 2.3 个百分点；规模以上工业企业中实现创新的占比为 41.1%，较全国平均水平低 0.6 个百分点；与东部的江浙粤、中部的鄂皖等省份相比，差距较为明显（见表 7）。二是高端创新要素资源贫瘠。全省无一所“双一流”大学，类似中科院江西产业技术创新与育成中心、中科院稀土研究院、中科院庐山植物园等的“中字头”科研院所稀缺，国家级“双创”基地屈指可数；国家级科技企业孵化器占全国的比重较低；国家企业技术中心个数在全国排位靠后；在赣院士人数较少，高端科技人才和团队缺乏。三是创新成果转化机制不畅。2020 年，江西技术市场合同成交金额 233.4 亿元，占全国技术合同成交金额 28252 亿元的 0.83%，明显低于江西研发经费支出、专利申请数、专利授权数占全国的比重。

表 7　2019 年江西与全国及部分省份规上企业创新比较

单位：%

区域	在全部企业中占比		
	开展创新活动企业	实现创新企业	同时实现四种创新企业
全国	45.2	41.7	8.5
广东	49.0	46.0	10.8
浙江	51.9	48.1	11.6
江苏	55.5	47.7	9.5
湖南	50.9	40.9	7.8
湖北	47.4	42.3	9.8
安徽	49.5	45.8	11.4
江西	42.9	41.1	10.1

资料来源：《中国科技统计年鉴（2020）》。

（三）产业链竞争力偏弱，动能转换进展不够快

一是产业链“链主”企业缺乏。根据中国企业联合会、中国企业家协

会发布的“2020 中国企业 500 强”榜单，江西只有 8 家企业入选“2020 中国企业 500 强”，数量上与江苏（48 家）、浙江（43 家）等东部发达省份，安徽（10 家）、湖北（10 家）等中部省份，及四川（14 家）、重庆（14 家）等西部省份存在明显差距，表明江西产业发展的龙头型企业不多。二是传统产业份额偏高。近年来，通过推动供给侧结构性改革，江西传统动能份额有所衰减，但传统产业结构偏重的特征依然未有根本改变，钢铁、有色、建材、石化、纺织、食品等传统产业营业收入占全省规模以上工业企业比重依然在 50% 以上；与此同时，传统产业链条中以中低端为主导。三是新兴产业支撑引领作用不足。2020 年，江西战略性新兴产业增加值占规模以上工业增加值的比重仅 22.1%，较安徽的 40.3% 低 18.2 个百分点。作为全省的“一号工程”，数字经济发展仍显滞后，根据《中国数字经济发展白皮书（2020 年）》，2019 年江西数字经济规模虽超过 5000 亿元，但与超万亿元的广东、江苏、浙江、上海、湖北、河南、安徽、湖南等省份相比差距明显，数字产业化增加值、产业数字化增加值在中部六省中均排名倒数第 2 位。

表 8 “2020 中国企业 500 强”地域分布情况

单位：家

地区	企业数	地区	企业数
北　京	98	湖　北	10
天　津	5	湖　南	6
河　北	23	广　东	59
山　西	9	广　西	6
内蒙古	4	海　南	0
辽　宁	9	重　庆	14
吉　林	1	四　川	14
黑龙江	1	贵　州	1
上　海	31	云　南	7
江　苏	48	西　藏	0
浙　江	43	陕　西	8
安　徽	10	甘　肃	5
福　建	13	青　海	1
江　西	8	宁　夏	1
山　东	50	新　疆	6
河　南	9		

资料来源：中国企业联合会、中国企业家协会发布的“2020 中国企业 500 强”榜单。

（四）核心城市带动能力偏弱，资源要素被虹吸明显

一是省会南昌辐射带动能力不够强。过去五年，南昌市在全省的经济首位度呈整体下降趋势，2020 年南昌市 GDP 占全省 GDP 的比重不到 1/4（22.36%），较最高时的 2017 年下降了 2.06 个百分点，缺乏具有强辐射带动能力的省会城市，是制约江西发展后劲的重要瓶颈。二是资源要素面临被虹吸的困境。以国内大循环为主体、国内国际双循环相互促进的新发展格局正加速构建，资源要素高效自由流动的局面也将加速形成，环顾周边地区省会城市的经济体量和发展态势，因省会南昌资源聚集能力相对偏弱，存在江西本土的人才、市场等资源要素被其他地区虹吸的情况，尤其是不利于吸引并留住本就稀缺的人才等资源要素，进而阻碍江西高质量跨越式发展的进程。

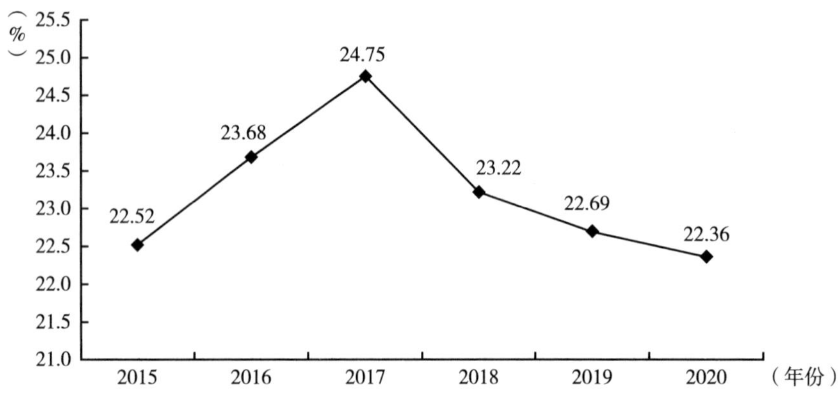

图 6 "十三五"时期南昌市 GDP 占江西省比重情况

资料来源：根据江西统计局网站数据整理。

（五）居民收入增长存在难点，有效需求后劲不足

一是居民收入增幅呈下降趋势。2020 年受新冠肺炎疫情冲击影响，全省居民收入增速呈较大幅度下降，城镇居民人均可支配收入和农村居民人均可支配收入增速分别为 5.5%、7.5%，分别较 2015 年下降 3.5 个、2.6 个百分

点，即使剔除新冠肺炎疫情的影响，伴随我国经济进入高质量发展阶段，经济增速呈逐步回落态势，相应的居民收入增速也呈下降趋势；叠加新冠肺炎疫情的持续深入影响，居民收入增长存在较大难度。二是有效需求后劲不足。受新冠肺炎疫情影响，企业特别是中小微企业的生存状况不容乐观，尤其是住宿、餐饮、旅行社等服务业遭受较大冲击，服务业作为消纳就业的主渠道，必然对就业特别是稳定可持续的就业市场产生较为长远的影响。

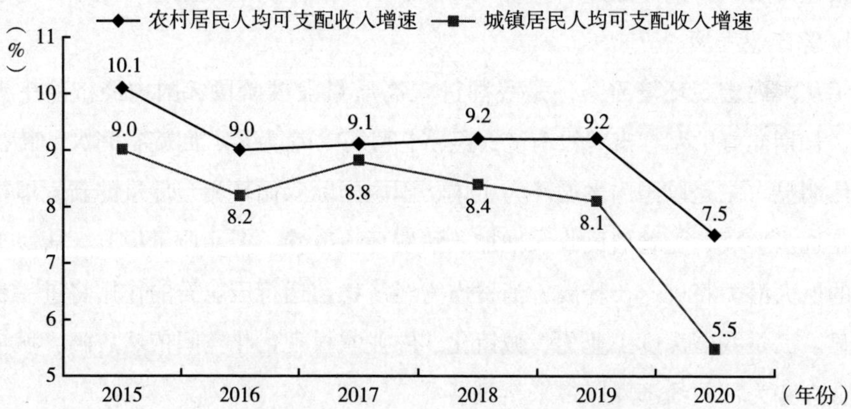

图7　2015～2020年江西居民收入增速走势情况

资料来源：根据江西统计局网站资料整理。

三　"十四五"江西经济社会发展面临的形势

全面分析"十四五"时期江西经济社会发展面临的形势，既有有利条件，也有不利条件，但综合判断，江西发展总体上仍将处于大有可为但充满挑战的重要战略机遇期。

（一）有利条件

从国际宏观环境来看，一是世界百年未有之大变局将深度演进，呈现竞争优势重塑和力量格局重构的叠加态势，东亚经济循环的强化、我国应对全球新冠肺炎疫情的责任与担当都为构建新的经济循环体系和人类命运共同体提供了历史性机遇。二是全球新一轮科技革命正处于实现重大突破的历史关口，第四次工业革命助力数字经济蓬勃发展，前所未有的新技术、新业态、新模式将推动生产生活方式、全球产业链分工和生产组织网络发生颠覆性变革，这为江西省抢占新兴产业高地、实现“换道超车”“换车超车”提供重大机遇。三是新冠肺炎疫情的全球扩散，推动了与线上相关的新技术、新业态快速发展，特别是加速了全省5G、VR、人工智能以及流量经济、“宅经济”等产业发展。

从国内宏观环境看，一是我国进入高质量发展阶段，国内经济稳中向好、长期向好的基本态势没有变，经济韧性好、潜力足、回旋空间大的特征依然明显。二是以国内大循环为主体、国内国际双循环相互促进的新发展格局正逐步形成，随着居民收入增加、消费环境改善、产品质量提升，居民消费的巨大潜力将进一步释放，消费作为经济稳定运行压舱石的作用将进一步凸显。三是我国深度工业化、城镇化、农业农村现代化空间依然广阔，城乡融合大势为江西经济发展带来新机遇。

从省内环境看，一是江西区域优势进一步凸显。“十四五”时期，全省高铁经济带逐步形成，江西“连南接北、承东启西、通江达海”的交通优势愈发凸显，尤其是全国区域经济分化明显，经济中心进一步南移，更有利于先进生产要素向本省集聚。二是随着国家生态文明试验区的深入推进，生态价值转换通道将加快畅通，系列生态文明试点制度日趋成熟，江西省产业生态化、生态产业化水平将不断提升。三是依托内陆开放型经济试验区建设重大契机，积极融入长江经济带、粤港澳大湾区、长三角一体化等重大国家战略，为江西省产业发展和开放经济发展提供了新空间。四是江西省城乡居民收入持续提高、人民群众对改善型消费和服务性消费需求的日益增长，为全省扩大内需提供强大市场动力。

（二）不利条件

从国际宏观环境看，一是受新冠肺炎疫情影响，世界经济增长乏力，美国等西方国家单边主义、贸易保护主义抬头，主要经济体对国际经贸规则主导权之争更趋激烈，世界能源供需博弈更加激烈。二是具有长期性、复杂性、艰巨性的中美战略博弈成为常态，世界政治局势更加错综复杂，美国对我国科技、产业、人才、金融等领域的全方位遏制，对全省贸易、投资、出口等带来不确定影响。

从国内宏观环境看，一是随着支撑我国长期快速发展的劳动力、土地等资源要素成本上升和环境成本内生化，我国低成本优势逐渐减弱，新动能还无法弥补增长缺口，利用知识、技术、管理、数据、市场等新生产要素培育壮大新动能形势迫切。二是我国全面深化改革仍处于深水区，各类矛盾风险进入高发易发阶段，我国经济快速发展中一些长期积累的深层次矛盾逐渐显现，根本消除束缚市场主体活力的体制机制性障碍任务依然艰巨，重大结构性失衡、宏观杠杆率高等内外部金融风险交织上升，就业总量和结构矛盾、人口老龄化加快与社会保障矛盾交织等导致防范化解各类矛盾风险的挑战更加严峻。

从省内环境看，一是区域经济发展的“分化”“极化”态势将日益突出，产业、人才、技术、资金等向沿海发达地区、大型城市群和区域中心城市集聚的趋势日益明显，尤其是江西毗邻的长三角、闽三角和粤港澳大湾区等区域对江西高端人才的虹吸效应给江西发展带来严峻挑战。二是江西创新驱动发展面临挑战。2020 年江西研发经费投入强度为 1.75%，比全国低 0.65 个百分点，且落后于同处于中部地区的湖南、湖北、安徽和河南省，江西国家级创新平台少，仅占全国的 1% 左右，江西创新驱动能力还明显不足，然而“十四五”时期江西处于爬坡过坎、转型升级的关键阶段，唯有创新，才能走出一条江西高质量跨越式发展的新路。

四　“十四五”时期江西经济社会形势预测

“十四五”时期江西将以推动高质量发展为主题，以深化供给侧结构性改革为主线，着重解决人民日益增长的美好生活需要和不平衡不充分的发展之间的矛盾，对“十四五”时期江西经济社会形势预测具体如下。

（一）经济增长处于高质量跨越式发展期

“十四五”时期，江西将继续保持中高速增长，高质量跨越式发展是发展主题。江西省欠发达的基本省情没有改变，发展不足不充分仍是江西发展的主要矛盾，因此，一方面，江西在“十四五”时期必须做大经济总量，进一步缩小江西与全国发展差距，并能够在2035年和全国同步实现基本现代化；另一方面，基于江西发展实际和经济增长惯性，按照“十四五”全国经济增速5.5%左右，江西年均增速要保持比全国高1.5～2个百分点，经济增速保持在7%左右，主要经济指标增速仍要保持在全国“第一方阵”，经济总量迈上3万亿元台阶、向4万亿元迈进。

（二）产业结构处于深度调整期

“十四五”期间，江西三次产业结构进入“三二一”的发展阶段，2020年第三产业增加值占GDP的比重达到48.1%，比全国54.5%的占比低6.4个百分点。“十四五”时期，一方面，伴随新发展格局形成，江西在发展生产性服务业和生活性服务业方面还有相当大的潜力，尤其是全省文化旅游产业的主导地位将进一步凸显，预计到2025年江西省第三产业增加值占GDP的比重将达到51%左右。另一方面，第二产业内部结构将更加科学合理，江西先进制造业高质量发展将纵深推进，战略性新兴产业、装备制造业、高新技术产业将不断壮大。

（三）经济增长动能处于换挡加速期

“十四五”时期，数字经济和科技创新将会成为江西省新的增长动能。预计江西数字经济核心产业增加值占GDP的比重将由2020年的4.2%增加到2025年的7%左右，以数字经济为核心的新产业、新业态和新商业模式将成为经济增长的重要新动能。“十四五”时期，江西省将会举全省之力加强科技创新，预计每年研发经费支出将由2020年的468亿元增长到2025年的900亿元左右，基本保持年均14%的增长速度，预计全员劳动生产率由2020年的9.84万元/人提高到2025年的14万元/人左右，科技进步对经济增长的贡献率将会显著提升，加速江西经济增长从要素驱动向全要素生产率特别是技术进步驱动转变。

（四）新发展格局处于加速形成期

在消费方面，“十四五”时期全省消费对经济的贡献进一步上升，将继续保持消费升级的趋势，尤其是在医疗、养老服务、教育、文化旅游、夜间经济等消费领域的消费活力将进一步释放。预计“十四五”期间，江西省社会消费品零售总额年均增长速度将高于GDP增速1个百分点，稳定在8%左右，到2025年预计达到15200亿元左右。在投资方面，“十四五”时期，全省传统制造业增长趋缓、房地产开发投资空间收窄，相关投资扩张速度将明显放慢，但是全省在新型基础设施建设、城镇化建设和社会民生等领域将会加大投资，因此，诸多因素作用下投资将会稳步增长，预计“十四五”期间，江西省固定资产投资增速保持在年均8%左右。在出口方面，“十四五”时期，江西出口外需拉动作用会有所减弱，但是依托江西内陆开放型经济试验区建设契机，全省外贸进出口结构将不断优化，预计到2025年货物进出口总额突破5000亿元，力争利用外资年均增长5%左右。

五 “十四五”江西经济社会发展的战略思路

“十四五”时期江西将着重实施九个方面的发展战略，以加快推进实现高质量跨越式发展。

（一）创新引领，全面建设科技创新强省

以创新驱动为战略方向，将创新作为释放新需求、创造新供给的根本动力，大力推进创新链、产业链、资金链、政策链、人才链“五链”深度融合。以“国字号”创新平台和新型实验室体系建设为重大抓手，高水平、高标准推进鄱阳湖国家自主创新示范区、南昌航空科创城、赣州稀金科创城、VR科创城、中国（南昌）中医药科创城等创新平台和创新载体建设。

集成力量建成优势产业创新策源地，着重在航空制造、新型光电、中医药、智能制造、稀土新材料、新一代动力电池等领域建设具有自主创新能力的领军企业、新型科研机构和系统创新体系。加大科研经费投入力度，探索在北京、上海、粤港澳大湾区等地建立“科创飞地”，开拓科技创新合作模式。营造良好科技创新生态，推动科技企业孵化器、众创空间和大学科技园等各类孵化载体高质量发展。加强人才特区建设，着重在省内重点关键领域引进和培养国际国内一流战略科技人才、拔尖创新人才、基础研究人才、产业技术研发人才，全面提升人才公共服务能级，构建国内人才集聚发展新高地。

（二）产业升级，健全现代化产业体系

一是重塑江西制造业辉煌，以铸链强链补链扩链工程助力高水平产业集群发展，聚焦“2+6+N”产业高质量跨越式发展，做大做强航空、电子信息、中医药、装备制造、新能源、新材料等六大优势产业，培育一批国际国内有特色、有影响的先进制造业集群，推动若干新型产业发展为支柱产业。实施企业梯次成长计划，积极引入培养“专精特新”、独角兽企业和瞪羚企业，打造一批千亿级产业、百亿级龙头企业。以智能化、绿色化、服务化为方向，转型升级传统制造业，加快推进绿色制造体系完善和服务型制造深度发展，加快创新链和产业链无缝衔接。二是着力提升服务业标准化、规模化、品牌化和智能化水平，建设服务产业新体系，提质升级传统服务业，提高服务效率和服务品质，大力培育服务业新产业、新业态、新模式。加快工业设计、现代金融、现代物流等生产性服务业向专业化和中高端延伸，积极培育科技服务、大数据、会展服务等高端服务业，推动旅游、文化、健康、养老等生活性服务业向精细化和高品质转变。

（三）数字赋能，培育经济发展新增长点

抢抓数字经济发展时代机遇，加快数字经济体系建设，鼓励数字经济企业以产业链延伸和产业集聚为目标，争创国家数字经济示范区。推进“互联网+”“智能+”等行动，促进区块链、大数据、云计算、人工智能等数字

技术与实体经济深度融合，加快打造区块链产业生态。加快5G技术商用步伐，推动5G技术在工业、医疗、交通、教育、智慧城市等领域的广泛应用，加快“5G + AI + 工业互联网 + 安全”智能制造新模式应用。以补齐人工智能核心产业空白为重点，积极发展人工智能融合业态，探索新兴产业在无人驾驶、物联网、智慧工厂等场景的应用。加快推进虚拟现实技术、产品和服务的形成、推广、应用，将江西建设成为世界级“VR产业中心”。加快“物联江西”建设，依托南昌VR产业、鹰潭移动物联网产业、上饶和抚州大数据产业，加速数字经济产业向沪昆高铁沿线集聚，全力打造沪昆高铁沿线“数字经济走廊”。

（四）扩大内需，打造全国构建新发展格局的重要战略支点

一是精准扩大有效投资，围绕新型城镇化、乡村振兴、新型基础设施和民生保障等重点领域补齐突出短板。拓展投资新空间，促进重大工程项目向新型基础设施领域适度倾斜，抢先布局新型基础设施建设，建设完善人工智能平台、区块链网络、生物数据中心体系和一体化大数据中心，加快新型智慧城市和数字乡村建设。将新型基础设施建设与产业链链长制有机融合，积极引导产业与新型基础设施建设高效匹配和良性互动，完善和延伸新型基础设施产业链。二是促进家政、养老、托育、培训、康养、文化、旅游、体育产业提质扩容，带动高端信息产品和服务消费。实施新兴消费高质量发展行动，发展数字化和智能化消费新业态，拓展远程教育、高端医养、医疗健康、数字文化等服务消费空间，积极培育定制消费、体验消费、时尚消费等消费新热点和新业态。合理布局商业综合体、专业市场、商业街区、邻里中心等商业网点，释放夜间消费和农村地区消费潜力，打造多元化区域消费新场景。

（五）改革开放，释放经济高质量发展新活力

一是深入推进江西内陆开放型经济试验区建设，做大江西开放门户，深度融入“一带一路”建设，积极对接粤港澳大湾区、长三角和海峡西岸经

济区，深化向西对接长株潭和成渝地区双域经济圈、向北对接京津冀和雄安新区，构建“南下东进”为主、“北上西联”为辅的对内开放新格局。二是加快建设高能级开放平台，争创江西国际农产品贸易中心、世界电子贸易平台（e-WTP）、革命老区高质量发展综合示范区、江西国家数字经济创新发展试验区等国字号平台，探索设立铜、钨、稀土等国际商品交易所，深入推进南昌、赣州、九江等跨境电子商务综合试验区建设，加快建设数字化综合保税区。三是坚持高水平“引进来”和“走出去”，加快国际产能合作，推进外贸转型升级基地建设，培育跨境电商出口、供应链出口、外贸公共服务平台出口新模式，推动航空、电子信息、汽车、中医药、文化创意等产能和服务走向国际。四是营造良好营商环境，对接世界银行营商环境评价标准，切实降低企业生产经营和制度性交易成本，持续深化“放管服”改革，扩大相对集中行政许可权改革试点，完善企业投资项目审批承诺制和项目代办服务机制。加快制度型开放步伐，实行符合国际标准的贸易投资自由化便利化政策，深入实施数字化综合监管模式。

（六）文化强省，提升赣鄱文化软实力

以“文化+”战略为引领，加快文化与科技、旅游、会展、商贸、体育和养老等多元融合，推动陶瓷文化、书院文化、戏曲文化、中医药文化等传统文化创造性转化、创新性发展，建设文化创意产业集群，提升文娱演艺事业，推动原创内容向出版物、影视剧、戏剧演艺等文化产品转化。实施数字文化产业发展战略，积极推广新技术在文化内容生产和文化旅游领域的应用，培育文化新业态、新商业模式，抢占数字文化产业制高点。开拓文化资源向文化产品和文化资本转化模式，加快推进文化产业和文化事业协调发展，推出一批关于井冈山精神、苏区精神、长征精神等红色文化研究成果，建设一批国家级、省级革命文物保护传承示范基地，加快推进文化生态保护实验区建设，创新优秀传统文化的传播和展现模式。壮大文化市场主体，打造一批文创项目孵化、文创产品交易和文化产业服务等平台，唱响江西文化品牌，打造全域文化旅游强省。

（七）生态优先，推动“美丽江西”再上新台阶

深入推进绿水青山就是金山银山建设成果的巩固与提升。着力推进产业生态化和生态产业化进程，建立完善市场导向的绿色技术创新和绿色金融支撑体系，优化绿色产业目录，壮大覆盖三大产业的生态经济体系。继续推进生态产品价值实现机制、多元化和市场化生态补偿机制建设，探索将生态环境成本纳入经济运行成本的路径和机制。以实现碳达峰、碳中和目标为契机加快节能环保产业发展，完善资源环境交易市场体系和环境权益交易制度，建设省级资源环境权益交易中心。倡导绿色生活方式，全面实施生活垃圾分类制度，推进碳普惠制度创新试点。以更大力度推进长江岸线及水域的生态保护与治理，深入实施山水林田湖草一体化保护修复，全面提升生态保护网络稳定性和生态系统质量。

（八）城乡融合，打造区域协调发展新空间

一是践行以人为核心的新型城镇化道路，统筹推进大中小城市和小城镇协调发展，积极实施对小城镇的分类引导，全面提升小城镇的内生增长能力和服务能力。推进新型智慧城市向更高水平迈进，提高城市有机更新能力，全面提升城市管理的信息化、智能化、精细化水平。二是继续深入实施“一圈引领、两轴驱动、三区协同”区域发展战略，促进产业集群、创新集群与城市群交叠耦合发展，增强全省集聚人口和高端生产要素的能力。做大做强做优大南昌都市圈，提升省会城市的辐射力和提高省会城市的首位度。三是全面实施乡村振兴战略，促进农村一二三产业融合发展，鼓励智慧农业、订单农业、众筹农业、品牌农业等农业新业态发展，引导农业全产业链发展，引导小农户转入现代农业发展轨道，创新农业企业与农民利益联结模式。积极实施乡村建设行动，引导各类村庄有序发展。推进城乡生产要素双向流动，完善区域合作互助和利益补偿机制，提高城乡融合发展水平。

（九）民生保障，谱写社会治理现代化新篇章

一是以更加充分更高质量就业促增收。继续实施就业优先政策，以创业

促就业，高标准建设就业公共服务体系，完善重点群体就业常态化支持机制，实施零就业家庭动态清零。深化职业技能培训体系改革，落实和完善按要素分配政策制度，多渠道增加居民财产性收入。二是健全覆盖城乡的现代化教育体系、医疗卫生体系、社会保障体系、全民健身体系和养老体系。以“互联网 + 教育”为依托，推进终身学习体系和学习型社会建设进程。以“互联网 + 健康医疗”服务为依托，健全远程医疗体系、中医药服务体系，加强公共卫生防疫和重大传染病防控，以中医药产业现代化助力江西中医药强省建设。建立健全多元化养老服务体系，创新智慧养老、康养联合体等银发经济的新业态新模式发展，加快推进普惠型养老和互助型养老等多元模式的老年友好型社会建设。三是开创共建共治共享的社会治理新格局，全面提升社会治理社会化、法治化、智能化和专业化能力和水平。推进城乡社区服务体系建设，推动社会治理和服务重心下移，推广基层治理实践和经验，加大社会组织和社会工作专业化队伍培育力度，建设社会治理共同体。

参考文献

江西省人民政府：《2021 年江西省政府工作报告》，《江西日报》2021 年 2 月 8 日。

江西省发展和改革委员会：《江西省国民经济和社会发展第十四个五年规划和二〇三五年远景目标纲要》，《江西日报》2021 年 2 月 18 日。

郑荣林、朱景薇：《砥砺奋进　激情跨越——“十三五”期间江西经济社会发展综述》，《江西日报》2020 年 9 月 28 日。

张林霞、熊丹玮、蓝曦瑶：《以更高标准打造美丽中国“江西样板”——省生态环境厅打好打赢污染防治攻坚战纪实》，《江西日报》2021 年 1 月 28 日。

魏星、杨静：《在大战大考中交出优异答卷——2020 年工作亮点扫描》，《江西日报》2021 年 1 月 27 日。

分报告

Sectional Reports

B.2

江西投资"十三五"回顾与"十四五"展望

江西省发展和改革委员会课题组*

摘　要： "十三五"期间，江西投资运行总体平稳、增速居全国前列，呈现投资结构不断优化、工业投资质量稳步提高、民间投资总体平稳、重大项目支撑有力等特点。"十四五"期间，江西省将围绕加快推进"两新一重"建设、加大投资补短板调结构力度、健全重大项目推进机制、促进民间投资更好发展、发挥政府投资的引导带动作用、纵深推进投资体制机制改革、加强重大项目谋划储备工作、强化投资项目风险防控等方面，进一步加大工作力度、强化工作

* 课题组组长：张和平，江西省发展和改革委员会党组书记、主任。副组长：李志刚，江西省发展和改革委员会党组成员、副主任；王云刚，江西省发展和改革委员会总经济师。成员：傅小鹏，江西省发展和改革委员会投资处处长；刘竟，江西省发展和改革委员会投资处四级调研员；雷焘荣，江西省生态文明研究院研究实习员。

举措，预计“十四五”时期江西投资继续保持稳定增长，总体增长8% 左右。

关键词： 投资 体制机制改革 江西

一 “十三五”期间江西省固定资产投资运行情况

（一）运行特点

“十三五”期间，全省上下按照党中央、国务院决策部署，加大关键领域和薄弱环节补短板力度，投资建设取得显著成效，全省固定资产投资年均增长11.8%，较全国平均水平高出5.1个百分点，特别是2020年，在省委省政府的坚强领导下，全省上下克服新冠肺炎疫情和洪涝灾害的不利影响，扎实推进“项目建设提速年”活动，推动全省固定资产投资平稳运行、同比增长8.2%，增速高出全国平均水平5.3个百分点，居全国第5、中部第2（见表1），为全省经济社会持续发展和与全国同步全面建成小康社会提供了重要支撑。主要呈现五方面特点。

表1 “十三五”期间江西省固定资产投资增长情况

单位：%

年份	固投增速	分产业增速			重点领域增速			按投资性质增速		全国排名	中部排名
		一产	二产	三产	工业	基础设施	房地产开发	国有投资	民间投资		
2016	14	1.7	14.2	14.5	15.3	22.9	16.5	8.2	9.8	4	1
2017	12.3	19	14.4	9.5	14.6	7.9	13.7	15.1	13	10	2
2018	11.1	17.2	13.1	8.9	13.1	17.7	8	5.6	12.5	5	2
2019	9.2	-22.5	10.7	9.5	10.9	8.9	3	14.1	9.6	8	4
2020	8.2	24.4	8	7.8	8	4.2	6.2	9.1	3.6	5	2

资料来源：江西省统计局。

一是投资增速居全国前列。“十三五”期间，全省固定资产投资增速持续高于全国平均水平，排名全国前列，居“第一方阵”。其中，2016年，全国增长8.1%，江西增长14%，列全国第4；2017年，全国增长7.2%，江西增长12.3%，列全国第10；2018年，全国增长5.9%，江西增长11.1%，列全国第5；2019年全国增长5.4%，江西增长9.2%，列全国第8；2020年，全国增长2.9%，江西增长8.2%，列全国第5（见表1）。

二是投资结构不断优化。第一产业、第二产业、第三产业投资占全部投资的比重由2015年的2.5∶53.2∶44.3调整为2020年的2.2∶49.6∶48.2，特别是2017年以来民生领域投资持续保持较快增长态势。

三是工业投资质量稳步提升。“十三五”期间，全省工业投资年均增长13.4%，高出全部投资增速1.6个百分点，其中制造业投资年均增长14.6%，新兴产业投资保持较高增速，远超全部投资增长水平。

四是民间投资总体平稳。“十三五”期间，民间投资年均增长10.7%，虽然2020年增速低于全部投资增速，占全部投资的比重有所下滑，但其主体地位未发生变化，“十三五”期间占比一直维持在65%～71%的水平。

五是重大项目支撑有力。“十三五”期间，全省大中型项目顺利推进，支撑全省固定资产投资平稳增长。其中2016～2020年分别实施省大中型项目725个、980个、1900个、2256个、2957个，分别完成投资3512.2亿元、3727.9亿元、6075.2亿元、7122.5亿元、10823.3亿元。

（二）基本经验

1. 坚持高位推动，不断营造抓项目稳投资的良好氛围

一是开展系列重大活动。坚持每年召开省市县三级联动推进重大项目集中开工大会，推动重大项目及时开工。积极谋划推进全省项目建设主题年活动，近年来先后开展“大干项目年”活动、重大项目“百日攻坚”行动、“项目建设提速年”活动，营造全省上下“大干项目、干大项目”的良好氛围。

二是出台系列重要文件。以省政府名义出台了《江西省在关键领域和

薄弱环节加大补短板工作力度实施方案》《关于保持基础设施领域补短板力度的实施意见》《江西省综合交通、铁路、电力、省级天然气管网、信息通信5个领域基础设施建设三年攻坚行动计划（2018～2020年）》《江西省公共服务、生态环保2个领域基础设施建设三年攻坚行动计划（2018～2020年）》等重要文件。

三是建立政府领导挂点重大项目制度。省市县三级坚持每年梳理一批示范作用明显、带动性强的项目。特别是由各级政府领导挂点联系、跟踪服务的重大项目，通过上下联动、协同推进，切实协调解决问题、推进重大项目加快实施。

2. 坚持示范带动，抓实抓细重大项目推进清单

坚持每年在编制全省固定资产投资计划时，认真谋划、梳理全年大中型建设项目，并经“两会”审议后印发实施。同时，为抓好抓实、重点调度推进一批重大项目，每年从省大中型项目中选择一批投资规模较大、对经济社会发展带动作用较强的项目，列为当年省重点建设项目。对省大中型项目、省重点建设项目实行清单化、台账式管理，常态化调度，强力推动重大项目加快实施。

3. 坚持多方联动，着力提升配套服务水平

一是不断健全重大项目突出问题破解机制。完善重大项目调度会议制度，明确对需省级层面协调解决的一般性问题，采取研究交办、跟踪落实的常态化推进方式帮助协调解决；对一些重大、复杂问题，报请省领导召开全省重大项目调度会议，进行协调推进。

二是着力拓宽项目资金渠道。紧盯国家政策和资金重点投向，积极争取中央预算内投资等各类资金支持，扎实抓好地方政府专项债券项目申报和发行使用等工作。大力发展直接融资，建立健全政银企社合作对接机制，设立补短板促升级稳投资专项贷款，确保了“十三五”期间投资资金来源总体平稳。

三是积极完善要素保障机制。用砂方面，科学增加年度采砂总量，加快可采区采砂许可审批，加大航道和防洪疏浚砂石供应，推动建筑用砂供需基

本平衡、价格总体稳定。

4. 坚持改革驱动，全面深化投资体制机制改革

一是明确改革总体思路，制定出台了《关于深化投融资体制改革的实施意见》，从畅通投资项目融资渠道、加快转变政府职能、协调推进配套改革等6个方面提出24条改革举措。

二是加强改革立法保障。以省政府令的方式印发实施《江西省企业投资项目核准和备案管理办法》，进一步优化了企业投资项目核准、备案流程，缩短了企业投资项目核准时限，规范了政府对企业投资项目的核准和备案行为。

三是大力推行容缺审批。制定出台了《江西省投资项目“容缺审批承诺制”办理模式暂行办法》，项目审批效率明显提升。

四是扎实推进平台建设。在全面建设全省网上并联审批系统的基础上，建成投资项目在线审批监管平台，推进投资项目相关审批系统互联互通，实现省、市、县三级同平台运行和审批事项一网通办。

5. 坚持内部搅动，努力激发民间投资活力

一是放宽民间投资准入门槛。积极采取有针对性的措施，开展民间投资项目报建审批情况清理核查，建立健全市场准入负面清单制度，持续放宽民间投资有意参与的卫生健康、文化旅游、家政服务、养老托育等公共服务和基础设施等领域的市场准入，消除各种隐性壁垒。

二是有序推进政府与社会资本合作。依托投资项目在线审批监管平台，开发建设了PPP项目监测服务平台，建立健全向民间资本推介项目的长效机制。对发布推介的PPP项目，实行建立台账、按月调度，推动项目加快落地、加快实施。

三是不断优化投资营商环境。深入实施“降成本优环境”专项行动，全面实施市场准入负面清单制度和公平竞争审查机制，着力破除要素获取、准入许可、经营运行、政府采购和招标等领域的各类障碍和隐性壁垒，使政企沟通渠道规范化机制化，不断完善“亲”“清”新型政商关系。

（三）运行压力

尽管全省投资总体运行平稳，但制约投资增长的因素仍然较多，下行压力依然较大。

从投资增长曲线来看。受宏观经济形势、中美经贸摩擦、新冠肺炎冲击、市场需求疲软等因素影响，全省企业整体投资信心不足，投资意愿仍然不强，投资下行压力持续加大。从“十三五”期间情况看，全省投资增速逐年下滑，除2020年外，较GDP增速下滑态势更为明显（见图1、图2）。

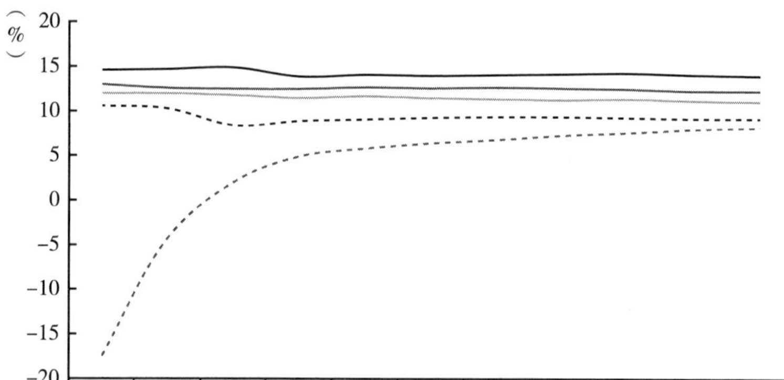

	2月	3月	4月	5月	6月	7月	8月	9月	10月	11月	12月
2016年	14.6	14.7	14.9	13.9	14.1	14.0	14.1	14.2	14.3	14.1	14.0
2017年	13.0	12.6	12.5	12.5	12.7	12.6	12.7	12.6	12.5	12.3	12.3
2018年	12.0	12.0	11.8	11.5	11.7	11.5	11.4	11.3	11.4	11.2	11.1
2019年	10.6	10.3	8.4	8.9	9.1	9.3	9.4	9.4	9.3	9.2	9.2
2020年	-17.5	-4.3	2.0	4.9	5.8	6.4	6.8	7.3	7.6	8.0	8.2

图1　江西省“十三五”期间固定资产投资增长曲线

资料来源：江西省统计局。

从投资项目要素制约来看。土地供给有限，一些项目因占用生态红线、基本农田或用地手续办理时间过长，无法按时开工；地方政府债务风险、资管新规落地导致地方政府投融资平台融资能力受限，一定程度上影响了重大项目资金落实；砂石等原材料开发管控约束加强，城市规划、土地规划调整困难，使项目落地实施受到不同程度影响。

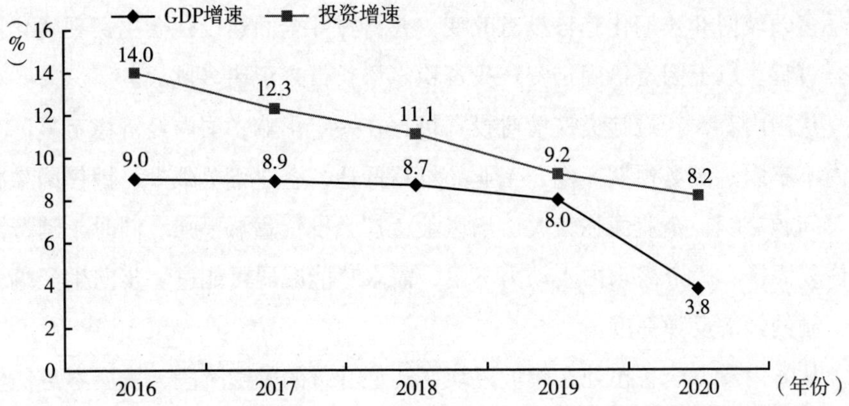

图2　江西省“十三五”期间 GDP 增速与投资增速走势

资料来源：江西省统计局。

从 2020 年投资数据来看。一是基础设施复苏力度低于预期。2020 年，全省基础设施投资增长 4.2%，低于全部投资增速 4 个百分点，增速较 2019 年低 4.7 个百分点。二是民间投资信心仍有待恢复。2020 年，全省民间投资同比增长 3.6%，低于全部投资增速 4.6 个百分点，增速较 2019 年低 6 个百分点；占全部投资的 65.2%，占比较 2019 年低 2.9 个百分点。

二　“十四五”时期江西省固定资产投资运行形势分析

“十四五”时期全省的固定资产投资面临一系列新的机遇与挑战。

（一）面临的挑战

从国际看，不稳定性、不确定性明显增加。新冠肺炎疫情仍在全球扩散蔓延，结束时间无法准确预测，对世界经济带来的严重冲击仍在继续。国际货币基金组织（IMF）2021 年 1 月报告预测，2020 年全球经济估计萎缩 3.5%；经合组织（OECD）成员国 2020 年国内生产总值下滑 4.9%，为该组织自 1962 年有数据记录以来的最大降幅，几乎所有经合组织成员国经济均有所萎缩。此外，地缘政治风险上升，经济全球化遭遇逆流，特别是中美关系多领域博弈长期化趋势没有改变，并将贯穿全面建设社会主义现代化国家全过程。以上因素给固定资产投资稳定增长带来了诸多挑战。

从国内看，新冠肺炎疫情对投资仍存在一定影响，国内经济稳定复苏基础尚不牢固。市场预期不稳、工业品价格低迷、企业订单减少、销售回款减少等问题交织，企业面临较大市场风险，扩大投资意愿不强。同时，消费需求恢复缓慢，投资需求内生动力不足，需求势能减弱可能进一步向生产端传导，制约经济反弹高度。

从省内看，全省正处在爬坡过坎、转型升级的关键阶段，发展不足仍然是全省的主要矛盾，投资总量不大问题依然突出，一些企业尤其是中小微企业生产经营困难，财政收支平衡难度加大，投资面临着一系列现实困难。

（二）存在的机遇

从国际层面看，经过一年的防疫实践探索，各国在统筹经济增长和疫情防控方面积累了一定经验，有效阻止了经济从衰退滑向萧条。总的来看，2021 年世界经济有望开启复苏进程。经合组织（OECD）2020 年 12 月发布的世界经济展望报告预测全球经济在未来两年将平均增长 4%。国际货币基金组织（IMF）2021 年 1 月报告预测，全球经济在 2021 年和 2022 年将分别增长 5.5% 和 4.2%。

从国内层面看，面对新冠肺炎疫情、世界经济严重衰退、美国遏制打压全面升级的“三重严重冲击”，我国率先控制疫情，成为全球唯一实现经济正增长的主要经济体，显示出强大的抗风险能力和顽强的韧性。随着国内经济稳定恢复态势不断巩固和拓展，继续发展具有多方面优势和条件，强大的国内市场将支撑未来投资增长。同时，中央把发展的立足点更多放到国内，加快构建新发展格局，建立完整内需体系，推动生产要素纵深布局，促进产业在国内有序转移，提出继续实施积极的财政政策和稳健的货币政策，将为投资稳定增长创造良好条件。

从省级层面看，“十三五”以来，全省在提升发展质量效益的同时，始终保持了较快的经济增速，较好地完成了各项目标任务，成功获批建设江西内陆开放型经济试验区、景德镇国家陶瓷文化传承创新试验区、鄱阳湖国家自主创新示范区和中科院赣江创新研究院等一批国家级平台，人流、物流、资金流、信息流加速向江西集聚，在 VR、移动物联网、LED 等新兴领域取得先发优势，特色优势产业链得到持续巩固和壮大，呈现高质量跨越式发展的良好势头。新发展格局的加快构建，必将有力支撑全省投资增长及项目推进工作。同时，省委、省政府出台《江西省关于构建更加完善的要素市场化配置体制机制的实施意见》《关于新时代加快完善社会主义市场经济体制的实施意见》等一系列改革措施，将进一步破除阻碍投资健康发展的体制障碍，为各类投资主体提供更加良好的投资环境和创新生态，进一步提高投资者的积极性和主动性。特别是省委经济工作会议提出，从 2021 年起实施为期三年的“项目大会战”，将对提振投资信心、促进项目建设起到重要作用。

三 “十四五”时期促进固定资产投资稳增长的总体要求、预期目标和重点举措

“十四五”时期是做好全省稳投资、抓项目工作的关键期，对于全省实现“作示范、勇争先”的目标定位、加快打造全国构建新发展格局的重要战略支点具有重要意义。

（一）总体要求

坚持以习近平新时代中国特色社会主义思想为指导，深入贯彻落实习近平总书记视察江西重要讲话精神和围绕投资提出的一系列新思想、新论断、新要求，坚持以供给侧结构性改革为主线，牢牢把握扩大内需战略基点，认真落实省委“二十四字”工作思路、高质量跨越式发展首要战略，聚焦关键领域和薄弱环节，加大补短板力度，发挥投资的关键作用，为谱写全面建设社会主义现代化国家江西篇章提供坚强支撑。

（二）预期目标

“十四五”期间，全省固定资产投资预期年均增长8%左右。其中，2021年全省固定资产投资预计增长8.5%左右。争取到“十四五”期末，固定资产投资增速位居全国前列，投资精准有效性全面提高，投资质量效益显著提升，各领域短板弱项加快补齐，政府投资管理进一步规范，民间投资活力有效激发，投融资体制改革持续深化，项目资金和要素得到有效保障，一大批重大项目建成投产并发挥效益。

（三）重点举措

1. 加快推进“两新一重”建设

新型基础设施方面，深入实施“宽带中国”战略，持续开展千兆光纤接入试点，推进高速光纤网络等信息基础设施建设；推进“智联江西”建设，加强5G技术与产业深度融合，加快智慧城市建设。新型城镇化方面，强化县城城镇化补短板强弱项，推进一批保障性安居工程、老旧小区改造、冷链物流、公共服务等项目和有利于城乡区域协调发展的重大项目建设；重大工程方面，推进公路、机场、高等级航道和港口等建设，着力建设交通强省；深入推进城乡供水、水生态环境保护等重大项目。完善能源基础设施，推进一批支撑性电源点项目建设，统筹推进油气管网、新能源等项目建设。同时，在产业升级、生态环保、公共服务等方面加快推进一批重大项目建设。

2. 加大投资补短板调结构力度

针对发展短板和群众关切，在综合立体交通、城镇老旧小区改造、冷链物流等方面，系统谋划实施一批重大项目，加快补齐全省发展短板。扩大制造业设备更新和技术改造投资，实施制造业高质量发展三年行动计划，实施新一轮传统产业技术改造升级行动，扩大高技术产业和战略性新兴产业投资。

3. 着力健全重大项目推进机制

坚持以“项目大会战”为引领，围绕开展项目集中开工、现场观摩、谋划推进“三大行动”，建立健全重大项目推进机制。一是定期调度机制。对省大中型项目、“项目大会战”项目进展情况及国家层面审批的重大项目前期工作情况实行按季调度，对省重点项目进展情况实行按月调度，对调度结果及时通报。二是协调推进机制。定期收集梳理省重大项目推进中遇到的突出问题，分级、分权限帮助协调解决；省政府每季度召开1次重大项目调度会议。三是挂点服务机制。每位省政府领导挂点2~3个重大项目，及时协调解决重大项目推进中的有关问题。四是考评奖惩机制。对各市、县（区）重大项目推进工作进行考核评价，将考核结果纳入全省高质量发展考评体系。对项目建设成绩突出的地方、部门，由省政府进行及时奖励。对工作推进不力的地区、部门，实行通报或由省领导进行约谈。

4. 积极促进民间投资更好发展

全面贯彻落实党中央、国务院决策部署，着力解决民间投资“玻璃门”“弹簧门”“旋转门”问题，不断放宽民间投资准入，形成市场主导的投资内生型增长机制。建立健全民营企业救助纾困机制，推动解决民间投资用地、用能、人才引进、政策配套、报建审批等实际困难，优化民间投资环境。进一步增强民间投资能力，支持民营企业加快转型升级，引导银行加大对民营企业的信贷支持。

5. 发挥政府投资的引导带动作用

精准聚焦中央预算内投资、地方政府专项债券等中央资金投向，扎实做好申报项目储备，完善申报项目各项前期手续，切实加强与国家部委的沟通，积极争取各类中央资金的最大支持。加快中央预算内投资计划分解下达及地方政府专项债券发行，确保资金尽早安排到具体项目。加快推进项目开工建设和计划执行进度，持续做好项目日常调度、在线监测和现场监督检查，对发现的问题及时督促解决，不断提高投资效益。用好专项债券用作部分项目资本金的政策，发挥好专项债券的撬动作用。

6. 纵深推进投资体制机制改革

持续优化营商环境，健全考核评价机制，以评促改、以评促优。加快政府投资领域立法，进一步明确政府投资范围，优化政府投资安排方式，加强政府投资事中事后监管。

7. 加强重大项目谋划储备工作

牢牢把握国家扩大有效投资政策机遇，聚焦“两新一重”领域，谋划储备一批重点项目，主动加强向国家有关部委汇报衔接，力争更多项目进入国家“盘子”。瞄准产业发展前沿和发展大势，紧盯国内外领军企业、发达地区动态，高起点谋划一批重点产业项目。

8. 切实强化投资项目风险防控

认真贯彻落实党中央、国务院关于坚决打好防范化解重大风险攻坚战的决策部署，加强规划阶段项目选址论证、生态环境风险防控。严格执行建设项目规划选址、用地、环评、审批（核准、备案）、施工许可、竣工验收等各项建设程序，确保项目严格按照建设程序和标准规范实施。进一步加强政府投资管理，科学测算项目投资规模，严格审核把关，严控盲目攀比、重复建设，避免投资大幅增加。

参考文献

江西省发展和改革委员会：《江西省国民经济和社会发展第十四个五年规划和二〇三五年远景目标纲要》，《江西日报》2021 年 2 月 18 日。

江西省人民政府：《2020 年江西省政府工作报告》，《江西日报》2021 年 2 月 8 日。

中国宏观经济研究院固定资产投资形势课题组：《2020 年固定资产投资形势分析与 2021 年展望》，《中国物价》2021 年第 1 期。

江西省统计局：《江西投资月度快讯》，2020 年 12 月。

国际货币基金组织（IMF）：《政策支持与疫苗预计将提振经济活动》，《世界经济展望》2021 年 1 月 25 日。

B.3

江西财政“十三五”回顾与“十四五”展望

江西省财政厅课题组*

摘　要：“十三五”时期是财政改革的关键时期，江西财政坚持政治统领，坚持目标导向，坚持统筹谋划，实施更加积极有为的财政政策，为全面建成小康社会贡献财政力量。“十四五”时期，江西财政将深入落实省委“二十四字”工作方针、高质量跨越式发展首要战略，深化财税体制改革，防范化解财政风险，加强财政资源统筹，提升财政管理水平，努力构建基础稳固、职能健全、保障有力、管理高效的公共财政体系，为谱写全面建设社会主义现代化国家江西篇章和描绘好新时代江西改革发展新画卷提供坚实保障。

关键词：财政　提质增效　江西

“十三五”时期是江西财政事业发展进程中极不平凡的时期，全省财政

---

* 课题组组长：朱斌，江西省财政厅党组书记、厅长。副组长：苏昌平，江西省财政厅党组成员、副厅长；聂和生，江西省财政公共服务中心党委书记。成员：黄绍松，江西省财政厅政策研究处处长；袁敏，江西省财政厅办公室主任；周志华，江西省财政厅预算处副处长；周小春，江西省财政厅国库处副处长、三级调研员；张忠华，江西省财政厅办公室副主任；陈星，江西省财政公共服务中心社保基金处三级调研员；刘石，江西省财政公共服务中心债务金融评价处科长；万平贤，江西省财政公共服务中心办公室一级主任科员；姜欢欢，江西省财政厅办公室二级主任科员；涂俊，江西省财政厅预算处二级主任科员；陈楚楚，江西省财政公共服务中心统计分析处副科长。

系统深入落实习近平总书记视察江西重要讲话精神，在省委、省政府的坚强领导下，坚持发展是第一要务，立足实际、开拓创新，积极打造“创新、创造，精明、精准，公正、廉政”财政。

一　江西财政“十三五”回顾

（一）财政运行稳中有进，财政综合实力迈上新台阶

1. 一般公共预算收支规模不断扩大

“十三五”期间，全省财政总收入累计完成18436.4亿元，年均增长6.03%。全省一般公共预算收入五年累计完成11766.5亿元，排位由全国第20位提升至第15位。“十三五”期间，通过大规模减税降费，全省的财政收入超额完成“十三五”目标。全省一般公共预算支出年均增长8.60%，2020年达6674.1亿元，五年累计完成28457.3亿元（见表1）。

表1　“十三五”时期江西省财政收支情况

单位：亿元，%

年度	财政总收入	一般公共预算收入	一般公共预算支出
2016	3143	2151.5	4617.4
2017	3447.7	2247.1	5111.5
2018	3795.8	2373	5667.5
2019	4001.6	2487.4	6386.8
2020	4048.3	2507.5	6674.1
年均增长率	6.03	2.97	8.60

资料来源：江西财政统计资料。

2. 政府性基金预算、国有资本经营预算、社会保险基金预算收支规模快速增长

“十三五”期间，政府性基金预算累计收入11059亿元，累计支出12290.9亿元，分别较“十二五”时期增长97.4%和123%。国有资本经营

预算累计收入321.5亿元，累计支出245.3亿元，分别较“十二五”时期增长676.3%和717%。社会保险基金预算累计收入8633.12亿元，累计支出7757.15亿元，分别较“十二五”时期增长133.23%和154.31%。

3. 县域发展势头强劲

“十三五”期间，县级财政收入年均增长7.1%，较全省平均增速高出1.1个百分点，2020年县级财政总收入达到3397.5亿元，是2015年的1.41倍；2020年，全省所有县（市、区）中，财政总收入超10亿元的有97个、超50亿元的有11个、超100亿元的有2个，与“十二五”末相比，分别增加12个、6个和1个；其中，南昌县、丰城市进入全国财政收入百强县榜单。

（二）财政职能充分发挥，助推经济发展取得新突破

一是持续加大财政科技投入。“十三五”期间，科技资金累计投入727亿元，年均增长21%，远超一般公共预算支出增幅，大力实施创新驱动发展战略。二是推动战略性新兴产业发展。深入推进“2+6+N”产业高质量跨越式发展行动，累计安排43.57亿元支持工业转型升级，安排5.45亿元资金对新能源汽车实施财政补贴，安排光伏、标准厂房建设等专项资金28.68亿元。三是创新财政投入渠道。五年累计发行政府债券6811.7亿元。在全国创新发行高标准农田建设、赣江新区绿色市政等专项债。由省发展升级引导基金投资和带动投入的资金额近600亿元，“财园信贷通”、“惠农信贷通”、融资担保、农业信用担保等模式撬动贷款超4000亿元；PPP累计入库项目428个，投资总额达3757亿元。四是减税降费保市场主体。落实国家系列减税降费政策，省级设立的涉企行政事业性收费项目全部取消，为企业减轻负担超过4100亿元。五是统筹抗疫和经济发展。出台惠企稳岗、税费减免、信贷支持等57项财税支持政策，推出“抗疫担保贷”“抗疫农担贷”“财园信贷通企业复工复产贷”等财政金融产品。六是一以贯之支农兴农。全省农林水累计支出3139.92亿元，其中，投入150亿元实施新农村建设，筹集348亿元推进高标准农田建设。

（三）财政保障精准有力，促进三大攻坚战取得新成效

一是坚持底线思维，全力防范政府债务风险。出台《江西省政府性债务管理办法》等规范性文件。坚持“开前门、堵后门”，对各地债务情况进行动态监测，稳妥化解政府隐性债务存量，推进市县融资平台整合，开展债务信息共享比对工作，坚决遏制隐性债务增量。二是坚持精准理念，全力支持脱贫攻坚。“十三五”期间，累计安排财政专项扶贫资金290.4亿元，其中省级资金146.4亿元，连续四年保持高增长；创新财政涉农扶贫资金统筹整合机制，在全国率先出台统筹方案，率先引入第三方交叉审核，率先推出“联审联批”机制；建立覆盖中央、省、市、县四级资金动态监控平台，全省累计监控涉及扶贫资金达3594亿元。三是坚持绿色发展，全力打好污染防治攻坚战。统筹超过173.7亿元健全完善流域生态补偿机制，纵向生态补偿覆盖所有100个流域县市区；统筹下达超100亿元支持打好蓝天、碧水、净土保卫战，建立污染防治攻坚战以奖代补正向激励机制，东江、渌水跨省流域横向生态补偿顺利推进，省内流域上下游横向生态补偿覆盖90%的县市；统筹94.74亿元支持生态公益林和天然商品林建设，重要生态区位的森林资源得到有效保护。

（四）财政公共属性凸显，民生保障能力实现新提升

五年来共筹集8000亿元实施民生实事工程。一是教育支出稳步增长。“十三五”期间教育支出累计5216.7亿元。2020年，全省教育支出占财政支出的比重达到18.3%，稳居全国前列。二是养老保险连年增长。连续十六年提高企业退休人员基本养老金。通过对企业职工基本养老保险基金实行省级统收统支，确保全省约300万名企业退休人员养老金按时足额支付。三是推进医疗卫生服务体系建设。基本公共卫生服务补助标准逐年增加。实现生育保险与基本医保合并实施。全面推行省内和跨省异地住院费用即时结算，解决参保人员住院先垫钱后报销的难题。支持公立医院改革，对所有省直医疗机构取消药品加成部分按10%比例予以补助。积极应对新冠肺炎疫

情，强化财政兜底保障，全省各级财政筹集70.4亿元资金。下达抗疫特别国债资金190亿元，统筹用于公共卫生领域基础设施建设及相关支出。四是完善失业保险政策。出台失业保险扩围政策，强化失业保险保生活的功能。出台失业保险稳岗返还政策，鼓励企业稳定就业岗位。出台技能提升补贴政策，鼓励参保职工提升职业技能，发挥失业保险预防失业的作用。五是统筹推进社会福利体系建设。城乡低保、特困人员、居民养老、居民医保等补助标准继续提高，完善社会救助和保障标准与物价上涨挂钩联动机制，统一农村特困人员集中和分散供养标准。

（五）财政改革不断深化，现代财政制度取得新进展

一是财政改革持续深化。四套预算全部提交人大审议。预决算公开深入推进，零基预算顺利推开，构建支出标准化管理体系；加快推进省与市县收入划分改革、省与市县增值税留抵退税分担机制、财政事权和支出责任划分改革；积极开展政府采购改革，建立“互联网+政府采购”模式，推广政府采购网上商城交易模式；深化财政“放管服”改革，全面实施财政票据和非税收入收缴管理电子化改革并成功对接“赣服通”。二是税制改革步伐加快。《江西省税收保障条例》顺利实施，“营改增”圆满完成，全面推开资源税改革，取消矿产资源补偿费，依法制定江西省资源税适用税率方案，提高资源节约利用率；及时完成环境保护税法、耕地占用税法授权事项。三是管理效能不断提升。制定《江西省省级财政专项资金管理办法》，省级专项资金由139项清理压缩至39项；全面实施预算绩效管理，推动预算绩效管理一体化，开展涉及一般公共预算的政府投资基金等项目绩效评价，省直部门预算项目绩效自评实现全覆盖；建立县级“三保”支出监测预警机制，全面推行预算执行动态监控系统，开发建成公务消费、直达资金等监管“六平台一中心”，出台过“紧日子”系列政策措施，连续6年实现全省“三公”经费的压缩。

五年来，省财政系统始终坚持以政治统领，以习近平新时代中国特色社会主义思想为指导；始终坚持法治思维，深入贯彻落实《中华人民共和国预算法》

等法律法规，牢固树立预算法治意识。坚持依法行政，依法全面履行财政职能，健全行政决策机制；始终坚持统筹谋划，聚焦全面建成小康社会短板弱项，深化财税体制改革，推动高质量发展；始终坚持目标导向，提高财政统筹配置公共资源的能力，发挥好财政资金和政策引导效应，努力促进财政经济协调发展，激发市场活力，稳定市场预期，为市场主体持续健康发展奠定基础。

二 江西财政“十四五”形势分析

“十四五”时期，国内外发展环境正发生深刻变化，既有有利环境，也有压力挑战。全省财政资源配置、财政政策落实、财政体制改革仍具有稳定运行的良好基础和条件，但也面临一系列新困难和新挑战。

（一）财政收入税收占比有待提高

2020 年全省一般公共预算收入中税收占比为 67.9%，在全国排位第 23，与全国平均水平 84.4% 差距较大，在中部地区省份中，排名倒数第 2，仅高于河南（见表 2）。税收占比不高的主要原因：一是经济结构不优，工业税收贡献比重不高，2020 年仅占 36.8%；二是重点行业税收收入减少较多，占全省税收比重近 60% 的工业和房地产业税收分别下降 6.3% 和 8.7%。传统产业中，黑色金属冶炼加工、化学原料制造、汽车制造和成品油等行业税收分别下降 33.2%、24.2%、21.5% 和 14.3%；服务业中，住宿餐饮业税收下降 67.1%。因此，“十四五”时期江西财政必须在保持财政收入较快增长的同时，努力提高收入质量。

表 2　2020 年一般公共预算收入中税收占比情况

单位：%

地区	一般公共预算收入中税收占比
全国	84.4
河南	66.5
湖北	76.6
安徽	68.4

续表

地区	一般公共预算收入中税收占比
湖南	68.4
山西	70.8
江西	67.9

资料来源：江西财政统计资料。

（二）省级调控能力较弱

全省长期以来实施财力向下倾斜的财政体制，县级财力占比高，省级财力占比偏低，调控能力弱，收支矛盾突出。2018 年县级财力占全省的63.7%，居全国第 2，仅低于浙江省，而省级仅占 14.6%，低于全国平均水平6.6 个百分点，居全国倒数第 5。2019 年省级财力占全省的比重为11.5%，居全国倒数第 8。在承担城乡义务教育、居民养老保险、医疗保险、基本公共卫生服务、困难群众救助等省与市县共同事权中，省级平均承担了地方支出责任的 70% 以上，财力与事权和支出责任配置不协调。近年来，随着经济社会形势变化和各领域改革深化，省级防范各类重大风险挑战、促进高质量跨越式发展、应对突发公共事件等宏观调控职责加大，承担的主体责任、兜底责任增多，收支矛盾突出。因此，“十四五”时期，必须大力推进财税体制改革，增强省级宏观调控能力。

（三）财政收支将在较长时期处于相对“紧平衡”状态

收入方面，全省经济发展势头强劲，必将有效支撑财政收入恢复性增长。但经济运行也面临较多外部不确定不稳定因素，叠加减税降费政策措施的影响，财政“稳增长、提质量”压力较大。支出方面，实施“十四五”规划，推进高质量跨越式发展，各领域财政支出增长刚性较强。另外，政府法定债务逐渐进入偿还高峰期，化解存量隐性债务难度加大，财政运行仍将处于“紧平衡”状态。

（四）国家治理体系与治理能力现代化对财政治理提出更高的要求

预算管理体制改革、优化省以下政府间事权和支出责任划分、健全地方税体系等已进入深水区，都是触及深层次利益格局的调整和制度体系变革，复杂性、敏感性、艰巨性更加突出；同时，财政管理机制仍不尽完善，资金监管力度仍需加大，财政运行效率和资金使用绩效有待提高，迫切需要加快构建现代财税体制，推进财政理念创新、管理创新、技术创新，建立健全财政资源配置长效机制，提高财政管理效能，发挥财政对重要领域和关键环节的重大牵引作用，加快推进各项改革落实，加快推进高质量跨越式发展。

三　江西财政“十四五”展望

“十四五”时期，全面推动江西财政高质量发展，事关全省发展改革稳定大局，责任重大，使命光荣。

（一）基本思路

1. 提高政治站位，切实把“两个维护”贯彻到财政工作全过程

要一以贯之强化党对财政工作的全面领导，坚持以“政”领“财”、以“财”辅“政”，始终做到对国之大者心中有数，推动党的路线方针政策和中央、省委省政府各项决策部署在财政部门落实落地。

2. 更加积极有为，发挥财政职能，服务全省发展大局

财政是国家治理的基础和重要支柱，要立足新发展格局，推进积极的财政政策提质增效，不断提升政策精准性。

3. 突出底线思维，推动财政平稳可持续发展

依法依规组织财政收入，坚决杜绝财政收入弄虚作假行为。牢固树立过紧日子思想，提高支出绩效。要兼顾稳增长和防风险需要，切实防范化解财政重点领域风险，确保风险可防可控。

4. 坚持深化改革，推进财政治理体系与治理能力现代化

紧紧围绕建立现代财政制度，进一步完善标准科学、规范透明、约束有力的预算制度，扎实推进省以下财政事权和支出责任划分改革，深化财政管理改革，不断将各项改革推向前进。

（二）主要举措

1. 坚持新发展理念，推动经济高质量跨越式发展

坚定不移贯彻新发展理念，以新发展理念把握和构建新发展格局，切实提升发展质量效益。

（1）支持科技创新驱动战略。综合运用财政奖补、税收优惠、投资基金等政策工具引导，形成多元化科技投入格局。大力实施“5511”工程倍增计划，加快鄱阳湖国家自主创新示范区建设。支持中科院赣江创新研究院、中国中医科学院江西分院和中医药国家大科学装置等国家级创新平台共建，推动科研力量优化配置和资源共享。落实人才优先战略，建立健全以省人才计划为龙头的引才聚才育才政策体系。完善激励机制和科技评价机制，持续开展减轻科研人员负担、激发创新活力专项行动，更好地发挥科技支撑高质量发展的作用。

（2）支持产业高质量发展。推动“2+6+N”产业高质量发展，构建布局优化、结构协调、链条完善、竞争力强的产业集群，重点支持航空等优势产业发展。切实把数字经济发展作为产业转型升级、新兴产业培育、新旧动能转换的“一号工程”。打造新兴产业链，突出数字经济引领，争创国家数字经济创新发展试验区。大力发展“5G+工业互联网”，推动5G基站建设。支持开展独角兽企业、瞪羚企业培育行动，培育更多专精特新的“小巨人”和制造业单项冠军企业。充分发挥省发展升级引导基金作用，撬动更多资金，促进项目落地实施。推进“财园信贷通”转型升级，建立融资担保体系再担保风险分担机制，缓解民营企业、小微企业融资难融资贵问题。

（3）支持双循环相互促进的新发展格局。增强产业链供应链自主可控能力，支持打通生产、分配、流通、消费各个环节。补齐短板和锻造长板，

解决一批“卡脖子”技术问题。坚持扩大内需这个战略基点，注重需求侧管理，释放内需潜力，有序扩大农村消费市场。

（4）支持构建全面开放新格局。主动融入共建“一带一路”、长江经济带、长江中游城市群、长三角一体化，积极对接粤港澳大湾区、深圳中国特色社会主义先行示范区和海南自由贸易试验区（港），统筹整合相关专项资金，支持南昌昌北国际机场客货运发展，畅通陆路通道，推动铁海联运、赣欧班列稳定开行。支持赣州国际陆港、综合保税区、九江航运中心建设。深化对外财经交流合作，更好地服务于改革发展工作大局。深入实施全省区域发展战略。发挥财政助力“一圈引领、两轴驱动、三区协同”区域发展战略的作用，加快构建内外并举、全域统筹、量质双高的开放新格局。做强做优大南昌都市圈，推动赣南等原中央苏区高质量发展，推动赣东北、赣西加快转型升级。支持现代综合交通运输体系建设，完善铁路、公路、水路、民航基础设施网络，提高交通运输基础设施建设水平。

（5）支持乡村振兴战略。在保持主要财政帮扶政策整体稳定的基础上，建立与巩固脱贫攻坚成果相适应的投入保障机制。提高土地出让收入用于农业农村比例，与实施乡村振兴战略规划相衔接。深化农业供给侧结构性改革，促进农业从增产导向转向提质导向。推进高标准农田建设，推动补贴发放与耕地地力保护相挂钩，提升耕地质量。强化农业科技和装备支撑，支持完善农业社会化服务体系。加强重大水利工程、灾后水利薄弱环节等项目建设，提升水利防灾减灾能力。加强种质资源保护和利用，加强种子库建设。支持改善乡村人居环境，开展乡村建设行动，推进美丽乡村建设提档升级。加强农业面源污染防治，实施农业化肥“零增长”行动。

2. 坚持以人民为中心，持续改善人民生活品质

统筹财政性资金，支持民生事业发展。发挥财政保障作用，建立健全基本公共服务体系，支持构筑高质量发展的民生根本和社会稳定基石。

（1）支持疫情防控各项工作。落实医务人员临时工作补贴政策，支持医院疫情防控设备采购，加快推进公共卫生体系、应急物资保障体系建设。完善重大疫情医疗救治费用保障机制，确保医疗机构先救治、后收费。健全

重大疫情医疗救治医保支付政策，确保患者不因费用问题影响救治。对重点特殊人群新冠肺炎核酸检测费用予以补助，做好新冠肺炎病毒疫苗及接种费用保障工作。

（2）支持生态文明建设。深入开展长江经济带“共抓大保护”攻坚行动和生态鄱阳湖流域建设行动，大力推进“五河两岸一湖一江”全流域治理。支持推进生态保护补偿机制建设，实施新一轮东江流域和渌水流域上下游横向生态补偿。开展省内跨流域横向生态补偿，完善森林生态效益和天然林保护补助政策。进一步推进重点功能区域生态差别化补偿等试点，完善湿地生态效益补偿机制。推进碳排放权交易市场发展，推动绿色低碳发展。推进实施山水林田湖草生态保护修复工程，实施重点生态修复工程。推进大气、水、土壤污染防治行动，全面实施污染土壤风险管控和修复工程。设立省级土壤污染防治基金。支持重点水域禁捕退捕，将符合条件的退捕渔民按规定纳入相应的社会保险制度。

（3）支持优先发展教育事业。推动实施教育强省战略，统筹推进城乡义务教育一体化发展，加强义务教育薄弱环节改善与能力提升。支持办好学前教育，健全完善学前教育投入机制，扩大普惠性学前教育资源，多渠道增加普惠性学前教育资源供给。统筹普通高中和中等职业教育协调发展，落实全省普通高中生均公用经费标准，建立健全以财政投入为主、其他渠道筹集经费为辅的普通高中投入机制。支持教育部与江西省共建职业教育创新发展高地，推进国家职业教育虚拟仿真示范实训基地的建设和运营。推进高等教育提高教学质量。支持技工教育发展，培养造就与全省经济社会发展目标相适应、结构素质与产业企业需求相匹配的技能人才队伍。

（4）支持公共文化服务体系建设。支持加快文化强省建设，提升赣鄱文化软实力，构建基层公共文化服务体系。整合基层宣传文化资源，支持广电、体育事业发展。持续推进公共文体设施免费（低收费）开放。推动优秀传统文化传承发展，大力传承红色基因，支持长征国家文化公园江西段、景德镇国家陶瓷文化传承创新试验区建设，持续加大文物和非物质文化遗产保护力度。推动文化与旅游、科技、金融深度融合，促进文化旅游产业发展，带动消费升级。

（5）支持社会保障改革。加强对基本养老保险基金运行的监控，确保足额发放。研究制定基本养老金合理调整机制，统筹考虑职工平均工资增长率和物价涨幅等因素，适当控制提标幅度，实现养老保险制度可持续发展。完善城乡居民养老保险参保缴费激励约束机制。健全财政补贴政策，强化激励约束措施，引导居民主动、长期缴费。根据经济发展和居民收入增长情况，逐步提高城乡居民养老保险最低缴费标准。开展城乡居民养老保险基金委托投资运营工作，提高基金收益率。推进养老服务体系建设。支持加快构建与居家社区机构相协调、医养康养相结合的养老服务体系。统筹全省社会救助体系建设，优化社会救助资源配置，明确社会救助功能定位，坚持雪中送炭原则，进一步加大对各项救助政策的支持投入，做好社会救助兜底保障工作。积极落实退役士兵社会保险补缴政策，妥善解决退役士兵基本养老保险和基本医疗保险未参保或中断缴费问题。

（6）支持就业优先政策。加大对高校毕业生、农村转移劳动者、去产能企业下岗职工、退役军人等重点群体就业创业的扶持力度，并加强对灵活就业、新就业形态的支持。强化稳就业举措，进一步加大减负稳岗力度，支持企业复工复产。开展大规模职业培训，逐步建立覆盖全体、贯穿劳动者终身的职业培训体系。充分发挥创业担保贷款贴息和奖补资金作用，扶持创业，稳定促进就业。

（7）支持健全医疗卫生制度。继续提高基本医疗保险筹资标准，进一步提高财政补助标准，强化个人缴费征缴，提高个人缴费占总体筹资的比重，增强保障能力。统一全省职工医保和大病保险政策，做实医疗保险基金市级统收统支，深化药品、医用耗材集中带量采购制度改革。持续推进医保支付方式改革，落实异地就医结算制度，开展门诊费用跨省直接结算试点。逐步提高基本公共卫生服务投入水平，深化公立医院改革，推进国家区域医疗中心创建和城市医疗集团建设试点。支持完善疾病预防控制体系和重大疫情防控救治体系，增强应对突发重大公共卫生事件的能力。支持中医药传承创新发展，加强对热敏灸品牌的扶持，加快赣产中药材品牌建设。

（8）推进以人为核心的新型城镇化。继续推进保障性安居工程建设，加快建立多主体供给、多渠道保障、租购并举的住房制度。支持老旧小区改造，支持引导既有住宅加装电梯，改善居民基本居住条件。完善城市基础设施和公共服务体系建设，推进城市公共停车设施建设，提升城市金融、商贸、物流、科技、教育、信息、文体、康养、会展等功能。

3. 坚持全面深化财税改革，加快建立现代财税制度

统筹推进各项财税体制改革，全面优化财政资源配置，建立统一完整、法治规范、公开透明、运行高效，有利于财政高质量发展和可持续的现代财政制度。

（1）深化预算管理制度改革。推进全口径预算管理，科学划分预算项目类型，推进省直预算部门专用定额标准制定。在全省范围内推广零基预算改革。强化项目库建设，构建以宏观政策目标为导向、以规范的项目库管理为基础、以预算评审和绩效管理为支撑的项目支出预算管理模式。基本建成具有江西特色的“全方位、全过程、全覆盖”及“有评估、有目标、有监控、有评价、有应用”的预算绩效管理体系，实现预算和绩效管理一体化。积极引导和规范第三方参与预算绩效管理。

（2）加快财税体制改革。按照国家的部署要求，研究制定公安、自然资源、生态环保、应急救援、公共文化等领域改革方案。完善省与市县增值税留抵退税分担机制，充分调动其发展积极性。理顺省以下财政管理关系，研究完善省直管县体制。进一步完善转移支付制度与财政事权的衔接。

（3）防范化解债务风险。完善政府债务管理体制机制，依法构建管理规范、责任清晰、公开透明、风险可控的地方政府举债融资机制。完善地方政府债务限额分配机制。加强风险评估预警结果应用。防范化解地方政府隐性债务风险，完善常态化监控机制。坚决防止风险累积、形成系统性风险。严格落实政府举债终身问责制和债务问题倒查制。完善政府债券发行管理机制，推进债券资金使用绩效管理，积极推进地方债柜台发行工作，健全政府债务信息公开机制。适应国际形势和国际金融组织贷款政策变化，探索开展非主权贷款业务，积极争取多双边贷赠款资源，提高合作附加值。

参考文献

刘昆：《在全国财政工作会议上的讲话》，2020 年 12 月 31 日。

朱斌：《关于江西省 2020 年全省和省级预算执行情况与 2021 年全省和省级预算草案的报告》，《江西日报》2021 年 3 月 2 日。

朱斌：《“十四五”时期江西财政改革发展的思考》，《中国财政》2020 年第 22 期。

朱斌：《在全省财政工作会议上的讲话》，2021 年 1 月。

江西省发展和改革委员会：《江西省国民经济和社会发展第十四个五年规划和二〇三五年远景目标纲要》，《江西日报》2021 年 2 月 18 日。

B.4

江西工业“十三五”回顾与“十四五”展望

江西省工业和信息化厅课题组*

摘　要：　“十三五”以来，面对复杂严峻多变的外部环境，全省工业和信息化系统全面贯彻新发展理念，紧扣高质量跨越式发展要求，以供给侧结构性改革为主线，深入实施工业强省战略，“十三五”工业转型升级规划确定的“四上一形成”的目标全面完成，取得了历史性成就，迈上了新的台阶，新兴工业大省地位基本确立。“十四五”时期是江西省与全国同步开启全面建设社会主义现代化新征程的第一个五年，全省工业和信息化系统将立足新发展阶段，贯彻新发展理念，构建新发展格局，以推动高质量发展为主题，打造中部制造业高质量发展示范区、全国传统产业转型升级高地和新兴产业培育发展高地，为谱写全面建设社会主义现代化国家江西篇章的出工业方面的更大贡献。

关键词：　高质量跨越式发展　新兴工业大省　一区两高地　江西

---

* 课题组组长：杨贵平，江西省工业和信息化厅党组书记、厅长。副组长：辛清华，江西省工业和信息化厅党组成员、副厅长。成员：曾祥清，江西省工业和信息化厅综合处处长；陈焕标，江西省工业和信息化厅综合处副处长；黄伟新，江西省工业和信息化厅综合处干部；黄金城，江西省工业和信息化厅综合处干部；梅斌，江西省工业和信息化厅综合处干部；李天昊，江西省工业和信息化厅综合处干部。

一 “十三五”期间江西工业发展回顾

“十三五”以来，面对复杂严峻多变的外部环境，全省工业和信息化战线坚持以习近平新时代中国特色社会主义思想为指导，认真贯彻习近平总书记视察江西重要讲话精神，全面贯彻新发展理念，紧扣高质量跨越式发展要求，以供给侧结构性改革为主线，深入实施工业强省战略，“十三五”工业转型升级规划确定的总量上台阶、结构上层次、技术上水平、融合上级别和低碳循环绿色工业体系基本形成等“四上一形成”目标任务全面完成，为江西省与全国同步开启全面建设社会主义现代化新征程奠定了坚实的工业基础。

（一）基本情况

2016~2019年，全省规模以上工业增加值快速增长，年均增长率为8.9%，位居全国前列。2020年，受新冠肺炎疫情冲击，工业经济增速有所下滑，但仍高于全国平均水平1.8个百分点，列全国第14位（见图1）。“十三五”末，全省全部工业增加值接近9000亿元（8952.7亿元），较“十二五”末增加2000多亿元，对全省经济增长的贡献率超过40%；全省规上工业实现营业收入37909.2亿元，同比增长7.9%，高于全国平均水平7.1个百分点，列全国第1位；实现利润总额2438.1亿元，增长12.2%，高于全国平均水平8.1个百分点，列全国第9位、中部第1位，均为历史最好排位。

（二）基本特点

1.新兴工业大省基本建成

“十三五”以来，江西省工业主要经济指标挺进全国中上游，工业化进程已跨越工业化中期并加速迈向中后期。工业增加值、规模以上工业营业收入和利润总额分别进位至全国第14位、第13位和第10位，增速居全国“第一方阵”。规模以上工业企业13710家，居全国第11位，净增4484家；

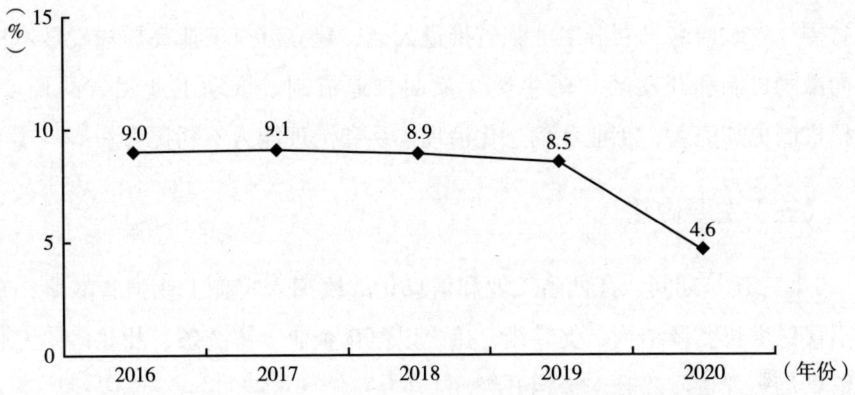

图1　“十三五”江西省规模以上工业增加值增速

资料来源：江西省统计局。

其中百亿企业28家、净增12家。工业对就业、税收、GDP、投资的贡献率分别在30%、30%、40%、50%左右，研发投入占全社会研发投入的比重超过80%。世界VR产业大会、国际麻纺博览会、工业设计大赛等成为具有区域性、全国性乃至世界级影响力的重大工业发展平台。

2. 数字融合赋能不断提速

“十三五”末，全省两化融合发展指数达到全国平均水平、增速居全国前列。全省制造业数字化转型明显加快，上云企业总数突破3万家，智能制造“万千百十”工程目标超额完成，全部企业生产设备数字化率达40.7%，关键工序数控化率达43.6%，数字化研发设计工具普及率达64.1%。新型基础设施建设明显提速。全省开通5G基站超3.3万个，建成NB-IoT基站7.3万个、eMTC基站7.7万个，高速光纤网络和4G网络覆盖城乡。“03”专项加快转化，泛物联网连接数超2000万个。数字经济占全省GDP的比重超30%。

3. 工业治理体系加快完善

“十三五”期间，省委、省政府高位推动工业强省战略。推出产业结构优化升级行动，配套制定系列产业规划、行动计划、实施方案，以“三大工程”“六大路径”“五大载体”为核心的工业强省建设，推进产业体系更加完善。成立以省政府主要领导担任组长的省工业强省建设领导小组，每年以省委、省政府名义召开工业强省推进大会，建立健全工业高质量发展考核正向激励机制和开发区“蜗牛奖”反向倒逼机制，推动工业强省的调度、考核机制更加完善，工业和信息化治理体系和治理能力不断提升。

（三）主要做法

“十三五”期间，江西省工业和信息化战线深入实施工业强省战略，坚定不移稳增长、调结构、促升级，持之以恒育企业、铸链条、壮载体，工业和信息化实现量质双升、提档升级。

1. 突出稳增长，发展后劲持续增强

深入实施“2＋6＋N”产业高质量跨越式发展行动计划，产业发展势头持续向好。“十三五”末，全省千亿产业达13个，比2015年增加2个。其中，有色产业产值稳居全国第1位；电子信息产值居全国第8位、中部第1位；航空产业产值突破1000亿元，达1201亿元，制造规模居全国第3位。装备、建材、石化等产业产值突破3000亿元，钢铁、食品、节能环保等产业产值突破2000亿元，电工电器、纺织服装、汽车、医药、物联网等产业产值突破千亿元。此外，全省特色产业快速发展，光伏产值超700亿元，中医药产值达500亿元、锂电产值超300亿元，虚拟现实产值近300亿元。项目建设快速推进。“十三五”期间，全省工业投资年均实现两位数增长，远超全国平均水平；实施亿元以上重大项目5760项，较“十二五”时期增加760多项；“十三五”末，全省工业技改投资增长16.4%，占全部工业投资的39.2%，创历史新高。

2. 突出调结构，转型步伐明显加快

供给侧结构性改革扎实推进，提前四年完成钢铁行业去产能目标，累计退出生铁产能50万吨、粗钢产能433万吨，获国务院通报表彰。绿色制造体系加快形成，打赢打好工业污染防治攻坚战，提前一年超额完成规模以上单位工业增加值能耗下降目标，累计下降21.3%；万元工业增加值用水量较“十二五”末降低30.7%，超额完成目标。加大工业固废综合利用力度，制造业一般工业固废综合利用率达95%，较“十二五”末提高约5个百分点，基本实现变废为宝。与此同时，移动物联网、虚拟现实、大数据、5G等新兴产业蓬勃发展，未来产业蓄势待发，一大批新技术新业态新产业新经济加速成长。

3. 突出促升级，发展动能加速转换

“十三五”期间，江西省工业发展从单一的投资拉动型加速向创新驱动、融合提升、绿色转型等多元接续转换。创新驱动力增强。全省规上工业企业R&D投入强度突破1%，比2015年翻番，累计建设1家国家级制造业创新中心、4家省级制造业创新中心、404家省级企业技术中心、66家省级工业设计中心和11家园区产业创新服务综合体，组建产学研合作示范基地7家，完成省级新产品立项近3000项。融合发展深化。全省首个工业互联网标识解析综合型二级节点接入国家顶级节点试运行；“军转民”“民参军”加速，新增“民参军”取证企业32家，重点军工单位一般能力社会化配套率达到65%。绿色转型加快。全省累计认定104家绿色工厂，培育2家绿色供应链企业、16个国家级绿色产品。江西省是国家新能源汽车动力蓄电池回收利用7个试点省份之一。

4. 突出育企业，综合实力提升明显

“十三五”期间，江西省遵循企业成长规律，实施企业梯次培育计划，实现规上工业企业年均增长1000家左右，江铜集团年销售超3000亿元，是全省唯一一家进入世界500强的企业，由1家千亿企业、28家百亿企业、过万家规上企业组成的梯次发展格局初步形成。企业专业化水平明显提升。累计培育“专精特新”企业1792家。企业管理能力明显增强。现代企业制度加快建立，累计评选省级管理创新成果1500余个，其中85项成果入围国家级成果，认定省级管理创新示范企业53家。

5. 突出强载体，产业集聚效应显现

园区是资金、项目、市场主体、产业聚集的载体。深入实施项目“满园扩园”和“两型三化”行动计划，引进“5020”项目实现开发区全覆盖。实施产业集群“双百”工程，支持市县强化集群培育，提高产业集中度。“十三五”期间，全省重点产业集群总数达100个，较“十二五”末增加42个。其中南康家具产业集群、南昌高新区光电及通信产业集群产值过千亿元，8个重点产业集群产值过500亿元，88个过百亿元。至“十三五”末，全省重点产业集群实现营业收入突破2.1万亿元，占开发区营收总额的2/3以上，占规模以上工业营收总额的比重超过50%、达55.7%。园区承载能力显著增强，累计建设标准厂房超1亿平方米，工业园区智慧云平台贯通全省开发区，上线企业突破3万家，建成各类专业化平台1227个、多功能综合性服务平台82个。

6. 突出铸链条，开放合作持续深化

省委、省政府创新实施产业链链长制，实施补链延链强链固链行动，全力通堵点、连断点、破难点，着力提升产业链供应链稳定性、安全性和竞争力。开放平台提能升级。世界VR产业大会从无到有，连续三年成功举办世界VR产业大会，习近平总书记向首届大会发来贺信，成为江西参与新一轮科技革命和产业变革的重要“入场券”。对外合作交流加深。省部省企省校合作进一步加强，与工信部、中国民航局、中国科学院、中航工业、中国商飞、浪潮集团等签订战略合作协议，积极赴欧美和“一带一路”沿线国家寻求国际合作。主办承办中国先进技术转化应用大赛、中国500强企业高峰论坛、赣港航空（通航）产业投资合作专题推介会、赣深电子信息产业推介会、赣台新能源及智能汽车产业对接会，以及海西经济区纺织产业链对接会、粤港澳大湾区电子信息产业链对接会等经贸活动。

“十三五”以来，江西省坚定不移走新型工业化道路，工业强省战略扎实推进，发展后劲不断增强，但与制造业高质量发展要求还存在差距，对比其他兄弟省市还存在不少短板弱项。一是制造业占比下降过快。江西制造业占比从2015年的38.4%下降至2020年的33%左右，累计下降幅度居全国第6位。二是自主创新能力不足。规模以上工业企业的研发投入强度远低于全国平均水平，成果转化率不到20%、产业化率仅5%，技术进步对工业增长的贡献、对产业发展的支撑明显不足。三是传统产业占比仍然过大。传统产业占全部工业的70%以上，一般加工工业和资源密集型产业比重过大，生产技术以初加工和简单组装为主，产品以中低端为主，提质增效升级压力突出。四是生产要素集聚难度加大。劳动力供需失衡，土地等要素制约明显，企业融资难融资贵的问题依然突出，这些问题已成为制约江西制造业高质量发展的重要瓶颈。“十四五”期间，全省工业和信息化系统将采取务实举措，努力创新发展方式，解决发展中的问题。

二 “十四五”时期江西工业发展展望

“十四五”时期是全面开启社会主义现代化强国建设新征程的重要机遇期、“两个一百年”奋斗目标的历史交汇期。从全国看，我国工业发展将步入后工业化时代，“十四五”时期也是全面开启现代化建设新征程的头五年；从全省看，是蓄势待发、进位赶超的关键五年。“十四五”期间，全省工业和信息化系统将立足新发展阶段，贯彻新发展理念，构建新发展格局，奋力开启工业强省建设新征程。

（一）总体思路

坚持以习近平新时代中国特色社会主义思想为指导，深入贯彻党的十九大和十九届二中、三中、四中、五中全会精神和习近平总书记视察江西重要讲话精神，聚焦“作示范、勇争先”目标定位和“五个推进”重要要求，坚持稳中求进工作总基调，以推进工业高质量、跨越式发展为主题，以深化工业供给侧结构性改革为主线，以实施工业强省战略为统揽，以改革创新为根本动力，以实施产业链链长制为抓手，坚持创新发展、融合发展、绿色发展、开放发展、安全发展“五大路径”，统筹推进制造业高质量发展“十大行动”，加快提升产业基础高级化和产业链现代化水平，加快形成以数字经济为引领、以先进制造业为主体、先进制造业与现代服务业融合发展的现代产业体系，创建中部制造业高质量发展示范区，打造全国传统产业转型升级高地和新兴产业培育发展高地，建设有色金属、电子信息、航空及装备制造、新能源、新材料、中医药、数字经济等七个国家重要产业基地，努力保持制造业占全省 GDP 的比重在 1/3 以上，着力夯实构建新发展格局的产业支撑，为谱写全面建设社会主义现代化国家江西篇章做出工业方面的应有贡献。

（二）主要目标

——规模总量新跨越。工业增加值突破万亿元大关、力争达到1.5万亿元，规模以上工业增加值年均增速比全国平均高1～2个百分点。规上工业企业总数突破2万家，力争主要经济指标在全国排位前移。制造业占全省GDP的比重稳定在1/3以上。

——产业结构新升级。战略性新兴产业增加值占比稳步提升。高新技术产业、装备制造业加快发展。千亿级产业集群达到15个，其中世界级先进制造业集群1～2个，产业链供应链现代化水平明显提升。

——质量效益新提升。创新能力明显增强，规模以上工业R&D投入强度达到1.5%，产业基础薄弱问题初步缓解；新一代信息技术与制造业深度融合，数字产业化、产业数字化取得明显进展，两化融合发展指数、装备数控化率、生产设备数字化率稳步提升。

——区域经济新突破。大南昌都市圈工业引领地位更加凸显，营业收入占全省的比重超过51%，其中南昌市占全省比重超过1/4。工业对赣州建设省域副中心的支撑效应更加坚实，九江、吉安、上饶、宜春加快迈向工业强市，鹰潭、新余、抚州、萍乡、景德镇等地产业特色更加明显。培育一批工业经济大县（区、市）、强县（区、市）和特色县（区、市）。

——治理效能新增强。新时代工业发展的机制体制和产业治理体系更加完善，工业强省战略实施机制和思路体系、规划体系、政策体系、法规体系、平台体系和工作推进体系等更加健全，工业和信息化治理效能显著提升。区域工业经济的治理能力、企业梯次培育和大中小企业融通发展的推进机制等取得明显成效。

（三）主要举措

1. 实施产业双循环江西支点建设工程

强化产业规划政策引领，优化产业空间布局，发挥独特产业优势和地理优势，做强做大传统产业链，做优做特新兴产业链，培育壮大数字经济产业链，挺起赣企、赣产硬脊梁，深度嵌入国内国际双循环尤其是国内大循环产业链条，着力建设重点产业链的重要支点区域。

2. 实施产业基础再造工程

编制发布制造业强基重点方向和领域目录，支持建设一批产业基础再造项目，不断提升产业基础高级化水平。

3. 实施产业链协调协同发展工程

聚焦产业链协调协同，在有效破解有色金属、电子信息、纺织服装、航空、钢铁、汽车、虚拟现实、绿色食品、生物医药、现代家具等重点产业链痛点难点堵点的基础上，研究固化、提升、推广产业链链长制，形成常态化工作协调机制，切实畅通产业循环、市场循环，推动上下游产供销、内外贸配套协作各环节协同发展，维护全省产业链、供应链安全稳定。

4. 实施大中小企业融通工程

深入实施优质企业梯次培育行动，加大产业链领航企业和骨干企业培育力度，省市县分级分行业培育，省级重点培育一批百亿、千亿级领航骨干企业。引导国有企业着力打造跨行业、跨区域、跨领域的大型企业集团。发挥大型骨干企业的支撑引领作用，组织实施一批供应链配套协同和生产制造等项目，打造大中小企业专业化协作的产业链生态。

5. 实施产业集群提能升级工程

大力实施开发区产业集群提能升级计划，加快构建布局优化、结构协调、链条完善、竞争力强的产业集群体系，建设若干个省级和国家级新型工业化产业基地。聚焦应对重大公共卫生等突发应急事件，优化医疗物资和医药产业生产力布局，打造应急医疗防护（医疗器械）产业集群。大力建设京九（江西）电子信息产业带、新材料产业带和沪昆（江西）新材料、新能源、装备制造产业带，着力提升中国（南昌）中医药科创城、南昌 VR 科创城（灵境小镇）、南昌航空城、景德镇航空小镇、赣州中国稀金谷、鹰潭“世界铜都”、上饶光伏城等建设水平，培育若干个世界级先进制造业集群。

6. 实施重点产业规模倍增工程

全力推动有色、电子信息两大产业倍增至万亿级；加快推动传统产业优化升级，着力打造装备制造、石化、建材、纺织、食品、汽车6个五千亿级产业；大力发展数字经济，培育新经济新动能，促进移动物联网、中医药、半导体照明、虚拟现实等N个产业尽快迈上千亿级，着力形成以有色金属、电子信息产业等万亿级产业为引领的产业规模总量梯次发展格局。

7. 实施共性技术平台提能工程

梳理遴选一批材料类、设备类、软件类、工艺类和产品类等核心关键技术创新清单，发布省级产业重点共性技术和核心关键技术目录，推动研发生产一批符合未来技术和产业变革方向的终端、整机产品。围绕主导优势产业培育创新研发中心，推进大中型企业研发机构覆盖行动，发展市场化新型研发机构。建立健全基础公共服务支撑体系，推动建立材料、工艺等省级产业基础数据库，完善计量、检验、测试等技术基础条件，加快构建支撑制造业高质量发展的质量标准和检验检测体系。

8. 实施工业互联网平台强体工程

推动出台政策文件，推进制造业数字化转型发展，探索研制发布数字化转型、网络化协同等系列标准。推进工业大数据、信息物理系统、工业企业上云等领域在制造业的深度融合，以及在制造业“双创”平台、智能制造等试点示范融合应用，培育跨行业跨领域和企业级工业互联网平台，积极创建国家工业互联网发展一体化示范区，大力构建工业互联网平台体系。加快建立工业互联网校企合作与产教结合机制，推动工业互联网融合创新发展，打造产业生态。

9. 制造业精品培育工程

建立“江西制造”标准体系，推广实施标准领跑者和首席质量官制度，推进重点产业标准化提升。鼓励企业制定团体标准，加强标准国际合作。依托质量强省战略，研究编制“江西制造”标准，持续组织开展“江西制造”精品认定工作。深化工业品“增品种、提品质、创品牌”，以省市政府质量奖、地理标志产品、老字号、知名商号等为重点，加快形成一批拥有自主知识产权和核心竞争力的产品品牌、企业品牌，不断提升品牌附加值和软实力，促进“江西制造”品牌向中国品牌、世界品牌迈进。加强“江西制造”精品推广推介，着力塑造“‘赣’出精品”整体品牌。

10. 实施工业人才培育工程

落实中央关于企业家和产业工人队伍建设政策，对接国家重大人才工程和省“双千计划”，加强工业人才队伍建设。分领域、分层次择优培养一批具有一定国际影响力的企业家、经营业绩突出的国内知名企业家、省内具有一定行业或区域影响力的企业家，大力引进一批制造业领军人才和创业团队，培养一批企业高管人员。深化职业教育改革和产教融合，大力推行“订单式”校企人才联合培养等机制，打造一批“赣鄱工匠”。加强企业家培养模式、职业人才培训体系和产业人才社保、薪酬和奖励制度等方面的改革创新，加快形成有利于培育现代化产业人才的激励体系。

参考文献

江西省工业和信息化厅：《江西省工业和信息化工作会报告（2016～2021年度）》，2021年1月18日。

江西省工业和信息化厅：《江西省“十三五”工业和信息化专项升级规划总结评估报告》，2021年3月2日。

B.5
江西农业农村“十三五”回顾与“十四五”展望

江西省农业农村厅课题组*

摘　要：“十三五”时期，是全省“三农”工作发展最快、成效最明显的一个时期。“十三五”规划既定的农业农村发展各项目标任务胜利完成，为稳定全省经济社会发展大局、如期打赢脱贫攻坚战提供了有力支撑。“十四五”期间，江西将坚持创新驱动发展，以推动高质量发展为主题，以保供固安全、振兴畅循环为导向，全面建设全国知名的绿色有机农产品供应基地，着力打造“五美”乡村，加快农业农村现代化，为谱写全面建设社会主义现代化国家江西篇章、描绘好新时代江西改革发展新画卷守好“三农”战略后院。

关键词：脱贫攻坚　乡村振兴　农业　农村　江西

“十三五”期间，江西各级农业农村部门深入学习贯彻习近平总书记重要指示批示精神，认真贯彻落实省委、省政府决策部署，坚持以实施乡村振兴战略为总抓手，勇挑“保供给、保增收、保小康”这个重任，深化农业

---

* 课题组组长：胡汉平，江西省农业农村厅厅长。副组长：邓贤贵，江西省农业农村厅党组成员、副厅长。成员：兰永清，江西省农业农村厅党组成员、江西省农业技术推广中心主任；徐小国，江西省农业农村厅办公室副主任；黄大山，江西省农业农村厅政策与改革处副处长；英聪，江西省农业农村厅办公室二级主任科员；刘远超，江西省动物疫病预防控制中心三级主任科员。

供给侧结构性改革，扎实开展农村人居环境整治行动，以确定性工作应对不确定性形势，着力稳住了农业基本盘，守好了“三农”战略后院，为全省经济社会发展、脱贫攻坚提供了有力支撑。

一 江西农业农村“十三五”发展情况

“十三五”期间，江西农业农村经济发展呈现“稳中向好、稳中有进、稳中提质”的良好态势，农业农村经济发展取得了超预期成效。2020 年，全省农林牧渔业总产值 3820.7 亿元，比 2015 年增加 961.6 亿元，增幅 33.6%（见表 1）。

表 1 “十三五”时期江西省农林牧渔业总产值

单位：亿元，%

年度	农林牧渔业总产值
2016	3130.3
2017	3069
2018	3148.6
2019	3481.3
2020	3820.7
年均增长率	6.0

资料来源：相应年份《江西省国民经济和社会发展统计公报》。

一是农业供给能力大幅提升。五年来，全省粮食总产量连续稳定在 430 亿斤以上，粮食主产区地位进一步巩固。受非洲猪瘟疫情冲击后，江西大力实施生猪复产增养行动，生猪产能全面恢复到 2017 年水平，2020 年末生猪存栏 1569.9 万头，存栏量列全国第 10 位，生猪外调量持续稳定在全国前 3 位。蔬菜面积产量稳步提升，设施蔬菜总面积 86 万亩，蔬菜年产量达 1834 万吨，比 2015 年增长了 39.8%。水果、茶叶、水产品、禽蛋、牛羊肉年产量分别达 525.4 万吨、8.0 万吨、262.8 万吨、61.2 万吨、17.8 万吨，与 2015 年相比均有不同幅度增长，“米袋子”“菜篮子”量足价稳，满足了城乡居民对农产品的多样化需求。

二是乡村产业实力大幅增强。大力实施农业结构调整“九大工程”和农产品加工“七大行动”，创新开展绿色食品产业链建设，着力打好龙头昂起、加工升级、产业融合“组合拳”，重点打造了稻米、生猪、水果、蔬菜、小龙虾等优势特色产业链，粮食、畜牧、水产、果蔬产业产值突破千亿元，茶叶、中药材、油茶产值突破百亿元。累计建成国家现代农业产业园4个，省级现代农业示范园291个，全国“一村一品”示范村镇107个。五年来，江西农业招商引资实际进资总额达1423亿元，比“十二五”期间增长98%，省级龙头企业达963家，比2015年增加112家，规模以上龙头企业销售收入6307亿元，比2015年增长61.7%。全省中国美丽休闲乡村总数达到43个，省级田园综合体总数达到55个，年接待游客8500万人次，休闲农业和乡村旅游综合年收入达到930亿元。

三是设施装备技术大幅改善。在全国率先提出“三变、三创、八结合”的“江西建设路径”，开启新一轮高标准农田建设，2017年全省新一轮高标准农田建设启动以来，实际建设高标准农田超过1179万亩。全省建立了水稻、生猪、大宗淡水鱼等22个省级现代农业产业技术体系，农业科技进步贡献率迈上60%的新台阶，实现了由跟跑向并跑的重大转折；主要农作物综合机械化率达75.9%、水稻综合机械化率达81%以上，均超全国平均水平。智慧农业建设PPP项目落地实施，智慧农业“123 + N”平台①平稳运行，信息进村入户工程整省推进，建成105家农产品运营中心、1.48万家益农信息社，覆盖全省近88%的行政村，数字农业服务能力不断增强。

四是绿色生态优势大幅凸显。长江干流、鄱阳湖以及35个水生生物保护区提前一年全面禁捕。农药化肥用量连续5年实现负增长，畜禽粪污综合利用率达93%，规模养殖场粪污处理设施装备配套率达98%以上，分别比2015年提高了18个百分点、19个百分点，秸秆综合利用率达94%以上，

① “1”是建设江西农业数据云终端，“2”是建设农业指挥调度中心和12316资讯服务中心，“3”是建设农业物联网平台、农产品质量安全追溯监管平台、农产品电商平台，“N”是建设N个业务系统。

比2015年提升了9个百分点，农产品监测总体合格率连续保持在98%以上。分别创建国家级农产品质量安全县市、绿色先行区示范县10个、3个，累计创建省级绿色有机农产品示范县46个，绿色有机地理标志农产品总数达到3482个。创建了“赣鄱正品”品牌体系框架，10个区域公用品牌入选全国特色农产品优势区，“生态鄱阳湖、绿色农产品”品牌影响力进一步扩大。

五是农村人居环境大幅优化。全面完成农村人居环境整治三年行动各项目标任务，“五定包干”村庄环境长效管护治理机制、农村生活垃圾积分兑换机制、鹰潭市城乡生活垃圾第三方治理模式成功入选《国家生态文明试验区改革举措和经验做法推广清单》；全国“美丽宜居村庄短视频擂台赛”中全省有6个村庄获奖，位列全国第一。创新搭建“万村码上通”5G+长效管护平台，99.6%的行政村纳入城乡一体化生活垃圾收运处置体系，71个县实现城乡环卫“全域一体化”第三方治理；建成农村污水处理设施5403座，农户无害化卫生厕所普及率94.1%；全省新农村建设覆盖率65%的村组，累计创建19个美丽宜居示范县，累计建成212条美丽宜居示范带。

六是改革创新活力大幅增强。农村集体产权制度改革整省试点任务全面完成，年经营性收入10万元以上的村占比70%左右，基本消除薄弱村。农村承包地“三权分置”有序推进，土地流转面积1855万亩，流转率达50.3%，比2015年提升了20个百分点。农村宅基地改革稳慎推进，在余江等4个县区实施中央第二轮改革试点，余江区农村宅基地制度改革试点成为全国样板。创新开展“财政惠农信贷通”，累计贷款逾700亿元，累计受益14.29万余户。小农户发展特色农业价格（收入）保险试点稳步推进，覆盖特色农业产业12个。累计培育农民合作社7.39万家，9万余家家庭农场纳入名录系统管理，分别比2015年增加了4.13万家、6.74万家。

七是农民基本收入大幅增加。农村居民人均可支配收入由2015年的11139元提高到2020年的16981元，增幅52.4%；城乡居民收入比由2015年底的2.38∶1降至2020年底的2.27∶1，城乡居民收入差距持续缩小（见表2）。脱贫攻坚取得丰硕成果，井冈山市在全国率先脱贫摘帽，25个贫困县全部脱贫、3058 个贫困村全部退出、190.4 万贫困人口脱贫，建档立卡贫困人口从 2015 年底的 200 万人减至 2019 年底的 9.6 万人，贫困发生率降至 2019 年底的 0.27%。省级贫困村 25 户以上贫困村组整治建设全覆盖，2900 个贫困村全部发展了特色产业，产业扶贫带动建档立卡贫困户 90% 以上、贫困户 103.8 万户次、贫困人口 323.4 万人次。

表 2　“十三五”时期农村与城镇居民人均可支配收入

单位：元，%

年度	农村居民人均可支配收入	城镇居民人均可支配收入	农村与城镇居民人均可支配收入比
2016	12138	28673	1∶2.36
2017	13242	31198	1∶2.36
2018	14460	33819	1∶2.34
2019	15796	36546	1∶2.31
2020	16981	38556	1∶2.27
年均增长率	8.8	7.8	

资料来源：《江西省国民经济和社会发展统计公报》。

“十三五”期间，全省农业农村经济发展形势持续向好，成绩来之不易，积累的经验弥足珍贵。

一是坚持把“三农”工作作为重中之重。五年来，省委、省政府深入贯彻落实习近平总书记视察江西重要讲话精神，始终把推进农业农村现代化作为首要任务，提出了建设现代农业强省和在全面推进乡村振兴上走前列的目标定位，出台了加快农业结构调整行动计划、做强做大农产品加工业意见、新农村建设四年行动和农村人居环境整治指导性意见等一系列支持政策举措，大力实施乡村振兴战略，为加快推进农业农村现代化打下了坚实基础。

二是坚持把绿色崛起作为发展主线。习近平总书记指出，绿色生态是江西最大财富、最大优势、最大品牌。五年来，全省上下牢记总书记的殷切嘱托，坚持把江西的生态优势、绿色优势转化为农业农村发展优势，大力推进绿色生态农业，颁布实行《江西省农业生态环境保护条例》，深入推进绿色生态农业发展，积极培育绿色生态品牌，着力打造全国知名的绿色有机农产品供应基地，助推国家生态文明试验区建设和长江经济带绿色发展，努力交出了一份江西现代农业农村发展的“绿色答卷”。

三是坚持把改革创新作为重要法宝。五年来，全省上下坚持以习近平新时代中国特色社会主义思想为指引，牢牢抓住“深化改革”这个“牛鼻子”，深入推进农业供给侧结构性改革，持续深化农村土地制度、经营制度、产权制度等改革，通过改革破解农业农村发展中深层次矛盾和问题，通过改革激发农业农村发展活力，不断完善现代农业产业技术体系，全力推进农业生产机械化、智能化，推动了农业农村发展质量变革、效率变革、动力变革。

二　江西农业农村“十四五”时期发展形势研判

“十四五”时期是开启全面建设社会主义现代化国家新征程的第一个五年，也是全面推进乡村振兴、加快农业农村现代化的关键五年。必须立足“两个大局”，着眼省情农情，科学分析形势，把握发展大势，做到准确识变、科学应变、主动求变，切实把发展主动权掌握在自己手中。

一是准确识变，在把握机遇中应对挑战。习近平总书记指出，民族要复兴，乡村必振兴。当前“三农”工作重心发生了历史性转移，这个重心已转到“全面推进乡村振兴、加快农业农村现代化”上来了，这是全国农业农村发展新的历史方位。作为农业大省，江西既面临着重大历史机遇，也面临着不少风险挑战。从机遇来讲，主要体现在三个方面。其一，重视程度会空前。2021 年中央农村工作会议发出的信号是非常明确的，强调要坚持把解决好“三农”问题作为全党工作重中之重，举全党之力推动乡村振兴；县委书记要把主要精力放在“三农”工作上，当好乡村振兴的“一线总指挥”。从 2021 年起，各地要像抓脱贫攻坚一样抓乡村振兴，五级书记一起抓。其二，政策支持会空前。随着“三农”工作重心的转移，脱贫攻坚政策体系、工作体系，将逐步转向支持乡村振兴；同时中央将会加大财政、金融、保险等方面支持力度。可以说，今后一个时期“三农”投入必定大幅增加，必将带动更多社会工商资本投向农业农村领域。其三，考核力度会空前。2021 年中央一号文件明确提出，对市县党政领导班子和领导干部开展乡村振兴实绩考核；对考核排名落后、履职不力的市县党委和政府主要领导同志进行约谈。这次中央一号文件提出约谈党委、政府主官，这在往年中央一号文件中是没有的。从挑战来看，江西要同全国一道实现现代化，最大的短板依然在农业，最大的短腿依然在农村，最大的不平衡依然是城乡发展不平衡。具体来说，主要体现在四个方面。在农业方面：尽管这些年全省农业发展取得了不错的成绩，但也要看到，农业结构性矛盾还比较突出，农业基础不牢、结构不优、链条不长、流通不畅、创新不足、竞争力不强等问题，还未得到有效破解。这些问题的根本原因在于江西的龙头企业还不够大、不够强，绿色生态优势还没有充分发挥出来。在农村方面：虽然全省农村人居环境有了很大改善，但也要清醒地认识到，目前全省农村基础设施建设仍然比较滞后，全省尚未整治或整治不彻底的村庄比例达 35%，农村生活污水处理率相对偏低。同时，村集体经济还十分薄弱，经营性收入 30 万元以上的村占比不到一成。在农民增收方面：受经济下行大环境影响，加之经营收益减少、就业难度加大以及物价上涨等多方面影响，农民增收形势不容乐观。在 2021 年江西省政府工作报告中，城乡居民人均可支配收入预计分别增长 8%、8.5% 左右。在城乡融合方面：城乡要素交换不平等，特别是土地、金融等要素在城乡间单向流动趋势明显，亟待打通城乡资源要素双向流动通道。因此，既要看到有利的一面，也要看到不利的一面，保持清醒头脑，沉着应对挑战，牢牢抓住机遇，切实把机遇转化为发展实效。

二是科学应变，在把握变局中守好后院。习近平总书记强调，从世界百年未有之大变局看，稳住农业基本盘、守好“三农”基础是应变局、开新局的“压舱石”。当前，国际环境日趋复杂多变，新冠肺炎疫情影响广泛而深远，特别是中美关系博弈长期化趋势不会变，并将贯穿全面建设社会主义现代化国家全过程，不稳定性、不确定性、不可预见性因素明显增多。作为农业大省，面对外部环境之变，关键是要有应变之方，化危为机、趋利避害，以确定性举措应对外部环境不确定性变化。具体来讲，就是要做到“扛稳一个重任、推进一个衔接、抓住两个要害、用好两大优势、统筹三个关系”。所谓“扛稳一个重任”就是扛稳农业稳产保供这个重任，巩固提升粮食大省、农产品大省地位，做到“米袋子”“菜篮子”不出问题，任何时候都能产得出、供得上。所谓“推进一个衔接”就是巩固拓展脱贫攻坚成果同乡村振兴有效衔接，做好领导体制、政策举措、考核机制等有效衔接。所谓“抓住两个要害”就是抓住种子和耕地这两个要害。在种子方面，重点在保护资源、做强企业、建好基地上下大力气，着力打好种子翻身仗，防止在种子问题上“卡脖子”。在耕地方面，就是坚持数量质量一起保，既要守住耕地红线，保证耕地数量不少；也要以高标准农田建设为抓手，提升耕地质量；坚决遏制耕地“非农化”、防止耕地“非粮化”。所谓“用好两大优势”就是用好绿色生态、地理区位这两大优势。在绿色生态方面，就是更大力度发挥好绿色生态这个最大优势，擦亮农业绿色发展底色，让绿色、有机、健康成为江西农产品的代名词。在地理区位方面，就是用好紧邻粤港澳、长三角等区位优势，精准对接目标市场，把好的农产品卖上好价钱。所谓“统筹三个关系”就是统筹发展与安全、结构与规模、生产与建设这三个关系。在统筹发展与安全方面，既要稳步提高保供能力、守牢安全底线，更要大抓产业、大抓龙头，促进农村经济繁荣。在统筹结构与规模方面，既要保持规模、稳定总量，更要优化结构、提升质效，实现数量质量效益有机统一。在统筹生产与建设方面，既要着力稳住农业这一块，也要用力稳住农村这一头，做到两头齐抓、一体推进。为此，要做好充分准备、有效应对外部环境变化，切实把农业农村的事情办好，守好“三农”战略后院，筑牢应变局、开新局的“压舱石”。

三是主动求变，在把握变革中赢得发展。习近平总书记指出，构建新发展格局是应对世界大变局的战略举措，也是顺应国内发展阶段变化、把握发展主动权的先手棋。应当看到，构建新发展格局，“三农”是基础中的基础，必将大有可为、大有作为。必须主动融入新发展格局当中去，先人一步、抢占先机，方能赢得优势、赢得主动、赢得未来。具体来讲，关键要做到“三个主动适应”。主动适应消费之变。加快构建以国内大循环为主体、国内国际双循环相互促进的新发展格局，战略基点是放在扩大内需上。现在，人民对美好生活的向往，总体上已从“有没有”转向“好不好”。江西的农产品供给也要跟着转，否则市场就会不买账，生产出来的东西就卖不出去。为此，要在提高农业供给质量上做文章，持续深化农业供给侧结构性改革，着力提升绿色有机农产品比重，加快畅通产业链供应链，不断提高供给体系的适配性。主动适应发展动力之变。如今，新一轮科技革命和产业变革扑面而来，唯改革创新者胜。为此，江西推动农业农村高质量发展，必须坚持走以改革创新为支撑的内涵式发展之路；既要通过深化农村改革，盘活用好农村资源要素，拓展农业农村创新创业空间；也要通过创新驱动，持续激发农业农村的发展活力，切实把乡村发展的潜力释放出来，把乡村消费市场培育起来，促进农业全面升级、农村全面进步、农民全面发展。主动适应农民期盼之变。现在，农民群众不仅希望生活有个好环境，更希望老有所养、病有所医。为此，要主动适应农民群众之盼，立足牵头抓总职能，大力实施乡村建设，把农民所盼之事一件一件办好办实。

三　江西农业农村“十四五”时期发展思路与举措

“十四五”期间全省农业农村工作的总体思路是：坚持以习近平新时代中国特色社会主义思想为指导，全面贯彻党的十九大和十九届二中、三中、四中、五中全会精神，深入贯彻落实习近平总书记视察江西重要讲话精神，按照党中央、国务院决策部署，立足新发展阶段、贯彻新发展理念、构建新发展格局，聚焦“一强省、一基地、走前列”的目标定位[①]，坚持创新驱动发展，以推动高质量发展为主题，以保供固安全、振兴畅循环为导向，全面

① 一强省，即农业强省；一基地，即绿色有机农产品重要国家基地；走前列，即在全面推进乡村振兴上走在前列。

建设全国知名的绿色有机农产品供应基地，着力打造“五美”乡村，加快农业农村现代化，促进农业高质高效、乡村宜居宜业、农民富裕富足，为谱写全面建设社会主义现代化国家江西篇章、描绘好新时代江西改革发展新画卷守好“三农”战略后院。

一是毫不放松抓好粮食生产。牢牢把握粮食生产主动权，落实落细耕地地力保护补贴、稻谷补贴等政策和防灾减灾措施，大力推广优质稻、再生稻、功能稻和粮食增产增效技术，确保粮食产量稳定在430亿斤以上。严守耕地红线，加强耕地用途管制。扎实推进高标准农田建设，加强建后管护和耕地质量保护，持续增强粮食和重要农副产品供给保障能力。

二是全力保障“菜篮子”供应。调整优化农业生产结构、区域布局和产品结构，统筹抓好肉蛋奶、果蔬鱼等重要农副产品生产，提高供给体系适配性。重点抓好生猪恢复生产，毫不放松防控非洲猪瘟，确保生猪生产全面恢复到正常年份水平；加快蔬菜产业发展步伐，统筹推进水果、茶叶、中药材产业发展；积极推进水产生态健康养殖，规范稻渔综合种养。

三是全面提高农业供给质量。以省部共建全国知名的绿色有机农产品供应基地为契机，加快发展绿色有机农产品，创建一批标准化集成示范基地。全域推进第三方检测，建立与粤港澳大湾区农产品检测结果互认机制，确保主要食用农产品监测合格率稳定在98%以上。深入推进“生态鄱阳湖·绿色农产品”品牌战略，以“赣鄱正品”为重点，健全标准体系、管理体系、发展体系和营销体系。

四是着力提升乡村产业能级。推动绿色食品产业链高质量发展，大力实施农产品加工业提升行动，培育一批大型农业加工企业，建设一批农产品精深加工示范基地。开展农业现代化示范区建设，示范引领农业设施化、园区化、融合化、绿色化、数字化发展。完善冷链物流体系，启动实施农产品仓储保鲜冷链物流设施建设工程。推进“互联网+”农产品出村进城，线上线下相结合促进农产品产销衔接。培育体验农业、休闲农业、定制农业等新业态。

五是切实强化农业科技支撑。深入实施农业科技创新“三十双百”工程，启动重点种源关键核心技术攻关，加快推进现代种业发展，加强良种展示推广应用。推动农机装备产业集群化发展，加快补齐烘干仓储、冷链保鲜、农业机械等现代农业物资装备短板。推进农业农村数字经济建设，全面完成智慧农业“123 + N”各项建设。

六是不断优化农产品产地生态。深入推进绿色生态农业“十大行动”，坚决打好化肥农药、畜禽养殖、水产养殖、渔业资源、农村生活垃圾污水、农用地土壤和秸秆综合利用等7个专项治理攻坚战，促进农业投入品减量增效，切实改善农业生产环境。继续开展国家绿色先行区示范创建活动，探索符合区域特点和地方特色的绿色发展模式，构建农业绿色发展支撑体系。

七是巩固提升禁捕退捕成效。持续打好兜民生、促就业、强监管“组合拳”，落实退捕渔民转产就业、安置保障政策，建强沿江沿湖渔政执法队伍，确保“十年禁渔令”全面落实落地。稳妥推进“五河”干流水域禁捕退捕。强化水生生物资源养护，加强水产种质资源保护区和水生生物关键栖息地保护管理，继续开展增殖放流活动，加强资源监测及禁捕退捕效果评估，建立健全水生生物生态补偿机制。

八是大力实施乡村建设行动。开展村庄整治建设、庭院整治、美丽宜居示范县创建、村庄环境长效管护、“美丽宜居与活力乡村（+民宿）”联动建设等“五大专项提升行动”，推动农村人居环境由基础整治向品质提升迈进。健全完善“五定包干”村庄环境常态化长效管护机制，推广运用好“万村码上通”5G+长效管护平台，持续维护“新村新貌”。

九是扎实推进农村重点改革。推进农村承包地“三权分置”，进一步规范承包地经营权流转，扩大“地押云贷”试点。巩固农村集体产权制度改革成果，发展壮大村级集体经济。继续开展支持小农户发展特色农业价格（收入）保险试点，进一步完善“财政惠农信贷通”工作机制。指导湖口县、余江区、大余县、永丰县稳慎推进改革试点，压茬推进宅基地规范管理；深化乡村治理体系建设试点县试点示范，加强典型经验总结推广。

十是巩固提升脱贫攻坚成果。完善产业帮扶政策，持续发展壮大扶贫产业，继续加强脱贫地区产业发展基础设施建设，培育壮大扶贫经营主体，延长产业链条，紧密利益联结，推动特色产业可持续发展，巩固产业扶贫成果。充分借鉴脱贫攻坚机制办法，把组织动员、要素保障方面的“硬措施”“好办法”平稳过渡到乡村全面振兴上来，加快健全乡村振兴工作体系。

参考文献

胡汉平：《在大战大考中交出“三农”满意答卷》，《江西农业》2020 年第 7 期。

胡汉平：《打好禁捕退捕主动仗　守护长江母亲河》，《农村工作通讯》2021 年第 1 期。

新华社：《习近平在中央农村工作会议上强调　坚持把解决好“三农”问题作为全党工作重中之重　促进农业高质高效乡村宜居宜业农民富裕富足　李克强主持　栗战书汪洋王沪宁赵乐际韩正出席》，《中国农民合作社》2021 年第 2 期。

B.6 江西城镇建设“十三五”回顾与“十四五”展望

江西省住房和城乡建设厅课题组*

摘　要：“十三五”期间，江西城镇建设在省委、省政府的坚强领导和住建部的精心指导下，坚决落实习近平总书记视察江西的重要指示批示精神，推动全省城镇建设事业发展取得了历史性成就：住房发展迈向住有所居、城乡面貌迎来华丽转身、“江西建造”成为靓丽名片、住建领域改革活力迸放、“抗疫抗灾”彰显责任担当。但与此同时，城镇建设工作面临的问题也不少：住房保障还有差距，基础设施还有欠账，建筑业总量偏小，工作推进还有短板。展望“十四五”，江西城镇建设将立足新发展阶段、贯彻新发展理念、构建新发展格局，围绕高质量发展主题，深化供给侧结构性改革，大力创新，不断推进全省城镇建设高质量跨越式发展。

关键词：城镇建设　“十三五”　“十四五”　高质量跨越式发展

---

* 课题组组长：卢天锡，江西省住房和城乡建设厅厅长。副组长：江新洪，省住房和城乡建设厅党组成员、副厅长。成员：江建国，省住房和城乡建设厅办公室主任；王晓霞，省住房和城乡建设厅计划财务审计处处长；李日龙，省住房和城乡建设厅建筑监管处处长；万根华，省住房和城乡建设厅住房保障处处长；何师诞，省住房和城乡建设厅城市建设处处长；汪源林，省住房和城乡建设厅城市管理处处长；罗宇萍，省住房和城乡建设厅政策法规处处长；江先进，省住房和城乡建设厅建筑节能与科技处一级调研员；宋志强，省住房和城乡建设厅住房公积金监管处一级调研员；林伟，省住房和城乡建设厅村镇建设处副处长；杜泰洪，省住房和城乡建设厅房地产监管处副处长；谢红星，省住房和城乡建设厅建设工程消防处副处长。

一 “十三五”全省城镇建设回顾

“十三五”时期，全省城镇建设深入学习贯彻习近平总书记视察江西时的重要指示批示精神，坚决贯彻落实省委省政府决策部署，聚焦“作示范、勇争先”目标定位和“五个推进”的更高要求，深入践行省委“二十四字”工作方针，扎实推进“五型”政府建设，全省城镇建设事业发展取得历史性成就，为顺利完成全省“十三五”规划目标任务、决胜全面建成小康社会做出了积极贡献。

（一）住房发展迈向住有所居

牢牢坚持“房子是用来住的、不是用来炒的”定位，加快构建多主体供给、多渠道保障、租购并举的住房制度，全省居民住房条件得到显著改善。2020 年全省城镇居民人均住房建筑面积达到 51 平方米，比 2015 年增加 8.6 平方米；农村居民人均住房建筑面积达到 62.9 平方米，比 2015 年增加 11.1 平方米。新建住房质量逐步提高，住房功能和配套设施逐步完善。全省城镇新建建筑设计执行节能强制性标准比例达 100%；新建小区绿化率超过 30%，智能家居、监控系统、楼宇自动化控制系统等配套逐渐进入小区。

一是住房保障体系更加完善。“十三五”期间，全省棚户区改造累计开工超过 116.8 万套，其中 2019 年、2020 年均居全国第 1 位（见图 1）。2019 年、2020 年，上饶市、宜春市被国务院先后作为落实棚户区改造政策措施真抓实干成效明显的城市进行通报表扬，中央财政拨付专项资金予以激励支持。大力促进公租房保障规范发展，坚持把公租房扩大到非户籍人员，公租房开工任务全面完成。全力抓好城镇脱贫解困住房安全保障，建立健全申请、轮候、退出机制，试点推行公租房小区智能化改造，扎实开展公租房违规转租、侵害困难群众利益问题专项整治。大力支持南昌市利用集体建设用地建设租赁住房试点，规划建设租赁住房 1200 余套。“十三五”期间，全省公共租赁住房新增分配约 26.2 万套，租赁补贴年均发放约 10 万户，公租房使用效率持续保持较高水平（见图 2）。

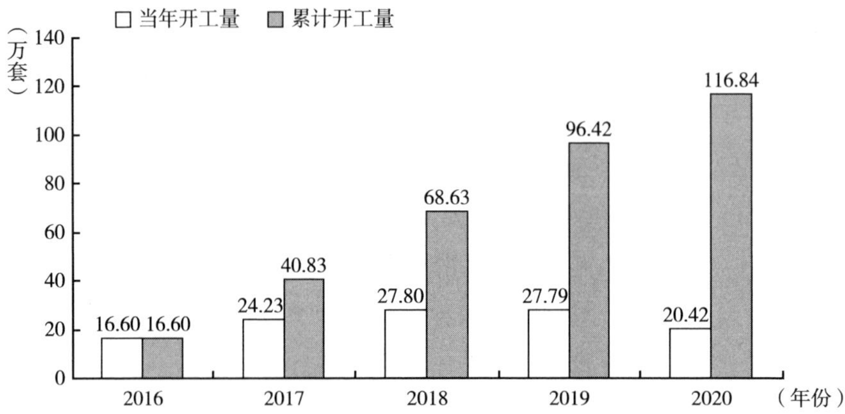

图 1　江西省“十三五”期间棚改开工量

资料来源：江西省各设区市报表。

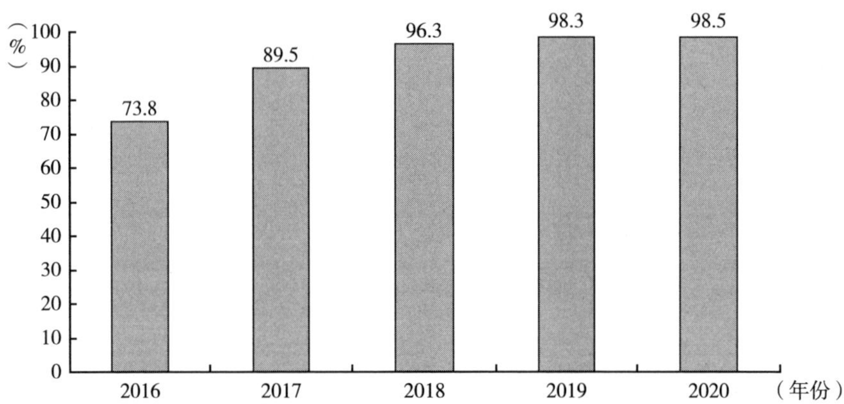

图 2　江西省“十三五”期间公租房分配率

资料来源：江西省各设区市报表。

二是房地产市场保持健康发展。坚决贯彻党中央、国务院的决策部署，坚持“房住不炒”调控总基调，不将房地产作为短期刺激经济的手段，因城施策、精准调控，房地产市场总体保持平稳态势。省委办公厅、省政府办公厅专门印发了房地产城市主体责任的意见，建立城市党委承担领导责任、城市政府具体负责的责任机制和房地产调控评价考核机制，将稳地价、稳房价、稳预期责任落到实处。多措并举稳定房地产市场，强化市场监测和形势分析，及时发出预警提示。加强新建商品房销售价格调整备案管控，稳定销售价格，杜绝市场异常波动引发矛盾纠纷。同时，指导各地加快公积金放款速度。

“十三五”期间，全省房地产开发投资累计完成10600亿元，年均增长6.3%。商品房销售价格平均增长率保持在8%左右，与全省GDP增长率基本持平。累计商品房批准销售面积30217万平方米，其中商品住宅批准销售24474万平方米，同期商品房销售28894万平方米，其中商品住宅销售24904万平方米，供销比分别为0.96和1.02，处于合理区间。新建商品房销售均价7271元/平方米，比上年增长2.8%（见表1）。2020年全省房地产开发完成投资2378亿元，同比增长6.2%（见表1、表2）。同时，住房租赁市场得到快速发展，为群众提供了更加高效便捷的住房租赁服务。

“十三五”期间，全省住房公积金实现累计缴存1984.13亿元，比“十二五”时期增长119.15%；累计提取1238.82亿元，比“十二五”时期增长188.41%；累计发放个人住房贷款1201.66亿元，比“十二五”时期增长71.93%，住房公积金制度惠及面持续扩大。

表1　2020年全省房地产市场运行情况

科目	2020年	比上年增减		2019年
		绝对值	增幅(%)	
一、供给侧				
房地产开发完成投资(亿元)	2378	138.9	6.2	2239.1
其中:住宅开发完成投资	1808.7	121.5	7.2	1687.2
商品房新开工面积(万平方米)	5301.8	-560.8	-9.6	5862.6
其中:商品住宅新开工面积	4170.1	-496.5	-10.6	4666.6
实际供应商品住宅用地(万亩)	6.87	1.27	22.7	5.6
商品住宅出让总价款(亿元)	2041.4	524.6	34.6	1516.8
二、需求侧				
新建商品房交易面积(万平方米)	5790	-388.5	-6.3	6178.5
其中:新建商品住宅交易面积	5018.3	-228.6	-4.4	5246.9
新建商品房销售均价(万/平方米)	7271	200	2.8	7071
其中:新建商品住宅销售均价	7093	360	5.35	6733
二手房交易面积(万平方米)	1831.6	111.5	6.5	1720.1
其中:二手住宅交易面积	1433.4	-56.5	-3.8	1489.9

资料来源：国家统计局。

表 2　2020 年中部六省房地产开发投资和销售情况

地区	房地产开发完成投资(亿元)	同比增长率(%)	商品房销售面积(万平方米)	同比增长率(%)	商品房销售额(亿元)	同比增长率(%)
全国	141442.97	7.0	176086.22	2.6	173612.66	8.7
中部六省	28802.33	4.41	49078.06	-1.9	35854.19	1.0
山西	1830.36	10.5	2685.29	13.5	1885.94	15.6
安徽	7042.29	5.6	9534.13	3.3	7346.15	7.7
江西	2378.08	6.2	6732.71	4.2	5222.78	10.9
河南	7782.29	4.3	14100.66	-1.2	9364.36	3.9
湖北	4888.87	-4.4	6587.83	-23.4	6087.90	-21.5
湖南	4880.44	9.8	9437.44	3.7	5947.06	6.6
在中部六省的位次	5	3	4	2	5	2

资料来源：国家统计局。

三是农村危房改造助力脱贫。顺利完成住建领域脱贫攻坚任务，全面完成建档立卡贫困户住房安全有保障任务。“十三五”以来，通过开展省、市、县三级督导，组织送服务技术下乡、规范竣工验收和资金拨付等措施，加快改造进度，提升改造质量，全面完成建档立卡贫困户 16.7 万户危房改造任务。2020 年底，全省 80.57 万建档立卡户全部确认住房安全。完成农村危房改造 30.1 万户，助力 25 个贫困县顺利脱贫摘帽。全省农村危房改造工作 2018、2019、2020 年连续 3 年得到国务院表彰激励，安居扶贫攻坚战取得决定性胜利。同时，制定下发《建立健全农村危房改造长效机制的指导意见》，构建住房安全有保障长效机制，巩固脱贫攻坚成果。扎实做好定点扶贫工作，先后选派 4 任优秀干部赴对口帮扶的泰和县、兴国县进行驻村帮扶，筹资 1200 余万元支持美丽乡村建设、人居环境整治等项目，两个扶贫村全部脱贫摘帽。省住房和城乡建设厅村镇建设处荣获“全国脱贫攻坚先进集体”称号。

四是城镇老旧小区改造开局良好。以省政府名义印发《江西省人民政府办公厅关于全面推进城镇老旧小区改造工作的实施意见》，开展调查摸底，制定技术导则，推进专项规划编制，出台《江西省城市既有住宅加装电梯指导意见》，并与国开行签署《支持城镇老旧小区改造战略合作协议》。2019～2020 年，江西省城镇老旧小区累计开工改造 2192 个小区、59.8 万户，两年户数总量居全国第五位，其中 2019 年改造 686 个小区、26.66 万户，已全部改造完成；2020 年开工改造 1506 个小区、33.16 万户，已全部开工。2020 年，南昌市、上饶市改造经验先后被住建部推荐为典型做法。

（二）城乡面貌迎来华丽转身

以开展城乡环境综合整治、城市功能与品质提升三年行动为总抓手，加大补短板、治顽疾、强功能、提品质力度，谋划推进城市功能与品质提升项目 11590 个，累计投资近 1.6 万亿元，优化了城市环境，完善了城市功能，提升了城市品质，加快了以人为核心的新型城镇化进程，全省常住人口城镇化率从 2015 年的 51.62% 提高到 2020 年的 58.6%（江西省发改委预计），年均增长 1.4 个百分点。

一是顽疾得到有效治理。治“脏”方面：“十三五”期间，大力推进生活垃圾分类和处理设施建设，设区市城区生活垃圾基本实现“零填埋”，城镇生活垃圾无害化处理率达 100%。2020 年，全省正在运营的生活垃圾填埋场 50 座，日处理能力 1.25 万吨；建成生活垃圾焚烧处理设施 22 座，日处理能力 2.24 万吨，日发电量 772.21 万千瓦时，焚烧处理能力占比 79.80%；已投入使用的厨余垃圾处理设施设备 39 座（台），日处理能力 875.65 吨。南昌、宜春两个全国试点城市基本建成生活垃圾分类系统。不断推进城乡一体化治理，补齐设施、人员、监管短板，在全国率先制定省级农村生活垃圾治理导则，不断健全收运处置体系，大力推行第三方治理模式。2020 年 99.56% 的行政村纳入“村收集、乡转运、区域处理”生活垃圾收运处置体系，实现生活垃圾及时收运和无害化处理。非正规垃圾堆放点全部整治销号。在 14 个县探索推行农村生活垃圾分类减量和资源化利用试点，崇义、瑞昌、靖安、广丰被列为全国示范县，江西省农村生活垃圾积分兑换制和鹰潭市城乡生活垃圾第三方治理模式入选《国家生态文明试验区改革举措和经验做法推广清单》。治“污”方面：新增城镇污水管网 6 千多公里，新增城镇污水日处理能力约 180 万立方米，污水处理率提高 9 个百分点，县城及以上城镇污水处理厂基本上完成一级 A 提标改造；全省设区市城市建成区 33 处黑臭水体全部达到长治久清。污水处理率达到 96.56%，生活垃圾无害化处理率达到 100%，分别比 2015 年提高 8.82 个、5.54 个百分点。新建改建公厕 2.47 万座、农户改厕 175 万户，提前超额完成“厕所革命”三年攻坚任务。全省 488 个建制镇具备污水收集处理能力，覆盖率 67.5%，重点镇及鄱阳湖、长江沿岸建制镇生活污水处理设施全覆盖。治“乱”方面：深入推进高铁沿线、乡镇所在地、城郊接合部、背街小巷、农贸市场等薄弱区域“线乱拉”、“防盗窗”、广告牌、违法违章建筑等专项整治，城乡面貌明显改观，有效解决了经不起深入看、细致看等问题。

二是设施得到全面改善。扎实推进城市生态修复、城镇园林绿化品质提升、城镇污水提质增效、公共停车设施提质增量、城市居住社区建设补短板、城市窨井盖问题治理、二次供水设施改造等工作，市政基础设施不断完善，人居环境显著改善。到 2020 年底，全省新增城镇道路 5000 多公里，人均道路面积增加近 4 平方米；建成城市轨道交通 59.96 公里，在建轨道交通 39.6 公里。新增城镇日供水能力约 200 万立方米，新增供水管网约 12000 公里；管道天然气供应量大幅增长，天然气供应量新增 19 亿立方米，新增天然气管道约 13000 公里；供水普及率达到 98.63%、燃气普及率达到 98.13%。2020 年全省城市数量达到 23 个，城市建成区面积达到 1650 平方公里，建成区绿地面积 7.08 万公顷，绿地率达到 42.9%，分别比 2015 年增加了 1.75 万公顷和 1.81 个百分点。城市建成区园林绿化覆盖率、绿地率列全国第 2 位，城市园林绿化三大指标列中部地区第 1 位。全省海绵城市建设取得明显成效，设区市城市建成海绵城市面积约 379 平方公里，萍乡市海绵城市试点建设经受住暴雨考验情况获得国家领导人批示肯定。全省建成地下综合管廊 130 多公里，景德镇市地下管廊建设试点得到了国务院、住建部的充分肯定。

三是品质得到不断提升。积极推进历史文化名城名镇名村、传统村落和传统建筑挂牌保护。全国首创编制《江西省传统村落整体保护规划》，指导推进各地编制传统村落保护发展规划和项目实施。“十三五”期间，全省共有 50 个国家级历史文化名镇名村、66 个省级历史文化名镇名村、343 个中国传统村落、248 个省级传统村落，新增省级历史文化名城 5 座，新增省级历史文化街区 57 个。其中国家级历史文化名镇名村数量列全国第 4 位，中国传统村落数量列全国第 8 位。175 个中国传统村落被列入中央财政支持范围，抚州市入选全国传统村落集中连片保护利用示范市。全省历史文化保护意识不断增强，历史文化传统风貌得到有效保护，非物质文化遗产得到有效传承，基础设施水平得到显著提高，延续了城市历史文脉，赣鄱文化软实力进一步提升。扎实推进新型智慧城市建设，不断提高城市管理执法水平，继续开展城市创建活动，加强城市人文形象宣传，彰显城市地域特色，不断提高市民文明素质。扎实推进“强基础、转作风、树形象”三年行动，深入开展“城管进社区、服务面对面”“美好环境和幸福生活共同缔造”活动，深化城市运行“一网统管”，共建共治共享治理体系加快构建，推动治理手段、治理模式、治理理念创新，城市治理水平实现全面提高。

（三）“江西建造”成为靓丽名片

认真落实房地产建筑产业链链长制，建立了部门协同、三级联动、决策咨询、联系服务、督办落实等工作机制，开展了房地产建筑产业链银企合作暨供需对接会等系列活动，出台了《关于促进建筑业转型升级高质量发展的意见》等纲领性文件。建筑业支柱产业地位和作用不断增强，“十三五”期间全省累计完成建筑业总产值 3.4 万亿元（见图 3），年均增速 14.6%，高于全国平均增速 6.3 个百分点，增速长期保持在全国前列。建筑业总产值在全国的排位不断前移，由 2016 年的全国第 16 位前移至第 13 位。建筑业增加值占全省 GDP 的比重一直保持在 8% 左右，年均为全社会提供约 160 万个就业岗位。

一是产业结构不断优化。建筑业企业实力不断增强，全省建筑企业总数从 2015 年的 6000 余家增长到 2020 年的 1.3 万余家，特级企业由 6 家增长至 22 家，特级企业数量在全国排第 13 位，一级企业由 388 家增加到 800 多家。2020年江西省民营企业100强名单中，建筑业企业有26家。2020年，江西6家企业进入国际承包商250强榜单，全省26家建筑企业进入全省民营企业100强，创历史最佳水平。建筑业"走出去"步伐加快。全省现有对外工程承包企业160多家，2020年完成对外工程承包营业额40.64亿美元，在全国排名第9位。4家企业上榜我国对外工程承包企业100强，是地方企业上榜较多的省份之一。

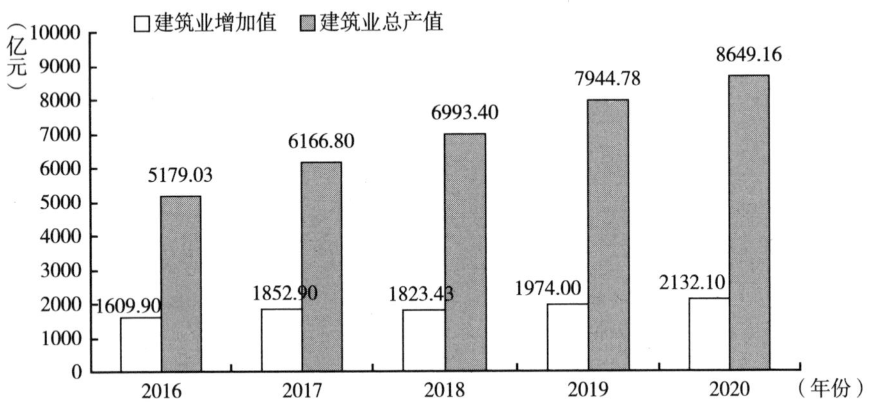

图3 "十三五"期间全省建筑业发展情况

资料来源：国家统计局。

二是建造方式加快转型。印发《关于推进装配式建筑发展的指导意见》，推动建造方式转变，大力推广装配式钢结构等新型建造方式，装配式建筑行业发展蓬勃，市场规模不断壮大。全省范围内共有PC结构、木结构、钢结构装配式建筑产业基地62个，实现设区市全覆盖。抚州市、赣州市入选全国第二批装配式建筑范例城市，8个企业、1个园区荣获国家装配式建筑产业基地称号。全省累计开工装配式混凝土结构建筑面积近5000万平方米，位居全国前列。节能建筑与绿色建筑快速发展，城镇新建建筑执行节能强制性标准几乎全覆盖。

三是建造水平大幅提高。"十三五"期间，全省进入全地域抗震设防时代，城市新扩改建建筑全部达到抗震设防要求。获国家建设工程最高奖

“鲁班奖”共18项，创省优质建设工程奖415项、“杜鹃花奖”工程144项，评选出省级建筑安全生产标准化示范工地454个、省级建筑结构示范工程748个。

（四）住建领域改革活力迸放

坚持把改革作为推动住建事业发展的关键一招，牢固树立系统思维，以更大力度、更实举措抓好改革工作，持续释放改革红利。

一是全面推进工程建设项目审批制度改革。建成覆盖省、市、县三级的工程建设项目审批系统，并联审批、联合图审、联合验收、区域评估、告知承诺制等改革措施落地见效。审批事项由100余项压缩至79项，审批时间由200个工作日缩短至120个工作日内，社会投资简易低风险工程建设项目审批18个工作日可办结。工程投资额在100万元以下（含100万元）或者建筑面积在500平方米以下（含500平方米）的房屋建筑和市政基础设施工程，可不申请办理施工许可证，达到了进一步精简审批事项、压缩审批环节、优化审批流程、提升审批效率的目的，方便了企业和群众办事。

二是深入推进“放管服”改革。“十三五”期间，省住房和城乡建设厅下放行政权力6项，取消行政权力22项。出台《江西省住房和城乡建设系统改进作风、简政便民、服务发展十项措施》《江西省简化施工许可证办理程序行动方案》，切实减轻企业负担。编制《江西省住房和城乡建设系统统一行政权力清单》，梳理行政权力事项88项，逐一明确各权力事项的行使层级。加快推进政务数据共享，推动住房城乡建设高频事项实现“省内通办”和“跨省通办”。率先在工程造价咨询企业乙级资质审批中实行告知承诺制。推进“互联网+监管”无纸化招标投标模式，全面推行招标投标电子化、信息化，实现远程异地评标和全过程阳光操作。正式启用江西住建云，厅行政审批事项全部实现省内“一网通办”和“一次不跑”。

三是扎实推进建设工程消防设计审查验收改革。明确消防工作管理模式和设计审查验收流程，出台《江西省建设工程消防设计审查验收管理实施细则（试行）》，2021年3月1日起试行。争取省委、省政府同意，正式设立建设工程消防监管处和消防技术研究中心，并争取省委编办发文明确市县两级队伍保障，切实解决了缺机构、缺编制、缺队伍等现状，有效保障移交职能接得住。

在扎实推进住建领域改革的同时，深入推进“扫黑除恶”专项斗争，建立健全行业监管等方面制度机制600余件，深入开展围标串标、违法分包、违规挂靠、暴力抗法等“十类行业乱象”整治，累计摸排线索1500多条，配合政法机关和纪检部门查处案件325起。全省住建领域形象全面提升，省住房和城乡建设厅被评为第六届全国文明单位、全国扫黑除恶专项斗争先进集体。

（五）“抗疫抗灾”彰显责任担当

2020年是“十三五”收官之年，是极不平凡、值得铭记的一年。面对突如其来的新冠肺炎疫情和历史罕见的特大洪涝灾情，全省住建系统主动担当，积极作为，统筹推进抗疫情、战洪水、促发展工作。全力抓好疫情防控和复工复产工作。根据疫情变化，果断出手，科学应对，全面加强城镇安全和保障工作；调度协调南昌大学一附院象湖分院加快施工进度，抢时开放隔离病房；研究出台促进房地产市场平稳健康发展12条，做好“六稳”工作、落实“六保”任务23条等政策措施。延续勘察设计、建筑施工、工程监理等企业资质有效期，调整施工合同履约及工程价款，推行“不见面审批，不间断服务”，减免国有房产租金、免缴降缴缓缴农民工工资保证金或住房公积金，城市供水供气“欠费不停供”，切实为企业纾困解难。适时出台支持政策，规范发展“地摊经济”“夜间经济”，有序助推经济复苏。统筹做好建筑工人返岗、建材供应、疫情防控等工作，深入推进“五个一”安全检查，扎实开展疫情隔离场所和复工人员集中居住场所隐患排查整治，争分夺秒推进复工复产，全省房地产建筑业复工复产一直走在全国前列，得到住建部通报表扬。全省广大环卫、保洁、城管、物业等行业工作者始终抗战在疫情一线，全力以赴保供水、保供气、保清洁、保安全，成为城乡运行的“最美逆行者”。全力抓好防汛救灾和灾后重建工作，紧急抢修市政设施，全面调查城市内涝和农房安全，迅速组织技术组赶赴受灾严重的县市，开展灾后农村住房安全排查鉴定，全省市政设施和城乡住房恢复重建工作有序推进。

二 “十四五”时期全省城镇建设面临的问题和挑战

纵观发展大势，审视自身条件，当前全省住建事业发展正面临三大转变，这既是机遇，更是挑战，需要准确识变、科学应变、主动求变，不断推进住建事业更高质量、更有效率、更加公平、更可持续、更为安全地发展。

——从“有没有”转向“好不好”带来的压力巨大。随着房地产的快速发展、保障性住房建设的加速推进，无论是城市还是乡村，住房矛盾已从总量短缺转向结构性供给不足，从粗放满足面积的数量要求转向对品质和环境的质量要求。住房市场体系和保障体系中的社会效率和公平问题得到社会普遍关注：如住房保障跟人民美好生活需要的要求还有差距，在解决大城市住房突出问题方面，特别是从事基本公共服务人员等住房困难群体的住房问题上仍有短板，部分地区实物住房保障供应存在缺口，轮候家庭较多，尤其是新市民的住房保障还比较薄弱。影响房地产市场稳定的深层次问题尚未化解，防范化解房地产市场风险任务仍然艰巨。

——从“大不大”转向“优不优”带来的任务艰巨。过去城市发展更多关注拉框架、扩规模、增总量，但城市基础设施滞后于城市发展，城市的整体性、系统性、生长性和包容性不够，“城市病”未得到有效解决。设施建设发展不平衡，老城区市政基础设施由于建成历史长、建设标准低、改造难度大，设施水平还需进一步提高。在城乡一体化进程中，村镇基础设施和公共服务设施历史欠账较多，村镇生活垃圾处理、污水处理投入缺口较大，传统村落和建筑保护任务艰巨。补齐短板、强化弱项的任务仍然较重。

——从“快不快”转向“高不高”带来的挑战诸多。快速度是跨越发展的前提，高质量是持续发展的关键。无论是房地产、建筑业的发展，还是城市建设、住房保障等工作，既要凭高效率争先，又要以高质量创优，把着力点统一到更高端的产业、更高新的动能、更高效的服务、更高质的管理上来。“十三五”时期，全省建筑业快速发展，但总量大而不强的状态基本没有改变，建筑业市场竞争力还不强，建筑业结构单一的现状基本没有改变，建筑市场秩序不够规范的现状基本没有改变。对我们推动住建事业转型升级高质量跨越式发展仍是巨大挑战。

三 “十四五”时期全省城镇建设展望

（一）指导思想

“十四五”时期是江西城镇爬坡过坎、转型升级的关键期，江西城镇建设必须全面贯彻党的十九大和十九届二中、三中、四中、五中全会精神，坚持以习近平新时代中国特色社会主义思想为指导，深入贯彻习近平总书记视察江西重要讲话精神，聚焦“作示范、勇争先”目标定位和“五个推进”的重要要求，扎实做好“六稳”工作、全面落实“六保”任务，不断推进城镇建设事业高质量跨越式发展。全面建立城市体检评估机制，大力推进省部合作城市高质量发展示范省建设，大力实施城市更新行动和乡村建设行动，推进新型城镇化战略，提升城市功能品质，加快城乡基础设施建设，坚持“房住不炒”定位，改善城乡居民住房条件和居住环境，加强建筑节能和城镇减排，推动房地产业和建筑业转型升级，提高依法行政水平和管理服务效能，不断提高人居环境质量，努力打造美丽中国“江西样板”，促进城镇建设事业持续健康稳定发展，为谱写全面建设社会主义现代化国家江西篇章、描绘好新时代江西改革发展新画卷做出更大贡献。

（二）主要目标任务

1. 聚焦“两大产业”稳增长

深入推进房地产建筑产业链链长制，全力以赴做好“六稳”工作、落实“六保”任务。

全力保持房地产健康平稳发展。紧守“房子是用来住的、不是用来炒的”定位，突出住房的民生属性，严格落实城市主体责任，加快建立多主体供给、多渠道保障、租购并举的住房制度，建立和完善房地产市场平稳健康发展长效机制，推动实现全体人民住有所居。“十四五”期间，力争全省新建商品住房均价年度增长比例与全省 GDP 增长幅度、城镇居民人均可支配收入增长幅度基本匹配；基本建成房地产市场平稳健康发展长效机制；城镇基本住房保障能力显著提升，城镇贫困群众和新市民住房问题得到基本解决；新建住宅小区物业管理全覆盖；新建住宅小区入住率达到条件的，交付满 5 年的业委会基本覆盖。“十四五”期间，力争完成房地产开发投资 12500 亿元；新建城镇住房 264.42 万套，总建筑面积 30028 万平方米。新建商品住房 225 万套，建筑面积 27000 万平方米。“十四五”期间，力争实现住房公积金缴存额为 3000 亿元、提取额 1800 亿元、发放个人贷款额 1600 亿元。到“十四五”末，全省住房公积金缴存总额达到 6300 亿元；提取总额达到 3600 亿元，个人贷款总额达到 3800 亿元，住房公积金个贷率保持在 85% 左右。不断深化“放管服”改革，提升住房公积金服务水平，实现一次不跑或最多跑一次业务办理率超过 95%。

大力推动建筑业高质量发展。全面贯彻落实省政府办公厅《关于促进建筑业转型升级高质量发展的意见》，推动建筑业高质量发展政策措施落实落地。以发展新型建筑工业化为载体，全面深化“放管服”改革，加快转变建造方式，大力推行绿色建造、装配式建造，推动智能建造与建筑工业化协同发展，做优做强建筑企业，提高企业核心竞争力、创新力，强化质量保证体系，提升建筑工程品质，促进建筑业转型升级，打造具有国际竞争力的“江西建造”品牌，实现建筑业高质量跨越式发展。到 2025 年，力争全省建筑业总产值达到 1.5 万亿元，建筑业增加值占全省 GDP 比重达到 8.5%，装配式建筑新开工面积占新建建筑总面积的比例达到 40%，培育壮大龙头骨干企业，年产值超 100 亿元企业超过 10 家。

2. 实施“两大行动”提品质

以持续开展城乡环境综合整治和城市功能品质提升行动为抓手，着力改善城乡人居环境。

全面开展城市更新行动。以省部共建城市体检评估机制、推进城市高质量发展示范省建设合作协议为契机，切实转变城市开发建设方式，深入推进以人为核心的新型城镇化，努力打造更多宜居宜业、精致精美、人见人爱的人民满意城市。启动智慧系统平台建设，加快推进新型智慧城市建设。紧扣城市体检评估机制“全覆盖”，深入查找“城市病”根源，科学精准提出“治疗方案”，建立“一年一体检、五年一评估”长效工作机制。深化城市体检评估指标实施监测，实现全生命周期的城市发展动态监测。对城市中不适应现代化城市社会生活的地区进行改造，修复延续生态环境、空间环境、文化环境等。启动智慧系统平台建设，加快推进新型智慧城市建设。到2025年，力争城市人均道路面积达22平方米，城市用水普及率达到99%，城市污水处理率达到98%，城市燃气普及率达到98.5%；各设区市中心城区、赣江新区直管区以及省生态文明示范县、有条件的县（市）实现生活垃圾分类基本覆盖；全省城镇生活垃圾焚烧处理率达到70%；城市建成区绿地率达到43%，人均公园绿地面积达到14.8平方米；城市排水防涝体系进一步完善，海绵城市建设取得明显成效，城市水环境明显改善，有效提升城市人居环境、人民生活质量，走出一条具有江西特色的城市发展道路。

大力实施乡村建设行动。推动建立以县域为单位、以乡镇为载体、统筹城乡建设的工作机制，巩固拓展脱贫攻坚成果，有效衔接乡村振兴战略。扎实开展美丽乡镇建设，合理布局小城镇、行政村基础设施和公共服务设施，推动小城镇功能与品质提升，构建宜居宜业、舒适便捷的镇村生活圈。有效提升农房建设质量，建立农村低收入人口住房安全保障制度，持续保障农村贫困人口住房安全。排查整治农村房屋安全隐患，建立农村房屋改扩建和变更用途的质量安全管理制度。大力提升乡村建设水平，探索开展乡村建设评估工作，加强乡村建设设计和农房设计，推进宜居农房建设，推广钢结构装配式等新型农房建造方式。新建一批功能现代、风貌乡土、成本经济、结构安全、绿色环保的宜居型示范农房。加强乡村建设工匠培训与管理，积极培养乡村建设人才。探索传统村落保护发展新路径，推进传统村落集中连片保护利用，进一步完善传统村落保护名录。推动传统村落保护数字化管理，构建“互联网+村落文化”数字化平台。巩固提升垃圾治理和持续推进污水治理，加强和改进乡村治理，加快建设“整洁、舒适、安全、美丽”的农村人居环境。

3. 狠抓“两大改造”惠民生

始终坚持以人民为中心的发展思想，加大城市棚户区和城镇老旧小区改造力度，不断改善人民群众的住房条件。

持续开展城市棚户区改造。坚持因地制宜、量力而行，严格改造范围和标准，科学制订改造计划。全面完成国家下达的棚户区（危旧房）改造和公共租赁住房新建（筹集）开工任务。加快构建以公租房、政策性租赁住房和共有产权住房为主体的住房保障体系，结合城镇棚户区改造和老旧小区改造，有效增加供给。以解决新市民、青年人住房困难为出发点，大力发展租赁住房，完善长租房政策，扩大保障性租赁住房供给，探索支持利用集体建设用地按照规划建设租赁住房。落实城镇贫困群众脱贫解困要求，对城镇特困人员、城镇最低生活保障对象和支出型贫困低收入家庭实现“应保尽保”，切实保障城镇贫困群众基本住房安全。“十四五”期间，力争新建保障性安居住房39.42万套，建设面积3028万平方米，包括公共租赁住房6.26万套、棚户区改造33.16万套，且年均发放租赁补贴规模保持在8万户左右。

深入推进老旧小区改造。切实把城镇老旧小区改造当作满足人民群众美好生活需要的重大民生工程和发展工程。建立健全组织实施保障机制、资金合理共担机制，完善项目审批等配套保障政策。以适应居民不同生活需求为出发点，重点实施基础类改造，突出补齐功能性设施短板，有条件的地方推进完善类改造和提升类改造，推动城市更新，创建一批完整社区、绿色社区。全省城镇老旧小区努力实现转型为“基础设施完善、公共配套设施齐全、居住环境整洁、安全健康、管理有序、文明和谐的居住社区”的目标，基本形成具有江西特色的城镇老旧小区改造经验，实现居住在城镇老旧小区的居民迎来新生活。到 2025 年，力争基本完成 2000 年底前建成的需改造城镇老旧小区的改造任务；到 2025 年，全省力争实现 6243 个城镇老旧小区的改造任务，惠及 160.87 万户城镇居民。

4. 做优“两大服务”添活力

坚持以深化供给侧结构性改革为主线，以改革创新为根本动力，进一步优化行业管理和服务水平。不断提升城市治理和服务水平。深化城市管理执法体制改革，不断理顺城市管理体制，推动城市管理高质量发展。促进城市管理数字平台向管理服务平台转变，努力形成综合性城市管理数据库，推动跨部门、跨区域、跨层级应用，加快推进城市治理“一网统管”。探索创建城市治理风险防控工作评价机制，制定风险防控方案，落实防控措施，健全联动工作体系。持续整治提升城市人居环境，实施市容市貌标准，规范城市户外广告设施管理，完善落实“门前三包”制度。加强城市管理执法队伍建设，探索创建全省城管培训学院，完善交叉暗访制度，织密内部执法监督网。开展着装管理规定检查督查，推动落实《江西省城市管理执法人员制式服装管理规定》落地生效。不断提高物业管理覆盖率，推动物业企业建立管理服务平台，开展线上线下社区生活服务，发展居家社区养老服务。加快城市信息模型（CIM）基础平台建设，扎实开展城市地下市政设施普查，推进城镇建筑物档案数字化，构建统一的公共基础数据库。加快建立城市公共信息服务平台，推动智慧城市综合和专项规模化应用，强化城市信息资源动态更新和管理服务机制。加快实施智能化市政基础设施建设和改造行动，推动供排水、燃气等市政设施智能更新升级。加快推进智慧社区建设，提升社区智能管理水平。

不断提升行业监管和服务水平。持续推进“放管服”改革，加强“赣服通”住建专区建设。落实建设工程企业资质管理改革方案。深化工程造价管理体制改革，落实工程款支付担保和施工过程结算制度，完善工程造价市场化形成机制。强化建设工程消防设计审查验收管理，严把审查、验收和备案关，严查建设工程消防领域违法行为，提升建设工程消防设计、施工质量。扎实开展行政审批突出问题专项整治行动，持续优化营商环境。深入推进工程建设项目审批制度改革，加快推进工程建设项目全流程在线审批，不断提升工程建设项目审批效能。进一步优化审批流程，加强项目前期策划生成和区域评估，精简规范技术审查和中介服务事项，优化市政公用服务程序。全面推行工程建设项目分级分类管理，细化项目分类和改革措施。加强审批行为管理，杜绝“体外循环”审批。健全推进改革工作长效机制，建立良好的政企沟通机制。加快推进江西省生活垃圾管理条例、物业管理条例等方面立法。进一步完善工程建设地方标准体系，充分发挥标准的支撑保障作用。

参考文献

王蒙徽：《住房和城乡建设事业发展成就显著（人民要论 · “十三五”辉煌成就 · 住房和城乡建设）》，《人民日报》2020 年 10 月 23 日。

杨保年：《坚持系统观念，整体推进城市更新》，《中国建设报》2021 年 1 月 12 日。

中共江西省委：《中共江西省委关于制定全省国民经济和社会发展第十四个五年规划和二〇三五年远景目标的建议》，《江西日报》2020 年 12 月 9 日。

吴昌平：《勇于“作示范”，敢于“勇争先”加快推进住建事业高质量发展》，2021 年 1 月 5 日。

卢天锡：《奋力开创全省住房和城乡建设事业高质量发展新局面　为谱写全面建设社会主义现代化国家江西篇章作出新贡献》，2021 年 1 月 5 日。

江西省住房和城乡建设厅：《江西省住房城乡建设事业“十四五”规划纲要》（征求意见稿），2021 年 1 月 5 日。

B.7

江西文化和旅游“十三五”回顾与“十四五”展望

江西省文化和旅游厅课题组*

摘　要：　“十三五”时期是全省文化和旅游发展的重要时期，江西文化和旅游紧扣高质量发展要求，凝心聚力、开拓创新、踏实苦干，加快推进文化强省和旅游强省建设，为全省经济社会发展做出了积极贡献。“十四五”时期，江西文化和旅游工作的重点任务是进一步加快建设文化强省和旅游强省，大力提升赣鄱文化软实力，加快建设世界知名旅游目的地。

关键词：　文化旅游　“十四五”　融合发展　江西

一　江西文化和旅游“十三五”回顾

“十三五”时期，全省文化和旅游系统坚持以习近平新时代中国特色社会主义思想为指导，按照省委、省政府工作部署，全面推进文化强省和旅游强省建设各项工作，“十三五”规划确定的主要目标任务总体实现，全省文化和旅游呈现健康发展的良好态势。

---

* 课题组组长：李小豹，江西省文化和旅游厅党组书记、厅长。成员：邓泽洲，江西省文化和旅游厅政策法规处处长；曾本珺，江西省文化和旅游厅政策法规处三级主任科员；唐卫东，江西省旅游规划研究院院长；陈佳娜，江西省旅游规划研究院综合研究所所长。

（一）公共服务体系日益完善

城乡公共文化服务设施网络日益完善。全面补齐省级文化设施短板，投入近30亿元新建省文化中心。全面构建基层文化设施网络，全省建成113个图书馆、182个博物馆、114个文化馆、45个美术馆、1561个乡镇文化站和20686个村（社区）综合文化中心。全面完善旅游服务设施，“旅游厕所革命先锋行动”率先在全国实施，全省建成旅游厕所5794座。全力推动智慧旅游提速升级，基本建成“一部手机游江西”平台，“云游江西”和“智慧监管”平台正式上线，出台智慧系统建设指南地方标准。

（二）艺术创作生产成果丰硕

深入实施文艺创作繁荣工程，歌剧《回家》、采茶歌舞剧《永远的歌谣》等作品荣获中宣部“五个一”工程奖，话剧《遥远的乡土》等入选国家舞台艺术精品工程，《一个人的长征》《八子参军》等作品入选庆祝建党100周年艺术精品创作重点扶持名单。成功举办“全国首届采茶戏艺术展演”“全国高腔优秀剧目展演”等重大文艺活动。江西艺术节、江西青年戏曲演员大赛等活动成为品牌，汤显祖国际戏剧交流活动反响良好，江西文化影响力不断提升。大力推进旅游演艺发展，《寻梦龙虎山》《梦里老家》《寻梦牡丹亭》《明月千古情》《天下三清》《寻梦滕王阁》等节目深受游客喜爱。

（三）文化遗产保护利用成效显著

文物保护利用取得重要成果。全省登记可移动文物64.155万件，不可移动文物32831处。成功列入世界文化遗产预备名录3处、列入国家考古遗址公园名单和立项名单4处，长征国家文化公园（江西段）加快建设，赣南等原中央苏区革命遗址保护利用成为全国样板，创新革命文物保护利用模式（如乐安县“红色标语+全社会力量”“百件革命文物说江西”等）。文物考古发掘和保护利用在全国产生重大影响，南昌西汉海昏侯墓考古发掘囊括全国考古领域所有奖项，被评为“世界重大田野考古发现奖”。博物馆事业快速发展，全省有各类博物馆 182 家，其中等级博物馆 61 家，多个展览入选全国博物馆十大陈列展览精品奖。加快推进非物质文化遗产保护传承，全省现有国家级文化生态保护（实验）区 3 家、国家级非遗生产性保护示范基地 4 个、省级示范基地 60 个。

（四）对外交流合作步伐加快

积极对接国家“一带一路”建设，坚持推动文化“走出去”和“引进来”相结合。重点实施了海外中国文化中心省部对口合作项目，举办“江西文化周”“江西文化年”等系列活动；策划组织了“千年瓷都——景德镇陶瓷文化国际巡展”赴欧洲、拉美、亚洲开展巡展活动。积极开展境外旅游宣传，定期在香港举办旅游推介暨项目招商会，成立江西旅游（港澳）推广中心。加入“万里茶道”中蒙俄旅游联盟，组织赴俄罗斯、瑞典、美国、德国、捷克、日本、韩国、巴西等国家开展境外推广活动。

（五）产业规模不断扩大

实施文化和旅游产业链“链长制”，培育壮大产业链条，加快推进文旅产业基础高级化、产业链现代化，全省文旅产业实现较快增长。出台《关于进一步支持文化产业发展的若干意见（试行）》等文件，做优做强国有文化企业，支持民营文化企业加快发展，景德镇陶溪川文创街区入选首批国家级文化产业示范园区。2020 年，全省规模以上文化企业 1794 家，实现营收 2383.89 亿元，增速居全国第 2 位。旅游产业持续高速增长，市场规模稳步扩大，2019 年全省旅游接待总人数 7.93 亿人次，旅游总收入 9657.10 亿元，旅游接待人数、旅游收入分别居全国第 11 位和第 10 位。与周边六省相比，全省旅游收入、旅游接待人数排名均从 2015 年第 6 位上升至 2019 年第 4 位（旅游接待人数广东省为过夜游人数）。2020 年，全省克服疫情等不利因素影响，稳步推进旅游市场有序复苏，旅游接待人数和旅游收入分别恢复至上年的 70.25% 和 56.17%，高于全国平均水平，与周边六省相比，全省旅游接待人数、旅游收入排名均上升至第 3 位。

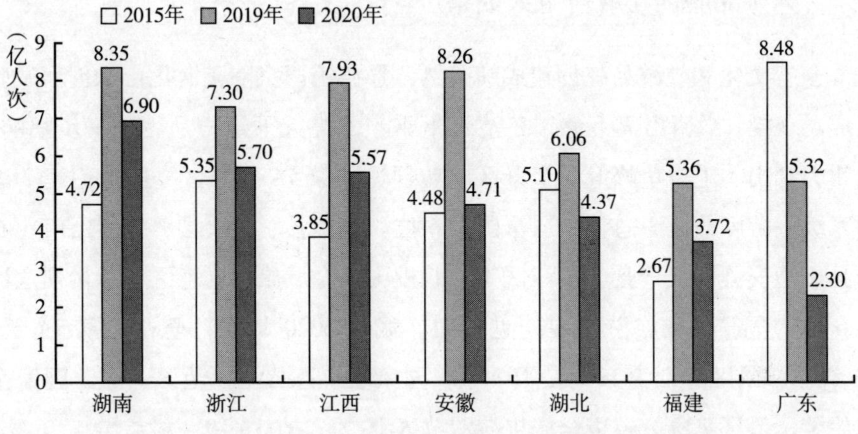

图 1　2015 年、2019 年、2020 年江西及周边六省旅游接待总人数

资料来源：江西、浙江、广东、福建、湖南、湖北、安徽七省 2015～2020 年《国民经济和社会发展统计公报》。

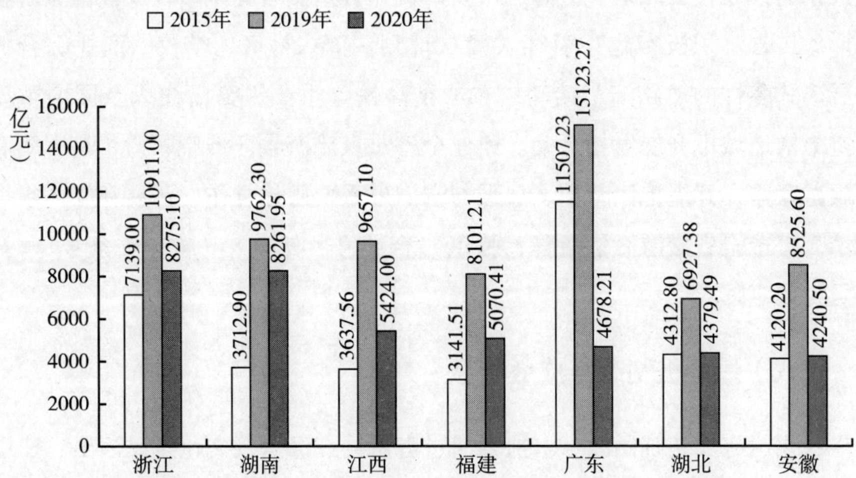

图 2　2015 年、2019 年、2020 年江西及周边六省旅游总收入

资料来源：江西、浙江、广东、福建、湖南、湖北、安徽七省 2015～2020 年《国民经济和社会发展统计公报》。

（六）品牌创建取得重大成果

全省文化和旅游品牌创建成绩斐然，景德镇国家陶瓷文化传承创新试验区成功获批，“庐山天下悠、三清天下秀、龙虎天下绝”品牌进一步唱响。抚州大觉山、上饶龟峰等5个景区成功创建国家5A级景区，成功创建2家国家级旅游度假区，总量跃居全国第6位。婺源县、资溪县、井冈山市、石城县、靖安县、武宁县、昌江区等地获批国家全域旅游示范区，总量列全国第6位，全省全域旅游发展初见成效。截至2020年底，全省国家5A级、4A级旅游景区分别为13家、167家，国家级生态旅游示范区4家，国家全域旅游示范区7家，省级全域旅游示范区19家，省5A级乡村旅游点26家。

（七）宣传推广取得积极成效

全面打响“江西风景独好”品牌。优化“江西风景独好”广告宣传片在央视的投放，在北京、上海、广州、杭州等重点客源城市投放江西旅游整体形象广告。积极实施“引客入赣”计划。深入社区、学校、商业综合体开展形式多样的“路演”活动；在沪昆高铁等重要铁路沿线以及国内重要航空集散地城市开展营销活动。组建全省重点旅游景区推广联盟、昌吉赣高铁旅游联盟，开展抱团营销。加强与省内外重要媒体合作，开展新媒体组合营销，打造全省旅游微信矩阵、腾讯“企鹅号”矩阵、“政务头条号”、抖音号宣传矩阵。

（八）体制机制改革成效明显

深化国有文艺院团改革。探索通过省市县三级购买文化惠民演出、建立剧场联盟等形式，完善文化惠民演出机制，形成全省统一的演艺市场体系。加快推进重点景区改革。武功山景区完成“六个统一”并实现委托经营，庐山西海管理体制改革主要任务基本完成，庐山“市局合一”管理体制正式运行。大力推进市场主体改革。成立省旅游集团和省文演集团，推动市场主体做大做强。加快推进机构改革。完成省市县三级机构改革，省级成立文化和旅游厅，市县成立文化广电新闻出版旅游局。稳妥推进厅直事业单位改革，原省群众艺术馆变更为省文化馆，组建完成新省美术馆。加快推进文化市场综合执法改革，“同城一支队伍”“局队合一”等重点任务基本落实到位。

（九）市场环境进一步优化

开展“风暴”“网剑”等文化市场整治行动，通过以案施训等方式提高文化市场综合执法队伍办案能力。大力整治不合理低价游，通过利剑行动、春季行动、暑期整顿、秋冬会战等整治行动，确保旅游市场平稳有序。加强文明旅游宣传，开展“传承红色基因，推进旅游文明”“文明旅游、绿色出行”等活动，倡导绿色出行、绿色消费。推动旅游志愿者标准化，开展旅游志愿服务先锋行动。严格落实文化和旅游安全责任制，建立健全监督检查和隐患排查、整改制度，开展文化和旅游安全整治专项行动。

五年来，全省文化和旅游系统始终围绕建设文化强省和旅游强省的目标任务，突出重点、统筹推进、开拓创新，不断明晰发展思路。一是树立系统观念。把文化和旅游工作放在经济社会发展全局中考虑，加强前瞻性思考、全局性谋划、战略性布局、整体性推进。围绕满足人民对美好生活的新期待，对发展目标、重点任务、工作举措进行系统分析、系统研究、系统梳理。二是强化依法治理。牢固树立法治思维，严格执行文化和旅游领域法律法规，推动出台《江西省旅游者权益保护条例》等法律法规，稳步提升全省文化和旅游治理能力。三是保持实干定力。正确认识文化和旅游发展特点，树立“功成不必在我”的思想境界，咬定目标不放松，一件接着一件干，以钉钉子精神抓好工作落实，逐步打牢文化强省和旅游强省建设基础。四是推进安全发展。牢牢守住文化和旅游领域意识形态安全，严把文化和旅游产品、服务的政治关、价值关、导向关。把生产安全放在第一位，抓实抓细文化和旅游安全工作。

总体而言，“十三五”时期全省文化和旅游工作全面推进，取得了扎实成效。同时，全省文化和旅游发展还存在一些瓶颈，主要表现在：文化和旅游领域发展不平衡不充分问题依然存在，文化和旅游产业发展规模还不大，文化和旅游产品供给和需求不完全匹配，体制机制改革还有不少难题需要破解等。

二　江西文化和旅游“十四五”发展展望

（一）“十四五”时期面临的重要机遇

“十四五”时期是全省文化和旅游实现高质量跨越式发展的关键时期。

一是满足人民美好生活需要的动力更加强劲。随着我国人均收入水平持续提高，人民群众对文化和旅游的精神消费需求不断增长，成为美好生活的“刚需”，人民群众文化和旅游消费的数量和质量，已成为美好生活的关键指标。“十四五”时期，文化和旅游消费成为大众生活的必需品，这将为全省文化和旅游发展带来强大内生动力。

二是高质量跨越式发展产生的引力更加强劲。发展文化和旅游对提升全省现代服务业比重、优化三次产业结构具有重要作用。在“一带一路”建设，及长江经济带、江西内陆开放型经济试验区等国家战略中，文化和旅游将发挥积极作用。同时，文化和旅游为乡村振兴提供文化支撑和产业支持，是“增智富民”的重要载体。

三是全省文化和旅游资源的优势推力更加强劲。全省旅游主要经济指标已步入全国第一方阵。“江西风景独好”品牌影响力逐步提升，以井冈山、瑞金为代表的红色旅游领跑全国，“最美乡村婺源”成为中国乡村旅游的代表。丰富的文化和旅游资源让全省具备率先发展的比较优势。

四是高铁经济给文旅行业高质量发展带来新机遇。“十四五”时期，全省将稳步推进昌吉赣、昌景黄、赣深、昌九、昌福（厦）等高铁项目建设，基本实现南昌至各设区市和长江中游城市群 1 ~ 2 小时，至上海、杭州、广州、深圳等周边主要城市 3 ~ 4 小时，至北京、西安、重庆等重点城市 5 小时左右交通圈，为全省文化和旅游发展创造有利交通条件。

（二）“十四五”时期主要目标

到2025年，全省文化和旅游综合实力全面提升，创新创造活力迸发，文化事业繁荣发展，公共服务水平明显提升，文艺精品不断涌现，人才队伍支撑力显著增强，文化产业增加值占GDP的比重超过5%；实施“旅游+”融合工程，全力打造全国红色旅游首选地、最美生态旅游目的地、中华优秀传统文化体验地，力争旅游产业主要指标稳居全国第一方阵，文化强省和旅游强省基础进一步夯实。

（三）“十四五”时期重点任务

1. 推进文化艺术繁荣发展

聚焦重大事件和重要时间节点，创作一批反映新时代新气象、富有江西特色的文艺精品。推动地方戏曲振兴发展，健全戏曲艺术保护传承体系，打造以赣剧、采茶戏为主的江西戏曲品牌。办好重大艺术活动，拓展艺术传播交流平台，推动优秀文艺作品走出去，进一步扩大江西文化影响力。深化国有文艺院团改革，建立完善剧本质高量多、剧目多彩纷呈、剧场布局合理、院团人才辈出的可持续发展体制机制和政策体系。加强艺术人才建设，强化艺术院校人才培养的主阵地作用，分级、分类推进艺术人才培养，培育造就一批高水平创作人才和德艺双馨的文化名家。创新旅游演艺发展模式，培育一批思想性强、文化内涵丰富、市场接受度高的旅游演艺产品。

2. 完善公共服务体系建设

健全公共文化服务法规体系，出台《江西省公共文化服务保障条例》《江西省公共图书馆条例》，完善公共文化服务评估标准。推进城乡公共文化服务体系一体化建设，推进公共图书馆、文化馆、博物馆智慧化建设，鼓励公共文化机构在城市新区、开发区、工业园区建设分支机构，加快构建主城区和村镇15～20分钟的“文化和旅游公共服务圈”。鼓励公共文化场馆与研学旅行、文化旅行相结合，创建国家A级景区；落实老年人、残疾人、青少年等特殊群体运用智能化技术参与公共文化服务。鼓励全社会多方力量共同参与公共文化服务体系建设，探索公共文化设施所有权与经营权分离，创新公益性文化服务提供模式，多方合力共促公共文化大繁荣。擦亮“百姓大舞台”公益文化活动展演、“赣图大讲堂”等群众性文化活动品牌，规范引领街头艺术表演，提升城市品位与文化吸引力。持续加强旅游厕所建设管理。

3. 加强文化遗产保护利用

加大革命文物保护利用力度，切实推进党史文物保护展示、革命文物集中连片保护利用、革命文物主题保护展示、革命文物陈列展览、革命文物宣传传播，推动重要革命旧址免费开放纳入补助范围，推进红色标语保护利用。加强考古发掘和文物保护，开展重大考古发掘和重点历史文化研究，提升江西省汉文化全国影响力。推进南昌汉代海昏侯国遗址、景德镇御窑厂遗址等遗址公园建设，构建具有江西特色的考古遗址公园体系和遗址博物馆群；持续推进樟树吴城遗址、瑞昌铜岭铜矿遗址、新干大洋洲牛头城遗址、鹰潭龙虎山大上清宫遗址、吉州窑遗址等保护利用。推进景德镇御窑厂遗址等申遗工作。激发博物馆活力，加强景德镇御窑博物馆等博物馆建设，建设一批一流博物馆；鼓励行业博物馆、非国有博物馆建设，优化博物馆体系；加强保护、藏品征集、鉴定；推动博物馆云展览和智慧化；推进博物馆与旅游、教育等深度融合。深入推进非物质文化遗产整体性保护，加快非物质文化遗产理论研究，完善非物质文化遗产传承设施体系，提高非物质文化遗产保护传承水平。加强文物安全工作，进一步完善文物安全制度，加快文物安全监管平台建设，提高监管水平。

4. 扩大对外文化交流合作

构建以长三角、珠三角、海西经济区等城市群为主体，延伸至成渝、京津冀等城市群的区域合作平台。加大对外文化交流力度，以江西“中华文化走出去”项目库为依托，以建设世界陶瓷文化交流合作中心、国际客家文化研究中心等为抓手，打造江西对外文化交流合作新平台。加快建设省部共建葡萄牙里斯本中国文化中心和新西兰江西文化中心，使其成为展示传播赣鄱文化的重要窗口。持续举办特色文化交流展等品牌交流活动。大力支持民间文化交流，加强与国际文化艺术机构的交流合作。

5. 加强旅游宣传推广

制定“江西风景独好”品牌提升计划，构建区域品牌、市县品牌、景区品牌、产品品牌等互为支撑的品牌体系。策划开展“建党百年潮游江西”等主题宣传推广活动。加大线上旅游营销力度，加强与各类网络服务平台对接，打造一批江西爆款文旅线上产品。采取省、市联动的方式，适时组织赴港澳台、日韩、东南亚等境外开展旅游宣传推介。鼓励支持景区、旅游企业开拓入境游市场。

6. 培育壮大市场主体

加快实施“龙头培育”计划，培育一批骨干文化和旅游企业、国家级省级文化和旅游产业园区（基地），新增2～3家国家5A级旅游景区、2～3个国家级旅游度假区，发挥龙头企业的示范引领作用。坚持抓大扶小并重，实施“专精特新”文旅中小微企业培育行动，引导中小微企业以产业链为纽带，向龙头企业集中集聚，构建大中小企业协作配套、协同发展的产业链生态。进一步推进文化和旅游企业“映山红行动”，加强对上市后备文旅企业的辅导，争取4～6家文化和旅游企业上市。

7. 提升文旅智慧化水平

实施数字文化和旅游产业发展计划，综合运用云计算、大数据、人工智能、区块链等新技术，培育新型文化和旅游业态，推动文化和旅游业转型和结构优化。建立全省旅游大数据中心和数据标准，推动涉旅数据整合和共享，发展全息互动投影、无人机表演、夜间光影秀等产品，提升游客体验度。借助大数据平台对全省重点景区、乡村旅游点、旅游度假区开展全域、全程监控，形成大数据分析报告，指导景区规范发展。建设文化和旅游数字资源体系的公共信息共享平台，推进非物质文化遗产的整理、研究成果数字化和智慧化普及，加强古籍保护研究利用，提升文保单位、文化场馆数字化保护和传承水平。

8. 加快推进融合发展

建设一批文化旅游精品线路，大力发展以南昌、井冈山、瑞金等为代表的红色旅游，以庐山、三清山、龙虎山等良好自然资源为基础的绿色旅游，以陶瓷文化、书院文化和古村落文化等为代表的古色旅游。大力推进景德镇国家陶瓷文化传承创新试验区建设，全力打造“两地一中心”；充分挖掘和利用革命历史文化资源，传承弘扬井冈山精神、苏区精神和长征精神，丰富红色培训内容和红色旅游产品，全力打造全国红色旅游首选地。大力实施“文化 +”“旅游 +”“文化旅游 +”战略，推动文化和旅游产业融合式发展，积极培育文化旅游新业态，推出新产品，创造新需求。

9. 促进文旅消费升级

创新文化旅游消费新需求，不断增强消费拉动文化和旅游发展的基础作用。立足扩大内需战略基点，推动商旅文融合发展，加快文化和旅游消费城市建设，着力建设江西国内大循环文旅消费集聚区。大力发展夜间经济，打造一批夜间经济示范街区和夜间文旅消费集聚区，丰富群众夜间生活。面向文旅消费升级，适时改变、优化、提升江西文化和旅游产品业态，精准对接长三角、粤港澳大湾区等城市群；加强与中三角、海西经济区等地文化和旅游协作。

10. 加快文旅创新发展

持续推进体制机制创新，深化文化和旅游领域“放管服”改革，健全文化产业体系和市场体系，降低市场准入门槛，加强市场监管和综合执法，营造公平竞争环境，进一步激发市场活力。实施数字文化和旅游产业发展战略，打造一批数字文化产业基地。深入实施文化和旅游产业链链长制，大力实施铸链、补链、稳链、扩链、强链等工程。深化投融资服务，鼓励银行、保险等金融机构创新服务方式，建立融资风险补偿机制，创建一批省级文化与金融合作示范区、文化金融服务中心。做大做优瓷博会、艺博会、红博会、药交会等专业会展，支持各地打造区域性文化和旅游发展平台。

参考文献

江西省统计局、国家统计局江西调查总队：《江西省 2020 年国民经济和社会发展统计公报》，《江西日报》2021 年 3 月 23 日。

浙江省统计局、国家统计局浙江调查总队：《浙江省 2020 年国民经济和社会发展统计公报》2021 年 2 月 28 日。

广东省统计局、国家统计局广东调查总队：《2020 年广东省国民经济和社会发展统计公报》，《南方日报》2021 年 3 月 1 日。

湖南省统计局、国家统计局湖南调查总队：《湖南省 2020 年国民经济和社会发展统计公报》2021 年 3 月 16 日。

江西省人民政府：《江西省人民政府办公厅关于印发江西省旅游产业高质量发展三年行动计划（2019～2021 年）的通知》，2019 年 6 月 2 日。

中国旅游研究院（文化和旅游数据中心）：《2019 年旅游市场基本情况》，2020 年 3 月 10 日。

B.8 江西金融"十三五"回顾与"十四五"展望

中国人民银行南昌中心支行课题组*

摘　要：　"十三五"时期江西省金融业奋发有为，积极推进金融供给侧结构性改革，为江西省经济社会各方面的稳步发展做出了重要贡献，取得了可圈可点的成绩。本文回顾了"十三五"期间江西省金融业总体发展情况，对"十三五"时期金融发展面临的主要困难进行了分析。展望"十四五"时期，江西省提出了金融业新发展目标和主要举措，将更加注重金融发展质量和效益，努力提升金融服务实体经济的水平，助力构建"双循环"新发展格局。

关键词：　金融供给侧改革　普惠金融　绿色金融　江西

"十三五"期间，江西省金融业保持健康平稳发展态势，金融市场规模显著增长、金融机构体系日趋完善、金融产业贡献日益增强，基本形成了组织形式齐全、功能完备、运行稳健的金融体系，为供给侧结构性改革和经济高质量发展创造了良好的货币金融环境。这五年，江西省金融业紧紧围绕服

* 课题组组长：张瑞怀，中国人民银行南昌中心支行党委书记、行长，高级经济师。副组长：杜正琦，中国人民银行南昌中心支行党委委员、副行长，经济师。成员：曾省晖，中国人民银行南昌中心支行，高级经济师；彭岚，中国人民银行南昌中心支行，高级经济师；朱子欣，中国人民银行南昌中心支行。

务实体经济、防控金融风险、深化金融改革等任务，持续优化信贷结构，降低企业综合融资成本，全省金融资源加快集聚、配置趋于优化，金融服务实体经济能力显著提升。站在新的发展起点，立足于省情实际，须谋划好"十四五"时期全省金融业发展与改革的总体思路，助推江西省金融业实现高质量跨越式发展。

一　"十三五"时期江西金融发展与改革回顾

——金融总量跃上新台阶。"十三五"期间，江西省金融业增加值年均增长15.04%，增速位居各行业前列，2020年达1808.63亿元，比2015年翻一番，占GDP和服务业增加值的比重分别达7.04%和14.63%，比2015年分别提升1.67个和0.93个百分点，对经济增长的贡献率从2015年的7.7%上升至2020年的15.1%，成为拉动全省经济增长的重要动力。多项金融主要指标创历史新高，2020年末，全省银行业资产总额达5.8万亿元，是2015年的1.8倍；金融机构本外币存、贷款余额双双突破4万亿元大关，分别达到43912.95亿元、41667.68亿元，存、贷款增速均列中部首位、全国第2位，分别为2015年末存、贷款余额的1.75倍、2.24倍，"十三五"期间实现年均增速11.9%、17.6%。

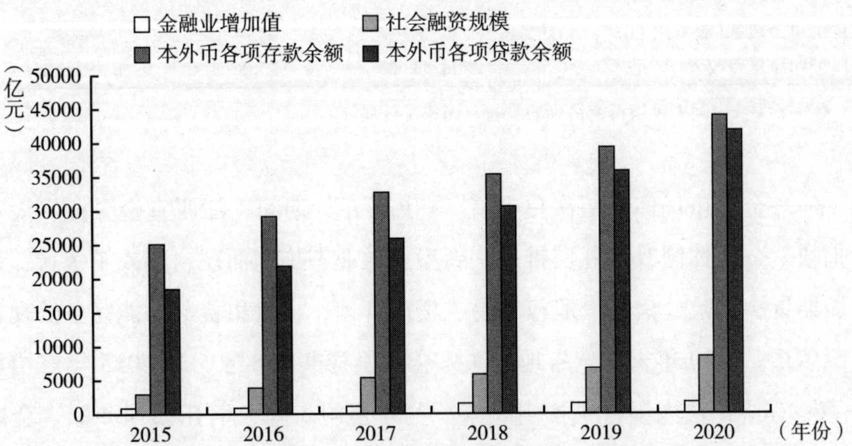

图1　2015~2020年江西省经济金融主要指标变化情况

资料来源：中国人民银行南昌中心支行，国家统计局。

五年间，全省社会融资规模增量为8550.2亿元增长1.83倍，占全国比重上升0.49个百分点，至2.45%；银行业资产规模增长80.6%，达5.8万亿元，保费收入增长82.5%，达928亿元，证券交易额达7.7万亿元，增长1.66倍。现代金融服务业作为全省新旧动能转换的重点产业之一，呈现旺盛的发展活力，有力支持了江西经济平稳健康发展。

表1　“十三五”期间江西省金融发展主要指标

指标名称	2015年	2020年	变化情况
地区生产总值(亿元)	16723.78	25691.50	+53.6%
金融业增加值(亿元)	897.65	1808.63	+101.5%
金融业增加值/GDP(%)	5.37	7.04	+1.67个百分点
社会消费品零售总额(亿元)	5925.50	10371.80	+75.0%
城镇居民人均可支配收入(元)	26500.12	38556.00	+45.5%
农村居民人均可支配收入(元)	11139.08	16981.00	+52.4%
社会融资规模(亿元)	3019.71	8550.2	+183.1%
出口总值(亿元)	2051.49	2920.37	+42.4%
进口总值(亿元)	577.04	1089.77	+88.9%
本外币存款余额(亿元)	25042.97	43912.95	+75.4%
本外币贷款余额(亿元)	18561.09	41667.68	+124.5%
当年新增贷款(亿元)	2881	5970.83	+107.2%
当年累计发行债务融资工具(亿元)	672.3	1608.1	+139.2%
境内上市公司数(家)	36	57	+21家
保险公司原保费收入(亿元)	508.43	927.86	+82.5%

资料来源：中国人民银行南昌中心支行，国家统计局。

——金融市场体系层次更丰富。“十三五”期间，江西省金融业发展步伐加快，金融体制改革扎实推进，新型金融业态加速涌现，形成了银行、证券、期货、保险、信托、股权交易、资产管理、金融租赁等功能完备的现代金融体系。2020年末，全省地方法人金融机构共178家，比2015年末增加38家；其中，法人银行机构168家，财务公司3家，信托公司2家，金融租赁公司1家。总部设在辖区内的证券、基金、期货公司分别为2家、265家、1家，保险公司分支机构共48家。在法人银行机构中，城商行、农商行、民营银行分别为4家、86家、1家；村镇银行77家，比2015年末增加33家。截至2020年末，江西联合股权交易中心托管股本690.79亿股，累计为省内企业通过私募可转债实现融资302.01亿元。种类齐全、覆盖城乡、服务有效的金融供给体系，为提高江西金融资源配置效率奠定了良好基础。

——金融服务实体经济提质增效。全省大力推进企业上市，扩大直接融资，“十三五”期间“映山红行动”成果丰硕。2020年末，全省境内、境外上市公司数量分别为57家、30家，比2015年增加了21家、11家，在中部六省中第二个实现A股上市公司设区市全覆盖，实现通过上市审核和新增申报境内板块双料“全覆盖”；全省A股上市公司总市值6661.3亿元，比2015年末增长66.4%。加强政府融资增信支持，完善“科贷通”“文企贷”等政银合作类产品模式，降低企业融资成本，2020年末，全省融资担保在保余额达1214.56亿元，是2015年末的3.61倍；担保放大倍数3.36倍，较2015年末提高0.86倍；全省平均综合担保费率控制在0.85%，节约企业融资成本3.76亿元。

——金融改革创新迈出新步伐。一是绿色金融发展取得新突破。2020年，江西省绿色金融发展指数居全国第4位，连续三年位居全国第一方阵；绿色信贷余额为2776.5亿元，是2015年的4.6倍，占全部贷款余额的比重为7.1%，比2015年提升3.85个百分点；全省绿色产业项目库入库项目达到1559个，总投资额突破1万亿元。发布全国首个绿色票据标准，推动资溪县挂牌成立全省首个“两山银行”，国家发改委将江西绿色金融改革创新5项经验列入全国生态文明试验区建设推广清单。二是普惠金融改革工作开启新局面。赣州市、吉安市国家级普惠金融改革试验区获中国人民银行等国家七部委批准，积极促进精准扶贫与乡村振兴有效衔接。2020年末，全省涉农贷款余额1.41万亿元，比2015年增长96.4%；全省小微企业贷款余额8546.8亿元，比2015年翻一番。三是稳步推进利率市场化改革。2020年末，全省人民币贷款加权平均利率5.58%，较2015年最高点下降1.92个百分点；其中，普惠小微企业贷款加权利率为5.98%，较LPR改革前（2019年7月）下降80BP，让利实体经济效果明显。

——金融基础设施建设更完善。持续推进江西省小微客户融资服务平台运用，2020 年末，全省平台注册户数突破 200 万户，累计促成 18.4 万户小微经营主体获贷 2637 亿元。自主研发企业收支流水大数据平台应用创新试点，解决首贷企业信息缺乏问题，2020 年末，全省发放企业贷款 15.96 亿元，其中普惠口径信用贷款 5730 万元，首贷企业贷款 4.7 亿元。推广农村经营户信用信息联网核查平台，实现公安、财政、农业、农村等部门 7 大类数据信息实时共享，提升征信服务水平。推进移动支付便民工程，大大改善农村支付环境，2020 年末，全省助农取款点建设实现行政村全覆盖。有序推进农村普惠金融服务站点建设，2020 年末全省共建成服务站 4945 个、标杆站点 155 个。

——金融风险攻坚战成效显著。“十三五”期间，全省金融风险总体可控，防范化解重大金融风险攻坚战取得重要阶段性成果。江西省连续两年在全国处非平安建设考核中获得满分、列第一档，获国务院督察激励，为全国五省份之一。全省金融监管部门通过开展专项大调研、印发行动方案、制定任务台账、开展专项督察等举措，全面摸清辖内金融风险底数，不断压实各地、各部门风险防控处置责任，分类施策、精准拆弹，稳妥有效压降重点领域风险。截至 2020 年末，全省高风险农村中小法人银行全部摘帽，主要监管指标全面达标，银行业不良贷款率降至近五年来最低水平，影子银行风险持续收敛，非法集资陈案处置完结率达 77.15%，所有网贷平台全部“清零”，风险化解成效居全国前列。

二　江西省金融运行中存在的困难及问题

“十三五”期间，江西省金融市场体系加快完善，金融改革创新稳步推进，金融生态持续优化，金融对经济社会发展发挥了重要的支撑、服务和保障作用。在肯定成绩的同时，也应清醒地认识到，江西省金融业发展中还存在一些突出问题，主要如下。

一是金融总量偏小，直接融资占比较低。2020 年末，江西省社会融资规模增量占全国的比重仅 2.45%，列全国第 14 位、中部第 5 位；存贷款余额、保费收入等规模较小，在中部六省处于落后地位（见表2）。金融市场结构发展不均衡。江西直接融资占比偏低，长期维持在20%，2015年虽达到最高水平的21.5%，但随后走低，2017年受股灾、债灾和股权质押融资风险事件等影响，直接融资占比跌至2.14%的历史最低水平，2020年直接融资占全省社会融资规模的14.07%。金融业对外开放程度不高，2019年末江西省仅有5家外资银行，资产总额为43亿元；2020年江西省累计结汇174.30亿美元，累计售汇100.54亿美元，远低于沿海发达省份。

表2　2020年中部六省经济金融主要指标

指标名称	湖北	湖南	河南	山西	安徽	江西	江西在中部位次
地区生产总值(亿元)	43443.5	41781.5	54997.1	17651.9	38680.6	25691.5	5
社会消费品零售总额(亿元)	17984.9	16258.1	22502.8	6746.3	18333.7	10371.8	5
人均可支配收入(元)	27881	29380	24810	25214	28103	28017	3
社会融资规模(亿元)	10433	10779	11472	4689	9251	8550.2	5
本外币存款余额(亿元)	67159.3	57912	77552.6	42497.1	60468.3	43913.0	5
本外币贷款余额(亿元)	59872.1	49402.8	64115.2	30640.9	52125.0	41667.7	5
境内上市公司数(家)	114	117	87	40	126	57	5
保险公司原保费收入(亿元)	1854.38	1513.06	2506	932.77	1403.53	927.86	6

资料来源：中国人民银行南昌中心支行，国家统计局。

二是金融投放增长迅速，信贷结构有待优化。近年来，江西省金融供给侧结构性改革初见成效，贷款投放增速较快，但信贷结构仍不尽合理，房地产行业占用信贷资源依然较多，对关键产业、薄弱环节和新兴领域的支持力度仍有待加强。2020年末，全省人民币贷款中，房地产贷款余额和个人住房贷款余额占比偏高，而全省制造业、绿色贷款、普惠小微贷款和信息软件、农林牧渔、文体娱乐等行业贷款占比都偏低。

三是金融体系总体稳定，潜在风险不容忽视。“十三五”期间全省金融业整体风险可控，但运行中仍有风险隐患。一些企业资金链紧张，非法集资等金融乱象可能有反弹风险。银行业资产质量压力不断凸显，尤其是中小银行受客户结构和业务范围限制，资产质量下降较快。同时，随着部分应急性金融政策或将逐步退出，前期积累的市场风险可能逐渐暴露，容易导致银行不良贷款率上升。江西省地方法人银行资本充足率、拨备覆盖率均有所下降，其中部分法人金融机构拨备覆盖率不足100%，风险抵补能力偏弱，市场化外源融资渠道受限。

三 “十四五”时期江西省金融业发展目标与主要举措

（一）发展目标

“十四五”期间，全省金融业在质量效益明显提升的基础上，整体实力明显增强，对实体经济的贡献度显著提升。到2025年，金融业增加值占GDP的比重不低于8%，全省社会融资规模增量占全国的比重达到全省GDP占全国的比重，本外币存贷款继续保持正常合理增长。深入推进“映山红行动”，全省境内外上市公司超过135家。江西省联合股权交易中心新增挂牌企业累计达500家。保险保费收入突破1500亿元，险资入赣金融500亿元以上。“金融赣军”实现跨越式发展，全省地方金融企业资产总额达3.5万亿元以上。

（二）主要举措

纵深推进绿色金融改革创新。积极构建绿色金融组织体系、产品服务体系、配套政策体系，努力探索具有江西特色的绿色金融发展模式，优化绿色金融发展环境。推动金融支持江西更高标准建设国家生态文明试验区，强力推动“两山”转化。继续深化赣江新区绿色金融示范区建设，形成可复制、可推广的发展经验，推广绿色金融成果，为绿色金融改革创新提供“江西经验”。探索金融支持“生态产品价值实现”机制创新和产品创新。加快推进绿色债券市场、绿色股票市场、碳交易市场等绿色资本市场建设，提高绿色直接融资比重。做大做强省级环境能源权益交易中心，积极开展排污权、水权、碳排放权、用能权交易。加快绿色基础设施建设，积极参与环境信息披露、绿色金融产品等合作。

构建服务先进制造业的产业链金融。围绕全省14个重点产业链，重点加强对电子信息、航空产业、有色金属、新能源汽车、生物医药等先进制造业的金融支持，推动全产业链协同发展。开展“金融保链强链行动”，立足本省实施的“2+6+N”产业高质量跨越发展行动计划，推动全省产业链供应链转型升级。加速省一站式综合金融服务平台和小微客户融资服务平台的融合应用。开展金融政策宣讲、金融专业咨询、金融与企业对接等活动。鼓励金融机构结合产业链特点和企业融资需求，创新开发金融产品。建立“政府+银行+担保+保险+AMC”的多元化风险分担机制，为本省先进制造业提高金融供给量。提升省内供应链金融企业服务能力，为链上企业提供“应收账款质押”“仓单质押”等融资服务，降低企业融资成本。大力发展融资租赁模式，引导银行、保险、信托等金融机构与租赁服务跨界合作。增强金融对文化和旅游产业的支持力度。

推动数字普惠金融高质量发展。扎实推进赣州、吉安国家级普惠金融改革创新试验区建设，在全省范围内积极推广普惠金融创新试点，争取建成广渠道、多层次、全覆盖、可持续的普惠金融服务体系。推进全省统一信息平台和征信体系平台互联互通，形成大数据信用信息征信中心数据库集成。强化金融机构对企业客户收支流水等数据的整合与分析画像，破解银企间“信息孤岛”。推动新余大数据普惠金融试点建设，支持红谷滩全省金融商务区以“数字金融”产业园为抓手，积极打造中部领先的“数字金融”中心。利用大数据、区块链、物联网等数字金融技术，建设完善省一站式金融综合服务平台，鼓励金融机构开发“动产质押融资”等中小企业物联网金融融资产品。积极推动移动支付、刷脸支付等电子支付技术在公共交通、旅游景区、医疗、公共事业缴费等便民领域、重点场景的广泛应用。加强金融对乡村振兴的金融支持，创新扶贫信贷产品，积极探索拓展农业农村抵（质）押物范围。

做大做优做强“金融赣军”。支持省内江西银行、九江银行、赣州银行、上饶银行等城商行引进战略投资者，优化股权结构、完善公司治理、优化资产质量，争取 2025 年末新增 1 ~2 家城商行挂牌上市。筹建和增设省属保险公司、基金管理公司等大中型金融机构。推进国有金融资本管理改革，合理调整国有金融资本在银行、保险、证券等行业的比重。壮大省属金融机构资本实力，打造全牌照金融控股集团。培育发展融资租赁、商业保理等金融业态。完善金融牌照布局，构建多层次的现代金融体系。做实金融控股平台，提升金融控股集团的综合实力。

提升涉外金融服务和监管水平。继续推进贸易外汇收支便利化试点，简化境外发债、境外上市等部分资本项目业务办理，支持江西内陆开放型经济试验区建设。保持对地下钱庄和跨境赌博的高压打击态势，有序开展非法网络炒汇平台整治，“零容忍”严厉打击外汇领域违法违规行为。密切关注后疫情时期跨境资金流动变化，切实防范外汇领域风险。

持续防范化解金融风险。坚持遏制增量与化解存量并举，防范流动性风险、信用风险、影子银行风险、房地产金融风险等，严控地方政府债务风险，持续整治互联网金融风险。积极防范化解股票质押、债券违约、私募基金等风险，坚决打击非法集资、乱办金融等违法违规金融活动，防范房地产企业风险向金融体系传导。完善江西省金融风险监测预警大数据平台，主动识别高风险金融企业，启动金融科技创新监管试点，加强对地方金融组织的监管。完善风险应急处置机制，推动金融风险全链条治理，强化源头治理与事中监管。整合金融司法、监管等多方资源，完善金融法治环境。健全开放型经济安全保障体系，构筑与更高水平开放相匹配的监管和风险防控体系。

四 “十四五”时期江西金融业发展保障措施

加强监管协调。完善金融委办公室地方协调机制建设，压实各方风险化解处置责任，弥补监管短板。充分运用现代科技，丰富监管手段，加强资金流向监测，提升跨行业、跨市场、跨境交叉性金融风险的识别和防控能力，稳妥化解辖区内重大金融风险。切实强化区域金融监管协调，重点加强与地方政府金融工作议事协调机制的协同配合，加强信息共享，坚决守住区域金融风险底线。

完善考核激励。加强财政金融协调联动，对融资性担保机构增信给予风险补偿。加大在金融机构入驻、金融人才引进、金融服务创新、金融服务重点领域风险补偿等方面的奖补力度，为金融业持续均衡发展营造良好的营商环境。加强对金融机构支持实体经济发展情况的考核评价和正向激励，引导金融机构有效落实主体责任，进一步提升金融服务实体经济的能力。

壮大金融人才队伍。不断完善金融人才引进和培养扶持政策，大力培育、引进高端金融人才。依托国内大型企业和金融机构，联合高校研究机构等对金融业中高层管理人员进行中长期培训，建立高端金融人才专家库，打造产学研一体化高端金融人才培训交流平台。充分发挥江西省金融发展服务中心服务金融人才的作用。建立健全有利于留住和吸引人才、符合金融管理部门特点的薪酬制度。

参考文献

《中共中央关于制定国民经济和社会发展第十四个五年规划和二〇三五年远景目标的建议》。

范一飞：《构建金融标准化双循环发展新格局》，《中国金融》2020 年第 24 期。

《江西省国民经济和社会发展第十四个五年规划和二〇三五年远景目标纲要》（赣府发〔2021〕5 号），《江西日报》2021 年 2 月 18 日。

B.9 江西商务“十三五”回顾与“十四五”展望

江西省商务厅课题组*

摘　要：　“十三五”期间，江西商务经济发展呈现良好态势，各项商务经济指标实现快速增长。展望“十四五”时期,尽管江西商务经济发展面临的内外环境更加复杂、风险挑战更加严峻，但仍处于大可作为的重要战略机遇期，要牢牢把握“十四五”时期发展面临的新机遇新挑战，准确研判和把握发展新形势，立足新发展阶段，贯彻新发展理念，构建新发展格局，着力畅通国内大循环，促进国内国际双循环，坚定实施扩大内需战略，培育开放发展新优势，推动商务高质量发展，为描绘好新时代江西改革发展新画卷做出更大的贡献。

关键词：　商务发展　国内国际双循环　江西

“十三五”时期，面对错综复杂的国际形势、艰巨繁重的国内改革发展稳定任务，特别是新冠肺炎疫情、鄱阳湖流域超历史大洪水等重大风险挑战，全省商务系统认真贯彻党中央、国务院和江西省委、省政府决策部署，不忘初心，牢记使命，开拓奋进，攻坚克难，全省商务经济保持了良好发展势头，实现平稳较快增长，顺利完成了“十三五”规划确定的主要目标和任务，为全省经济社会发展做出了重要贡献。

---

* 课题组组长：谢一平，江西省商务厅党组书记、厅长。副组长：饶芝新，江西省商务厅党组成员、副厅长。成员：郭维勤，江西省商务厅综合处处长；黄纪泽，江西省商务厅综合处副处长；曾令铭，江西省投资促进中心干部。

一 “十三五”期间江西商务经济发展回顾

“十三五”期间，全省商务经济主要指标保持平稳增长，增速位居全国第一方阵。全省社会消费品零售总额从2015年的5896亿元增加到2020年的10371.8亿元，增长75.9%。实际利用外资从2015年的94.7亿美元增加到2020年的146亿美元，增长54.2%。利用省外资金从2015年的5232.2亿元增加到2020年的8751.6亿元，增长67.3%。外贸进出口总额从2641.5亿元增加到4010.1亿元，增长51.8%。对外承包工程和劳务合作完成营业额从35.1亿美元增加到40.6亿美元。境外企业资产总额从2015年的44.8亿美元增加到2020年的111.1亿美元，增长148%。

表1 “十三五”期间江西省商务经济运行情况综合统计

类别	指标名称	“十二五”末（2015年）	“十三五”末（2020年）	增长（%）	年均增长（%）
国内贸易	社会消费品零售总额(亿元)	5896	10371.8	75.9	12.0
	网络零售额(亿元)	680.7	1582.5	132.5	18.4
招商引资	利用外资(亿美元)	94.7	146	54.2	9.0
	利用省外资金(亿元)	5232.2	8751.6	67.3	10.8
对外贸易	进出口总额(亿元)	2641.5	4010.1	51.8	8.7
	出口总额(亿元)	2060.9	2920.4	41.7	7.2
	进口总额(亿元)	580.6	1089.8	87.7	13.4
对外经济技术合作	对外承包工程和劳务合作营业额(亿美元)	35.1	40.6	15.7	3.0
	对外直接投资(亿美元)	10.5	8.7	-17.1	-3.7
口岸运行	口岸货运量(万吨)	467.7	684.6	46.4	7.9
	水运进出口货运量(万吨)	367.4	337.2	-8.2	-1.7
	南昌航空口岸出入境人员(万人次)	50.2	11.0	-78.1	-26.2
	赣欧班列开行列数(列)	1	369	368.0	226.1
	铁海联运(列)	—	1700	—	—
备注	“十三五”末(2020年)，全省社会消费品零售总额增速居全国第2位，总量居全国第15位。外资现汇进资总量居全国第12位、中部第1位。外贸进出口和出口增速均居全国第5位，总量居全国第18位和第14位。对外承包工程营业额总量居全国第9位，对外直接投资总额居全国第16位				

资料来源：江西省商务厅。

（一）商贸消费扩容升级

“十三五”期间，全省贯彻落实“消费升级行动计划”和“商贸消费升级三年行动”，深入实施“优品、兴市、强商、旺客、捷运”五大行动，持续开展“赣品行天下”“两上三进”① 等活动，推进消费升级和消费模式创新。一是消费活力不断释放。“十三五”期间，社会消费品零售总额由5896亿元增长到10371.8亿元，年均增长12%。2020年，全省举办系列促销活动4000余场，社会消费品零售总额同比增长3%，增速居全国第2。二是市场建设持续推进。截至2020年底，全省打造省级美食特色街（乡）29个，省级特色商业街68条，培育了1个100亿元以上综合商品交易市场和4个100亿元以上专业（特色）商品交易市场。2020年，全省建设改造夜间经济街区超100个，引进积家、伯爵等高端商业品牌30个，新增星巴克、海底捞等品牌门店18个。三是电子商务发展迅速。“十三五”期间，全省网络零售额由680.7亿元增长到1582.5亿元，增长132.5%，年均增长18.4%，实物商品零售额占社会消费品零售总额的比重达到12.7%。先后推动48个县52次列入电子商务进农村综合示范。

（二）招商引资提质增效

“十三五”期间，全省坚持一手抓招商引资、一手抓项目落地，持续抓好重大招商活动统筹，不断创新招商方式方法，大力实施“三百工程”②、“三企入赣”③ 和“三请三回”④，深入推进重大活动签约项目落地，为推动全省经济实现高质量发展注入强劲动力。一是招商引资增长有力。“十三

---

① 即“江西名优特产品上高铁、上飞机，进机场、进车站、进加油站”。

② 即“策划包装100个重点产业招商项目，对接100家有投资意向或对全省产业有延链、补链、强链作用的境内外世界500强企业、跨国公司以及民营500强企业，精选100个投资规模大、带动作用强、产出效益高的重大项目作为重点推进落地的项目”。

③ 即“外企、民企、国企入赣”。

④ 即“请乡友回家乡、请校友回母校、请战友回驻地”。

五”期间，全省实际利用外资从94.7亿美元增加到146亿美元，增长54.2%，年均增长9%；利用省外资金从5232.2亿元增加到8751.6亿元，增长67.3%，年均增长10.8%。二是企业项目引进有力。截至2020年底，全省累计引进世界500强企业131家。2020年有进出口实绩的外贸企业数量达到5386家，较2015年增加1974家，增长57.9%。三是项目落地推动有力。每年组成核查小组督促签约项目落地。2020年，举办粤港澳大湾区经贸合作活动、正和岛年会等8场重大经贸活动，共引进产业项目576个，签约投资总额8369.6亿元，全省重大经贸活动签约项目注册率89.8%、进资率85.2%、开工率79.5%，完成投资1799.7亿元，占签约总额的21.5%。

（三）对外贸易稳中提质

一是外贸规模持续扩大。“十三五”时期，江西与227个国家和地区建立了贸易关系，货物贸易累计进出口总额1.63万亿元，比“十二五”期末增长39.8%，贸易规模连跨3000亿元、4000亿元两个台阶，贸易规模由2015年的2641.5亿元增至2020年的4010.1亿元，年均增长8.7%。2020年，江西外贸增速14.3%，高出全国同期水平12.4个百分点，创“十三五”以来历史新高。二是外贸主体实力增强。5年来，江西省外贸经营主体显著增多，民营企业活力持续激发。2020年，全省民营企业进出口总额2968亿元，年均增长11.8%，在全省进出口总额的占比由2015年的64.6%提升至74%。三是外贸结构不断优化。“十三五”期间，全省贸易结构持续向高端迈进，机电产品出口年均增长13.8%，高新技术产品出口年均增长25%。其中，电子信息产业年均增长25.8%，在出口额中的占比提升至31.1%。四是外贸新业态加快培育。全省累计建成南昌、九江、赣州3个跨境电商综试区，国家级外贸转型升级基地8个。2020年，成功获批九江跨境电商综试区、宜春市二手车出口业务试点，支持九江、吉安、赣州获批跨境电商零售进口试点，开通跨境电商9610出口业务，增设9710、9810贸易方式，2020年全省跨境电商进出口26.3亿元，增长323.7倍，规模上升至全国第13位。

（四）对外经济合作稳步推进

“十三五”期间，全省加强与“一带一路”沿线国家和地区投资合作，巩固提升与非洲国家合作，务实推进与欧美日等发达国家合作，引导企业以“投资＋总承包”“投建营一体化”等方式拓展市场，培育对外投资联合体，打造升级对外投资联络服务平台。一是对外经贸规模不断壮大。江西在包括“一带一路”沿线国家在内的80多个国家和地区开展国际工程承包。2020年，对外承包工程营业额和对外直接投资总量分别居全国第9位、第16位，其中对外承包工程完成营业额总量连续5年跻身全国前十，较“十二五”期末前移2位。二是企业实力不断增强。江西国际、江西中煤、中鼎国际、江联重工、江西水建、省建工集团等6家省内对外承包工程企业继续入选全球最大国际承包商250强，入选企业数量居中西部第一。三是“走出去”风险防范不断加强。全省强化风险提示，制作《对外投资合作国别指南》《国家风险分析报告（2020版）》，不断抓好“走出去”风险防控。

（五）口岸通道互联互通

“十三五”期间，全省抓住口岸通道这个关键点，“陆、海、空、数”现代化开放通道体系基本形成。一是陆路通道进一步延伸。江西全面畅通陆路通道，推动赣欧班列稳定开行，赣欧班列运行线路进一步畅通，赣欧班列已通达11个“一带一路”沿线国家（地区）和26个城市。2020年，全省赣欧班列开行369列。二是水运通道进一步畅通。深入推进与上海、宁波、厦门、福州、深圳等沿海城市港口和口岸的合作，铁海联运打通至深圳、广州、宁波、厦门、福州5条“出海通道”，沿长珠闽对接“海上丝绸之路”的出海通道全部打通。2020年，全省铁海联运累计开行1700列。九江港开行至上海外高桥、洋山港的“天天班”，2020年水水联运“天天班”常态化开行，全年开行740班，九江港货运突破60万标准箱。三是空中通道进一步拓宽。南昌、赣州两个中心机场的引领作用进一步增强，南昌昌北国际机场货运连续三年保持近50%增幅，2020年昌北国际机场货邮吞吐量突破

18 万吨，同比增长 48%，固定货运航线增至 9 条。四是数字通道进一步提升。采用一体化申报模式，通过国际贸易“单一窗口”与全国沿海沿边口岸实现了互联互通，上线运行了货物申报、许可证件办理、出口退税等 14 项政务申报功能，通关效率大幅提升。

（六）开放平台建设提档升级

一是国家重大开放平台有新突破。“十三五”期间，新获批的江西内陆开放型经济试验区，是全国第 3 个、中部首个国家级内陆开放型经济试验区，为全省实现更高水平开放提供了重大机遇。赣江新区成为中部地区第 2 个、全国第 18 个国家级新区。同时还获批景德镇国家陶瓷文化传承创新试验区、鄱阳湖国家自主创新示范区等一批“国字号”平台。二是产业承接平台有新提升。“十三五”期间，全省开发区加速创新提升，对外开放水平不断提高。截至 2020 年底，全省共拥有 107 个开发区，其中 19 个国家级开发区。三是口岸贸易平台有新发展。“十三五”期间，共新增南昌、九江和井冈山 3 个综合保税区，赣州航空、赣州铁路 2 个国家临时开放口岸，南昌、九江、赣州 3 个跨境电商综合试验区，新获批粮食、肉类、汽车整车、食用水生动物、冰鲜水产品和进口水果等 7 个特殊商品指定进境口岸。四是重大经贸活动平台有新活力。“十三五”期间，积极推动世界绿色发展投资博览大会、世界赣商大会、江西对接粤港澳大湾区经贸合作活动、赣京会、赣台会、世界 VR 产业大会等重大平台能级提升，大力推介江西、宣传江西，不断提升江西开放形象。

（七）商务发展环境优化提升

一方面，“放管服”改革不断深化。大力推行“一次不跑”或“只跑一次”改革，省本级“最多跑一次”事项占到 95. 3%。扎实推进商务系统省、市、县三级政务服务事项核查梳理编制工作，形成商务系统省、市、县（区）三级政务服务事项目录清单。持续开展“减证便民”活动，完善“一章式”改革，进一步压缩行政审批时限，进口许可、成品油批零、拍卖业务许可办理时限分别压缩到2个、9个和7个工作日。另一方面，降成本优环境落实落地。持续开展降成本优环境专项行动，全面实施口岸“三同”试点①，推动铁海联运物流成本下降60%以上，赣欧班列物流成本下降40%以上。

二 “十四五”时期江西商务经济发展面临的新形势

当前，中华民族伟大复兴的战略全局与世界百年未有之大变局相互作用、相互激荡，江西省商务发展迎来的机遇前所未有，挑战也前所未有，但总体上看，机遇大于挑战。

（一）优势与机遇

1. 在新一轮全球科技革命和产业变革中大有可为

全球正在加快形成以创新为主要引领和支撑的经济体系与发展模式。商务经济一头连着生产流通，另一头连着市场消费，都离不开科技和产业的支撑，新一轮科技革命和产业变革为商务经济高质量跨越式发展带来了历史性机遇。

2. 在对接融入我国多双边协定中大有可为

2020年11月，我国与日本、韩国、澳大利亚、新西兰和东盟十国等国家正式签署区域全面经济伙伴关系协定（RCEP），标志着全球规模最大的自由贸易协定正式达成。“十四五”期间，江西与RCEP等国家或地区的贸易往来、投资合作将迎来新的发展空间，为新阶段高水平对外开放拓展了广阔的战略空间。

3. 在构建新发展格局中大有可为

商务工作联通内外、贯通城乡、对接产销，是国内大循环的重要组成部分，是国内国际双循环的关键枢纽，在构建新发展格局中处于十分重要的位

① 即“口岸货物进境与沿海同价到港、出境与沿海同价起运、通关与沿海同等效率”。

置，作用更加突出，地位更加重要，将为商务工作带来新一轮发展机遇。

4. 在新业态新模式创新发展中大有可为

随着5G、物联网等新技术、新服务的不断发展，跨境电商、直播带货、数字经济等新业态、新模式竞相涌现，构成了经济社会发展的一大亮点。2019年，我国服务业数字经济占行业增加值的比重已达38%，在三次产业中数字化水平最高、转型速度最快，成为助推经济转型升级的重要动能。因此，要顺应发展趋势，着力在新业态新模式中培育新动能，推动商务经济高质量跨越式发展。

5. 在推进内陆开放型经济试验区建设中大有可为

2020年4月，获批的江西内陆开放型经济试验区，为进一步推动全省更高水平开放，促进全省高质量跨越式发展提供了新机遇、增添了新动能、拓展了新空间。

（二）困难与挑战

1. 外部经贸环境日益复杂

国际新冠肺炎疫情冲击之下，世界经济严重衰退，国外需求持续低迷，同时受产业安全、政治形势、逆全球化等影响，全球供应链呈现区域化、次区域化特征。产业竞争、科技竞争日趋激烈，经贸摩擦日渐升温，区域竞争优势由原来的成本和规模转变为市场潜力、质量、创新和可持续韧性，商务发展面临的国际环境更加严峻。

2. 消费增长制约较多

中高端消费品有效供给不足，体验式、情景式等新型消费模式增长缓慢，制约了消费扩容升级。商品流通设施还存在短板，县级物流中心建设不足，特别是全省农产品冷链运输只占农产品流通的30%左右。

3. 稳外贸挑战较大

出口大户存在生产线转移或闲置现象，龙头企业支撑作用减弱。劳动密集型产品、防疫物资、宅经济订单短多长少，增长预期不确定。此外，人民币升值、国际物流费用上涨，抬高了出口产品成本。

4. 利用外资难度加大

新冠肺炎疫情限制跨境人员往来，在手洽谈的大项目不多，少数已签约大项目不能有效落地。特别是部分西方国家持续推进“去中国化”，全球产业布局重构可能提速，引进外资难度进一步加大。

5. “走出去”困难加大

新冠肺炎疫情导致境外工程项目推进难度加大，对外资源类、技术类直接投资受到西方国家干扰抑制。

三 “十四五”时期江西商务发展主要思路和举措

以习近平新时代中国特色社会主义思想为指导，深入落实习近平总书记视察江西重要讲话精神，聚焦“作示范、勇争先”目标定位和“五个推进”重要要求，坚持稳中求进工作总基调，立足新发展阶段，贯彻新发展理念，构建新发展格局，以推动商务高质量发展为主题，以深化供给侧结构性改革为主线，畅通国内大循环，促进国内国际双循环，坚定实施扩大内需战略，培育开放发展新优势，推动商务高质量发展，为描绘好新时代江西改革发展新画卷做出新的贡献。重点要抓好以下几方面工作。

（一）着力扩大内需，形成强大区域消费市场

1. 优商品强供给

围绕“保供应、引品牌、育优品”，加强产销衔接，保障生活必需品供应；引进一批高端消费品牌和高端商场、酒店、餐厅等业态，扩大高品质消费品进口，助推消费升级；实施江西“老字号”振兴工程，组织开展老字号企业推荐认定工作。着力实施打造赣菜品牌三年行动计划，大力发展赣菜产业，打造一批赣菜品牌馆、旗舰店。

2. 激发消费需求

精心办好赣菜美食文化节，广泛组织举办脐橙节、蜜橘节等各类主题活动。发展直播电商、社交电商等新业态，推广“云逛街”“云购物”等新模

式，打造一批直播基地和智慧商圈。认定一批省级夜间经济示范街区。引进大型全国性展会，推进“一城一展”“一产一会”。推动南昌深圳农产品中心批发市场、洪城大市场、南康家具市场等大型交易市场向区域性市场升级。

3. 提高流通效率

培育和引进一批商贸流通“链主”型企业，打造5A级物流企业，培育一批营业额超10亿元的商贸流通企业，壮大物流企业“主体群”。推进向塘、南康、九江水运等物流产业集群发展，打造区域物流集散中心，完善物流集疏运体系。支持建设智慧物流园区，升级物流公共信息平台，进一步降低全省社会物流总费用占GDP的比重。

（二）对接国家开放战略，构建全面开放新格局

1. 积极对接多双边经贸协定

充分利用区域全面经济伙伴关系协定（RCEP）、中欧投资等多双边经贸协定，强化与RCEP、欧盟经贸合作，制定详细行动方案，推动全省实现更高水平对外开放。

2. 深度融入“一带一路”

进一步强化开放意识，支持外资参与江西省创新驱动发展、制造业转型升级和海外人才在江西创业发展。大力推进陆路、航空、港口、信息等互联互通，保障国际物流畅通。持续提升贸易便利化水平，探索国际产能合作新机制，健全与沿线国家和地区的沟通协调机制，以更大力度和更实举措融入共建“一带一路”，奋力开创江西开放型经济发展新局面。

3. 全面对接国家区域发展布局

精准对接京津冀、长三角、粤港澳大湾区等国家区域发展战略，把赣京会、跨国公司（上海）恳谈会、粤港澳大湾区经贸合作活动打造成为江西省对接国家区域布局的三大战略平台，利用厦洽会对接海西经济区，积极承接沿海地区产业外溢、央企二次布局、领军型头部型企业“二次创业”。

（三）着力招大引强，巩固和培育发展动能

1. 实施招商引资“五大行动”

深入推进实施“5020”“三请三回”“三企入赣”“三百工程”“产业链招商”等五大行动计划，聚焦重点产业、重点区域、重点企业，对接引进重大项目，在全省持续掀起招大引强热潮。

2. 创新招商引资方式方法

优化委托招商中心布局，探索建立三级联动委托招商合作机制，拓展渠道，提升实效。继续组建省商务厅专业招商队伍，鼓励和支持市县（区）和重点开发区搭建科创招商平台。支持有条件的开发区建立国际产业合作园，整体承接国际产业转移。

3. 打造高水平招商平台

持续高水平办好世界赣商大会、瓷博会、药交会等重大经贸活动，精心组织参加中国中部投资贸易博览会等活动，促进产业合作和项目对接。

4. 发挥开发区主阵地作用

用好考核评价“指挥棒”，推动国家级经开区集中精力、集中资源开展招大引强，促进开发区发展升级。引导开发区全面深化管理体制、运营机制和人事薪酬制度改革，进一步激发发展动力和活力。

5. 推进重大项目落地

抓好重大签约项目的调度推进和通报制度，推动出台“5020”项目认定办法，力促增量，关注存量，实行滚动式管理。加大重大招商引资项目落地奖励力度，实行每月一调度、每季一通报、半年一核查工作机制。

（四）着力稳住外贸基本盘，保障产业链运转畅通

1. 推动“赣货赣出”

实施“赣货赣出”行动，围绕“两转”实际，指导各地摸清底数，建立工作台账，出台针对举措，完善省市县三级帮扶长效机制，形成推动“两转”强大合力，推动供货出口企业转回省内出口，做到赣货应出尽出。

2. 促进“优进优出”

落实推进外贸高质量发展三年行动方案，开展出口质量提升行动，加快出口品牌建设，着力推动生产企业自营出口，力争全省出口品牌企业数量有新突破。积极扩大进口，推动出台进口奖励政策。

3. 加快“产贸融合”

实施贸易产业融合计划，推进外贸转型升级基地建设，引导全省中医药、文化产品等优势产业服务贸易发展，促进产品、技术、服务的“全产业链出口”。

4. 深耕“万企双线”

持续组织千家企业拓市场工程，精心开展“万企双线”对接活动，推动企业线上线下、国内国外双线拓展市场。发展线上渠道，用好江西数字外贸服务平台。开展优质出口产品转内销“六进”活动，促进内外贸一体化发展。支持企业布局建设海外仓，加强国际营销体系建设。

5. 着力“育强扶微”

突出“育龙头”，引进企业总部、外贸供应链企业、出口型企业和外贸综合服务企业，推进外贸新业态“产业链”发展。着力“扶小微”，鼓励“专精特新”中小企业走国际化道路，在电子信息、服装鞋帽等行业形成一批竞争力强的外贸企业。

（五）培育对外合作新优势，全面提升“走出去”水平

要以“一带一路”为重点，稳步推进对外经济技术合作，促进国内国际双循环。

1. 拓领域调结构

发挥全省在对外承包工程和能源资源、农业等领域优势，引导企业积极参与境外工程建设、农业开发、资源并购、技术投资，提升“走出去”层次。

2. 抓项目扩投资

加快赞比亚境外经贸合作区建设和企业招商，推进晶科能源马来西亚第

二生产基地、江铜哈萨克斯坦钨矿、赣锋锂业阿根廷锂矿等投资项目加快建设。做好对外承包工程和投资项目协调服务，力争有关承包工程保险融资方案获批。

（六）聚焦新兴业态，培育商务高质量发展新动能

新业态是促进经济循环的引爆点，只有发展新业态、培育新动能，才能激活经济循环内生动力。

1. 提升新平台新活力

积极申报设立江西自由贸易试验区、进口贸易促进创新示范区，支持有条件的专业市场申报市场采购贸易方式试点。加快推进综合保税区建设，支持和开展加工贸易、保税维修等新业态发展。

2. 培育新业态新动能

支持有条件的地区积极申报跨境电商综合试验区，加快南昌、赣州、九江跨境电商综合试验区发展，争取 9710、9810 跨境电商出口业务试点。增强数字外贸平台功能，提升外贸综合服务企业发展水平。积极申报一批功能性口岸，加快推动粮食、肉类、汽车整车、冰鲜水生物等指定口岸建设运营，着力推动口岸与贸易、物流、金融、供应链等业态融合发展。

（七）畅通国际物流通道，构建国际物流大循环

深化口岸“三同”试点，提升口岸开放水平，畅通国际物流通道，形成内外一体、高效便捷的集疏运体系。

1. 稳定陆路通道

着力建设海铁联运通道，打造对接长江经济带的黄金大通道，实现海铁联运无缝对接。稳定开行赣欧班列，持续打造铁海联运精品线路。全力推进高铁通道建设，构建承东启西、纵贯南北的高铁大通道。支持南昌、赣州、上饶打造陆运三大国际货物集散中心。

2. 拓展航空客货运

加快建设航空口岸通道，加密国际国内航班航线，让东西南北各个方向

“通起来”，继续夯实欧美货运通道，鼓励加密国内干线客运航班。

3. 打造水运优势

支持九江港与重庆、岳阳、武汉等重要港口深化合作，开发精品航线。巩固九江港水运“天天班”，力争水运进出口货运实现较快增长。

4. 提升数字通道

加强国际贸易“单一窗口”建设，抓好国家标准版新上线功能推广应用。推进与银行、税务、民航、港口等相关行业机构合作对接，共同建设跨境贸易大数据平台，为企业提供“一站式”贸易服务。推动南昌、九江、赣州等地加快实现口岸“通关+物流”无纸化和信息化，提升全省跨境贸易便利化水平。

参考文献

习近平：《正确认识和把握中长期经济社会发展重大问题》，《求是》2021 年第 2 期。

江西省人民政府：《2021 年江西省政府工作报告》，《江西日报》2021 年 2 月 8 日。

B.10
江西科学技术“十三五”回顾与“十四五”展望

江西省科技厅课题组*

摘　要：　“十三五”期间，全省综合科技创新水平大幅提升，创新能力显著增强，科研人员活力充分释放，科技工作实现跨越式发展，各项科技创新指标超额或如期完成。面向“十四五”，立足新发展阶段，突出问题、目标和结果导向，紧紧围绕构建新发展格局、推动高质量发展，充分发挥科技创新的战略支撑作用，着力实施科技创新基础设施建设、科技创新主体能力提升、科技创新高端人才引进培养三大工程；推进基础研究创新升级、产业技术创新升级、社会发展技术创新升级、现代农业技术创新升级四大行动；实现全社会研发投入、科技成果转移转化、科技创新公共服务平台建设、科技特派员帮扶、科技金融服务五大提升，努力把江西打造成为中部地区创新高地。

关键词：　科技创新　创新高地　江西

* 课题组组长：万广明，江西省科技厅原党组书记、厅长，江西省南昌市委副书记，南昌市人民政府市长。副组长：席宏，江西省科技厅党组成员、副厅长。成员：彭新平，江西省科技厅办公室主任；储怡士，江西省科技厅办公室副主任；龙洲雄，江西省科技发展研究中心主任、教授级高级工程师；杨伟，江西省科技发展研究中心高级经济师；周泽全，江西省科技厅办公室四级主任科员。

“十三五”期间，江西科技工作以习近平新时代中国特色社会主义思想为指导，全面贯彻党的十九大和十九届二中、三中、四中、五中全会精神，深入落实习近平总书记视察江西重要讲话精神，认真落实全国科技工作会议和省委十四届十二次全会、省委经济工作会议部署，综合科技创新水平大幅提升，创新能力显著增强，科研人员活力得到充分释放。本报告在回顾“十三五”江西省科技工作取得成就的基础上，展望“十四五”全省科技发展形势，并提出若干对策建议。

一 “十三五”江西科技发展回顾

回顾“十三五”时期，江西科技工作实现跨越式发展，各项科技创新指标超额或如期完成。

五年来，大力实施创新驱动发展战略，科技综合实力迈上新台阶。全省综合科技进步水平在全国的位次前移了6位，从2015年的第22位上升至2020年的第16位。2019年江西科技进步贡献率为58.24%，比2015年增长3.46个百分点。2019年全省财政科技支出达183.30亿元，比2015年增长1.45倍；R&D经费达384.31亿元，比2015年增长1.22倍；投入强度为1.75%，比2015年增长0.71个百分点。2020年全省专利授权总量达8万余件，是2015年的3.3倍；万人发明专利拥有量由2015年的1.18件增长至2020年的3.68件，超额完成3件的目标任务。

表1 “十三五”时期江西万人发明专利拥有量情况

单位：件

年度	万人发明专利拥有量
2016	1.52
2017	1.96
2018	2.4
2019	2.88
2020	3.68

数据来源：历年《江西科技年鉴》。

五年来，不断优化资源配置、打造创新高地，形成了“一廊两区六城多点”的创新区域体系。赣江两岸科创大走廊打造全国重要区域科技创新中心的战略布局初步形成。南昌高新区等 7 个国家高新区获批建设鄱阳湖国家自主创新示范区，抢占经济与生态联动发展先机。井冈山国家农业科技园区加快升建国家农业高新技术产业示范区。南昌航空、赣州稀金谷、中国（南昌）中医药、上饶大数据、鹰潭智慧、南昌 VR 六大科创城，已成为全省重点产业与科技创新高度融合的“主战场”。井冈山市入选首批国家创新型县（市）建设，南昌市青山湖区、抚州市临川区等 19 个县区成为省级创新型县（市、区）。

五年来，着力推动科技与经济社会深度融合，科技支撑经济高质量跨越式发展能力明显增强。全省高新技术产业增加值占规模以上工业企业增加值的比重，从 2015 年的 26% 上升至 2020 年的 38%。高新技术企业规模大幅增长，2020 年末全省高新技术企业总数达 5595 家，是 2015 年的 5.1 倍。入国家科技型中小企业库总数 6416 家，是 2017 年启动建设初期的 13.8 倍。新建 2 个国家级高新区和 10 个省级高新区，现有国家级高新区 9 个，数量居全国第五位、中部第二位。南昌、新余、景德镇、抚州、赣州、吉安 6 个国家高新区在全国排名中实现全面进位。

五年来，成功实施一批科技重大专项，突破了一批关键核心技术。聚焦航空、生物医药、新材料、节能环保、新一代信息通信等江西省重点发展的战略性新兴产业，遴选实施重大科技研发专项 63 个，推动了一批产业关键技术加快研发。大飞机制造关键技术填补航空装备制造领域空白，技术整体达到国际先进水平。在烯烃高效高选择性转化、视频图像特征表达与智能分析、中药制造现代化等方面，突破了一批关键核心技术。2016 年以来，全省共获得国家级科技奖励 28 项。

五年来，加快推动科技创新平台高质量发展，重大创新平台建设取得历史性突破。一批“中字头”“国字号”重大创新平台相继落地，一批省级重大创新平台纷纷启动建设。截至 2020 年末，全省新建国家级研发平台 38 个，省级研发平台 633 个，现有国家级研发平台 81 个［其中国家级重点

(工程) 实验室 7 个，国家级工程（技术）研究中心 9 个]，省级研发平台 1304 个。新建国家级创新载体 148 个、省级创新载体 305 个，现有国家级创新载体 257 个、省级各类创新载体 697 个。现具有新型研发机构性质的单位 165 家，科技协同创新体 110 家。

五年来，不断创新科技人才发展机制，科技人才队伍规模不断壮大。启动实施省高端领军人才培育项目，优化实施省主要学科学术和技术带头人培养计划、省高层次和急需紧缺海外人才引进计划，初步构建了引进与培养并重、梯次合理、符合人才成长规律的科技人才计划体系。积极打造“海外人才江西行”“海智惠赣鄱”“智荟赣鄱”引智活动品牌，搭建江西省人才引进和交流合作平台。截至 2020 年末全省现有院士 4 人，国家级人才 108 人，科技部创新人才推进计划人才（团队）50 人，省主要学科学术和技术带头人培养计划领军人才 398 人。

五年来，不断深化科技开放合作，全面融入全球创新格局。重点围绕“一带一路”倡议，扎实开展与俄罗斯、菲律宾等国家政府间合作，积极开拓与欧美澳等发达国家的科技合作，与 60 多个国家和地区建立了科技合作关系，实施国家国际科技合作项目 39 个，获国家拨付经费 1.7 亿余元。建立长期稳定的区域科技合作机制，积极参与中国 - 东盟、粤港澳大湾区、京津冀、长三角等区域科技合作，开展省级科技合作项目 247 项，支持经费 7111 万元。建立科技合作关系的省外大学和院所达 200 余家，建设国家级国际科技合作基地 15 家、省级国际科技合作基地 21 个。

五年来，不断开展科技惠民行动，科技帮扶惠及民生有力推进。围绕乡村振兴、脱贫攻坚，全省累计选派科技特派员 8968 人次，组成 1699 个科技特派团，对接全省 92 个县（市、区）开展科技服务，实现“十三五”省级贫困村全覆盖，推广先进农业生产技术 2932 项，引进转化新品种 2420 个。井冈山市在全国率先脱贫摘帽。在国家新闻办举行的科技扶贫助力打赢脱贫攻坚战新闻发布会上，科技部专门介绍江西科技扶贫经验做法。在井冈山市召开的科技部 2020 年定点扶贫工作座谈会上，江西科技扶贫工作得到科技部充分肯定。江西还成为国家科技惠民计划首批12个试点省份之一，组建省级临床医学研究中心25家，其中国家临床中心分中心11家。

五年来，持续加大体制机制改革力度，创新生态进一步优化。强化顶层设计和制度创新，深化科技体制机制改革，在科技奖励制度改革、科研诚信建设和弘扬科学家精神、加强作风学风建设等方面出台了一系列政策举措，进一步突破制度障碍，调动了科研机构和科技人员创新创业积极性。科技领域"放管服"改革持续深化，开展减轻科研人员负担专项行动，进一步落实减负放权，为科研人员营造良好创新环境。

二 "十四五"时期江西科技发展形势研判

"十四五"时期，江西科技工作面临的国内外形势更加复杂，总体上仍处于重要战略机遇期，但面临的挑战和机遇都将有新的发展变化。

智能化引领的新科技革命和产业变革加速演进，为塑造发展新优势提供了重要机会窗口。新一轮科技革命呈现智能主导、深度融合、多点突破的态势。量子信息、脑科学等前沿领域加快突破，5G、人工智能等新一代信息技术全面渗透。健康科技快速发展，疫苗研发、疾病防控迫切需要生物医学领域的重大突破。数据驱动和场景驱动成为新趋势，新技术、新产品、新赛道、新业态不断涌现。

推动高质量发展、构建新发展格局，迫切需要加快科技自立自强。我国已转向高质量发展阶段，经济社会发展和民生改善比过去任何时候都更加需要科学技术提供解决方案，都更加需要增强创新这个第一动力。近年来，美国持续打压我国高科技企业，凸显了我国一些关键核心技术受制于人的痛点和原始创新能力不足的短板。从长远看，西方国家对我国科技创新和高端人才引进的封锁打压将成为常态，这也倒逼我们要加快建立以科技自立自强为支撑的现代化创新体系。为此，国家从战略层面上布局国家实验室等重大科研设施，实施基础研究行动，加快关键核心技术攻关，通过科技创新塑造更多发展优势、更好地保障国家安全。全国各地也纷纷按照高质量发展要求，抢占科技发展制高点，创新发展呈加速态势。

江西省正处于爬坡过坎、转型升级的重要机遇期，随着新发展格局加快构建，江西“四面逢源”的区位优势、门类齐备的产业优势、山清水秀的生态优势、物产丰富的资源优势以及国家战略叠加优势将更加凸显，但经济总量不大、产业结构不优、竞争力不强等问题仍然存在。科技创新能力不足仍是当前制约全省产业升级、经济发展的最大瓶颈。

科研投入机制有待优化。政府财政资金科技创新投入不足，2020 年江西省 R&D 投入强度为 1.75%，与全国 2.55% 的平均水平还有较大差距；2019 年全省研发投入总量 384.31 亿元，仅为广东省的 12.4%、湖北省的 40.1%、安徽省的 50.9%。政府财政引导资金不足，企业和社会资本投入渠道不多，企业创新投入积极性不高，创新融资模式较少。

科研成果转化机制还不顺畅。与周边省份相比，重大原创性成果较少，创新基础较弱。科技人员“重理论轻实践”的现象仍然普遍，创新活动的市场导向性不强，科研成果与实际需求脱节。成果转化考核机制不完善，成果转化服务体系不健全，中试熟化环节薄弱，缺乏技术转移专业化机构和技术经纪人队伍。科技与金融的结合不够紧密，支持创新创业的社会资本动力不足，推动成果产业化的多元投入还未形成。

科技创新基础仍较薄弱。江西省在全国有地位、有分量、有影响力的高端研发平台和科技领军及拔尖人才匮乏，国家级创新平台、“双一流”院校、院士级高端人才等与周边尤其是与先进省份差距较大。

三 “十四五”时期江西科技发展思路与主要举措

“十四五”时期，江西科技应立足新发展阶段，突出问题、目标和结果导向，紧紧围绕构建新发展格局、推动高质量发展，充分发挥科技创新的战略支撑作用，努力打造中部地区创新高地。着力实施科技创新基础设施建设、科技创新主体能力提升、科技创新高端人才引进培养三大工程；推进基础研究创新升级、产业技术创新升级、社会发展技术创新升级、现代农业技术创新升级四大行动；实现全社会研发投入、科技成果转移转化、科技创新公共服务平台建设、科技特派员帮扶、科技金融服务五大提升。通过五年的努力，实现江西省科技创新引领发展能力明显增强、综合科技创新水平指数达到全国中上水平，为迈向全国创新型省份先进行列奠定坚实基础。

（一）推进创新区域体系建设，强化创新引领

积极打造以大南昌都市圈为核心的科技创新中心。加快编制出台赣江两岸科创大走廊发展规划，强化南昌创新“头雁”地位，加强与长三角、粤港澳大湾区的科技合作，推进与北京大学、中山大学、浙江大学等知名高校共建高端创新平台，助力中国（南昌）科学岛建设，着力打造全省创新驱动发展核心引擎、中部地区创新发展重要一极。

加快建设鄱阳湖国家自主创新示范区。尽快出台鄱阳湖国家自创区建设发展规划，落实支持鄱阳湖国家自创区建设“10条”和实施方案，积极推动鄱阳湖国家自创区在高端创新平台建设、科技型企业梯次培育、高层次科技人才引育等方面加大工作力度，力争建设成为全省产业技术创新示范区。建立完善鄱阳湖国家自创区建设相关工作机制，进一步压实各方责任，加快提升鄱阳湖国家自创区整体效能。

积极创建井冈山国家农业高新技术产业开发区。实施省级重大科技研发专项，加快关键核心技术攻关，着力解决制约我国红壤地区农业发展的突出问题。加快智能农业研究院、食品研究院等平台建设，打造一批高端创新平台。重点培育绿色水稻、井冈蜜柚、井冈芦笋等特色产业，加大龙头企业和高新技术企业的引进培育力度，建设集服务南方红壤丘陵地区高效综合开发、高新技术展示与应用示范于一体、具有国内外影响力的农业高新技术产业开发区。

推进科创城建设。按照“一市一城、因城施策”原则，在南昌航空、赣州稀金谷、鹰潭智慧、中国（南昌）中医药、上饶大数据、南昌VR现有六大科创城基础上，围绕生态科技、算力、新能源、陶瓷、大健康、节能环

保等地方特色产业领域，新部署建设若干个科创城，进一步完善科创城管理运行机制和建设发展政策措施，加大工作考核力度，统筹推进科创城建设发展进程。按照全省推动科创城建设部署要求，各地要强化创新发展导向，在研发投入、高新技术企业培育、成果转移转化以及人才引进等方面丰富工作抓手，优化科技创新环境，积极推动各类创新资源向科创城集聚。

推动创新型市县建设。立足多点布局，建设一批省级创新型县（市、区），进一步加大指导力度，支持有条件的县（市）创建国家级创新型县（市）。制定创新能力监测与评价指标体系，开展全省县域创新能力监测与评价工作。建立“100＋N”开放协同创新体系，深入开展国家省市县跨区域、跨领域、跨学科的开放协同创新。

（二）实施重大创新平台攻坚行动，强化科技创新基础能力

推进省院共建创新平台提能升级。继续支持中科院赣江创新研究院建设，配合做好国家重点实验室、国家技术创新中心等国家级科研平台申报工作，推进与中国科学技术大学共建稀土学院，围绕江西省稀土产业升级，加快推进产学研合作。扎实做好中药国家大科学装置申报创建工作，举办“本草物质科学与临床医学”香山科学会议和本草物质科学研究设施战略咨询研讨会。推进中科院庐山植物园建设，加快控制性详细规划报批及基础设施建设，积极推动将中科院庐山疗养院纳入省院共建中科院庐山植物园体系。

积极创建国家级重大创新平台。推进大口径射电天文望远镜、中药制造工艺与装备国家技术创新中心、国家稀土新材料技术创新中心（南方中心）、省部共建轨道交通基础设施性能监测与保障国家重点实验室等“国字号”平台建设。

构建省级创新平台体系。推动中国工程科技发展战略江西研究院、江西航空研究院、江西工业陶瓷研究院、江西铜业技术研究院等落地建设。加快推动磁约束聚变和材料改性实验平台、生物安全防护三级实验室（P3实验室）等省级重大科研基础条件平台建设。加快现有省级科技创新平台优化

重组，启动对企业“飞地”研发机构的支持，布局建设一批省重点实验室、省技术创新中心、省临床医学研究中心。进一步丰富江西特色生物种质（样本）资源库，建设野外科学观测研究站。

发展新型研发机构。深入实施引进共建高端研发机构专项行动方案（2020～2025），围绕航空、生物医药、稀土、陶瓷、铜、电子信息、光伏、VR、生态等重点领域，建设具有国际国内影响力的研发机构，力争全年引进共建30家左右高端研发机构。继续开展新型研发机构认定工作，加强新型研发机构管理，探索建立科学有效的新型研发机构绩效考核和指标评价体系。

（三）围绕产业发展升级，集中推进关键核心技术攻坚

加强关键核心技术攻关。围绕支撑“2+6+N”产业高质量跨越式发展行动计划，聚焦产业发展瓶颈问题，深入研究和完善江西省产业核心关键技术目录，在电子信息、先进装备、航空、生物医药、大数据、人工智能等重点领域，布局实施一批科技重大研发项目，着力解决一批制约产业发展的关键核心技术问题。创新关键核心技术协同攻关组建模式，优化科技协同创新体布局，提升发展质量，优选1～2家升级组建技术协同创新研究院。

开展研发投入攻坚行动。加大财政科技投入力度，推动建立财政科技经费稳定增长机制，加强对基础研究和应用基础研究的资金支持。建立研发投入联席会议制度，完善省市县三级联动支持体系、研发投入分析监测预警体系、统计培训考核体系，发布省科技经费投入统计公报。力争全省规模以上工业企业建有研发机构比例达40%以上，全省研发投入强度达到2.0%。

（四）发布中长期发展规划纲要和“十四五”科技创新专项规划，健全规划实施和资源配置机制

加快规划发布实施。发布江西省中长期发展规划纲要和“十四五”科

技发展专项规划，聚焦江西省重点产业发展需求，科学设定发展指标，找准科技创新主攻方向。做好规划实施的组织动员，完善相关配套政策，加强部门协同，推动规划尽快落地生效。出台《江西省推进创新型省份高质量发展三年行动方案（2021～2023年）》，加强创新型省份建设专项行动与规划的衔接，统筹推进创新型省份建设。

加快规划与资源配置的统筹。围绕“十四五”科技发展专项规划的重点任务，提出科技资源配置及科研资金管理的要求，完善多元化科技投入机制，充分发挥企业在科技创新中的主体作用，引导社会金融资本多渠道加大对科技创新的支持力度。构建战略、规划、任务一体化衔接机制，强化规划对任务布局的指导和约束，使规划成为优化科技资源配置的重要依据。

（五）强化企业技术创新主体地位，加快科技型企业培育发展

持续开展科技型企业梯次培育行动。深入开展科技特派员“千百万”帮扶行动，建设科技特派员协同服务平台，为企业提供精准服务。加大科技型企业政策落实力度，培育壮大一批发展潜力大、成长性好、创新能力强的企业，引导支持企业进入国家科技型中小企业库，推动优质企业上市发展。2021年力争新增独角兽企业（含潜在、种子）10家、瞪羚企业（含潜在）100家、高新技术企业1500家，入国家科技型中小企业库数突破7500家。

强化科技金融服务。做大做优“科贷通”“科创通宝”等科技金融服务品牌，2021年力争“科贷通”贷款累计突破40亿元，科技担保融资余额超过15亿元。持续举办滕王阁创投峰会等重大活动，搭建科技金融交流平台，帮助科技型企业与社会资本有效对接。加快推动物联网创投发展基金运营增效，推动设立鄱阳湖国家自主创新示范区科创基金、科技创新（独角兽）基金，引导撬动更多社会资本投资科技创新。支持鼓励银行开发科技金融产品，推动保险机构开发科技成果转化险种。

优化创新创业环境。建立健全“双创”载体制度，探索制定省“双创”

载体绩效考核指标体系，建立评价退出机制，优化双创载体生态环境。壮大创新创业服务专业人才队伍，促进科技资源和数据资源向创业者开放。继续举办中国创新创业大赛（江西赛区）、双创活动周等活动。大力弘扬科学家精神，营造鼓励创新、宽容失败的良好氛围。

（六）健全科技成果转移转化体系，提升科技支撑经济社会发展能力

推进 03 专项试点示范。全面做好“智联江西”总体谋划，推进实施“百城千兆”计划，建设一批重大产业生态、公共服务和业务应用平台，重点推进中国信通院江西分院建设。发布物联网产业链关键核心技术目录，打造 3 个规模百万级应用，在 2 个以上行业领域形成数据接口标准规范，建设若干个 5G、移动物联网产业融合发展集聚区，力争全省物联网核心及关联产业业务收入突破 1300 亿元。举办 2021 江西国际移动物联网博览会，打响“智联江西”品牌。

推进 VR 产业链发展。推动 VR 产业相关单位共同组建 VR 产业创新联盟，举办系列技术论坛及技术沙龙活动，遴选推广一批 VR 典型应用案例。加快组建 VR 创新平台，协同金融服务团创新服务方式，扩大服务规模，提升金融保障能力。

优化技术转移服务。拓展网上常设技术市场服务功能，完善技术交易后补助政策。建设“江西省科技成果在线登记系统”，推动网上常设技术市场平台与南昌科技广场等实体场所衔接，鼓励有条件的地方发展线下实体技术交易场所。推动国家级技术转移示范机构和中国创新驿站（江西站点）能力建设，积极发展区域性、行业性技术转移机构和组织。开展技术经纪人培训，创建技术转移人才培训品牌，打造综合性技术经纪人队伍。力争技术合同成交额每年保持 20% 左右的增幅。出台江西省国家“百城百园”行动工作要点，加快“百城百园”向纵深发展。

举办成果转移转化重大活动。筹办首届中国（南昌）技术转移大会，举办国家级大院大所产业技术进江西、科技成果在线对接会等活动。积极参

加中国国际高新技术成果交易会，举办江西专场活动，组团参加中国－东盟技术转移与创新合作大会，集中展示江西省优秀科技成果及高新技术产品，促进技术合作，扩大科技创新成果影响力。

（七）大力发展农业和民生科技，保障人民生命健康和民生福祉

加强农业农村科技创新。实施乡村振兴科技支撑行动，深入实施科技特派员制度，建设科技特派员综合服务平台，建立绩效评估机制、工作经费使用包干制，提升科技特派员服务实效。加快农业科技园、星创天地等平台载体建设，培育农业高新技术产业。实施农业农村现代化技术创新计划，在生物育种、粮食安全、面源污染等领域部署一批农业农村科技重大项目，为农业高质高效发展提供科技支撑。加强农业科技社会化服务体系建设，提高农业科技服务效能，不断解决科技服务有效供给不足、供需对接不畅等问题。

加强民生科技创新。围绕健康江西、平安江西和美丽江西建设，强化公共安全、卫生健康、生态环境、政法智能化等领域研究，加大科技扶持力度。制定绿色技术创新企业认定标准规范，开展绿色技术创新企业培育认定。举办第四届江西公共安全创新创业大赛，推动公共安全产业与新一代信息技术融合发展。

（八）深化科技创新体制机制改革，提升创新体系效能

推进科技创新体制机制改革。鼓励支持1～2家应用型科研院所转企改制，推动机制创新、试点突破、示范推广。引导有条件的科研院所探索赋予科研人员职务科技成果所有权或长期使用权。深化“三评”改革，破除“四唯”导向，加快建立突出质量、贡献、绩效导向的科技评价机制。推进科技领域“放管服”改革，组织开展减轻科研人员负担、激发创新活力专项行动。深化简政放权，改革科技行政管理方式，探索重大平台“一事一议”、高端人才“绿色通道”、高新园区“更大自主权”等改革，推进科技

管理部门从研发管理向创新服务转变。

加快科技管理方式改革。强化重大项目顶层设计，实施省级科技重大研发项目。调整申报组织形式，坚持“谁能干、让谁干”的原则，开展项目经费使用“包干制”试点，探索实行重大科技项目“揭榜挂帅”。调整项目资助方式，实施前资助、后补助与基于绩效的奖励和补助相结合的项目资助方式。加强项目过程管理，强化中期检查和绩效考核，着力解决重立项、轻管理等问题。

加强科技监督管理。建立科技活动分层分级责任担当机制，完善科技活动审核流程，压实各级主体责任。优化监督检查模式，继续推进随机抽查工作，重点抽查财政资助经费在 100 万元以上的科技计划项目、部分人才计划以及基金类在研项目。对部分验收项目的论文、专利等知识产权成果的真实性进行抽查验证。

推进科研诚信建设。制定科研诚信信息管理及应用办法，建设科研诚信信息管理系统，对各类科研诚信主体实行信用数据采集、审核、记录、评价及结果应用。加强前置审查，强化诚信审核，加大学术不端查处力度，加强情况通报和工作会商，对科研违规失信行为实施联合惩戒，做到“一处失信、处处受限”。

（九）全方位培养引进用好人才，充分激发人才创新活力

构建科技人才梯次引进培育体系。积极对接国家和江西省有关人才计划，实施高端领军人才（院士后备人才）培育项目、省主要学科学术和技术带头人培养计划、省高层次和急需紧缺海外人才引进计划，以科技人才计划引导培育集聚各类高层次科技人才，夯实科技创新人才基础。2021 年力争新增本土院士 1 名，引进高水平创新团队及科技创新领军人才 100 名，培育本土学科学术和技术带头人 100 名。

构建多层次多渠道宽领域引才引智体系。积极举办海外人才江西行、海智惠赣鄱以及智荟赣鄱等引才引智活动，组织参加第十九届中国国际人才交流大会，加强高层次人才交流与合作。加大海外引才力度，支持省内用人单

位面向具有科技比较优势的国家引进江西省发展急需紧缺人才，重点构建俄罗斯、乌克兰人才评价体系，为江西省海外人才引进、评价提供支撑。调整优化省级“一村一品”示范体系建设，采取竞争性分配方式扶持若干重点项目，打造“一村一品”引智工作亮点。

加强科技人才管理服务。充分调动各级科技管理部门的积极性和主动性，加强统筹指导、上下联动，形成科技系统人才工作整体合力。建立完善科技人才服务保障制度，加强对高层次科技人才的“一对一”及个性化服务，进一步优化人才服务环境。加大对国家级研发平台的支持力度，细化落实人才引进培养相关支持举措。总结南昌高新区外国人来华工作许可和居留许可“单一窗口”试点经验，扩大试点建设范围。

（十）坚持开放合作共享，加快提升科技创新合作水平

加强国际科技交流合作。继续推动与俄罗斯、菲律宾、以色列、乌克兰、保加利亚、柬埔寨等“一带一路”国家政府间合作，积极参加国际科技交流合作。加强与欧美发达国家的科技合作，吸引知名跨国公司、高校、研发机构来赣设立研发中心。积极参与国际大科学计划和大科学工程，推进国际科技合作基地建设。

加强区域创新合作。主动对接粤港澳大湾区、“泛珠三角”区域、长江经济带沿线省市，围绕创新平台、成果转化、资源共享等构建区域协同创新体系。支持国家级和省级重点实验室等重大平台相互开放，鼓励外省科研院所、高校和龙头企业在江西设立国家重大创新平台分支机构。推动联合开展重大科技攻关，加快科技成果转化。

参考文献

江西省统计局、国家统计局江西调查总队：《江西统计年鉴（2020）》，中国统计出版社，2020。

江西省科学技术厅：《江西科技年鉴》，江西高校出版社，2020。

中共江西省委办公厅、江西省人民政府办公厅：《关于深化科技体制机制改革加快高质量发展的实施意见》（赣办字〔2019〕40号），2020年2月28日。

江西省科学技术厅：《关于支持鄱阳湖国家自主创新示范区建设的若干政策措施》，2020年11月13日。

B.11

江西教育“十三五”回顾与“十四五”展望

江西省教育厅课题组*

摘　要：“十三五”时期，在省委、省政府的坚强领导下，全省教育系统认真贯彻党的教育方针，紧紧围绕立德树人，全面推进教育事业发展，各项目标任务圆满完成，为“十四五”发展打下了坚实基础。展望“十四五”，立足新发展阶段，贯彻新发展理念，服务新发展格局，全面落实立德树人根本任务，推动教育高质量发展。

关键词：教育　创新　高质量发展　江西

一　“十三五”江西教育事业发展成效

到2020年底，全省共有各级各类学校26773所，增加①2252所，增长9.18%；在校生1115.45万人，增长8.94%；教职工76.42万人，增长42.26%。其中：幼儿园16330所，在园幼儿170.0万人，学前教育毛入园率87.6%，超出“十三五”规划目标2.6个百分点，普惠性幼儿园覆盖率达89.1%，比“十三五”规划目标高9.1个百分点；小学7199所，教学点

* 课题组组长：叶仁荪，江西省委教育工委书记；郭杰忠，江西省委教育工委副书记、省教育厅厅长。副组长：曹伴好，江西省委教育工委委员、省教育厅总督学。成员：戴乐旺，江西省教育厅发展规划处处长；陈时沅，江西省教育厅发展规划处副处长；沈栩，江西省教育厅发展规划处副处长；叶琳琳，江西省教育厅发展规划处四级主任科员。

① 如无特殊说明，全文中的“增加”“增长”“提升”等均是与“十二五”收官之年（2015年）的数据进行比较。

8027 所，在校生 406.3 万人，小学毛入学率 101.7%；初中 2196 所，在校生 220.4 万人，初中阶段毛入学率 109.5%；高中阶段教育（包括普通高中、中等职业教育）学校 932 所，在校生 172.0 万人，高中阶段教育毛入学率 92.5%，显著提升 0.5 个百分点；普通高等学校 105 所（含独立学院 13 所）、成人高等学校 8 所，高等教育在学人数总规模 166.9 万人，高等教育毛入学率 52%。“十三五”时期，全省各级各类教育毛入学率总体稳步上升（详见图 1）。

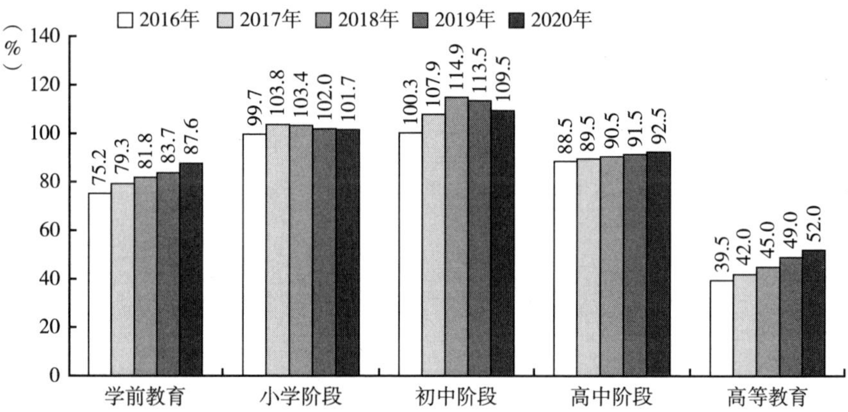

图 1 “十三五”时期全省各级教育毛入学率

资料来源：2020 年江西教育事业统计数据。

表 1 江西省教育事业发展“十三五”规划主要目标实现情况

指标	“十三五”规划目标	2020 年实现情况
学前教育		
在园幼儿人数(万人)	180.0	170.0
毛入园率(%)	85.0	87.6
普惠性幼儿园覆盖率(%)	—	89.1
九年义务教育		
在校生(万人)	635.0	626.7
巩固率(%)	96.0	96.0
高中阶段教育		
在校生(万人)	168.0	172.5

续表

指标	“十三五”规划目标	2020 年实现情况
其中：中职教育	70.0	62.6
毛入学率(%)	92.0	92.5
高等教育		
在学总规模(万人)	165.0	166.9
普通高等教育在校生(万人)	125.0	127.6
其中：专科教育	57.8	61.5
本科教育	60.0	61.0
研究生教育	7.2	5.1
毛入学率(%)	50.0	52.0
特殊教育		
在校生(万人)	2.6	4.0
残疾儿童少年义务教育入学率(%)	95.0	95.3

资料来源：2020 年江西教育事业统计数据。

（一）教育系统党的建设取得新成效

一是加强思想理论武装。坚持把学习贯彻习近平新时代中国特色社会主义思想作为首要政治任务，融入各级各类学校教育全过程。统筹抓好“两学一做”等学习教育活动，推动“不忘初心、牢记使命”主题教育走深走实。二是夯实基层党建基础。推动全省高校党建工作 20 项重点任务落地见效。扎实推进基层党建“三化”[①] 建设。省属本科高校党支部书记“双带头人”配备率达 100%。三是强化党建品牌创建。实施全省高校党建“对标争先”计划，2020 年末全省共获评 7 个“全国党建工作标杆院系”、39 个“全国党建工作样板支部”、2 个“研究生样板党支部”、2 名“研究生党员标兵”、3 个全国“双带头人”教师党支部书记工作室。就《“品牌化”提升新时代高校党建质量的江西实践与经验启示》在全国党建研究会专题研讨班作经验交流。

① 即标准化、规范化、信息化。

（二）全面落实立德树人根本任务取得新进展

一是思政工作善作善成。推动成立全省高校思想政治工作领导小组，省领导联系高校制度全面实施。“四史”学习教育有声有色，“三全育人”①“五育并举”② 育人体系加快构建。思政课改革和课程思政建设全面推进。二是德育工作开拓创新。组织修订完善《美丽江西》《人杰地灵话创新》等地方课程教材。组织编写《红色文化》系列教材，“红色走读”“追寻红色足迹”等活动入选中宣部“新时代爱国主义创新实践案例”，受邀在全国中小学德育工作会议上作经验交流。组织开展“三色”③ 文化教育。三是素质教育见行见效。出台《全面加强新时代大中小学劳动教育的实施意见》。推动实施体育美育浸润计划、中小学健康促进活动。遴选114个研学实践教育基地。46所中小学校获评全国文明校园。创建全国青少年校园足球特色学校864所。就语言文字工作在全国会议上作经验交流。加强学校心理辅导室和心理健康咨询与教育的师资队伍建设。四是家校社合作成效显著。大力构建政府主导、学校主体、家庭配合、社会参与、科研引领的“五位一体”育人大格局。在全国率先出台《关于开展制度化家校合作示范县（校）创建工作的指导意见》，健全家校社合作组织和工作机制，就相关经验在全国性会议上作典型发言。

（三）教育事业发展取得新成就

一是学前教育普惠发展。加快公办幼儿园建设，全省乡村公办中心幼儿园覆盖率已达100%；积极扶持普惠性民办园发展，共有普惠性民办幼儿园6153所，完成小区配套园治理1342所。学前教育“三个率”④ 超过国家要求。二是义务教育均衡发展。县域义务教育发展基本均衡全域通过国家评估

① 即全员育人、全程育人、全方位育人。
② 即德智体美劳全面发展。
③ 即红色、绿色、古色。
④ 即学前三年毛入园率、普惠性幼儿园覆盖率、公办园在园幼儿占比。

认定。推进义务教育学校标准化建设，“十三五”期末全省新建、改扩建农村学校1.1万余所，改善农村学校基本办学条件；“全面改薄”项目顺利攻坚完成；全力化解义务教育学校大班额问题，超大班额全部消除，大班额占比下降至1.67%，低于全国平均水平。接收随迁子女就读45.9万人，适龄儿童入学实现“应入进入”。三是普通高中加快发展。加强普通高中项目建设；超大班额彻底消除，大班额比例下降至2020年末的3.86%。进一步深化普通高中新课程实验改革。遴选首批15所普通高中特色学校。四是职业教育创新发展。出台实施《关于整省推进职业教育综合改革提质创优的意见》，推动部省共建职业教育创新发展高地。6所高职院校入选国家“双高”建设计划。组建十大产教融合育人基地。推动国家首个职业教育虚拟仿真示范实训基地建设。推进职业教育改革工作受到国务院通报表扬。五是高等教育内涵发展。实现国家技术发明一等奖、国家教学成果一等奖、教育部人文社科一等奖新突破。新增博士学位授予单位1个、博士学位授权点22个，新增数量居全国第14位。新增14个学科进入ESI全球排名前1%。在全国第四轮学科评估中，90个学科进入前70%，4个学科进入A类学科。2020年末全省共获批国家一流专业建设点102个，通过国家级一流课程认定92门。持续举办三届江西高校科技成果对接会，签约138个项目，签约金额达9.34亿元。

（四）教育改革开放取得新突破

一是不断完善顶层设计。推动出台《江西省加快推进教育现代化实施方案（2018~2022年）》《江西省加快推进教育现代化建设教育强省实施纲要2035》等文件。教育法规制度体系更加完善，教育督导、学生人身伤害预防处理等地方立法走在全国前列。“四市三校”改革试点[①]有序实施。二是加快教育信息化进程。建成覆盖全省大中小学的教育专网。搭建“赣教

① 即部省共建赣州市教育改革发展试验区、抚州市基础教育综合改革试验区、鹰潭市教育信息化改革试点、景德镇市教育信息化改革试点，南昌大学综合改革试点、江西科技学院综合改革试点、江西现代职业教育集团职业教育综合改革试点。

云”平台，为全省教育系统提供基础服务。建成全省统一的终身学习账号体系。“江西省中小学线上教学平台”在疫情期间保障全省中小学“停课不停学”。江西省教育专网建设的经验做法被教育部工作简报刊发推广。三是促进民办教育健康发展。出台《关于鼓励社会力量兴办教育促进教育健康发展实施意见》《江西省营利性民办学校监督管理实施办法》《江西省民办学校分类登记办法》等文件。规范全省民办高校、中小学、幼儿园年检工作，组建民办教育管理专家库，研发“江西省民办教育公共服务平台”，推进民办教育治理体系和治理能力现代化。四是稳妥推进考试招生改革。印发《江西省关于进一步深化高考加分改革的实施方案》，调整优化高招录取批次。推进国家教育考试标准化考点、考试招生机构和招生队伍建设。组织两次高职扩招工作，共录取4万余人。高招录取率持续上升，由2016年的81.31%提高到2020年的84.42%。五是不断深化对外交流合作。省属本科院校及厅属高职院校因公出国（境）访问、学术交流、进修、培训共6000多人次，国家公派留学2000多人次。中外合作办学机构（项目）145个，国别和区域研究中心4个。建立海外孔子学院15所，孔子课堂6所。在校留学生6400余人，在校外籍教师680余人。成功承办两届“国际产学研用合作会议”。

（五）教师队伍建设取得新提升

一是师德师风建设长效机制不断完善。出台全省中小学、幼儿园、高校教师违反职业道德行为处理实施办法，建立违规惩处和责任追究机制。制定师德考核负面清单，建立师德档案。选树了慎魁元、程风、支月英、朱辉球、张俐等一批师德典型，建立长期从教教师荣誉制度。二是教师补充力度持续加大。全面核定公办中小学教职工编制42.1万个，招聘补充中小学教师9万余名。实施“定向培养乡村教师计划”，培养教师2.7万人。扩大农村教师“特岗计划”实施规模，每年招聘特岗教师6000余名。启动实施义务教育学校教师“县管校聘”[①] 管理改革试点。

① 即全体公办义务教育学校教师和校长全部实行县级政府统一管理。

三是教师培训体系更加健全。建立分级培训体系，落实分层培训责任，完善在职教师"脱产培训"与师范生"顶岗实习"的制度设计，建立健全教师培训质量监控机制。发挥"国培""省培"作用，培训农村中小学、幼儿园教师57万多人次，培养培训中小学学科带头人5000名、中小学骨干教师1万名。四是教师保障待遇更加有力。出台教师教育改革发展方面的配套政策文件，优化教师队伍建设的顶层设计。出台落实减轻中小学教师负担"十八条"①。义务教育教师平均工资收入水平不低于当地公务员的目标全面实现。

（六）教育服务地方经济社会发展取得新作为

一是不断优化高等教育资源配置。出台支持大南昌都市圈、赣州市区域性教育中心城市建设等政策性文件。2所民办高职升格为本科层次职业教育试点学校，新设5所高职院校，6所独立学院完成转设。二是扎实推进脱贫攻坚。教育脱贫攻坚目标全面完成，控辍保学实现"动态清零"。实现教育扶贫资助政策落实全覆盖，"十三五"期间共发放学生资助金197.58亿元（不含义务教育"两免"），资助各级各类学生844.1万人次。三是不断提升科技创新能力。实现本土中科院院士新突破，新增"长江学者"8人、国家"杰青"3人，国家"优青"3人。新增国家级创新平台2个、教育部重点实验室1个、省部共建协同创新中心6个，组建国际合作创新研究院3个。组建十大产业产教融合战略联盟和省级产业技术创新战略联盟，硅基LED发光材料、生猪遗传育种等一批重大科技成果成功转化和产业化。四是积极推动就业创业。培养高校毕业生150万人，就业率五年均值超85%，近两年毕业生留赣人数超50%。构建"江西微就业"精准就业服务平台和"智就业"服务系统。连续五年在全国"互联网+"大学生创新创业大赛中获奖总数并列全国第一，实现所有赛道金牌全覆盖。

---

① 即减轻督察检查评比考核、社会事务进校园、报表填写工作等18种负担。

（七）教育系统保障和治理能力取得新发展

一是完善教育投入保障机制。坚持教育优先发展战略地位不动摇，严格落实教育经费法定增长，持续加大财政教育投入，“十三五”时期全省财政教育支出累计完成5216.7亿元，2020年全省教育支出占一般公共预算支出的比例超18%。二是扎实推动教育法治进程。教育行政审批制度改革和“三单一网”① 建设深入推进，依法行政职能体系加快形成。推动教育法律顾问制度覆盖全省。组织参加“学宪法讲宪法”活动，得到教育部通报表扬。三是维护教育系统稳定。抓好疫情防控工作，落实疫情防控常态化措施，实现全省“校园无疫情”。切实做好形势研判、隐患排查等工作。构建预防和惩治“校园欺凌”有效机制，加强学校防灾减灾能力建设，建设和谐平安校园。

经过全省教育系统广大干部师生的不懈努力，总体实现“十三五”规划的各项目标任务，教育强省建设迈出了新的步伐。同时，也必须看到江西教育存在的不足：基础教育优质资源供给不充分不均衡；职业教育办学条件薄弱，服务经济社会发展能力不强；高水平大学不多，高校原始创新和科技成果转化能力偏弱；教育领域“放管服”改革、转变政府职能和优化管理方式还需深化；财政投入水平与教育高质量内涵发展的需求还有差距。

二 “十四五”时期江西教育事业发展重点任务和主要举措

“十四五”时期，坚持以习近平新时代中国特色社会主义思想为指导，全面贯彻党的十九大精神及习近平总书记关于教育的重要论述和视察江西重要讲话精神，立足新发展阶段，贯彻新发展理念，服务新发展格局，加快推

① 即政府权力清单、责任清单、市场准入负面清单和政务服务网。

进江西教育现代化，建设教育强省，为奋力谱写全面建设社会主义现代化国家江西篇章、推动江西高质量跨越式发展提供有力支撑。

（一）主要目标

到2025年，从学前到高中的15年基本公共教育全面普及，现代职业教育体系更加健全，高等教育布局结构更加优化，服务全民终身学习的现代教育体系基本建成，多样化可选择的优质教育资源更加丰富。教育服务区域经济社会发展的能力显著提高，人才培养与产业发展需求基本适应，教育支撑创新发展新高地初步形成。教育治理体系更加健全，教育改革发展成果更公平地惠及全体人民。

（二）基本思路

贯彻落实党的十九届五中全会精神和省委十四届十二次全会精神，按照党中央、国务院和省委、省政府工作部署，全面对标《中华人民共和国国民经济和社会发展第十四个五年规划和二〇三五年远景目标纲要》和《江西省国民经济和社会发展第十四个五年规划和二〇三五年远景目标纲要》，围绕建设高质量教育体系的目标，紧密结合江西省经济社会和产业发展对人才的需求，推动教育深度融入新发展格局。坚持和加强党对教育工作的全面领导，全面贯彻党的教育方针，更高水平落实立德树人根本任务。推进基础教育公平而高质量发展，巩固提高普及水平，不断优化资源要素配置，促进基本公共教育服务均等化；推进职业教育融合创新发展，完善职业教育体系，打造部省共建国家职业教育创新发展高地；推进高等教育内涵特色发展，深化高校“双一流”建设，提高办学层次和水平，培养造就一批拔尖创新人才，增强科技创新服务能级；构建服务全民的终身学习体系，建设学习型社会。完善教育现代化保障体系，加强高水平专业化教师队伍建设，积极发展“互联网＋教育”，全面深化新时代教育综合改革，提升教育治理能力现代化水平，实现更加公平、更高效率、更可持续的发展。

（三）重点任务和主要措施

1. 全面加强党的领导和党的建设

一是持续强化理论武装。强化理论学习，坚持用习近平新时代中国特色社会主义思想铸魂育人，紧密结合教育系统工作实际，学习好宣传好贯彻好习近平总书记系列重要讲话、论述。二是不断加强基层党建。全面推进基层党组织“三化”建设。树牢“党建+”理念，持续开展党建示范创建和质量创优工作，打造一批党建品牌。落实党建工作责任制，坚持和完善党组织书记抓基层党建工作述职评议考核制度。三是深入推进从严治党。严格落实主体责任，深入推进党风廉政建设，驰而不息纠治“四风”。运用“四种形态”加强监督执纪，改进巡察工作，强化结果运用。强化教育领域权力运行的监督和制约，落实廉政风险防控举措。加强师生纪律教育，强化纪律执行。

2. 全面落实立德树人根本任务

一是大力提升思政工作质量。着力推进中小学思政课一体化建设，全面深化“三全育人”综合改革。深入开展“四史”教育。建立高校辅导员、思政课教师常态化、动态化配备机制。深化爱国主义教育，充分发挥江西红色资源优势，全面加强红色文化育人工作。二是大力促进学生身心健康。加强学校体育、美育教师配备和场地器材建设，深入推进体育、美育教学改革和评价改革。构建新时代劳动教育体系，把劳动教育纳入人才培养全过程。完善心理健康服务体系，配齐配强专业心理健康教师，开好心理健康教育课和生命教育课。三是大力推进家校社协同育人。密切家校合作，深化校社合作，推进家社协作，健全学校家庭社会协同育人机制。

3. 全面推动各级各类教育协调发展

一是推动学前教育普及普惠安全优质发展。巩固公办园建设和小区配套园整治成果，扩大普惠性幼儿园覆盖面。全面改善办园条件，补足配齐“两教一保”，提高幼儿园保教质量。强化监督管理，全面规范幼儿园办园行为。到2025年，全省通过县域学前教育普及普惠国家督导评估的县（市、区）占比达到55%。二是推动义务教育优质均衡发展。巩固义务教育基本均衡成果，推进优质均衡发展，到2025年全省通过县域义务教育优质均衡发展国家督导评估的县（市、区）占比达到35%。建立健全学龄人口监测机制，动态优化调整义务教育学校网点布局。科学规划闲置校园校舍综合利用，继续加强乡镇寄宿制学校建设。逐步消除义务教育大班额和大校额。常态化精准做好控辍保学工作。三是推动普通高中特色多样化发展。扩充高中教育资源，改善普通高中办学条件。全面提高普通高中教育质量，统筹推进普通高中课程改革和高考综合改革。推动普通高中探索培养模式和管理方式改革，促进学校多样化有特色发展。四是推动职业教育创新融合发展。加强职业教育改革发展的顶层设计，加大政策支持力度，大力推动部省共建国家职业教育创新发展高地。依据省重点产业分布，优化职业院校布局和专业结构。提升职业院校办学水平，力争10所左右高职学校入围国家“双高计划”。深化校企合作、产教融合，打造“双师型”教师队伍。建立“职教高考”制度，推进普职融通。优化职业教育发展环境，健全横向融通、纵向贯通的现代职业教育体系。五是推动高等教育内涵特色发展。深化“双一流”建设，争取南昌大学整体进入国家“世界一流大学”建设高校行列，1~2所高校进入国家“世界一流学科”建设高校行列。加快完善高校分类发展体系。加快建设高质量本科教育，深入推进实施新时代“中西部高校基础能力建设”和“六卓越一拔尖”计划2.0，推进新工科、新医科、新农科、新文科建设。扩大研究生培养规模，力争全省在校研究生规模增长60%左右，提高研究生培养质量。推进创新创业教育融入人才培养全过程，全力支持南昌大学办好第七届中国国际“互联网+”大学生创新创业大赛。六是推动终身学习体系建设。探索“互联网+”继续教育模式，加强对学历继续教育的质量监管。推动江西开放大学改革发展，加强社区教育、老年教育基础能力建设，引导各级各类学校积极参与社区教育和老年教育。

4. 全面提高教育治理能力和水平

一是系统推进教育评价改革。坚决破除“五唯”，建立分层分类教育评价制度，构建政府、学校、社会等多元参与的评价体系，完善教育评估监测机制，注重教育评价结果运用。二是深化考试招生制度改革。稳步推进高考综合改革，深化高中阶段教育考试招生制度改革。加强考试机构能力建设，打造高素质专业化命题教师队伍，推进考试招生管理信息化。三是深化教育督导体制机制改革。构建督政、督学、监测评估三位一体的教育督导新体系，确保教育督导机构独立行使职能，切实强化教育督导结果运用。加强教育督导队伍建设，提升督导人员履职能力。四是大力推动教育信息化建设。完善教育信息化基础设施建设，构建数字教育资源公共服务体系，全面提升师生信息素养，促进信息技术在教育中的深度应用，构建“互联网+教育”新生态。五是支持和规范民办教育发展。修订《江西省民办教育促进条例》，推进民办学校非营利性和营利性分类管理改革。建好用好“江西省民办教育公共服务平台”。规范民办中小学招生入学行为。加大校外培训机构整治力度。

5. 全面提升教师队伍建设水平

一是加强师德师风建设。将师德师风作为教师评价的第一标准，健全师德师风建设长效机制，持续推行师德考核负面清单制度，健全多元监督体系和教师信用体系。持续开展优秀教师选树宣传，讲好赣鄱师德故事。二是加大高质量师资供给。加大对师范院校的支持力度，落实提高本科师范专业生均拨款标准，扩大省属高校公费师范生覆盖学校范围。深化师范生培养模式改革，强化师范生教学基本功和教学技能训练。持续实施“定向培养乡村教师计划”、卓越教师计划2.0、“中小学名师名校长培养计划”等。三是优化教师队伍管理。完善教师招聘和培训体系，加大中小学紧缺薄弱学科教师招聘力度，健全音体美专业师范生实习支教机制。全面推进义务教育学校教师“县管校聘”改革。扩大高校引进人才自主权限，建立职业院校“双渠道”教师招聘制度，健全教师岗位、职称和考核评价制度。四是提高教师地位待遇。健全中小学教师工资长效联动机制，逐步提高艰苦边远地区农村中小学教师特殊津贴和乡村教师生活补助标准。切实减轻中小学教师不合理工作负担，加大教师表彰奖励和宣传力度，健全长期从教教师荣誉制度。

6. 全面融入江西改革发展新征程

一是提升支撑服务区域发展能力。优化高等教育布局结构，打造大南昌都市圈高等教育高地，建设赣州区域性高等教育中心，加大对赣南等原中央苏区和井冈山革命老区高校建设的支持力度。完善高校科技创新体系，促进产学研用深度融合，深化创新人才培养模式改革，增强服务创新型省份建设能力。二是巩固拓展脱贫攻坚成果。建立健全巩固教育脱贫攻坚成果长效机制，推动教育脱贫攻坚和乡村振兴战略实施有效衔接。健全学生资助体系，完善学生资助政策。稳步推进随迁子女入学待遇同城化。加强留守儿童关爱保护。三是扩大教育开放合作。围绕国家区域战略与共建“一带一路”，拓展区域教育合作交流。建立一批有影响力的国别区域研究基地。深化国际教育合作与中外人文交流，继续实施留学江西计划，积极打造江西特色人文交流品牌。全面提升中外合作办学水平。

7. 全面筑牢教育事业发展基础

一是完善教育投入和管理机制。按照“两个只增不减”要求，加大公共财政投入力度，健全各级各类教育生均拨款体系和动态调整制度，构建财政教育投入稳定增长长效机制。建立覆盖教育经费投入使用管理全过程的绩效管理机制，强化责任约束和绩效评价结果运用。二是深入推进依法治教。推动教育地方性法规、规章的制定、调整，深入开展法治宣传教育。建立健全教育行政管理清单制度。推进学校建立以章程为核心的制度体系。三是健全教育风险防控机制。全面贯彻落实《大中小学国家安全教育指导纲要》，健全完善学校安全隐患排查化解机制，深化学校安全防控体系建设，定期开展校园及周边社会综合治理，确保师生安全和校园稳定。

参考文献

中共中央、中央人民政府：《中华人民共和国国民经济和社会发展第十四个五年规划和二〇三五年远景目标纲要》，新华社，2021 年 3 月 12 日。

江西省发展和改革委员会：《江西省国民经济和社会发展第十四个五年规划和二〇三五年远景目标纲要》，《江西日报》2020 年 2 月 18 日。

江西省教育厅：《江西省加快推进教育现代化建设教育强省实施纲要 2035》，2019 年 12 月 30 日。

B.12 江西卫生健康“十三五”回顾与“十四五”展望

江西省卫生健康委员会课题组*

摘　要：　“十三五”期间，全省卫生健康系统紧扣健康中国战略，重大改革取得新突破，重点工作取得新成效。“十四五”时期全省卫生健康系统将围绕实施健康江西行动、织牢公共卫生防护网、构建优质高效医疗卫生服务体系等重点工作，全方位全周期维护和保障人民健康，持续推进卫生健康治理体系和治理能力现代化，为建设富裕美丽幸福现代化江西提供坚实的健康保障。

关键词：　卫生健康　健康江西　服务民生

2020年是全面建成小康社会和“十三五”规划的收官之年，也是打赢新冠肺炎疫情防控人民战争的关键之年。2021年是“十四五”规划的开局之年。本报告旨在回顾“十三五”全省卫生健康工作，提出“十四五”时期全省卫生健康工作思路和若干措施。

* 课题组组长：王水平，江西省卫生健康委员会党组书记、主任。副组长：曾传美，江西省卫生健康委员会党组成员、一级巡视员。成员：操秋阳，江西省卫生健康委员会规划信息处处长；谢友检，江西省卫生健康委员会规划信息处副处长；虞昆，江西省卫生健康委员会规划信息处二级主任科员；傅文山，江西省卫生健康委员会规划信息处干部；曾如意，江西省卫生健康委员会规划信息处干部。

一 "十三五"卫生健康工作回顾

"十三五"期间，在江西省委、省政府的正确领导和国家卫生健康委的关心指导下，全省卫生健康系统深入贯彻党的十九大和全国、全省卫生健康大会精神，统筹推进卫生健康各项工作，重大改革和重点工作均取得了成效。江西省是唯一连续12年入选全国十大医改新举措（新闻人物）的省份，是全国第一个按照世界卫生组织标准通过消除疟疾终审评估的省份。此外，全省人民群众的健康水平持续提高，各类健康指标呈现良好态势：人均期望寿命、每千人口医疗机构床位数、每千人口执业（助理）医师数、每千人口注册护士数逐年增加，孕产妇死亡率、婴儿死亡率、5岁以下儿童死亡率逐年下降。

表1 江西省"十三五"期间部分卫生健康指标发展情况

序号	指标名称	2016年	2017年	2018年	2019年	2020年
1	婴儿死亡率(‰)	6	5.6	5.54	4.76	4.2
2	5岁以下儿童死亡率(‰)	9.4	8.7	8.07	7.27	6.6
3	孕产妇死亡率(1/10万)	11.03	8.06	8.41	7.34	5.94
4	每千人口医疗机构床位(张)	4.55	5.05	5.37	5.73	6.11
5	每千人口执业(助理)医师数(人)	1.72	1.81	1.88	2.07	2.24
6	每千人口注册护士数(人)	2.08	2.25	2.38	2.58	2.76
7	个人支出占卫生总费用比重(%)	27.24	26.94	25.74	26.1	—

资料来源：江西省卫生健康委员会。

（一）抗击新冠肺炎疫情取得重大成果

面对突如其来的新冠肺炎疫情，全省坚决贯彻习近平总书记重要指示、批示精神和党中央的决策部署，各项清零指标比全国平均时间缩短50%以上。截至2021年3月底，江西省是进入常态化防控阶段以来7个未再出现疫情反弹的省份之一，有力保障了全省人民群众生命安全健康和经济社会发展稳定，为全国新冠肺炎疫情防控工作贡献了江西力量、提供了江西方案。

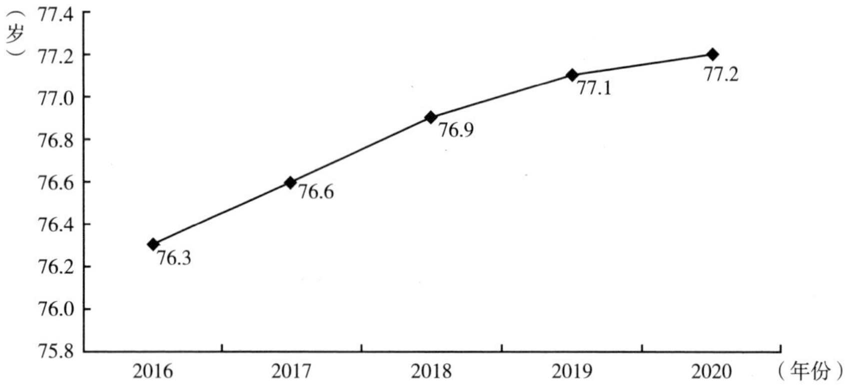

图 1　江西省人均期望寿命的变化趋势

资料来源：江西省卫生健康委员会。

（二）健康江西建设有力推进

省委、省政府部署了 16 个健康江西专项行动，推动“将健康融入所有政策”，营造共建共享氛围。大力推进健康江西的品牌建设，构建健康江西全媒体传播平台，出版制作健康江西全媒体系列丛书。全省重点传染病疫情形势保持平稳，法定传染病报告发病率、死亡率均低于同期全国水平，全省 24 个县（市、区）达到血吸虫病消除标准，提前完成全国“十三五”血防规划要求的消除目标。基本公共卫生服务补贴标准提高到 60 元，服务项目进一步拓展。全省城乡居民电子健康档案建档率约为 83%。全省卫生监督执法案件数量在全国排名逐年上升，2019 年排名全国第四。卫生应急规范化建设，深入开展重点行业尘毒危害专项治理、卫生应急、职业健康等工作取得了重大成效。组建全国首个省级营养健康教育研究机构，推动学校营养健康教育、营养健康产业、营养健康宣传等深度融合创新发展。

（三）全面深化医改成效明显

坚决破除以药补医机制。基本药物制度持续完善，基本药物使用占比大幅提升，在药政司委托中国药科大学开展的基本药物制度实施效果评价中，江西省综合排名全国第六，药品供应保障平稳有序，建立完善短缺药品供应保障机制，推行药品购销“两票制”，医疗机构合理用药水平持续提高。积极推进医疗纠纷法治化。

（四）卫生服务能力显著增强

省属五所新区医院Ⅰ期工程基本建成并投入使用。实施全面提升县级公立医院综合能力三年行动计划（2016～2018年），三年共选送1200名骨干医师到北京、上海、广州等地研修培训，100名县级公立医院院长赴中国台湾、新加坡、法国进行职业化培训，联络近600名赣籍知名医学专家返乡帮扶603个县级医院建设临床专科。2020年末，全省已有65家卒中中心（其中8家已获国家认证）、24家创伤急救中心、53家胸痛中心（其中33家已获国家认证）通过评估认证，26个学科进入专科排行榜前100名。

（五）扶贫援外工作广获好评

深入开展赣籍医学专家“组团式”健康扶贫公益活动，2017年以来参加活动的京沪粤赣籍医学专家达2000余人次，义诊行程超过12万多公里，地域覆盖了全省11个设区市中的80个县（市、区），免费诊疗6万多人次。援外医疗服务完成门诊、经管住院近33万余人次，相继成立援非眼科中心、突尼斯中国中医中心，乍得政府、我国驻乍得、驻突尼斯使馆3次致信省人民政府、4次致信国家卫生健康委，表达了对医疗队工作的感谢。

（六）中医药强省战略阔步前行

成功承办世界中医药大会第四届夏季峰会、2020年上海合作组织传统医学论坛视频会议。江西省获批国家中医药综合改革试验区，上饶市获评首批国家中医药健康旅游示范区创建单位之一。国家中医临床研究基地、国家区域中医（专科）诊疗中心落户省中医院。加快推进中国中医科学院江西分院项目，助力中国（南昌）中医药科创城建设。全省中药材种植总面积从 2017 年的 120 万亩增加至 2020 年的 240 万亩，中药材种植规模 3 年内增加了一倍，中药工业主营业务收入连续 5 年居全国前列。着力围绕“赣十味”“赣食十味”建设了 15 个定制药园，打造中药材赣药品牌。基层中医药服务能力提升，让基层群众能够切身感受到中医药“简便验廉”的特色优势，以及中医药在预防、保健、养生、康复等方面的独特魅力和作用。

（七）人口生育服务转型升级

全面两孩政策全面落地，2020 年末全省配置母婴室的公共场所达 1162 所，总体配置率达 80% 以上。推广“三中心合一”，实现婚姻登记和生育登记“两证同登”，婚检和孕检“两检同做”，2020 年末全省已建和在建婚育全程服务中心达 103 个，婚检婚登紧邻设置的县（市、区）比例达 99%，全省婚检率高达 96.86%，婚检率逐年提升，居全国第三，超过 2020 年全国妇女发展纲要 65% 的目标值。

二　“十四五”时期江西卫生健康工作展望

党的十九大把人民健康摆在更加突出的位置，作出了“实施健康中国战略”的决策部署，这体现了党对人民健康的认识达到新高度，符合人民群众对美好生活的新期盼。党的十九大报告突出强调为人民群众提供全方位全周期健康服务，对公共卫生、健康教育、食品安全、中医药、社会办医和健康产业进行了部署，更加突出生育政策和人口战略以及人口老龄化的政策衔接。当前，江西省常态化新冠肺炎疫情防控的整体能力有待提升，健康优先、预防为主的全民健康格局和共建共享的社会氛围还未有效形成。全省卫生资源总量不足，结构性问题突出，优质资源缺乏，公共卫生体系建设和制度建设有待加强，现代化、信息化、智能化发展不够。优质医疗资源供给不足，群众对深化医改期望更高，高质量、多样化医疗服务需求增多，大健康产业与事业发展融合度还不够。“十四五”时期，江西对卫生健康事业也提出了新的要求。

（一）主要目标

江西省卫生健康工作坚持以习近平新时代中国特色社会主义思想为指导，学习贯彻习近平总书记关于卫生健康和视察江西重要讲话精神，紧扣省委提出的“创新引领、改革攻坚、开放提升、绿色崛起、担当实干、兴赣富民”二十四字工作方针，坚持基本医疗卫生事业的公益性质，大力弘扬伟大抗疫精神，全面推进健康江西建设，全方位全周期维护和保障人民健康，持续推进卫生健康治理体系和治理能力现代化，为建设富裕美丽幸福现代化江西提供坚实的健康保障。

到2025年，“健康融入所有政策”的格局基本形成。预防为主方针全面落实，公共卫生体系和卫生医疗服务体系得到优化升级与实现优质高效。卫生健康资源总量适度增加、结构更加优化，惠及城乡居民的高效优质的卫生健康服务体系基本形成，医疗技术能力和服务质量全面提升，健康江西建设取得突破性进展。人均预期寿命在2020年的基础上提高0.8岁。

（二）具体举措

1. 实施健康江西行动

以实施健康中国战略和推进健康江西建设为统领，充分发挥健康江西建设工作委员会协调议事作用，强化部门联动协作，落实责任，加快推进健康江西建设各项工作。强化16个专项行动小组和16个专家咨询委员会的组织保障职能，统筹、指导、服务健康江西建设全局性工作。牢固树立以人民为中心的发展思想，突出工作重点，在提升健康素养、关注重点人群、防控重大疾病等方面下功夫。

2. 织牢公共卫生防护网

完善疾病预防控制机构设备装备，加大现有实验室基础设施的改造升级力度。按照“省级强、市级优、县级实”的原则，优化职能设置。建立集中统一、智慧高效的公共卫生应急指挥体系。建立集公共卫生、临床医疗、科研教学于一体的公共卫生临床中心，实现医防有机融合。加强核酸检测能力建设，建设国家公共检测实验室。加强应急物资战略储备。健全重大疫情和突发公共卫生事件防控救治医疗保险和救助制度。

3. 构建优质高效医疗卫生服务体系

加强区域医疗中心建设，积极创建国家区域医疗中心，打造学科建设发展高地。支持设区市级三甲医院加强薄弱学科建设，补齐医院发展短板。加快补齐县域医疗卫生服务能力短板，促进优质医疗资源向市县延伸。强化乡镇卫生院急救、全科、儿科、康复、慢性病管理和中医药服务等基本医疗卫生服务功能，提高乡镇卫生院首诊能力。科学合理设置村卫生室，全面提升村卫生室服务水平。加大卒中、胸痛、创伤、危重孕产妇、危重新生儿等五大中心建设力度，建立健全城乡一体、院前院内协同的急危重症救治网络体系。

4. 实施影响健康因素干预策略

提升重大疾病防治能力，落实扩大免疫规划政策，实施重大疾病综合防控，实施“同一健康”理念试点。加强精神卫生和心理健康服务，完善精神卫生服务体系。强化血液安全，提高血液供应保障能力。巩固血吸虫病、地方病和寄生虫防治成果。保障食品药品安全，提升食品药品安全保障能力。深入开展爱国卫生运动，开展城乡环境整洁行动，深入推进卫生城镇创建。

5. 提升全民健康保障水平

实施妇幼健康服务保障工程，完善危重孕产妇和新生儿救治体系建设。积极应对人口老龄化，完善老年健康服务体系，发展老年健康服务。实施职业健康保护行动，预防和控制职业病危害，加强尘肺病等职业病救治保障。

6. 加强卫生健康高质量发展支撑

强化卫生健康人才队伍建设，推进人才评价制度改革，提升人才队伍服务能力。推动卫生健康科技创新发展，完善科技创新支撑体系。提升科技创新发展能力。加快科技创新成果转化。推动卫生健康“数字化”转型，强化“互联网+医疗健康”基础设施，推动“互联网+医疗健康”发展。

7. 促进中医药传承创新发展

基本建成功能完善、覆盖城乡的中医药健康服务体系，服务能力明显增强，服务领域进一步拓宽，中医药服务可得性、可及性明显增强。基本建成多学科融合、特色优势明显的中医药科技创新体系，形成一批带动提升中医药事业产业发展的创新平台，中医药科技创新资源进一步集聚。基本建成一批对中医药事业产业发展具有长远影响的重大项目，中医药产业集群和产业规模进一步壮大。基本建成中药质量保障体系，打造中药材、中成药的品种品牌，质量控制能力和产品质量进一步提升。基本建成适应中医药事业产业发展、多层次有效衔接的人才支撑体系，中医药核心竞争力进一步增强。中医药传统文化得到进一步普及，对外交往合作更加紧密。

8. 促进人口长期均衡发展

优化生育政策，全面评估现有生育政策实施成效。完善监测调查及成果分析制度，构建智慧化、现代化人口监测体系，跟踪评估生育政策实施的效果。提高计划生育家庭发展能力，完善计划生育特殊家庭利益导向政策，推进计划生育特殊联系人制度、家庭医生签约服务和就医“绿色通道”三个全覆盖，完善流动人口计生协组织建设。

9. 深化医药卫生体制改革

推进现代医院管理制度建设，落实党委领导下的院长负责制，把党的领导融入医院现代化治理各环节。完善分级诊疗制度建设，建立健全政府主导、防治融合的整合型卫生健康服务新体系。建立基层医疗卫生机构“一类保障、二类管理”运行机制，激发基层运行活力，提升基层服务能力。深化医保支付方式改革，加快医疗保险深度融合，推动基本医疗保险与大病保险、生育保险、医疗救助、商业健康保险、社会慈善等衔接配合，努力构建多层次医疗保险保障网。健全药品供应保障制度，加强药品全流程监督管理，完善短缺药品监测预警机制。

10. 推进健康产业持续发展

完善多元化办医格局，加强社会办医保障体系建设，提高社会办医医疗机构发展水平。鼓励社会力量举办规模化、差异化的医疗机构，提供全科医学服务、康复照护、心理咨询、临终关怀等多元化医疗健康服务。推动医养深度融合发展，支持养老机构开展医疗服务、医疗机构开展养老服务，推进医养结合型健康养老服务业发展。培育和发展健康服务新业态，拓展第三方健康服务，推动健康服务融合发展。培育中医药产业发展新动能，推动中医药产业融合发展。持续推进中国中医科学院江西分院建设，推动热敏灸产业融合发展。建立中药材质量标准体系，以“赣十味”“赣食十味”为重点，加快赣产中药材品牌建设。

参考文献

王水平：《党的坚强领导凝聚起战“疫”之时的磅礴伟力》，《中国卫生》2020 年第 8 期。

罗礼生：《疾病防控离不开卫生健康治理现代化》，《中国卫生》2020 年第 7 期。

梁万年：《优质高效服务体系如何构建》，《中国卫生》2019 年第 7 期。

傅卫：《公立医院改革要敢于触碰难题》，《中国卫生》2019 年第 9 期。

操秋阳：《构建务实管用公卫体系，筑牢筑实百姓健康屏障》，《中国卫生》2021 年第 1 期。

王伟：《以医学中心建设为抓手提升突发公共事件应对能力》，《中国卫生》2020 年第 9 期。

B.13

江西生态环境“十三五”回顾与“十四五”展望

江西省生态环境厅课题组*

摘　要：　“十三五”期间，江西锚定打好打赢污染防治攻坚战目标，深入推进“八大标志性战役30个专项行动”，取得显著成效。“十四五”时期，生态环境保护进入战略机遇期和窗口期，立足国家生态文明试验区的目标定位，深入打好污染防治攻坚战，建立健全绿色低碳发展体系，高标准推动全省生态文明建设实现更大进步，推进美丽中国“江西样板”建设取得明显进展。

关键词：　生态环境保护　污染防治攻坚战　减污降碳　美丽中国“江西样板”

“十三五”时期特别是2018年污染防治攻坚战全面打响以来，江西生态环境系统认真贯彻落实习近平生态文明思想和习近平总书记视察江西重要讲话精神，聚焦“作示范、勇争先”目标定位和“五个推进”重要要求，锚定打好打赢污染防治攻坚战目标，全力推进实施蓝天、碧水、净土保卫攻

* 课题组组长：徐延彬，江西省生态环境厅党组书记、厅长。副组长：罗小璋，江西省生态环境厅党组成员、副厅长。成员：罗铮，江西省生态环境厅综合协调处处长；刘尖清，江西省生态环境监测中心副处长、高级工程师；钟剑，赣州市兴国生态环境局办公室负责人；万莹，江西省生态环境科学研究与规划院工程师。

坚战等“八大标志性战役 30 个专项行动”，统筹疫情防控、经济发展与生态环保工作，加大改革创新和实践探索力度，污染防治攻坚战取得显著成效，以生态环境高水平保护助推江西高质量跨越式发展迈出新的步伐。

一 “十三五”以来江西省生态环境保护成效

“十三五”时期，在江西省委省政府的坚强领导下，全省上下坚持以习近平生态文明思想为指导，深入学习贯彻习近平总书记视察江西重要讲话精神，坚决贯彻落实党中央、国务院和省委、省政府有关决策部署，坚决打好污染防治攻坚战，纵深推进国家生态文明试验区建设，全省上下高度重视生态环境保护，开展制度创新，在全国首创成立由党委书记、行政主官为“双主任”的省、市、县三级生态环境保护委员会制度，配套出台省级生态环境保护工作责任规定等系列制度，全省生态文明建设和生态环境保护取得了历史性成就。

生态环境质量不断改善。“十三五”期间，全省环境空气质量持续改善，空气质量优良天数比例提高 4.6%，2020 年达到 94.7%，列中部省份第一；$PM_{2.5}$、PM_{10}浓度分别下降 33.3%、25.0%，2020 年分别降至 30 微克/立方

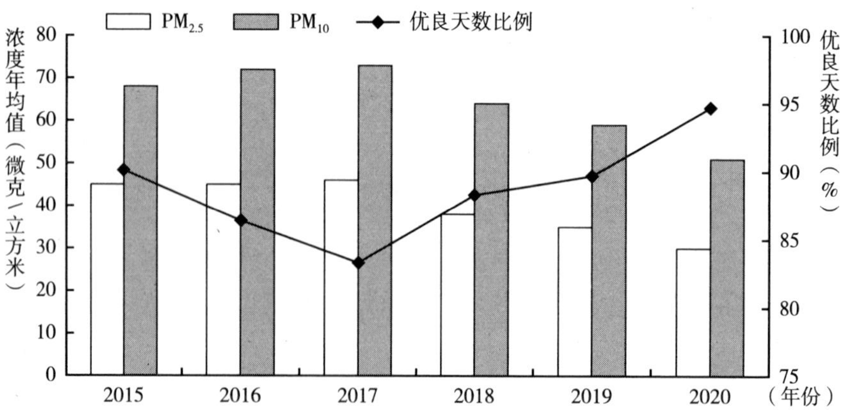

图 1 2015～2020 年江西省环境空气质量主要指标情况

资料来源：江西省生态环境厅数据中心（环境状况公报）。

米、51 微克/立方米（见图 1）；全省 11 个设区市中空气质量达到二级标准的由 2015 年的 0 个增加到 2020 年的 10 个，在中部地区率先实现省级空气质量达标。全省水环境质量稳步提升，2020 年地表水水质优良率为 94.7%（见图 2），较“十二五”末提高 13.7 个百分点，其中国考断面水质优良比例提高 17.3 个百分点，列中部省份第一；V 类及劣 V 类水质断面保持在 0；设区市饮用水水源地水质达标率保持在 100%；地下水环境质量保持稳定。土壤环境风险得到有效管控，污染地块安全利用率达 90% 以上，受污染耕地安全利用率达 93% 左右。电离辐射水平保持在天然本底涨落范围内。

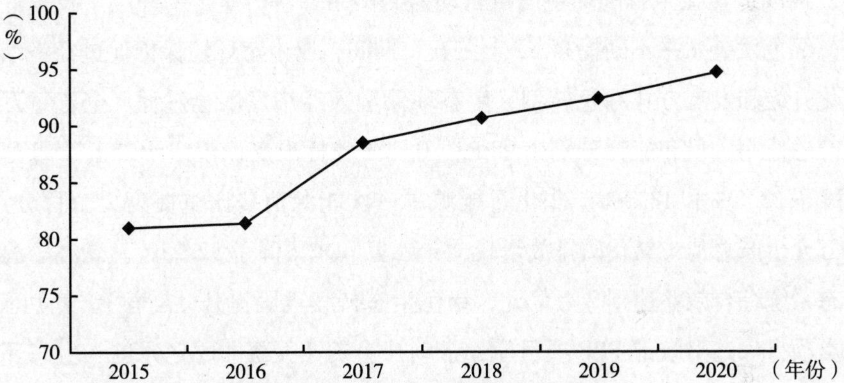

图 2　2015～2020 年江西省水质优良情况

资料来源：江西省生态环境厅数据中心（环境状况公报）。

生态优势不断巩固提升。“十三五”期间，全省生态环境状况指数连续评价为优，名列全国第四位。全省已建各级自然保护区 190 处，总面积占全省面积的 6.58%，初步划定生态保护红线比例 28.06%，生态系统格局与生物多样性保护整体稳定。全力抓好国家级“样板工程”、省级“基础工程”和市级“细胞工程”，截至 2020 年底全省国家“绿水青山就是金山银山”实践创新基地累计达到 5 个，名列全国第二位；国家生态文明建设示范市县累计达到 16 个，名列全国第五位；率先在全国开展了“绿水青山就是金山银山”实践创新基地评选。

生态环境短板不断补齐。江西省危废处置能力达到 48.5 万吨/年，医疗废物集中处置能力由 2015 年的 79.5 吨/天提升到 2020 年的 129.5 吨/天，应急处置能力达 506.5 吨/天，疫情防控期间确保全省医疗机构及设施环境监管和服务 100% 全覆盖，疫情防控医疗废物及时有效收集转运和处理处置 100% 全落实。完成工业企业废气治理、超低排放改造等重点项目 260 个。省市县三级共筹措 83 亿元推进 2.5 万个村组和 36 个美丽宜居试点县整治建设，“十三五”期末全省累计建成农村污水处理设施 5531 座。对 143.9 万亩轻中度污染耕地实施了安全利用措施，对 11.2 万亩重度污染耕地实施严格管控措施。全省共建成 186 个环境空气自动监测站和 287 个水质监测自动站，构成了覆盖全省的环境质量自动监测网络。

绿色发展水平不断提高。“十三五”期间，以生态环境保护促进经济结构优化升级和发展方式绿色转型，生态环保融入经济发展全过程。全省每万元生产总值用水量和能耗分别为 98 吨、0.409 吨标准煤，较“十二五”末分别下降了 33.5% 和 18.3%。非化石能源占一次能源消费比重提高 2 个百分点，每万元生产总值二氧化碳排放量较“十二五”末下降了 22.25%。森林、湿地生态系统综合效益达到 2 万亿元，绿色生态持续巩固提升。推荐 70 个生态环保类项目入选财政部 PPP 项目库，带动社会资本投资 463 亿元进入生态环保建设领域，设立 6 支生态环保领域产业相关子基金，总规模 27.32 亿元。

生态文明制度不断健全。在全国率先试点流域监管执法改革，探索建立“统一规划、统一标准、统一环评、统一监测、统一执法”的赣江流域生态环境保护体制机制。在全国率先制定《江西省污染防治攻坚战考核办法》，省财政每年统筹 10 亿元、3 年共 30 亿元，建立“以奖代补”正向激励机制。先后出台了《湖泊保护条例》《大气污染防治条例》《土壤污染防治条例》等一系列生态环境保护地方法规，山水林田湖草保护修复、全流域生态补偿、环境治理体系等改革走在全国前列。

二　当前生态环境保护形势分析

当前和今后一个时期，江西省进入在加快革命老区高质量发展上作示范、在推动中部地区崛起上勇争先的关键跨越期，生态环境保护进入战略机遇期和窗口期，发展环境深刻复杂变化，生态环境保护的压力尚未根本缓解。主要表现如下。

第一，统筹发展和生态环境保护面临诸多挑战。发展不足仍然是江西省主要矛盾，生态环境保护结构性、根源性、趋势性压力总体上尚未根本缓解。“十四五”时期，江西省工业化、城镇化仍将持续快速推进，对资源能源的需求依然旺盛，碳排放总量还有可能增加。经济下行压力持续加大，叠加新冠肺炎疫情等因素影响，对传统产业和粗放发展存在路径依赖，对生态环境重视程度减弱、保护意愿下降、行动要求放松、投入力度减小的风险有所增加。

第二，生态环境质量改善任务依然繁重。江西省生态环境质量总体处于全国前列，但距人民群众期待、与美丽中国“江西样板”建设目标要求还有不小差距，尤其是“好中趋优”难度加大。水质改善成效尚不稳固，湖泊总磷问题解决难度很大。大气污染防治形势严峻，城市精细化管理还不到位，夏秋季臭氧污染问题凸显，冬季区域性重污染天气仍有发生风险。作为矿产资源大省，矿山资源开发历史欠账多，造成水土流失和植被问题较多，治理任务繁重。

第三，绿色低碳发展水平依然不高。生产方式、生活方式绿色化低碳化水平不高，以重工业为主的产业结构、以煤为主的能源结构、以公路货运为主的运输结构尚未根本改变，污染排放水平仍处于高位。“三产”比重比全国平均水平低了6.4个百分点，六大高耗能产业增加值占工业的比重近40%，非化石能源占一次能源消费比例仅为11%，公路货运量比例高达89%。每亿元生产总值化学需氧量排放量和每亿元生产总值二氧化硫排放量均高于全国平均水平。环保产业整体实力不强，“绿水青山”与“金山银山”之间的双向转化通道还不够通畅。

第四，潜在生态环境风险不容忽视。城市供水缺乏多渠道保障。城镇生活污水管网覆盖率不够，雨污混流、跑冒滴漏现象突出，部分污水处理设施长期超负荷运转。危险废物利用处置能力存在结构性短板、区域布局不均衡，部分垃圾填埋场陈旧落后、渗滤液收集处理不到位。部分工业园区环保基础设施建设滞后，部分污水集中处理工艺难以确保实现稳定达标。农村生活污水治理率低于全国平均水平，统一运维管护机制尚未健全，人居环境改善任务繁重。部分区域生态环境本底脆弱，红壤区水土流失、生物多样性减少等问题依然突出。

第五，治理体系和治理能力亟须加强。生态文明各项改革任务落地与协同见效还不充分，绿色发展的激励约束机制还不健全，相关责任主体内生动力尚未有效激发。市场机制还需进一步完善，环境经济政策还不健全。生态环境监测监管与信息化建设滞后，生态环境系统特别是基层生态环境部门的队伍能力与精准、科学、依法治污要求还有较大差距。一些企业和相关部门法治意识不强，依法治理污染、依法保护生态环境的自觉性和主动性不够。

三 “十四五”江西生态环境保护工作展望

“十四五”时期，要坚持以习近平生态文明思想为指导，牢固树立“绿色青山就是金山银山”理念，深刻认识江西生态环境保护面临的新要求、新形势、新挑战，坚持稳中求进工作总基调，坚持落实减污降碳总要求，更好统筹常态化疫情防控、经济社会发展和生态环境保护，做好高质量跨越式发展与高水平生态保护两篇文章，守好发展与生态两条底线，深入打好污染防治攻坚战，纵深推进国家生态文明试验区建设，以更高标准打造美丽中国“江西样板”，奋力谱写全面建设社会主义现代化国家江西生态篇章。

（一）坚持生态优先，推动绿色低碳发展

以绿色低碳发展为牵引，以布局优化、结构调整和效率提升为着力点，统筹经济社会发展与生态环境保护，促进经济社会发展全面绿色转型。一是完善绿色发展机制。构建高质量发展的生态环境管控体系，实施“三线一单”生态环境分区管控；制定出台有利于生产体系、流通体系和消费体系绿色低碳循环发展的环境政策；健全生态环境经济政策，落实生态环境保护税收优惠政策，建立生态产品价值实现机制。二是加快产业结构绿色转型升

级。以电力、钢铁、石化、建材、有色等行业为重点，开展全流程清洁化、循环化、低碳化改造；在电力、钢铁、建材等行业，开展减污降碳协同治理；严格实行资源总量管理和全面节约制度；壮大绿色环保产业发展，推动环境治理向市场化、专业化、产业化发展，推动绿色环保产业成为全省新兴支柱产业。三是推动能源清洁低碳高效利用。优化能源供给结构，推动非化石能源消费占比持续提升，大幅降低能耗强度，有效控制能源消费增量。

（二）控制温室气体排放，应对气候变化

围绕2030年前二氧化碳排放达峰目标和2060年前实现碳中和的愿景，以“降碳”为抓手促进经济社会发展绿色转型，统筹和加强应对气候变化与生态环境保护。一是开展碳排放达峰行动。制定并实施二氧化碳排放达峰行动方案，鼓励有条件的地区率先达峰；推动重点行业和企业碳排放达峰，鼓励企业制定二氧化碳达峰行动计划；推进低碳、零碳、碳中和试点建设，探索零碳排放示范工程建设，积极创建零碳园区、社区、校园。二是控制温室气体排放。控制工业行业、交通领域、建筑领域二氧化碳排放，加大对重大项目和技术创新应用的扶持力度，推广节能和新能源车辆，全面推行绿色低碳建筑；控制其他温室气体排放，推动甲烷、氢氟碳化物等温室气体排放持续下降；推进并储备一批自愿减排项目。三是强化应对气候变化管理。加强气候变化风险评估与应对，提升区域气候保护的自然解决方案能力；建立健全应对气候变化制度体系，推动应对气候变化与现有环境管理制度的融合；建设省域温室气体监测网络，强化温室气体重点排放单位监督管理；深化低碳能源推广、原材料替代、碳捕集利用与封存等技术在应对气候变化领域的应用。

（三）加强协同控制，改善大气环境质量

着力打好蓝天保卫战，持续推进全省大气环境质量改善，努力实现“蓝天白云、繁星闪烁”。一是加强细颗粒物和臭氧协同控制。协同开展细颗粒物和臭氧污染防治，推进大气环境质量全面达标；优化污染天气应对体系，统筹协调推进区域大气联防联控；探索多污染治理协同增效，推进工业

烟气中三氧化硫、汞、铅、砷、镉等非常规污染物管控。二是深化工业废气污染防治。实施重点行业氮氧化物等污染物深度治理，探索开展水泥行业超低排放改造，推进陶瓷、有色、铸造、玻璃等重点行业污染深度治理；推进重点行业挥发性有机物治理，推进工业园区、企业集群因地制宜推广涉挥发性有机物“绿岛”项目，探索建设涂装中心、活性炭集中处理中心、有机溶剂回收中心。三是提升城市污染防治精细化管理水平。强化车船油路港联合防控，加强油品储运销全过程监管；深化城区面源污染管控，全面推行施工现场标准化管理，推进低尘机械化湿式清扫作业，强化堆场扬尘控制，加大餐饮油烟治理力度，严格执行烟花爆竹禁燃管理规定。

（四）加强“三水”统筹，巩固水生态环境质量

着力打好碧水保卫战，统筹水资源利用、水生态保护和水环境治理，努力实现“清水绿岸、鱼翔浅底”。一是加强“三水”系统治理。强化水资源、水生态、水环境统筹，大力推进“美丽河湖”保护与建设；实施地表水生态环境质量目标管理，统筹推进流域“五个统一”；持续提升饮用水安全保障水平，推进城乡供水一体化和农村饮用水规模化和标准化建设。二是持续深化水污染源头治理。强化工业废水全过程、全链条管控，完善开发区监管体系建设，规范监控平台运行，加强特征因子的监测；全面推进城镇污水治理，推进鄱阳湖滨湖区农业面源污染治理，加强移动源废水排放监管，持续开展入河排污口排查溯源整治。三是推进鄱阳湖流域综合治理。巩固“长江大保护”成效，努力构建长江经济带江西绿色生态廊道，将长江干流江西段建成沿江“最美岸线”；加强鄱阳湖水生态环境保护修复，实施“五河”及东江流域差异化治理，强化优质水体生态环境保护，加强河湖岸线管理和保护。

（五）加强源头防控，提升土壤和地下水环境质量

着力打好净土保卫战，坚持预防为主、保护优先、风险管控，努力实现“吃得放心、住得安心”。一是加强土壤环境保护与污染风险管控。推进土

壤污染源头防控，优化土壤、地下水生态环境监测网络建设，分期分批建立土壤生态环境长期监测基地；巩固提升农用地安全利用水平，建立受污染耕地安全利用成效跟踪机制；推进建设用地管控与治理修复，实行建设用地土壤污染风险管控和修复名录制度。二是实施地下水污染风险管控。开展地下水环境状况调查评估，建立健全“双源”地下水调查监测网络，推进地下水污染管控与修复。三是推进重金属污染防控与综合整治。严格涉重行业污染物排放，实施铜、铅、锌冶炼行业企业提标改造；加强重金属污染综合治理，继续开展乐安河流域、信江流域等历史遗留重金属污染修复治理，持续推进大余浮江河流域、崇义小江流域、南康赤土河流等重点小流域重金属污染综合整治示范。

（六）防治农业农村污染，推进美丽乡村建设

全面实施乡村振兴战略，持续推进农村人居环境整体提升，留住“鸟语花香、田园风光”。一是加快农业结构调整。优化提升农业产业结构，推进农业绿色转型；丰富乡村经济业态，总结和推广一批农村环境保护与绿色发展的示范县、示范村、示范户，探索一条百姓富、生态美有机结合的乡村绿色发展之路。二是深化农业面源污染治理。着力加强种植业面源污染防治，深入推进养殖业污染治理，强化农业面源污染监管。三是持续改善农村人居环境。加快推进农村生活污水治理，以环鄱阳湖县（市、区）、国家重点生态功能区、省全域旅游示范区、乡镇政府驻地和中心村为重点，因地制宜选取污水处理与资源化利用模式，梯次推进农村生活污水处理设施建设；开展农村垃圾分类及资源化利用，积极开展垃圾就地分类和资源化利用示范创建，统筹考虑生活垃圾和农业生产废弃物利用、处理；有序开展农村黑臭水体治理，统筹开展农村水系综合治理和美丽乡村建设等工作。

（七）加强生态监管，筑牢生态安全屏障

坚持尊重自然、顺应自然、保护自然，强化生态保护监管，守住自然生

态安全边界，促进生态系统良性循环和永续利用。一是提升生态系统质量和稳定性。落实主体功能区战略，制定实施生态环境功能区划，加强生态功能区重要区域保护，构筑“一江一湖五河三屏”为主体的生态屏障；建立自然保护地体系，依托主要山脉以及“五河一湖”，建设区域生态廊道；实施山水林田湖草一体化保护和修复，在特色生态单元探索打造不同类型、各具特色的山水林田湖草生命共同体示范区；加强矿山开采污染防治与生态恢复，加强生物多样性保护。二是加强生态保护监管。完善生态评估体系，建立从宏观到微观尺度的多层次评估体系；加强生态保护红线监管，建立生态保护红线生态破坏活动监测预警和问题发现、移交、处置、监管机制；强化自然保护地监管，加强生态破坏问题查处、修复评估和监督。三是推进生态文明示范建设。加大生态文明示范创建力度，加快推进省级生态县（市、区）和“两山”省级实践创新基地建设；加强生态文明示范创建的动态监管、监督检查和评估工作。

（八）强化风险管控，严守环境安全底线

牢固树立环境风险防控底线思维，紧盯高风险领域，健全环境应急体系，有效防范和化解生态环境风险，切实维护生态环境安全。一是构建环境风险预警防控与应急体系。加强环境风险预警防控，健全生态环境风险应急体系，强化新污染物源头管控及治理，按要求淘汰、限制、减少国际环境公约管控化学品。二是加强危险废物收集处理。提升危险废物利用处置能力，高标准建设一批危险废物焚烧设施及刚性填埋场，保障特殊类别危险废物安全利用处置；加快补齐医疗废物处置结构短板，健全医疗废物收集转运体系；强化危险废物全过程环境监管，严厉打击涉危险废物环境违法行为。三是保障核与辐射安全。强化核技术利用监管，持续开展核技术利用单位核与辐射安全隐患排查，消除安全隐患；加强电磁辐射环境管理。完善电磁辐射监测网建设，降低伴生放射性矿开发利用风险，推进铀矿冶设施安全整治和退役，完善辐射事故应急机制，全面提升基层核与辐射应急实战水平。

（九）深化改革创新，构建现代环境治理体系

加快补齐江西省环境治理体制机制短板，着力构建党委领导、政府主导、企业主体、社会组织和公众共同参与的现代环境治理体系，把制度优势转化为治理效能。一是健全生态环境管理体制机制。坚决落实党委政府领导责任，健全部门协作机制，完善生态环境保护目标管理与考核，深化生态环境保护督察。二是完善生态环境法规标准制度。加强地方环保法规建设，加强地方标准建设，加强司法保障，实施排污许可管理制度，推进生态环境治理领域诚信建设。三是提升生态环境监测监管能力。健全生态环境综合执法体系，强化基层生态环境监管能力，推进生态环境执法权限和力量向市县下移，增强市县执法能力，配齐配强执法队伍，强化属地执法；提升生态环境信息化水平，加强生态环境科技支撑能力，扩大对外合作与交流。

（十）开展全民行动，推动形成绿色生活方式

积极弘扬生态文化，普及生态文明知识，开展全民绿色行动，倡导低碳生活方式，全面构建以生态价值观念为准则的生态文化体系。一是增强全社会生态环境保护意识。加强生态文明教育，开展绿色生活创建，繁荣生态文化。二是践行简约适度绿色低碳生活。推进生活垃圾分类处理，推动形成绿色生活方式，推进交通运输绿色低碳发展，营造宁静生活环境。三是推进生态环保全民行动。发挥政府机关带头示范作用，实行垃圾分类、推行绿色办公，加大绿色采购力度；落实企业生态环境责任，充分发挥各类社会主体作用，强化公众监督与参与，健全环境决策公众参与机制，保障公众的知情权、监督权、参与权。

参考文献

习近平：《推动我国生态文明建设迈上新台阶》，《求是》2019 年第 3 期。

《中央经济工作会议在北京举行》，《人民日报》2020 年 12 月 19 日第 1 版。

《全国生态环境保护工作会议在京召开》，《中国环境报》2021 年 1 月 25 日第 1 版。

中共江西省委：《中共江西省委关于制定全省国民经济和社会发展第十四个五年规划和二〇三五年远景目标的建议》，《江西日报》2020 年 12 月 9 日。

江西省发展和改革委员会：《江西省国民经济和社会发展第十四个五年规划和二〇三五年远景目标纲要》，《江西日报》2021 年 2 月 18 日。

B.14

江西社会稳定与社会治安“十三五”回顾与“十四五”展望

中共江西省委政法委课题组*

摘 要： “十三五”以来，江西社会稳定和社会治安工作坚持以习近平新时代中国特色社会主义思想为指导，认真贯彻落实党中央、省委重大决策部署，全面落实《中国共产党政法工作条例》和省委《关于贯彻〈中国共产党政法工作条例〉实施细则》，深入推进平安江西、法治江西建设，为圆满实现“十三五”规划目标营造了良好环境，全省社会大局持续保持“五个未发生”良好态势，公众安全感、群众满意度创历史新高，扫黑除恶专项斗争综合绩效位列全国第一方阵，江西连续16年获评全国综治考评优秀省。“十四五”时期，要坚持以习近平新时代中国特色社会主义思想为指导，深入贯彻习近平法治思想，坚决落实党中央和省委、省政府决策部署，坚持党的绝对领导，坚持以人民为中心的发展思想，坚持稳中求进工作总基调，坚持统筹好发展和安全总要求，更加注重系统观念、法治思维、强基导向，全力维护社会大局稳定，为奋力谱写全面建设社会主义现代化国家江西篇章、描绘好新时代江西改革发展新画卷营造安全稳定的政治社会环境。

* 课题组组长：张强，江西省委政法委副书记。课题组副组长：刘朝阳，江西省法学会专职副会长。课题组成员：李镜鸿，江西省委政法委研究室主任；唐俊，江西省委政法委研究室副主任；郑汪文，江西省委政法委研究室四级调研员；张力虑，江西省委政法委研究室三级主任科员。

关键词： 社会发展 社会治理 法治思维

“十三五”时期是全面建成小康社会决胜阶段，“十四五”时期开启全面建设社会主义现代化国家新征程。本文全面回顾了“十三五”时期江西社会稳定和社会治安基本情况，系统总结了五年工作的基本经验，结合新形势、新目标、新任务，研究提出了“十四五”时期做好社会稳定和社会治安工作的基本思路和采取的主要举措。

一 “十三五”时期江西社会稳定和社会治安基本情况

“十三五”以来，江西省社会秩序持续保持政治安全和社会稳定的良好局面，刑事立案数显著下降，从2015年的17.2万余起下降到2020年的13.8万余起；公众安全感、群众满意度分别从2015年的96.35%、96.27%上升到2020年的98.87%、98.31%，为经济社会发展创造了良好社会环境（见表1）。

表1 2015～2020年全省公众安全感和满意度测评情况

单位：%

年度	公众安全感	群众满意度
2015	96.35	96.27
2016	96.71	96.71
2017	96.25	96.13
2018	96.64	96.91
2019	97.94	97.79
2020	98.87	98.31

资料来源：中共江西省委政法委。

（一）全面落实总体国家安全观，国家政治安全和社会大局持续稳定

坚持把维护国家政治安全摆在首位。健全维护国家政治安全制度机制，

严密防范抵御敌对势力捣乱破坏活动，江西持续保持了“五个未发生”的良好局面。加强反恐斗争，实现暴恐案事件“零发生”。强化反邪教斗争，破获了一批涉邪教案件。坚持防控涉稳风险，常态化推进涉稳问题摸排化解行动，涉稳风险整体下行。坚持落实“三同步”机制，有效处理了一批重大敏感案事件。坚持压实维稳责任，省、市、县三级建立健全社会稳定风险评估机制，完善落实涉稳突出问题分类归口处理、党委政府定期议稳、矛盾纠纷多元化解、司法救助、律师代理和参与化解涉法涉诉信访等工作机制，注重加强源头预防，有效化解了一批涉稳隐患。

（二）始终把服务发展作为第一要务，全力护航江西高质量跨越式发展

围绕省委、省政府重大决策部署，优化法治服务。部署开展优化法治化营商环境专项行动，出台优化营商司法环境、依法支持民营经济市场主体健康发展的“10 条意见”，建立失信被执行人信用承诺和信用修复激励机制、破产案件“府院联动机制”、涉民营企业刑事案件少捕慎诉“10 条措施”等一系列举措，提升服务民营企业健康发展水平。涉政府产权纠纷专项治理深入推进，涉党政机关未结案件执行效率位居全国第二。积极助力决战决胜脱贫攻坚，依法严惩涉农骗补骗保、扶贫领域腐败、侵犯农民权益等违法犯罪。依法办理三清山巨蟒峰等一批有影响的破坏生态环境案件，构筑了生态保护法治屏障。2020 年面对突如其来的新冠肺炎疫情，江西政法机关积极落实中央和省委、省政府部署要求，闻令即动，组织动员全省政法干警和广大网格员、平安志愿者等群防群治力量奋战在防控疫情一线，全力开展疑似病患排查隔离、医疗秩序维护、公共安全监管、矛盾排查化解、舆论宣传引导等各项工作，依法打击了一批涉疫违法犯罪活动，在监狱、戒毒所等监管场所实行全封闭管理，实现了零感染目标。在做好疫情防控的同时，出台和落实多项保障复工复产的意见措施，在全国率先全面恢复交通畅通，提供“一链办理”“不见面办理”“自助办理”等便捷高效安全服务，精准护航社会秩序恢复和经济持续稳定运行。

（三）持续保持高压严打态势，决战决胜扫黑除恶专项斗争

2018年以来，在省委、省政府坚强领导下，江西扫黑除恶专项斗争取得重大战果，圆满实现为期三年的预定目标，综合绩效连续三年位居全国第一方阵。一是坚持高位推动。省委、省政府高度重视推进扫黑除恶专项斗争，多次听取工作汇报，研究解决重大问题，制定出台相关文件，采取“7+X”清单调度、“六清”行动通报、召开推进会议、组织开展多形式督导等措施，压实工作责任，形成了“五级书记”带头抓、省市县上下联动、各部门有效衔接的工作格局。二是保持强大攻势。坚持依法严惩不放松，持续加大线索核查、破案追逃、“打财断血”和“打伞破网”力度，落实“六清”任务，不断巩固扩大战果。侦破一批大案要案，侦办宜黄县陈辉民、陈辉发涉黑案相关经验在全国扫黑办发布会上作了介绍。截至2020年底，江西省共打掉黑恶组织1218个，起诉10944人，判决19103人，立案查处涉黑涉恶腐败和“保护伞”3984件，查封、扣押、冻结涉案资产282.5亿元。三是严格依法办案。严把案件质量关，制定完善执法指引，在全国率先出台《关于办理黑恶势力犯罪案件若干问题的指导意见》等规范性文件。发挥省级专家库和各级专业办案团队的作用，加强案件指导和分级归口培训，提升办案能力和水平。四是强化长效常治。结合办案推动行业整治，积极落实“四书一函两办”“一案一整治”等机制，共发出各类建议书或提示函7700多份，按期整改到位率100%，查处涉砂违法行政案件1100余起，查办欺行霸市、强买强卖等乱象1.68万余件，罚没3.2亿元。在全国率先以省“两办”文件出台《关于打击防范黑恶违法犯罪推动长效常治的指导意见》，各有关单位跟进出台相应的配套文件，推动“1+N”制度规范不断健全完善，工作做法被中央政法委和全国扫黑办推介。

（四）坚持以市域试点为牵引，加快推进社会治理现代化

全面推进市域社会治理现代化试点工作。制定《关于江西省推进市域社会治理现代化的实施意见》和相关实施方案、工作指引，对标中央工作

指引细化出 109 项具体任务，在全国较早提出“一年聚焦突破、两年基本达标、三年巩固提升”的总体安排，9 个设区市被纳入全国首批试点，红色治理、综治中心实体化建设、社会矛盾多元化解等一批重点项目和特色亮点正在加速推进。建立健全平安建设协调工作机制，形成了在党委领导下，权责明晰、高效联动、上下贯通、齐抓共管的平安建设责任体系。探索建立平安报告制度，创建以社情、警情、案情、舆情为基本内涵的平安指数体系，通过自动生成社会稳定指数运行图，对社会矛盾风险做出分析预警。制定加强和改进基层综治中心实体化建设的指导意见，建立覆盖省、市、县、乡、村五级综治中心 22891 个，在全国率先发布省域网格划分和编码的地方标准，将处置非法集资、消防安全、民族宗教、城市管理、协助处理执行难等社会治理事项纳入网格化管理，2020 年通过综治中心平台和网格化管理流转处理各类问题 1031 万余件。深化社会治安防控体系“一平台九系统”建设，全面推进智慧安防小区、农村“雪亮工程”建设，织密城乡网格化防控网络，建成公共场所安全防护设施 1.3 万余处，省级平台已接入各类视频资源 49.7 万路，实现了全省行政村全覆盖。制定落实《江西省社会矛盾多元化解处置工作规程》，2020 年排查化解矛盾纠纷 97.8 万余件，化解率达 96.61%。加强平安志愿者建设，平安江西志愿者发展到 180 余万人，开展各类平安建设活动 14 万次。加强政法智能化建设，研发部署了全省涉法涉诉信访信息系统、专项信息分析系统、政法机关信息资源共享交换平台和跨部门大数据办案平台等业务系统，基本实现了政法机关“设施联通、网络畅通、平台贯通、数据融通”。探索推广城乡社区警务战略，在城区推广 1 名社区民警配备 2 名辅警和若干网格员的“1+2+N”模式，在行政村推广“一村一警”模式。创新完善鄱阳湖区联谊联防工作机制，平稳有序推进湖区禁捕退捕工作，湖区纠纷械斗、非法捕捞、非法采砂现象明显遏制。全力打击治理电信网络诈骗犯罪，部署开展云剑、云电、云端、断卡等专项整治行动，2020 年破获电诈案件 1.8 万余起，是 2019 年的 2.7 倍。严格落实寄递物流收寄验视、实名收寄和过机安检“三个 100%”制度。部署加强铁路护路联防工作，一批安全隐患被排查整治到位。完善落实重点人群服务管理机制，推进社会心理服务体系建设，努力消除各类风险隐患。深化未成年人违法犯罪预防工作，健全完善有严重不良行为青少年专门教育体系，有效服务困境青少年健康成长。

（五）全面深化政法领域改革，不断提升法治江西建设水平

认真落实司法改革任务。紧扣落实中央关于加快推进政法领域全面深化改革的决策部署，制定《江西省政法领域全面深化改革实施方案》，部署推进81项司法责任制综合配套改革任务和13项改革亮点打造工作，省委政法委直接牵头负责的27项任务如期完成。以司法责任制为核心的司法人员分类管理、司法人员职业保障制度等重大改革任务全面落地落实。规范法官、检察官遴选委员会设置与组成，建立健全员额动态调整机制。推动完善法院、检察院入额领导干部办案制度，健全办案情况分析、通报机制。出台《关于规范检察院执法管理　完善经费保障工作的通知》，推动解决市、县检察机关经费保障问题。在全国率先完成森林公安转隶同级公安机关统一管理工作。巩固深化“分调裁审”机制改革和认罪认罚从宽制度改革，刑事案件认罪认罚适用率达87%。加强执法司法制约监督体系建设和改革，组织开展司法权力运行监督管理改革专项督察，推动问题整改。创新智能化审判监管平台、“派驻+巡回”检察模式、公安机关督察委员会机制，推动提升了政法系统执法司法规范化水平。下大力气解决执行难问题，圆满实现“基本解决执行难”目标。紧扣民法典实施深化法治宣传教育实践，省委依法治省委员会印发通知，迅速组织全省各地各部门积极开展《中华人民共和国民法典》学习宣传贯彻活动，推动《中华人民共和国民法典》走到群众身边、走进群众心里。加强法学会工作，扎实开展“百名法学家百场报告会”活动。在全国率先出台《关于加强法治乡村建设的实施意见》，出台江西省农村“法律明白人”培养工作规范，累计遴选培养对象433.8万人，颁证上岗377.1万人，参与法治宣传实践161.6万件次。

（六）狠抓全面从严治警，着力打造忠诚干净担当的过硬政法铁军

坚持把学深悟透习近平新时代中国特色社会主义思想作为首要政治任

务，每年举办全省政法领导干部专题研讨班，充分发挥政法领导干部带头领学作用，全系统、分层次、全覆盖开展政治轮训，引导广大干警增强“四个意识”、坚定“四个自信”、做到“两个维护”。深入贯彻落实《中国共产党政法工作条例》和省委《关于贯彻〈中国共产党政法工作条例〉实施细则》，建立健全政法单位党组（党委）向同级党委请示报告重大事项、政治督察、政治轮训、党委政法委派员列席同级政法单位党组（党委）民主生活会等一系列制度机制，党对政法工作的领导得到明显加强。2016 年以来，按照党中央和省委统一部署，先后组织开展“两学一做”学习教育、“不忘初心、牢记使命”主题教育，教育引领广大政法干警坚定理想信念、增强宗旨意识、严守纪律规矩、确保对党绝对忠诚。2020 年，在全国率先全面启动政法队伍教育整顿，紧扣“一个确保、三个提升”的总目标和思想政治引领、反面警示、自查自纠、整改落实、榜样选树等步骤措施，组织整治了一批顽瘴痼疾，特别是正面教育和反面警示产生了积极影响。压紧压实管党治党、管警治警政治责任，督促政法单位党组（党委）严格落实“两个责任”。督促落实防止干预司法“三个规定”，结合扫黑除恶“打伞破网”，加大反腐肃纪力度，依纪依法严肃查处一批违纪违法干警，促进严格执法、公正司法。弘扬英模精神，激发担当作为。完善落实选树政法英模、表彰先进典型的常态化机制，编撰《江西优秀政法干警先进事迹选编》，队伍中涌现出了“改革先锋”邱娥国、“全国模范法官”胡国运等一大批先进典型，推动广大干警见贤思齐、争当先进。大力推进以省级政法机关新媒体平台为龙头的全省政法机关新媒体矩阵建设，集中宣传政法干警感人事迹，推出一批弘扬政法队伍正能量的“暖新闻”，让人民群众切身感受到政法队伍的新变化新气象。

回顾“十三五”以来的工作，成绩令人振奋，经验弥足珍贵。我们深深体会到，做好新时代的江西社会稳定和社会治安工作，要始终把政治建设作为首要任务，坚持用习近平新时代中国特色社会主义思想武装头脑，把旗帜鲜明讲政治作为第一要求、把讲忠诚作为第一标准，坚持党的绝对领导，坚决做到“两个维护”；要始终把高位推动作为坚强保证，省委、省政府高度重视社会稳定和社会治安工作，给予坚强领导、大力支持，有力推动全省社会稳定和社会治安工作持续健康发展；要始终把问题导向作为重要方法，着力攻克影响全省社会稳定和社会治安事业发展的难点堵点问题，在破解难题中不断提升全省社会稳定和社会治安工作整体水平；要始终把人民满意作为检验标准，坚持以人民为中心的发展思想，维护群众合法权益，保障社会公平正义，以实际行动赢得群众认可；要始终把改革创新作为不竭动力，与时俱进推进社会稳定和社会治安工作理念思路、体制机制、方法手段创新，不断激发创新发展的活力；要始终把恪守法治作为基本原则，推动社会稳定和社会治安各项工作在法治轨道上运行，不断提升全省社会稳定和社会治安工作规范化、法治化水平；要始终把过硬队伍建设作为有力保障，努力打造一支党和人民信得过、靠得住、能放心的过硬政法队伍。这“七个始终”，是推动社会稳定和社会治安工作高质量发展，在更高起点上推进平安江西、法治江西建设必须把握的基本要求。

同时也要清醒看到，当今世界百年未有之大变局和新冠肺炎疫情交织叠加，不稳定不确定因素明显增多，全省政治安全、公共安全、网络安全、社会治理以及新兴业态领域面临的风险挑战依然严峻复杂，社会稳定风险隐患点多面广。同时，随着城镇化进程的不断加快，市域社会治理越来越成为推进国家治理体系和治理能力现代化的重要内容，基层社会治理也有不少新课题亟待进一步破解。全省社会稳定和社会治安基层基础建设还存在薄弱环节，队伍履职的理念和能力素质还有待提升，等等。对此，全省政法委系统将认真研究，依靠各方力量，努力加以解决。

二 “十四五”时期江西社会稳定和社会治安工作展望

“十四五”时期，是完成全面建成小康社会“第一个百年奋斗目标”、开启全面建设社会主义现代化国家“第二个百年奋斗目标”的重要交汇期，江西正以奋发有为之姿、加速跨越之势站在新的历史起跑线上，做好“十四五”时期的全省社会稳定和社会治安工作，责任重大，使命光荣。

（一）基本思路

坚持以习近平新时代中国特色社会主义思想为指导，深入贯彻习近平法治思想，坚决贯彻党中央和省委、省政府决策部署，增强“四个意识”、坚定“四个自信”、做到“两个维护”，坚持党的绝对领导，坚持以人民为中心的发展思想，坚持稳中求进工作总基调，坚持统筹好发展和安全总要求，更加注重系统观念、法治思维、强基导向，以党的政治建设为统领，以深化改革为动力，深入推进平安江西、法治江西和过硬队伍建设，努力推动社会治理成效保持在全国一流水平，为推进全省高质量跨越式发展、圆满实现“十四五”目标任务创造安全稳定的政治社会环境。

（二）主要举措

1. 主动服务和保障全省经济高质量跨越式发展

立足新发展阶段，必须贯彻新发展理念，找准服务构建新发展格局的着力点，为实现“十四五”目标任务贡献法治智慧和法治力量。

（1）服务保障构建新发展格局。紧跟省委、省政府打造传统产业转型升级、新兴产业培育发展、内陆地区改革开放、江西内陆开放型经济试验区建设等战略实施，跟进完善服务保障，健全以公平为原则的产权保护制度，加快新兴领域和业态知识产权保护制度建设，严格落实惩罚性赔偿制度，完善知识产权诉讼机制。

（2）服务保障公平竞争市场环境。巩固拓展优化法治化营商环境专项行动成效，常态化查摆整治影响法治环境的突出问题，加强反垄断和反不正当竞争执法司法，依法打击非法集资、恶意逃废金融债务等破坏市场竞争秩序的违法犯罪，营造高效规范、公平竞争的市场环境。

（3）服务保障企业和企业家合法权益。健全执法、司法、法律服务衔接配套的综合服务保障体系，加大涉企案件办理力度，依法打击侵害企业和企业家合法权益的违法犯罪。健全落实平等保护民营企业各项措施，让市场主体放心投资、安心经营。

（4）服务保障人民群众美好生活。全面落实疫情防控措施，坚决巩固疫情防控成果。准确贯彻实施《中华人民共和国民法典》，加强重点领域民事审判和监督指导工作，加大民生领域执法司法保障力度，依法解决民生领域公益损害突出问题，助推巩固拓展脱贫攻坚成果同乡村振兴有效衔接。优化政法公共服务，持续推出法律援助、诉讼服务、司法救助、户籍和交通管理等领域便民利民新措施。

2. 坚决捍卫国家政治安全和社会大局稳定

紧紧围绕创造安全稳定的政治社会环境的总体目标，紧盯涉稳危安的隐患矛盾，坚决打好风险防控主动仗、攻坚战。

（1）始终把维护国家政治安全置于首位。深入贯彻总体国家安全观，充分发挥政法机关维护国家政治安全工作协作机制的作用，严密防范敌对势力渗透颠覆破坏。加强国家安全人民防线工作，深入推进反分裂、反恐怖、反邪教、反间谍斗争。加强网络空间综合治理，依法打击网络违法犯罪，加强关键信息基础设施安全防护，有效防控网络安全风险。

（2）坚持不懈防范化解涉稳风险。常态化开展影响社会稳定的矛盾问题的排查化解工作，加强重点领域涉稳风险综合治理，统筹做好“三同步”工作。落实领导干部下基层接访约访下访制度，最大限度把矛盾问题解决在当地。强化对5G、区块链、人工智能等新技术和网络借贷、共享经济等新业态的分析研究，完善政法机关与相关行业监管部门的协同配合机制，切实提高对新型风险的识别预警防控能力。

（3）健全落实维护稳定制度机制。严格落实重大决策社会稳定风险评估、矛盾纠纷分类归口处置和依法化解机制，用好用足地方立法权，深化农村“法律明白人”培养工程，推行法律顾问制度，营造化解矛盾靠法的良好氛围。严格落实《江西省维护社会稳定领导责任制规定》，层层压实维护稳定工作责任。

3. 加快推进市域社会治理现代化

坚持统筹发展和安全，大力开展市域社会治理现代化试点，努力建设更高水平的平安江西。

（1）紧扣试点验收目标，推动试点工作有力开展。按照“三年任务两年基本完成”的总体要求，进一步完善顶层设计、政策制定、组织推动等机制措施，强化落实“10 + X”试点工作清单调度，落实省市县三级试点工作联系点制度，以突出打造“红色治理”、综治中心实体化建设、社会矛盾多元预防调处化解机制建设“三大特色工作”为牵引，坚持因地制宜，强化系统集成，努力创造具有江西特色的社会治理模式。

（2）紧扣常治长效目标，推动扫黑除恶常态化。巩固深化为期三年的专项斗争成果，始终保持打击整治黑恶犯罪的高压态势不松劲。完善落实“1 + N”常治长效机制，加强调度，促进提升。建立“打早打小”的依法惩处等一系列机制，坚持“露头就打”，并完善对地方和单位失职问题进行追责的制度机制，确保“六建”部署落地增效。

（3）紧扣人民满意目标，推动平安建设提质增效。按照共建共治共享、全周期管理、常态常治目标的原则，完善以平安报告为中心的考核评价体系，实现对平安建设状况的实时、动态、客观评估。大力推进“雪亮工程”和智能安防小区建设，按照“5 + 2”的标准实现农村地区视频探头全覆盖。严厉打击跨国跨境犯罪和涉疫苗等突出违法犯罪，持续打击治理电信网络诈骗犯罪，切实维护群众合法权益。加强社会心理服务体系建设，汇聚多方资源力量，共建社会心理服务体系建设研究中心，建设全省统一的社会心理服务平台和省市社会心理服务热线，推动打造自尊自信、理性平和、积极向上的社会心态。完善鄱阳湖治理联谊联防机制，健全道路交通等公共安全隐患排查治理体系，完善全链条、可追溯的管理机制，不断提升社会治理法治化水平。推进省综治责任单位挂点帮扶县（市、区）平安创建工作，扩大创建覆盖面，提升创建层次水平，打造共建共治共享的社会治理格局。

4. 推动政法领域全面深化改革

紧紧抓住执法司法突出问题，以改革开路，以机制赋能，确保政法领域改革取得人民满意的成果。

（1）狠抓执法司法制约监督。加强和改进党委政法委执法监督，构建和优化协同高效的政法机构职能体系，不断完善党领导下政法部门分工负责、互相配合、互相制约的体制机制。加强检察机关法律监督，健全依法启动民事诉讼监督制度，积极探索扩大公益诉讼案件范围。全面推进公安机关执法办案管理中心建设，深化地方公安机关机构改革和行业公安机关管理体制调整。加强执法办案各环节衔接和监督，加快推进政法机关跨部门大数据办案平台建设，推动实现信息化全流程动态监管。

（2）狠抓执法司法规范化建设。深化办案运行机制改革，健全正、负面权力清单和履职指引制度，加强办案团队建设，完善案件分配和办案质效考核评价机制，确保权责统一。深化以审判为中心的刑事诉讼制度改革，健全司法惩戒制度，大力整治群众反映强烈的执法司法突出问题。

（3）狠抓执法司法效能提升。健全完善多元纠纷解决机制，充分发挥人民调解的基础性作用，从源头上减少进入诉讼环节的案件。健全完善民事案件繁简分流制度，优化司法资源，提高司法效率。全面贯彻宽严相济的刑事司法政策，落实认罪认罚从宽制度，进一步化解社会矛盾、促进社会和谐。

（4）狠抓履职保障体系建设。完善法官检察官员额省级统筹、动态调整和交流退出机制，落实常态化增补和跨地域遴选机制。完善法官检察官单独职务序列管理制度，探索建立警务管理职级序列，健全政法职业荣誉制度，完善因公伤亡干警特殊补助政策。

5. 扎实推进过硬政法队伍建设

认真贯彻落实党中央和省委关于开展政法队伍教育整顿的重大决策，纵深推进全面从严治党治警，努力打造一支党和人民信得过、靠得住、能放心的新时代政法铁军。

（1）确保对党绝对忠诚。坚持把对党忠诚教育摆在第一位，深入学习党章和《中国共产党政法工作条例》等党内法规，全面开展党史学习教育，大力加强理想信念和革命传统教育，注重强化警示教育针对性，教育引导全体政法干警坚定理想信念，筑牢政治忠诚之魂。

（2）深入开展问题查纠。建立与扫黑除恶衔接机制、接受群众举报、开展案件评查等举措，坚决清除严重违纪违法的害群之马。准确把握惩前毖后、治病救人的政策方针，坚持自查从宽、被查从严的导向，教育大多数、惩处极少数。

（3）全面整治顽瘴痼疾。聚焦“纸面服刑”、“有案不立、压案不查、久拖不决”、违反防止干预司法“三个规定”等顽瘴痼疾开展专项整治，全面排查、分类施策，确保问题全面整改到位。坚持治建并举，建立健全一批务实管用的制度机制，补齐制度短板漏洞。

（4）大力弘扬英模精神。持续开展政法英模学习宣传活动，进一步选树宣传先进典型，着力营造宣传英模、学习英模、崇尚英模、争当英模的良好氛围。

（5）切实提升履职本领。健全思想淬炼、政治历练、实践锻炼、专业训练的政法干警素质能力培养机制，探索建立推动政法工作高质量发展的考评体系，坚持正确选人用人导向，激励干警干事创业、担当作为。

6. 深入推进政法基层基础建设

牢固树立大抓基层、大抓基础的鲜明导向，做优做强做实基层基础这个底板和基座。

（1）做优基层组织体系。健全乡镇（街道）政法委员统筹协调工作机制，完善“综治中心＋网格化＋信息化”的基层治理体系，深入开展基层平安创建活动，深化省直单位挂点帮扶基层平安创建和市域社会治理现代化试点工作，总结推广党支部党小组建在网格上等经验做法，夯实平安基础。

（2）做强基层实战平台。加快推进市县乡三级矛盾纠纷调处中心、专业行业调解力量以及法律服务中心整合融入综治中心平台，促进民安与民生深层次融合。推进网格优化整合，加快推进社会治理大数据平台建设，切实建好汇集治理事项监管、民生民安服务、数据分析研判、风险评估预警、决策指挥调度“五位一体”的实战平台。

（3）做实基层专业力量。加强人民法庭、基层派出所、司法所专业化和规范化建设，充实力量，强化履职。加强网格员队伍建设，强化教育培训、规范管理、职业保障。深入开展平安江西志愿者行动，加强专兼职治安巡防队伍建设，构筑群防群治铜墙铁壁。

参考文献

《中国共产党政法工作条例》。

郭声琨：《深入学习宣传贯彻习近平法治思想　奋力开创全面依法治国新局面》，《人民日报》2020 年 12 月 21 日。

陈一新：《加强和创新社会治理》，《人民日报》2021 年 1 月 22 日。

尹建业：《以习近平法治思想引领新时代政法工作创新发展》，《江西日报》2020 年 12 月 7 日。

B.15

江西人力资源和社会保障"十三五"回顾与"十四五"展望

江西省人力资源和社会保障厅课题组*

摘　要：　"十三五"时期，江西省人力资源和社会保障事业发展取得新的显著成绩，就业规模不断扩大，社会保障安全网不断织密扎牢，人才强省战略深入实施，劳动关系保持和谐稳定，人社公共服务均等化、标准化、信息化水平明显提高，人社领域民生保障水平明显提升，服务发展作用显著增强，为全省经济社会发展做出了积极贡献。"十四五"时期，江西人力资源和社会保障事业将坚持以习近平新时代中国特色社会主义思想为指导，以高质量发展为主题，强化就业优先政策，健全多层次社会保障体系，实行更积极更有吸引力的人才政策，形成更加合理有序的工资收入分配秩序，构建更具江西特色的和谐劳动关系，提供更加均衡优质的人社基本公共服务，全面推动全省人社事业高质量发展，为奋力谱写全面建设社会主义现代化国家江西篇章、描绘好新时代江西改革发展新画卷贡献人社力量。

关键词：　就业　社会保障　人力资源　劳动关系　江西

* 课题组组长：刘三秋，江西省委组织部副部长，江西省人力资源和社会保障厅党组书记、厅长。成员：饶雪征，江西省人力资源和社会保障厅办公室主任；段雪聪，江西省人力资源和社会保障厅办公室副主任；周灵敏，江西省社会保险管理中心四级主任科员。

一　“十三五”时期江西人力资源和社会保障事业回顾

（一）基本情况

1. 就业创业质量更高，优先战略得到落实

一是政策体系不断完善。强化就业优先政策体系，制定一系列减负、稳岗、扩就业的针对性政策举措，完善就业补助资金和职业培训补贴管理办法，发挥失业保险稳就业效应，推进政策落实落地。二是就业规模持续扩大。“十三五”期间，全省累计城镇新增就业 266.8 万人，占全国总量的 4.1%，城镇登记失业率和调查失业率均保持在较低水平。同时就业结构更加优化，第三产业就业规模继续扩大，城镇就业比重进一步上升。三是重点群体就业保持稳定。帮助 23 万余名登记离校未就业高校毕业生实现就业，招募“三支一扶”人员 10471 人，期满安置率 100%。新增转移农村劳动力 303.5 万人，帮扶 28 万余名就业困难人员实现就业、5 万余名退捕渔民转产就业，安置 4.7 万名化解过剩产能职工，零就业家庭保持动态清零。四是创业促就业成效明显。通过“一扩一简一配套”，推进创业担保贷款江西模式，累计新增发放创业担保贷款 740 亿元，直接扶持个人创业和带动就业 278 万人次。推动创业孵化基地建设，全省累计建成创业孵化基地 249 家，其中国家级基地 5 家。五是职业培训扎实开展。推行终身职业技能培训制度，积极推进政府购买职业培训成果试点。将贫困家庭子女、城乡未继续升学的应届初高中毕业生、城镇登记失业人员等纳入享受政府补贴培训范围。其中，2020 年全省开展补贴性培训 117.92 万人次，使用职业技能提升行动专项资金 11.62 亿元。六是公共就业服务水平稳步提升。全省人力资源服务机构数量达到 2276 家，比“十二五”期末增加 1494 家，建成 11 个人力资源服务产业园，人力资源服务业累计营业收入 1498 亿元，年均增长率超过 40%，高于全国平均增长率。

2. 社保体系更加完善，制度改革深入推进

一是社保制度建设取得突破。建立健全机关事业单位养老保险制度政策

体系，企业职工基本养老保险基金实现省级统收统支。完善高层次人才、军队退役人员参保政策和企业女职工退休年龄政策。建立城乡居民基本养老保险待遇确定和基础养老金正常调整机制。工伤保险实现省级统筹，工伤预防工作全面启动。全面落实降费减负政策，社会保险总费率由41%下降到33.95%。平稳完成社保费征缴职责划转工作。二是社会保险扩面征缴力度不断加大。大力实施全民参保计划，全省城镇职工基本养老保险、城乡居民基本养老保险、失业保险、工伤保险参保人数分别达到1168万人、2078万人、292万人、553万人，比“十二五”期末分别增长41.9%、13.6%、3.4%、10.5%（见表1）。三是社会保险待遇水平稳步提高。每年调整企业和机关事业单位退休人员基本养老金水平，总体调整水平略高于全国平均增幅水平，城乡居民基础养老金水平连续提高。扩大失业保险保障范围，连续提高因公致残人员伤残津贴等定期待遇，一次性工亡补助金提高到84.7万元。四是社保基金保持安全运行。出台社会保险基金举报奖励办法，开展打击社会保险领域欺诈骗保专项治理行动。划转部分国有资本充实社保基金，对城乡居民养老保险基金启动投资运营。企业职工基本养老保险、机关事业单位养老保险、失业保险、工伤保险基金累计结余分别达到693亿元、307亿元、69亿元、53亿元。五是社保经办服务能力得到加强。推行企业“多证合一”社会保险登记制度改革，推行“统征分付”经办模式，完善并启动机关事业单位参加养老保险业务经办，推动城乡居民基本养老保险费由金融机构代扣代缴，完善各类社保关系转移接续办法。

表1　“十三五”末全省社会保险参保人数情况

类别	“十三五”末(万人)	比“十二五”末增长(%)
城镇职工基本养老保险	1168	41.9
城乡居民基本养老保险	2078	13.6
失业保险	292	3.4
工伤保险	553	10.5

资料来源：江西省人力资源和社会保障厅。

3. 人才环境持续优化，制度机制更显成效

一是专业技术人才队伍建设得到加强。围绕重点产业需求开展专项引

才，完善以急需紧缺高层次人才为核心的人才引进体系。到2020年底，全省专技人才总量299万人，比“十二五”期末增长25%。累计引进博士以上高层次人才5179人，选拔享受国务院和省政府特殊津贴人选406名，评选“百千万人才工程”人选653名。设立92家博士后创新实践基地，1600余名高层次人才和专家服务基层。成立江西省高层次人才联谊会，设立高层次人才创业园。二是技能人才队伍建设得到加强。到2020年底，全省技能人才总量494.4万人（见表2），比“十二五”期末增长19%。新增中华技能大奖获得者1名、全国技能能手46名、国家级高技能人才培训基地15家、国家级技能大师工作室25家。新设立技师学院4所、高级技工学校7所，全省技校在校生17.6万人，比“十二五”期末增长38.6%。大力实施“技兴赣鄱”专项行动，积极开展职业技能竞赛活动，参加世界技能大赛取得2金1银的好成绩。三是人才体制机制不断健全。出台“产业+人才”系列政策，分类推进人才评价机制改革，“1+10”人才评价体系初步形成。开通特殊人才职称评审“绿色通道”，开展特殊行业职称评审。向132家单位下放高级职称评审权限，全省所有高校教师职称评审实行“四个自主”。出台加快技工教育发展和技能人才队伍建设19条措施。全面深化职业资格制度改革，推行职业技能等级认定，出台工程领域技能人才与专业技术人才贯通办法。四是事业单位人事管理和工资制度改革取得成效。完成县以下事业单位管理岗位职员等级晋升制度试点工作。支持高校“双一流”建设，鼓励事业单位科研人员创新创业。出台以知识价值为导向的高层次人才收入分配政策。顺利推进市级公立医院开展薪酬制度改革试点。建立并实施及时奖励机制。

表2 “十三五”期间全省技能人才总量情况

年度	人数(万人)	较上年度增长(%)
2016	425	2.4
2017	452	6.4
2018	470	4
2019	483.7	3
2020	494.4	2.2

资料来源：江西省人力资源和社会保障厅。

4. 劳动关系更加和谐，风险防范不断强化

一是企业工资分配制度改革不断深化。全面实施国企负责人薪酬制度改革和国有企业工资决定机制改革，建立健全国企工资分配制度体系。修订了《江西省工资支付规定》。调整最低工资标准，定期发布企业工资指导线和劳动力市场工资价位信息，职工工资水平年均增长10%。二是劳动关系协调机制不断健全。圆满完成“和谐劳动·幸福江西”三年行动计划，顺利推进深化构建和谐劳动关系综合配套改革试点，在全国率先建立和谐劳动关系评选表彰制度。完善女职工劳动保护制度，改进劳务派遣监督管理方式。全省签订集体合同的企业2.3万户，覆盖职工166.6万人，劳动合同签订率保持在94%以上。三是争议处理效能不断提升。健全劳动人事争议纠纷预防化解机制，大力推动“互联网+调解仲裁”工作。累计依法受理劳动人事争议案件10.8万件，年均仲裁结案率96.5%，调解成功率71.4%。四是劳动保障监察执法力度不断加大。积极贯彻落实《保障农民工工资支付条例》，根治欠薪专项行动持续开展，累计查处各类劳动保障违法案件1.33万起，移送司法机关案件377件，欠薪案件、拖欠金额及涉案人数均逐年下降。

5. 公共服务更加优化，行风建设持续深入

一是公共服务能力明显增强。率先编制全省统一行政权力清单和公共服务事项清单，完成195项服务事项的“八统一”标准化梳理，实现同一事项全省无差别受理、同标准办理。上线运行江西人社一体化综合信息系统。集成接入一批业务信息系统，统一对接省部级平台，统一共享人社内外部数据。大力推行人社综合窗口服务模式，深入推进“进一门、到一窗、用一网、一次办”，建设“赣服通”人社专区，窗口端、网端、掌端、自助端一体经办的多元化服务渠道初步形成。出台加强窗口单位经办队伍建设意见，开展岗位技能练兵比武和法治知识竞赛活动，行风作风建设持续深入。二是信息化建设扎实推进。金保工程二期建设顺利通过验收，省级集中社保信息系统上线运行，12333电话咨询量累计达4685万人次，接通率突破80%。全省累计制发社会保障卡4630万张，基本实现“人手一卡”，签发电子社保卡2000万张，人社领域102项应用目录全部开通，初步实现七大领域

“一卡通”。

6. 人社扶贫成效显著，凝聚合力精准攻坚

一是扎实推进就业扶贫。探索出“6+1”就业扶贫模式，实施“二扩二贷+补贴”政策，创新推出“一库一码一平台”，通过扶贫车间吸纳就业、公益性岗位安置就业、跨省劳务输出等方式，帮扶131.5万名农村贫困劳动力就业务工。二是大力推进社保扶贫。率先在全国探索建立建档立卡贫困人口参加城乡居民基本养老保险财政代缴制度，全省符合条件的292.6万名贫困人员全部参保，累计代缴保费8亿元。三是持续推进技能扶贫。开展技能脱贫千校行动，累计招收1.5万名建档立卡贫困家庭子女入读技工院校，落实国家助学金2.2亿元、免学费9.2亿元，累计培训建档立卡贫困劳动力26.3万人次。四是积极推进人事人才扶贫。加大扶贫类岗位开发力度，累计为贫困县招募“三支一扶”人员2809人。落实艰苦边远地区县乡事业单位公开招聘“四放宽二改进”政策，引导优秀人才到艰苦边远地区县乡事业单位干事创业。

（二）基本经验

1. 坚持正确的政治方向，坚决贯彻党中央和省委、省政府的决策部署，是人社事业取得成效的根本保证

“十三五”期间，深入贯彻习近平总书记视察江西重要讲话精神，始终沿着正确的政治方向前进，把思想和行动统一到党中央和省委、省政府的决策部署上来，以“民生为本、人才优先”为主线，结合江西实际，全面推进“五型人社”建设，为实现全省全面同步建成小康社会目标提供坚强支撑和保障。

2. 坚持以人民为中心，持续增进民生福祉，使人民群众有更多的获得感，是人社事业发展的出发点和落脚点

“十三五”期间，从解决人民群众最关心最直接最现实的利益问题入手，把使群众的饭碗端得更牢、民生安全网织得更牢、劳动幸福指数升得更快、公共服务满意度提得更高等作为人社工作的出发点和落脚点，全省人社

系统勠力同心，共同奋斗，增进民生福祉，使人民群众有更多的获得感，不断推动全省人社事业取得新进展。

3.坚持问题导向，牢固树立改革创新意识，努力破解制约事业发展的难题，是人社事业持续发展的动力之源

“十三五”期间，围绕更好地保障和改善民生、促进社会公平正义，在深化人社改革的过程中，充分发挥改革的突破性和先导性作用，坚持体制机制创新，不断总结经验、完善政策、破解难题、补齐短板，逐步实现了就业、人才规模不断扩大，保障水平不断提高，公共服务能力由弱变强的有力突破。

当前和今后一段时期，全省人社事业发展还存在诸多不足与问题：就业总量尤其是高校毕业生就业压力不容忽视，结构性矛盾突出，就业质量不高；社会保险受人口老龄化、就业多样化、城镇化等多重影响，社会保障制度可持续发展面临严峻挑战；人才发展总体水平不高，高层次、高技能领军人才和团队较为匮乏，事业单位人事管理科学化水平有待进一步提高；产业转型升级、新业态发展给和谐劳动关系提出了新挑战；人社公共服务与人民群众的更高期待还有差距，人社领域巩固脱贫攻坚成果、解决相对贫困的长效机制有待完善。

二　“十四五”时期江西人力资源和社会保障事业展望

“十四五”时期，江西人力资源和社会保障事业将以习近平新时代中国特色社会主义思想为指导，全面贯彻党的十九大和十九届二中、三中、四中、五中全会以及省委全会精神，聚焦“作示范、勇争先”目标定位和“五个推进”更高要求，把握新发展阶段，坚持新发展理念，构建新发展格局，坚持稳中求进工作总基调，以高质量发展为主题，以改革创新为根本动力，以满足人民日益增长的美好生活需要为根本目的，围绕“争一流、创特色”总体要求，突出稳就业保就业工作主线，健全多层次社会保障体系，实行更积极更开放的人才政策，完善劳动关系协调机制，提供更均衡更优质的人社公共服务，深入实施事业发展“五大工程”，推动全省人社事业高质

量跨越式发展，为奋力谱写全面建设社会主义现代化国家江西篇章、描绘好新时代江西改革发展新画卷贡献新力量。

（一）基本思路

1. 坚持民生为本

贯彻以人民为中心的发展思想，强化服务意识，把增进人民福祉、促进人的全面发展作为事业改革发展的出发点和落脚点，在发展中保障和改善民生。

2. 坚持发展为要

围绕经济高质量发展目标要求，坚持新发展理念，融入新发展格局，科学把握新发展阶段工作要求，找准工作定位，探索工作路径，扎实做好各项人社工作。

3. 坚持深化改革

围绕全面深化改革总目标和省委、省政府部署要求，以改革创新为根本动力，不断破除制约高质量发展、高品质生活的体制机制障碍，促进相关制度基本定型。

4. 坚持系统观念

坚持事业发展问题导向、目标导向，加强前瞻性思考、全局性谋划、整体性推进，着力稳根基、扬优势、强弱项、防风险，努力推动人力资源和社会保障事业全面协调可持续发展。

5. 坚持依法行政

以促进社会公平正义为基本取向，合理调节各方面利益关系，不断保障和促进社会公正和谐。深入推进依法行政，不断提升人社工作法治化、规范化水平。

（二）主要举措

1. 就业创业

一是促进重点群体就业。持续抓好高校毕业生就业工作，畅通失业人员求助渠道，持续实施就业援助制度，对通过市场渠道难以实现就业的困难人员，通过合理开发公益性岗位托底安置，确保零就业家庭动态清零。二是大力提升职业技能。实施职业技能提升行动，大力推进线上补贴性职业技能培训，实施技工就业促进计划。三是促进创业带动就业、多渠道灵活就业。完善促进创业政策措施，完善更加积极的创业担保贷款政策，建设高水平创业导师队伍，打造梯次格局的创业型城市，支持建设一批高质量创业孵化示范基地和农民工返乡创业园，清理取消不合理限制灵活就业的规定。四是健全公共就业创业服务体系。打造全省“劳动力地图”，建立劳动者和用人单位基础数据库。建立全省统一的公共就业服务信息系统，构建精准识别、精细分类、专业指导的公共就业服务模式。五是建设高标准人力资源市场体系。实施人力资源服务业高质量发展行动，定期组织人力资源服务机构与重点产业企业开展对接活动，制定实施《江西省人力资源市场条例》，加强人力资源市场诚信建设，营造市场化、法治化环境。

2. 社会保障

一是扩大社会保险覆盖面。促进实现城镇职工基本养老保险由制度全覆盖到法定人群全覆盖，基本实现符合城乡居民基本养老保险参保条件的人员应保尽保。失业保险、工伤保险实现向职业劳动者的广覆盖。二是完善待遇调整机制。根据国家统一部署、统一安排，同步调整企业与机关事业单位退休人员基本养老金水平。全面落实城乡居民基本养老保险待遇确定和基础养老金正常调整机制，完善工伤保险费率管理办法，扩大失业保险政策受益面。三是加强社保基金监管。建立与养老、工伤、失业保险省级统筹相适应的基金监督体系，健全政策、经办、信息、监督“四位一体”的风险防控体系，增强识别、防范和应对风险的能力。四是提升社保经办服务能力。持续加强社保经办信息化建设，完善省级集中的社会保险信息系统。根据国家部署要求，实现省级集中社会保险信息系统与养老保险全国统收统支信息系统对接。推进社保领域信用体系建设，强化社会保险经办队伍建设。

3. 人才人事

一是加强专业技术人才队伍建设。深化人才发展体制机制改革，实施江西省高层次高技能领军人才培养工程和“才聚江西，智荟赣鄱”急需紧缺人才引进计划，建设高层次人才服务平台，搭建高层次人才交流、项目合作平台，培养创新型博士后人才，深入推进职称制度改革，做好高层次人才服务工作。二是加强技能人才队伍建设。实施新时代“赣鄱工匠”培育工程，完善技能人才培训培养体系，提高技能人才待遇，大力发展技工教育，深化技能人才评价制度改革，完善职业技能竞赛体系。三是完善事业单位人事制度和工资制度。按照国家统一部署，建立符合分类推进事业单位改革要求和人才成长规律的事业单位人事管理制度。探索建立符合事业单位行业特点的收入分配制度，落实基本工资正常调整机制，合理确定绩效工资水平。四是加强表彰奖励工作。全面加强表彰奖励工作基础建设，不断完善全省表彰奖励制度体系。建立表彰奖励管理系统，对表彰奖励政策、项目和获得者进行信息化管理。

4. 劳动关系

一是健全劳动关系协调机制。推进深化构建和谐劳动关系综合配套试点建设，制定出台省级劳动关系和谐企业、工业园区评价标准，进一步完善省政府模范劳动关系和谐单位评比表彰办法。二是深化企业工资收入分配制度改革。完善国有企业职业经理人薪酬分配制度，修订完善工资指导线制度，探索建立工资收入分配大数据库，着力增加低收入劳动者工资收入，建立完善技能人才薪酬分配制度。三是加强劳动人事争议处理效能建设。加强专业性劳动人事争议调解组织建设，推进仲裁机构星级评定工作，加大“智慧仲裁”信息系统推广运用力度。四是提升劳动保障监察执法效能。贯彻落实《保障农民工工资支付条例》，推进全省保障工资支付立法工作，落实各项保障工资支付制度，依法解决拖欠农民工工资问题。落实“双随机、一公开”监管机制。推进“智慧监察”平台建设。五是加强农民工服务保障工作。促进农民工多渠道就业，实施农民工素质提升工程，扩大农民工参加城镇职工社会保险覆盖范围，落实农民工与城镇职工享受同工同酬的权利，加快农民工工作信息化建设。

5. 人社基本公共服务

一是推进基本公共服务均等化。健全人社领域基本公共服务清单。完善基层平台设施设备，推进基层综合服务全覆盖。加强人社公共服务体系建设，统筹人社基本公共服务设施布局，推进不同层级公共服务资源配置均等化。二是推进基本公共服务标准化。建立全省人社系统统一行政权力清单和公共服务事项清单管理办法，动态调整清单内事项，巩固优化“八统一”标准化成果。三是推进基本公共服务信息化。全面实施江西人社信息化创新提升攻坚行动，促进互联网、区块链、大数据、人工智能、云计算等新技术与人社工作深度融合，在全省范围内推动人社系统“全数据共享、全服务上网、全业务用卡”。四是推进社会保障“一卡通”建设。在总结社会保障卡应用目录的基础上，形成社会保障卡“一卡通”跨地区、跨部门、跨层级应用目录，推动民生领域服务事项应用落到实处，实现地域、人群应用全覆盖，线上、线下应用全覆盖。五是加强系统行风建设。根据国家和省政府部署，加大简政放权力度，精简调整一批权力服务事项。开展业务技能练兵比武，大力培养和宣传“人社知识通”。六是巩固人社脱贫攻坚成果。聚焦乡村就业困难人员、低收入人口特别是乡村振兴重点帮扶县，在就业、社保、人才等多方面建立人社帮扶机制。

参考文献

江西省人民政府办公厅：《关于加快技工教育发展加强技能人才队伍建设的若干意见》（赣府厅发〔2020〕21号），2020年6月1日。

江西省人民政府办公厅：《关于印发江西省政务信息化项目建设管理办法的通知》（赣府厅字〔2020〕68号），2020年9月25日。

江西省人力资源和社会保障厅、江西省财政厅：《关于建立城乡居民基本养老保险待遇确定和基础养老金正常调整机制的实施意见》（赣人社发〔2018〕44号），2018年12月5日。

江西省人力资源和社会保障厅：《2020年江西省人力资源和社会保障工作要点》，2020年1月31日。

专题报告

Monographic Reports

B.16
新发展格局下江西面临的主要机遇、挑战及突破路径

田延光　龙晓柏*

摘　要：江西作为中部后发省份，构建“双循环”新发展格局不仅意味着江西应更加注重供给侧结构性改革和需求侧政策之间的协调与相互促进，合理平衡省域内循环、省际循环与国际循环的关系，也将给“十四五”及未来一个时期江西经济社会可持续发展及推动中部崛起战略带来重大发展机遇。本文探讨了新发展格局的主要内涵，客观分析“双循环”新发展格局下江西面临的主要机遇和挑战，并结合江西的实际情况，提出江西要发挥后发优势，乘势而上，尤其在优化经济增长结构、创新省域产业链发展体系、提升公共财政使用效率、加快建设创新型省份、着力优化营商环境、高标准建设双循

* 田延光，江西省社会科学院党组书记、教授，研究方向为区域经济；龙晓柏，江西省社会科学院经济研究所副研究员、博士后，研究方向为世界经济、国民经济。

环平台载体、高质量嵌入全球价值链体系等方面，促进“双循环”在全省高效推进。

关键词：新发展格局 “双循环” 江西

一 新发展格局的主要内涵

党的十九届五中全会明确提出：“加快构建以国内大循环为主体、国内国际双循环相互促进的新发展格局。”习近平总书记特别指出：“构建新发展格局，是与时俱进提升我国经济发展水平的战略抉择，也是塑造我国国际经济合作和竞争新优势的战略抉择。”

（一）新发展格局体现了辩证唯物主义的战略要义

近年来，随着外部环境和国内发展所具有的内生要素禀赋的变化，市场和资源两头在外的国际大循环动能明显减弱，而内需潜力不断释放，国内大循环日益更具活力，客观上有着此消彼长的态势。这意味着，40 多年来形成的“两头在外”国际大循环的旧发展格局将要被“国内循环为主体，国内国际循环相互促进”的“双循环”新发展格局替代。

构建新发展格局不是应对国外新冠肺炎疫情冲击、保护主义和单边主义等国际环境变化新动向的应急性举措，而是对全国客观经济规律和发展趋势的科学把握，是马克思主义理论在当代中国的新发展和新运用，体现了辩证唯物主义的战略要义。

（二）新发展格局的核心内涵是开放型“双循环”

新发展格局绝不是封闭的国内循环，而是开放的国内国际双循环。国际大循环是支撑，通过国际大循环能够为国内大循环提供更大空间和更多动力。因而，畅通国内大循环是主动实现国际大循环的前提，而畅通国际大循环是加快实现国内大循环的保障，最终形成国内国际双循环相互促进的新发展格局。中国在世界经济中的地位将持续上升，释放的国内经济与消费潜力为其他国家提供更加广阔的市场机会，将成为吸引国际商品和要素资源的巨大引力场。同时，要开拓国际市场，带动中国资本和产品走出去，以更高水平融入世界经济。

（三）新发展格局构建的关键是核心技术领域取得重大突破

构建新发展格局，实现高质量发展，必须依靠创新驱动的内涵型增长。中国已经进入后工业化时代，面对部分国家对国内高新技术产业领域的出口限制，全国需要加快“补短板”，摆脱“卡脖子”问题。这要求我们更要大力提升自主创新能力，尽快突破关键核心技术，实现“中国制造”向“中国智造”转型。这是关系全国发展全局的重大问题，也是形成以国内大循环为主体的关键。

（四）新发展格局的目标是经济实现更高水平的动态平衡

在“双循环”新发展格局中，国内大循环是主体，畅通国内大循环是中长期的工作重心。未来一个时期，国内市场主导国民经济循环的特征会更加明显，经济增长的内需潜力会不断释放。我们要坚持供给侧结构性改革这个战略方向，扭住扩大内需这个战略基点，使生产、分配、流通、消费更多依托国内市场，提升供给体系对国内需求的适配性，形成需求牵引供给、供给创造需求的更高水平动态平衡，这是“双循环”新发展格局的最终目的。

面对新形势，我们要认真学习贯彻落实中央关于“双循环”新发展格局的重要论述，客观把握“双循环”新发展格局下江西面临的主要机遇和挑战，立足江西实际，发挥后发优势，乘势而上勇争先，高质量促进“双循环”在全省高效推进。

二　新发展格局下江西面临的主要机遇

在“双循环”相互促进的新发展格局下，江西的区位优势将凸显，“中部崛起”的战略定位将发挥出更为重要的作用。在新发展格局的丰富内涵下，江西将迎来又一轮新的发展机遇。

（一）有利于全省释放消费需求，提升城乡居民消费质量

江西城乡居民人均消费规模整体低于全国平均水平，尤其受疫情影响，江西社会消费规模进一步受到抑制，2020 年全省社会消费品零售总额同比增长 3.0%，增速比上年回落 8.3 个百分点。不仅如此，江西居民消费结构还处于“马斯洛需求层次理论”中的中低层次（见表 1）。打通省域循环、撬动省域消费市场以及消费结构的高质量转型升级等问题一直无法得到有效解决。当前正值“十四五”开局的重要时期，把“双循环”上升到新发展格局主轴的高度，有利于江西从战略高度破解内需潜力长期得不到释放的难题。

表 1　2019 年江西居民人均消费支出构成比较

	城乡居民		其中:城镇居民	
	江西消费支出构成	全国消费支出构成	江西消费支出构成	全国消费支出构成
人均消费支出额(元)	17650.5	21558.9	22714.3	28063.4
项目构成:				
食品烟酒(%)	29.55	28.22	29.08	27.55
衣着(%)	6.11	6.21	6.91	6.53
居住(%)	24.92	23.45	23.64	24.16
生活用品及服务(%)	6.39	5.94	6.63	6.02
交通通信(%)	11.92	13.27	12.20	13.08
教育、文化娱乐(%)	11.86	11.66	12.25	11.86
医疗保健(%)	7.16	8.82	6.86	8.13
其他用品和服务(%)	2.08	2.43	2.43	2.66

资料来源：《中国统计年鉴》（2020 年）。

（二）有利于科技自主创新，促进产业转型升级

在“双循环”新发展格局下，江西发展的最大战略目标，是要弥补产

业技术尤其在制造业技术领域的薄弱环节，而“国内大循环”恰为江西如何在核心领域和关键环节取得突破提供了重大机遇。目前，江西 R&D 投入规模和产业化水平普遍滞后，具体表现如下。

第一，江西 R&D 人员投入和专利申请数等指标严重滞后于毗邻省份（见表 2）。第二，江西产业技术创新投入严重不足，江西 R&D 经费投入规模、投入强度等指标在全国处于中等偏下位置（见表 3）。

表 2　2019 年江西省与毗邻省份科技研发主要指标情况

地区	工业企业 R&D 人员全时当量(人年)	专利申请数(件)	专利授权数(件)
浙江	451752	435883	285342
安徽	124491	166871	82524
福建	126089	153133	98955
江西	85032	91474	59140
湖北	115743	141321	73940
湖南	106946	106113	54685
广东	642490	807700	527390

资料来源：《中国统计年鉴》（2020 年）。

表 3　2019 年江西省与毗邻省份研发（R&D）经费情况

地区	R&D 经费(亿元)	R&D 经费投入强度(%)
全国	22143. 6	2. 23
浙江	1669. 8	2. 68
安徽	754. 0	2. 03
福建	753. 7	1. 78
江西	384. 3	1. 55
湖北	957. 9	2. 09
湖南	787. 2	1. 98
广东	3098. 5	2. 88

资料来源：《2019 年全国科技经费投入统计公报》。

（三）有利于改善投资结构，提高实体经济的投资效率

构建高质量的内需体系，要以稳定市场预期、提高社会资本投资效率为

着力点，“双循环”新发展格局为江西“十四五”时期提高投资质量创造了战略机遇。

第一，培育和发展具有高关联效应的战略性新兴制造业是推动江西实体经济高质量发展的必由之路。“双循环”新发展格局将进一步有利于江西优化制造业投资结构，尤其有利于聚焦智能装备制造、电子信息、航空制造、生物医药、新材料和生态环保制造等重点投资领域。

第二，新基建涉及的新一代信息基础设施如5G网络、大数据、人工智能、物联网、云计算、区块链等本身将带来大量投资需求，这也有利于江西“十四五”时期在新基建领域逐步突破与发力，提高江西“十四五”时期投资的整体质量。

（四）有利于保持产业链供应链稳定，特色优势产业做优做强

当前，全球需求总体低迷，逆全球化的趋势有所抬头，这对全球化的产业链一体化分工带来较大干扰。2020年以来的新冠肺炎疫情冲击，更是让分工较为极致的全球供应链饱受考验。构建新发展格局将有利于江西着力通过重点领域的“补短板”，在关键领域构建安全、自主、完整的供应链体系。具体而言，稳定产业链供应链有利于进一步彰显江西绿色生态优势，有利于充分挖掘新材料、航空、智能装备制造、中医药、VR/AR、生态农业和新一代电子信息制造等一大批特色优势、后发优势产业的发展潜力。总而言之，构建新发展格局将会极大促进江西这些特色优势产业做优做强。

三　新发展格局下江西面临的主要挑战

由于自身发展基础薄弱，距先发省份还存在一定差距，江西在构建新发展格局中仍面临诸多挑战。

（一）全省经济增长对国内需求的依赖更为突出

从世界上大多数国家（区域）的经济发展现实看，拉动经济的主要力量

是内需，是国内（内部）市场。近年来受国内外经济下行压力的影响，江西对国内需求的依赖特征更为显著。“十三五”以来，全省经济增长主要依靠消费需求和投资需求，而货物和服务净出口为负数（见表4）。在“双循环”新发展格局下，消费需求和投资需求对拉动全省经济增长的作用将更凸显。

表4　2015～2019年江西地区生产总值构成

年份	地区生产总值(亿元)	最终消费支出(亿元)	资本形成总额(亿元)	货物和服务净出口(亿元)	最终消费支出增长率(%)	资本形成总额增长率(%)	货物和服务净出口增长率(%)
2015	16780.89	8390.44	8412.41	-21.96	50.00	50.13	-0.13
2016	18388.59	9311.32	9253.63	-176.36	50.64	50.32	-0.96
2017	20006.31	10223.22	10025.14	-242.05	51.10	50.11	-1.21
2018	21984.78	11313.28	11053.23	-381.73	51.46	50.28	-1.74
2019	24757.50	12824.41	12304.48	-371.39	51.80	49.70	-1.50

资料来源：江西省统计局。

（二）短期对江西发展外向型经济造成一定冲击，中长期有利于增强江西外向型经济发展潜在韧性

目前，江西外向型经济发展整体水平不高，具体表现如下。

第一，从江西对外贸易依存度来看，近年来江西进出口额占GDP的比重在15%左右徘徊，远低于全国进出口额占GDP比重的平均水平（见表5）。

表5　2015～2019年江西进出口依存度情况

年份	江西进出口额(亿元)	江西进出口额占GDP比重(%)	全国进出口额占GDP比重(%)
2015	2628.54	15.66	35.79
2016	2638.45	14.35	32.89
2017	3011.12	15.05	33.88
2018	3161.74	14.38	33.88
2019	3511.90	14.19	31.84
2020	4010.20	15.61	31.65

资料来源：江西省统计局、国家统计局。

第二，从引进外资（FDI）来看，入赣外资规模仍偏小，“三资”企业经济竞争力在低水平徘徊，特别是外商投资企业数和外商投资金额均落后于毗邻省份（见表6）。

表6　2018年与2019年江西与毗邻省份外商投资情况

省份	投资企业数（户）		投资总额（亿美元）	
	2018年	2019年	2018年	2019年
江西	6137	6791	877	1010
福建	30150	31608	2787	2975
浙江	40191	43121	4458	5007
安徽	6611	7903	1130	1656
湖北	11761	12378	1423	1864
湖南	8765	9870	1832	1841
广东	170968	179268	19235	19533

资料来源：《中国统计年鉴》（2020年）。

在“双循环”新发展格局下，江西对外开放的进程在短期内不免受到影响，这势必进一步延缓江西在开放型经济建设中追赶毗邻发达省份的进程，但从中长期看，利于江西省调整外向型经济运行结构，潜心积蓄发展动能，增强外向型经济发展的韧性。

（三）公共财政收支平衡压力加大

“十三五”以来，江西财政收支失衡问题凸显，全省一般公共预算支出总体要高于财政总收入，收支差额持续为负，且差额有拉大的趋势。2020年，全省财政总收入同比仅增长1.2%（见表7）。“双循环”新发展格局下，为有效扩大内需，江西省必将增大公共财政的支出规模，公共财政收支平衡压力将会持续加大。

表7　2015～2020年江西财政收支及增长速度

年份	财政总收入（亿元）	一般公共预算支出（亿元）	收支差额（亿元）	同比增长	
				财政总收入（%）	一般公共预算支出（%）
2015	3021.8	4412.5	-1390.7	12.7	13.6
2016	3143.0	4617.4	-1474.4	4.0	4.6

续表

年份	财政总收入（亿元）	一般公共预算支出（亿元）	收支差额（亿元）	同比增长	
				财政总收入(%)	一般公共预算支出(%)
2017	3447.7	5111.5	-1663.8	9.7	10.7
2018	3795.8	5667.5	-1871.7	10.1	10.8
2019	4001.5	6402.6	-2401.1	5.4	13.0
2020	4048.4	6666.1	-2617.7	1.2	4.4

资料来源：历年江西统计年鉴及统计公报。

（四）全面深化改革任务艰巨，江西营商环境亟待进一步优化

畅通“双循环”就要深入推进现代市场经济建设，深化改革，消除市场扭曲，降低交易成本。构建“双循环”新发展格局，将涉及生产、分配、流通、消费各环节的改革，江西要破除制约高质量发展的体制机制障碍，坚决打破对市场竞争危害极大的体制性壁垒或行政壁垒，积极培育公平公正的市场环境。

构建“双循环”新发展格局对江西进一步推进要素市场化改革提出更高的要求，这需要发挥市场在资源配置中的决定性作用，实现土地、劳动、资本、技术、数据等生产要素合理配置。深化改革的关键就是要着力解决江西企业在营商中面临的政务、投资、市场、法治环境等方面的突出问题，努力打通各种壁垒，完善改革管理的“最后一公里”，这必然会对江西全面深化改革发展提出更大的挑战。

四　新发展格局下江西的突破对策

在新形势下，构建“双循环”相互促进的新发展格局是一个系统工程，既涉及内循环也涉及外循环，既包括供给侧也包括需求侧，江西需科学化解障碍，抓住机遇，做好整体谋划和统筹安排。

（一）优化经济增长结构，增强抗击国际经贸不确定风险冲击的能力

第一，“双循环”新发展格局下，可基于国内超大规模市场进一步加速“内循环”流动，推动江西经济内循环的高质量实现，强化内需对江西经济的牵引作用，提高内需在全省 GDP 中的比重，减弱国际经济因素对江西宏观经济的冲击。

第二，“双循环”新发展格局下，江西应主动化解 GDP 增长对外部需求的依赖，通过持续增加内需（尤其是提高内需质量），不断增强对外部不确定风险冲击的抵御能力。

（二）深化供给侧结构性改革，创新产业链发展体系

第一，江西应进一步深化供给侧结构性改革，培育壮大新型消费、新兴服务业、新基建等经济发展新动能，努力建立一个相对完善的产业结构体系，增强江西经济的内在发展韧性。充分释放产业创造力，畅通产业链和产业循环、市场供应链和市场循环，在内循环中爆发更强势能。

第二，江西是全国重要粮食主产区，“十四五”时期应进一步推进重大粮食安全工程建设。与此同时，应大力提升江西农业生产的绿色质量，加快建设全国绿色有机农产品示范基地，做实农业加工业、做强乡村旅游业，在更高层次上促进农业“三产”融合，培育高标准、高质量、高附加值的国内大循环发展新动能。

第三，发挥中部后发优势，高质量施行产业链“链长制”，推进一批强链补链项目。加快建设具有江西特色的现代化制造业体系，重点打造世界级稀土稀有金属产业集群和世界级先进铜产业集群，支持航空和中医药列入全国战略性新兴产业集群。持续建设京九（江西）电子信息产业带。推动景德镇、新余、南昌等地实施新一轮国家产业转型升级示范区建设。

第四，高位推动数字经济建设，支持江西创建国家数字经济创新发展试验区。重点抓好国家虚拟现实创新中心、工业互联网研究院江西分院、国家

工业互联网大数据江西分中心等平台建设。加强数字化产业技术的推广应用，鼓励实施关键制造环节机器换人行动。

（三）进一步优化公共财政支出结构，提升公共财政使用质量

第一，做好“加法”。用好中央直达资金、地方政府债券资金，加大对稳投资、扩内需、补短板的支持力度。

第二，做好“减法”。落细落实各项减税降费政策，应免尽免、应减尽减，助力市场主体（尤其中小微企业）纾困发展，赢得更多成长空间。

第三，进一步优化政府支出结构。将更多支出用于区域协调发展、民生工程、脱贫攻坚、新基建等领域，完善城市公共交通网络、城乡一体化基础设施、数字智慧城市建设、生态环保设施和乡村公共服务等。

（四）增强江西自主创新能力，加快建设创新型省份

第一，坚持以“产业链”部署“创新链”，通过推进扎实的基础研究打破江西产业链技术“瓶颈”。强化关键技术攻关，加快科技型产业发展，依靠科技创新改造提升传统产业，重振“江西制造”新辉煌，努力在发展新制造经济、新服务经济、绿色经济、智慧经济等方面实现突破。

第二，坚持“产学研用”深度融合，加快构建协同高效的省域创新体系。提高江西科技园区“孵化器”效率，大力支持高校院所和研发机构创新发展，加强知识产权保护和知识产权激励，引导各类创新要素向企业集聚，深入推动全社会研发创新攻坚行动，大力实施“十四五”科技型企业集群培育计划。

（五）高标准优化江西营商环境，打造内陆高端产业要素集聚高地

第一，加快完善市场经济制度。加大开放力度，采用国际通用标准打造营商环境，为国企、民企和“三资”在赣企业提供平等竞争环境。深化“放管服”改革、优化营商环境和“互联网＋政务服务”三位一体，尤其

是要优化中小微企业发展环境，力争全省营商环境指标达到国内最优水平。

第二，深入持续改革。加快打造技术、资金、人才、管理等产业高端要素的理想集聚高地，尤其是降低外来产业资本的进入成本、交易成本，营造最好的营商氛围。

（六）高质量建设双循环平台，构建全球化开放通道

第一，内陆开放型经济试验区、综合保税区等既是江西对外开放的重要载体，也是构建“双循环”新发展格局的重要平台。要对标国际高水平经贸规则，高质量建设江西国家级内陆开放型经济试验区，发挥南昌、赣州、吉安、九江四个综合保税区的对外桥头堡作用。进一步推进中国（江西）自贸试验区申报工作。

第二，优化构建面向全球化交流的立体开放通道。江西应加快建立健全以南昌、赣州、九江为支撑面向全球化交流的陆海内外联动枢纽体系。要发挥九江作为国家一类对外开放口岸的优势，完善和补强江西海上丝绸之路的运输通道。加快建设面向“一带一路”沿线国家的“长江以南中欧班列集散中心”。积极拓展昌北国际机场、赣州黄金机场等面向国外的全货机航线。

（七）深化跨省域经济合作，高质量对接长珠闽发达经济区域

第一，高质量对接长珠闽发达经济区域。充分发挥内陆开放型经济试验区建设、赣南等原中央苏区振兴发展等国家政策平台优势，突出“借港出海”，以“南下”“东进”为江西大开放的主导方向，更加紧密地融入长珠闽等沿海发达地区，主动接受溢出式辐射；进一步推动赣南等原中央苏区深度对接粤港澳大湾区。

第二，进一步深化内陆省域经济合作。以沪昆、京九高铁经济带为驱动轴，构建承东启西、纵贯南北的内陆双向开放大通道。尤其要强化赣鄂湘三省的合作机制，发挥江西在中三角崛起中的独特作用。

（八）推进江西高水平全方位对外开放，高质量嵌入全球价值链体系

第一，全力稳住外贸外资基本盘，着力畅通国内国际双循环，力争外贸与外资规模双双提升、结构持续优化。考虑到国际形势的不断变化，我们需要更高质量地嵌入全球价值链体系当中，提升“赣鄱制造”在全球价值链中的影响力，构建基于价值链动态比较优势的江西国际供应链体系。

第二，优化江西对外经济合作的空间布局，进一步扩大江西在全球的经贸“朋友圈”。一是不断强化与主要贸易伙伴（东盟、美国、欧盟等）的经贸联系；二是大力拓展“一带一路”沿线国家的合作交流，扩大与亚非拉的“南南合作”；三是持续深化与日本、韩国等东亚国家的经济合作，促进江西积极融入东亚经济圈。

参考文献

王一鸣：《百年大变局、高质量发展与构建新发展格局》，《管理世界》2020 年第 12 期。

董志勇、李成明：《国内国际双循环新发展格局：历史溯源、逻辑阐释与政策导向》，《中共中央党校（国家行政学院）学报》2020 年第 5 期。

原磊：《以畅通国民经济循环为主构建新发展格局》，《中国井冈山干部学院学报》2020 年第 6 期。

张建刚：《畅通国内国际双循环繁荣我国经济的路径研究》，《毛泽东邓小平理论研究》2020 年第 9 期。

隆国强：《坚持以开放创新推动形成双循环新发展格局》，《中国党政干部论坛》2020 年第 11 期。

张占斌：《构建双循环新发展格局应把握好的几个关键问题》，《国家治理》2020 年第 31 期。

王文娟：《如何认识和把握我国双循环新发展格局》，《国家治理》2020 年第 41 期。

袁国宝：《双循环：构建以国内大循环为主体、国内国际双循环相互促进的新发展格局》，中国经济出版社，2021。

樊纲等：《双循环：构建“十四五”新发展格局》，中信出版社，2021。

江小涓、孟丽君：《内循环为主、外循环赋能与更高水平双循环——国际经验与中国实践》，《管理世界》2021 年第 1 期。

雷达、程万昕：《“双循环”新格局的经济思想史解析》，《南开学报》（哲学社会科学版）2021 年第 1 期。

岳经纶：《社会政策、扩大内需与“双循环”新发展格局的构建》，《中国公共政策评论》2021 年第 1 期。

王曙光、王彬：《双循环战略、政府－市场关系与国家治理现代化》，《党政研究》2021 年第 1 期。

《中共中央关于制定国民经济和社会发展第十四个五年规划和二〇三五年远景目标的建议》（单行本），人民出版社，2020。

B.17

江西实施创新驱动发展主战略的对策研究

徐 斌 花 晨 孙玉楠*

摘 要： 本文从研发投入、专利发明、技术密集型产业三个维度利用统计数据进行分析得出判断：江西还未进入创新驱动时代，正处于资本驱动向创新驱动的过渡期。在这个时期，我们建议从优化创新教育基础、优化创新人才机制、优化创新政策体系、优化技术创新路径、优化技术创新手段、优化创新驱动支点等几个基础性方面出发，加大基础研究投入，抢抓新基建重要机遇；加强人才教育培养，集聚国内外领军人才；改善科技创新生态，激发创新创造活力；加强企业自主创新，打好核心技术攻坚战；整合科技资源配置，优化创新驱动支点，大力提供有效的创新政策支持，精心营造良好的创新生态环境，大力推进创新型省份建设。

关键词： 创新驱动 专利 人才 江西

2020年8月24日，习近平总书记在经济社会领域专家座谈会上的讲话中强调："以科技创新催生新发展动能。实现高质量发展，必须实现依靠创新驱动的内涵型增长。我们更要大力提升自主创新能力，尽快突破关

* 徐斌，江西财经大学协同创新中心主任、现代产业发展研究院院长、教授，博士生导师，经济学博士，研究方向为产业创新发展；花晨，江西省委党校助理研究员，江西财经大学产业经济学博士，研究方向为产业经济；孙玉楠，江西财经大学产业经济研究院助理研究员，研究方向为创新经济。

键核心技术。这是关系我国发展全局的重大问题，也是形成以国内大循环为主体的关键。”《中共中央关于制定国民经济和社会发展第十四个五年规划和二〇三五年远景目标的建议》提出，坚持创新在我国现代化建设全局中具有核心地位。2020 年 9 月 2 日易炼红省长在全省科学技术奖励大会上指出：“在风起云涌的科技革命和产业变革面前，我们要坚定不移高擎创新大旗，抢抓机遇、扬优成势，闯出一条‘变道超车’‘换车超车’的高质量跨越式发展新路。要持之以恒汇集创新资源，大力引进、培植和增厚创新资源，着力增强创新体系的承载力、创新平台的支撑力、创新主体的引领力、创新人才的集聚力，加快实现依靠创新驱动的内涵型增长。”虽然“十三五”以来江西省在创新发展上取得了一定成效，然而，与其他省份相比还具有一定的差距，“十四五”时期江西必须加快创新驱动发展。创新驱动已成为“十四五”时期经济社会发展最重要的战略。不过，我们需要审视目前江西是否进入创新驱动发展阶段，以及在多大程度上能以创新驱动产业转型升级。

一　江西实施创新驱动发展主战略现状

（一）研发投入强度

国际上公认研发投入强度达到2%标志着经济开始进入创新驱动发展阶段。2020 年全国研发投入强度达到2. 55%，处于创新驱动发展的关键时期。

图 1 给出了 2010 ~2020 年中部六省研发投入强度趋势变化情况。可以看出，一是 2019 年江西研发投入强度突破 1. 55%，保持中部六省第四名的位置。二是目前湖北和安徽是中部地区最先进入创新驱动发展阶段的，2019 年湖北和安徽研发投入强度已达 2. 1% 和 2% 。而江西相当于处在湖北 2008 年、安徽 2009 年的水准。三是江西一直以来研发投入强度都保持小幅增长态势，但是 2011 年、2012 年由 2010 年的 1% 降为 0. 95% 、0. 8%，下滑较大。值得欣喜的是，进入“十三五”后，江西研发投入强度增速提高，特

别是 2018 年研发投入强度达到 1.41%，超过河南，如果仍能保持这种势头，则有望赶超湖南等省份。

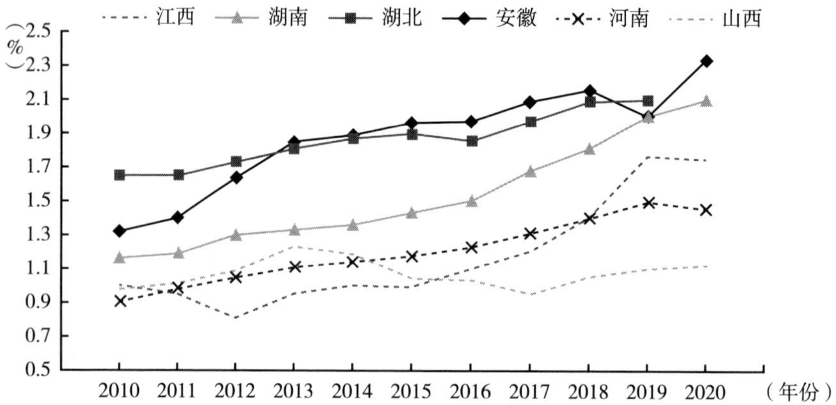

图 1　2010～2020 年中部六省研发投入强度趋势变化

资料来源：根据历年科技统计公报计算绘制。

（二）专利受理与授权

从表 1 可以得出启示，一是 2005～2019 年江西专利受理量与授权量都呈现较高的增长，但总量与湖北、湖南、安徽有很大差距，2017 年受理量几乎仅是安徽的 1/2、湖北的 2/3、与湖南的差距相对较小，2019 年差距则相对缩小。二是江西专利授权中发明专利所占比重较小，且呈现下降趋势。例如，2019 年江西、湖北、湖南、安徽专利授权中发明专利所占比重分别为 4.6%、19.2%、15.5%、18.2%，尚不及湖北、湖南与安徽的一半；又比如，2010 年、2014 年、2017 年、2019 年江西专利授权中发明专利所占比重分别为 9.4%、7.5%、6.8%、4.6%，呈现逐年下降趋势。三是作为创新成果的专利是与研发投入强度与结构成正比的，江西这两三年专利申请与授权量相应增加，但研发投入偏重于实用新型与外观设计而畸轻于高质量发明，结果与其他省份相比专利数量差距缩小而质量差距有所加大。

表1　中部四省专利受理与授权情况

单位：项

省份	类别	受理量					授权量				
		2005年	2010年	2014年	2017年	2019年	2005年	2010年	2014年	2017年	2019年
江西	总计	2815	6307	25594	70591	91474	1361	4351	13831	33029	59140
	发明	713	1968	4689	11507	14101	142	411	1033	2238	2744
	实用新型	1280	2947	11596	39496	53552	717	2588	7637	17613	37564
	外观设计	822	1392	9309	19588	23821	502	1352	5161	13178	18832
湖北	总计	11534	31311	59050	110234	141321	3860	17362	28290	46369	73940
	发明	2038	7410	22536	51569	47450	733	2025	4855	10880	14178
	实用新型	4835	12792	27829	49744	81997	2238	10431	19801	28867	50159
	外观设计	4661	11109	8685	8921	12674	889	4906	3634	6622	9603
湖南	总计	8763	22381	44194	77934	106113	3659	13873	26637	37916	54685
	发明	2594	6438	14474	31365	39104	533	1920	4160	7909	8479
	实用新型	3730	9601	19248	33073	48462	2137	7861	15967	20337	32699
	外观设计	2439	6342	10472	13496	18547	989	4092	6510	9670	13507
安徽	总计	3516	37780	99160	175872	166871	1939	16012	48380	58213	82524
	发明	903	6396	49960	93527	62743	238	1111	5184	12440	14958
	实用新型	1715	14417	41889	72333	90655	1072	8839	36748	38304	57511
	外观设计	898	16967	7311	10012	13473	629	6062	6448	7469	10055

资料来源：江西、湖北、湖南、安徽四省统计年鉴。

（三）技术密集型产业

在现实中，将有限的发明专利应用化可能对江西而言比单纯关注发明更为重要。从经济学规律来说，技术密集型产业的质量与数量是一个地区经济创新化的表征。

从图2可以发现，一是江西省以资本密集型产业为主。2019年江西省资本密集型产业比重达44.2%，而劳动密集型产业和技术密集型产业比重分别为23.0%、32.8%。这说明江西省经济仍是投资驱动型。二是技术密集型产业的比重较小。2019年江西省技术密集型产业比重略低于1/3，而江苏省技术密集型产业比重达51.73%。这不仅与江西研发投入有关，还与技术的应用化息息相关。三是三大密集型产业的发展保持相对平稳，并没有出现劳动密集型产业比重不断下降，技术密集型产业比重不断上升的趋势，而江苏省这种情况却较明显，符合产业演进规律，这点应引起注意。

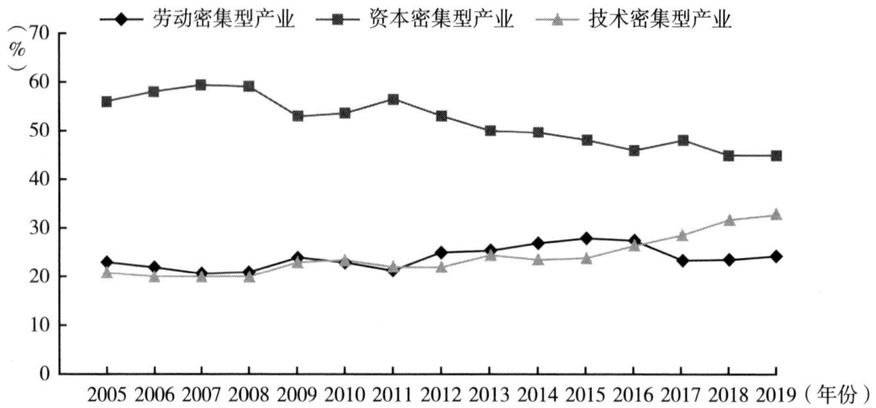

图 2　2005～2019 年江西三大密集型产业比重变化趋势

资料来源：根据历年江西统计年鉴计算绘制。

二　江西实施创新驱动发展存在的问题

（一）创新实力整体不足，自主创新能力有待提高

一是企业竞争力不足。江西省企业大部分集中于有色金属、食品加工、纺织服装等传统优势产业，发展方式比较粗放，大多数企业处于产业链的前端和价值链的低端；企业总体科技含量较低，部分产业缺乏核心技术，大多仍处于模仿摸索阶段，缺乏自主知识产权的技术和品牌。专利申请数、科技研发人员、科学技术设备等都相对落后，导致江西省企业的竞争力不足。并且在研发投入、研发强度等方面江西省企业均不如中央、国有企业。二是企业研发强度过低。从省内不同行业和规模情况来看，研发投入存在明显的不均衡发展态势，创新投入主要集中于大型企业，大多数中小型企业几乎没有资金投入科技研发中，导致整体呈现“马太效应”，总体均值虽

然逐年增加，但各企业间的“贫富差距”急剧拉大。并且出现企业销售净利率与研发强度不匹配，不同行业的创新资源与创新绩效不匹配，江西省企业有待加强创新成果的转化，提升企业创新绩效。三是企业自主创新能力有待提高，江西省企业全年专利申请数量与发达省份还有很大差距，企业自主创新能力急需提升。根据2020年江西省国民经济和社会发展统计公报，江西省2020年专利申请数量达11.43万件，虽首次突破十万件，但仍不及江苏省（75.2万件）、北京市（25.7万件）、广东省（28.2万件）等发达省市的50%。

（二）创新机制体制不够完善，市场缺乏创新活力

总体上看，江西省创新机制体制仍不够完善，市场缺乏创新活力，且创新环境仍有待优化，存在科技创新资源市场化配置低等问题。一是创新资金来源路径少。江西省企业生产经营存在“三高”问题即用钱利息高、用工成本高、用料价格高，因而企业投入自主创新研发的资金几乎是寥若晨星；江西省企业融资难问题依然严峻，大多数企业存在核心融资需求得不到满足、贷款落地存在难点、对银行产品服务不了解、贷款办理周期漫长、申请贷款流程烦琐等痛点。二是企业对科技研发的投入不足。江西省企业用于科技研发的支出有限，和全国科技先进、创新能力突出的省份存在较大距离，民企“资金池”没有发挥好在企业自主创新中的助力作用。2020年江西省研究与试验发展（R&D）经费支出449.6亿元，占GDP的比重为1.75%，而江苏省2020年研究与试验发展（R&D）经费支出超过2800亿元，占GDP的比重为2.82%，仍存在较大差距。

（三）创新重大平台不多，创新成果转化不畅

一是创新重大平台不多，尤其是国字号平台少。“十三五”期间，江西省加快推动科技创新平台高质量发展，重大创新平台建设取得历史性突破。其中，新建国家级研发平台38个、省级研发平台633个。截至2020年底，江西省国家级研发平台81个、省级研发平台1304个。但相比较于发达省

份，江西省创新平台建设仍较滞后，创新平台总量特别是创新重大平台不多，与北京、广东等发达省市相比还存在差距。二是科技创新活动产出水平偏低，创新成果转化不畅。据中国科学技术发展战略研究院日前发布《中国区域科技创新评价报告2020》显示，2020年江西省综合科技创新水平指数为56.68%，排全国第16位，处于中游水平，其中高新技术产业化整体水平居全国第18位，反映出江西省科技活动产出成果商品化的能力偏弱。科技创新活动不能投入生产实践中进行验证是阻碍实施创新驱动发展的突出问题。

（四）科技人才相对匮乏

一直以来江西省企业面临科技人才匮乏的历史难题。随着互联网、大数据等高端技术的快速发展，城市化和工业化进程不断加快，全国各地对科技人才的需求也呈现井喷式增长，各地政府、企业都在大力出台人才引进优惠政策、频频向高端优秀人才抛出橄榄枝，人才大战一触即发，这使得江西省面临改善既“留不住”又“引不进”人才的巨大挑战。整体来看，江西企业整体科技人才匮乏，从事高科技研发的高层次人才严重不足，与周边省份相比，同湖北、湖南还有较大的差距。科技人才的匮乏严重影响江西省企业自主创新能力和协同创新效率。从人才引进方面来看，江西省经济发展水平靠后，在全国属于中等偏下，与周边省份相比，对人才的吸引力度不大，既不利于留住本地高校培养的人才，也不利于吸引外省人才流入本省发展。

三 江西省创新驱动发展主战略的重点

为坚定不移贯彻创新发展理念，深入实施创新驱动发展战略，大力推动以科技创新为核心的全面创新，推进创新型省份建设，引领经济社会发展向更高水平迈进，江西省可以将创新驱动发展主战略的重点放在以下几个方面。

（一）优化创新教育基础

创新能力与一个地区的教育水平及人才机制息息相关。从双一流高校分布情况看，湖北 7 所、湖南 4 所、安徽 3 所，江西仅 1 所，乃是中部这个洼地中的洼地，而历史上江西是科教大省，更应该重视创新教育基础。一是加大双一流高校建设投入。采取超常规的举措来发展教育，在未来 5 ~ 10 年要打造 1 所一流大学，着力建设 2 ~ 3 个一流学科。同时形成高校的梯度建设，打造一个高水平、有特色的一流高校群。二是加强与大院大所的联合办学和合作研发。一方面江西应在开展与中科院的科研合作的同时尽快启动与中国工程院的合作，争取两院对江西的精准对接和有效支持；另一方面加快与世界名校的联合办学，建立联合实验室、国际研发中心等。三是大力引进江西籍以及退休高技术人才。通过牵线搭桥，鼓励返乡创业，为企业和人才做红娘，通过穿针引线，以退休人才带动门生故交，形成科研团队。四是柔性引进人才。对于一些重大并且关键的技术攻关，需要下大力气虚拟引进人才，使其“不在其位，可谋其政”，甚至可以联合引进，共享技术。

（二）优化创新政策体系

在技术创新方面，政府的作用其实就两条：一是制定好创新法规制度，如知识产权保护；营造好创新生态环境，如搭建创新公共服务平台。二是对于某些重大的、共性的、基础性的技术投入财力，以带动下游研发及其应用。从创新政策的角度来说，一是要重视政策的整合。如今，各级创新政策过多过泛，且碎片化和存在重叠。建议归口科技部门进行规整，形成系列创新政策体系。剔除过时和不合时宜的政策，合并交叉重叠的政策，梳理政策的脉络，进行分类分级。二是要重视政策的落地。在各地调研中发现，许多企业不知道出台的各项创新支持政策，就是知道了也不知如何申请。一方面，是因为这些政策的门槛条件很高，许多企业望尘莫及；另一方面，有些政策缺乏操作性，画了一个大饼，却只能望梅止渴。从这个角度看，各级政府不仅要宣传，还要提供信息咨询服务，建立跨部门、跨行业、跨系统、跨平台的综合信息服务网络体系，破除信息孤岛，实现政企有效对接。三是要重视政策的评估。就江西创新的情况而言，存在“政府吆喝、企业瞌睡”的现象。政府一系列政策出台以后，收效甚微。特别是，许多重大技术专项落入各大企业之手，不知效果如何。因此，应该建立创新政策的评估体系。这种创新评估主要根据产品效果、市场行情来看，引入滚动考核、优胜劣汰机制并辅之以激励手段。

（三）优化技术创新路径

一般而言，技术创新存在两种路径：一是自主创新为基础的原始技术创新模式；二是以引进、吸收、改进为基础的二次技术创新模式。目前，在江西缺人少钱的现实情况下，选择第二种创新模式更为妥当。采取这种模式应该注意，要针对产业基础、市场需求选择引进的技术；要基于易模仿、好消化原则选择引进技术。事实上，技术创新有很多类型，比如产品创新和工艺创新。不能只注重产品（服务）创新而忽视工艺（流程）创新，虽然工艺创新不能创造出新产品，但对于提高产品质量、降低生产成本具有重要意义，也符合当前供给侧结构性改革的要义。又比如元件创新和构架创新。原来我们非常重视元件创新，尤其是核心元件创新，但是现在优化系统结构或组件之间的作用方式、提高整体构架的性能显得十分重要。构架创新虽不涉及单个元件的创新，但对整个产品体系产生结构上的改进，值得重视。再比如，独立创新和开放创新。绝大多数企业的技术创新都是独立创新（联合研发也是），而像宝洁公司这样通过开放，与各地的人和组织合作，向全球搜寻技术创新来源，实现 35% 的创新想法来自公司外部连接的少之又少。应该了解、探索此类创新模式。有报道称，世界制药巨头默克公司曾坦承：在生物医药研究中，默克只占了 1%，其他 99% 来自世界各国的大学、研究机构和企业。

（四）优化技术创新手段

经验表明，发达国家更加注重金融手段，发展中国家偏好财政手段，发达省份与发展中省份也是如此。在创新过程中，在依赖财政的同时把控好金融手段的应用。在财政上，一方面，针对不同行业不同种类的技术采取灵活方案，对不同阶段、不同公益性质的技术要区别对待，动态支持；另一方面，调整不合理甚至压制创新的税费条款，减轻创新型企业税费负担。在金融上，一是考虑打造江西科技银行，量身定制创新特色金融产品，从发明、创新、孵化到应用提供全流程覆盖的金融服务。二是充分利用私募、众筹等融资模式支持创新发展，同时要充分利用其设立科技型产业资金池，为创新提供助力。三是探索建立知识产权交易所，完善科技成果转移转化的市场机制，对产权交易、信息发布、价值评估、投融资服务等多个领域提供全方位的有偿服务，进一步保障科技型企业融资需求。

四　江西实施创新驱动发展主战略的对策建议

（一）加大基础研究投入，抢抓新基建重要机遇

习近平总书记在科学家座谈会中谈到要“持之以恒加强基础研究，明确我国基础研究领域方向和发展目标，加大基础研究投入”。与沿海发达地区相比，江西省创新基础设施较为薄弱。一是建议各级政府根据“十四五”规划，明确基础研究领域方向和发展目标，加大基础研究投入，同时要引导企业和金融机构以适当形式加大支持力度，扩大资金来源，形成稳定投入机制。二是以“新基建”为导向，推进全省创新创业平台载体建设工作，聚焦基础设施和软环境融合发展，促进信息化技术、设施、资源、服务与科技创新融合，加快推动全省科创城建设和发展，持续扩大数字经济规模和占比。

（二）加强人才教育培养，集聚国内外领军人才

习近平总书记指出：“创新的事业呼唤创新的人才。我国要在科技创新方面走在世界前列，必须在创新实践中发现人才、在创新活动中培育人才、在创新事业中凝聚人才。”一是把教育摆在更加重要的位置，注重培养创新

意识和创新能力。加强高校科学研究，布局前沿科学建设，发展新型研究型大学。扩大高素质人才特别是博士生的培育规模，加快发展博士专业学位研究生教育。二是面向世界汇聚一流人才。通过柔性引才机制解决引进人才工作中存在的工作调动、编制数量限制、住房分配等问题，实现落脚不必落户、引智不必引人的用人新理念。对于一些重大并且关键的技术攻关，需要下大力气虚拟引进人才，甚至可以联合引进、共享技术。

（三）改善科技创新生态，激发创新创造活力

习近平总书记在两院院士大会上提出："全面深化科技体制改革，提升创新体系效能，着力激发创新活力。创新决胜未来，改革关乎国运。科技领域是最需要不断改革的领域。"一是要通过深化科技体制改革把巨大创新潜能有效释放出来，坚决破除"唯论文、唯职称、唯学历、唯奖项"。各级政府可以通过落实研发费用加计扣除等减税降费政策，尊重和保护知识产权，完善科技型创新创业政策体系，优化创新创业服务空间，来提高企业创新的能力和意愿。二是要加快创新平台建设速度，打造一流创新平台。如在现有国家级科技创新平台基础上，在新材料、生物和新医药、航空等领域建设国家级重大创新平台。广泛吸引省外大院大所、知名高校与省内高校、科研院所和企业，合作建立省内外共建创新平台。

（四）加强企业自主创新，打好核心技术攻坚战

习近平总书记在山东考察时指出："要坚持走自主创新之路，要有这么一股劲，要有这样的坚定信念和追求，不断在关键核心技术研发上取得新突破。"一是要发挥企业技术创新主体作用。可以加快产业创新联合体的布局，围绕产业链部署创新链、围绕创新链布局产业链。深入实施产业链链长制，畅通创新链、产业链、人才链、资金链、政策链，引导企业参与共性科技创新，促进企业共生共赢。二是进一步加快以企业技术中心为核心的自主创新体系建设，积极引导创新要素向企业聚集，使企业成为研发投入主体，实现更多科技成果就地转化。

（五）整合科技资源配置，优化创新驱动支点

习近平总书记在湖北考察时指出："要注重创新驱动发展，紧紧扭住创新这个牛鼻子，强化创新体系和创新能力建设，推动科技创新和经济社会发展深度融合，塑造更多依靠创新驱动、更多发挥先发优势的引领型发展。"一是围绕赣州稀土、钨，鹰潭铜，宜春锂和钽铌等资源型产业，以当地高校为主，联合名牌大学、重点科研机构，设立专门研究院，定制化服务于资源型产业的技术突破，促使资源优势转变为经济优势。二是围绕中医药、绿色食品等特色产业，借助中科院、工程院、医科院、农科院等科研机构力量，从制定标准、改进产品、培育品牌、提升质量等方面形成若干重点细分领域，造就一批冒尖企业。三是围绕文化等"软"产业，充分借助资本和技术推动文化产业起飞，深入挖掘书院文化、宗教文化等有历史传承、本土特色的文化硕果，并以技术相糅合，创造出系列体现时代特征、符合江西特色的精品，让经济之花在文化中绽放。

参考文献

《习近平谈治国理政》（第三卷），外文出版社，2020。

熊绍员：《"十四五"江西科技创新的方向》，《江西日报》2020 年 9 月 3 日。

徐斌、罗文、许晨媛：《加快推进江西省创新驱动发展的思考与对策》，《专报》2019 年第 23 期。

江西省工商业联合会、江西省民营经济研究会：《新时代江西民营经济高质量发展研究》，江西人民出版社，2019。

崔彩凤：《科技创新引领为发展提供持久动力》，《中国高新技术产业导报》2016 年 3 月 28 日。

B.18
江西内陆开放型经济试验区体制机制创新和建设路径研究

蒋金法　麻智辉 等*

摘　要：2020年4月6日，国务院正式批准设立江西内陆开放型经济试验区，这是全国第三个、中部首个国家级内陆开放型经济试验区。本研究首先分析了近一年以来江西省开放型经济取得的成效；其次分析了开放型经济试验区存在的体制机制创新动力不足、先行先试的突破口尚未形成、外贸物流成本较高、制度交易性成本较高、对外开放的产业支撑不足以及开放型经济发展不均衡等问题；最后建议通过在开放政策、开放人才机制、开放平台、开放体制机制、开放新业态新模式上先行先试，以及通过提升贸易便利化水平、构建物流开放体系、推动基础设施互通互联、打造最优营商环境以及实施人才飞地战略来推进国家内陆开放型经济试验区高质量发展。

关键词：内陆开放型经济　体制改革　江西

设立江西内陆开放型经济试验区，是国家给予江西的政策红利，也是新

---

* 课题组组长：蒋金法，江西省社会科学院院长、研究员，研究方向为区域经济。执行组长：麻智辉，江西省社会科学院经济研究所所长、研究员，研究方向为区域经济。成员：刘晓东，江西省社会科学院经济研究所副研究员，研究方向为区域经济；卢小祁，江西省社会科学院经济研究所副研究员，研究方向为公共经济、区域经济；郑雅婷，江西省社会科学院经济研究所助理研究员，研究方向为区域经济。

时代背景下江西促进高水平开放的新动力。研究和总结江西内陆开放型经济试验区建设的经验，进一步推进试验区体制机制创新，对于探索中部内陆地区开放型经济发展新路，加快江西开放型经济高质量发展，形成全方位、多层次、宽领域的对内对外开放新格局具有重要意义。

一　江西内陆开放型经济试验区建设现状

2020 年 4 月 6 日，国务院批复设立江西内陆开放型经济试验区。一年来，江西省委、省政府坚持新发展理念，加快推进开放型经济试验区建设，取得了良好成效（见表 1）。

（一）取得的成效

1. 外贸规模再上新台阶

2020 年，江西省外贸进出口总额突破 4000 亿元，达到 4010.1 亿元。进出口、出口增速均居全国第 5 位，分别高出同期全国平均水平 12.4 个、13 个百分点。进出口规模排名比 2019 年前移 1 位，出口规模排名比 2019 年前移 2 位。进出口总额、出口总额占全国比重比 2019 年分别提高 0.13 个、0.18 个百分点。

2. 利用外资规模持续扩大

2020 年，江西实际利用外资 146 亿美元，同比增长 7.5%；利用省外项目资金 8751.6 亿元，同比增长 8.9%；境外企业资产总额达到 111.1 亿美元。外资现汇进资总量在全国排第 12 位、中部排第 1 位，均比 2019 年前移 1 位。

3. 对外投资步伐加快

2020 年，全省新签对外承包工程合同额 39.05 亿美元，同比增长 4%，高出全国平均水平 5.8 个百分点；对外承包工程完成营业额 40.64 亿美元，总量连续五年保持在全国前 9 位；全省实现对外直接投资 8.7 亿美元；有 6 家企业入选全球最大国际承包商 250 强榜单，总量在全国排名第 3 位、中西部地区排名第1位。

4. 外贸经营主体实力不断壮大

截至2020年底，江西办理对外贸易经营者备案登记的企业达26536家，其中2020年新增3083家，比2019年增长了29.7%。全年有进出口实际业绩外贸主体达到5386家，比2019年增加410家，其中进出口超亿元企业730家，比2019年增加100家。

5. 对外外贸伙伴持续多元化

2020年，江西对东盟、美国、欧盟等前十大贸易伙伴进出口均实现增长，合计进出口额3027.2亿元，同比增长16.7%，占全省外贸总值的75.5%，拉动全省进出口增长12.4个百分点。江西对“一带一路”沿线国家合计进出口额1170.9亿元，同比增长13.9%，占全省外贸总值的29.2%，拉动全省进出口额增长4.1个百分点。

6. 贸易结构持续优化

2020年，江西一般贸易进出口增长9.3%，占比70.5%；加工贸易增长20%，占比26.6%，比重比2019年提升1.3个百分点。机电产品出口额1611.6亿元，增长29.5%，占比55.2%，拉动全省出口增长14.7个百分点；高新技术产品出口额972.7亿元，增长37.1%，占比33.3%，拉动全省出口额增长10.5个百分点。

7. 外贸新业态新模式加快发展

跨境电商9610出口业务、跨境电商网购保税1210进口业务、9710出口业务持续开展。2020年，全省跨境电商进出口额26.3亿元，同比增长323.7倍，规模在全国排第13位；出口跨境电商业务达到131万件。

8. 多层次立体化开放通道逐步建成

2020年，南昌昌北机场货邮吞吐量18.2万吨，居全国第18位，比2019年前移9位；国际货邮吞吐量7.7万吨，同比增长2.97倍，对周边省份出口货物的集聚效应不断显现。铁海联运累计开行1700列，赣欧班列开行369列。水水联运“天天班”实现常态化开行，全年开行740班，九江港货运突破60万标箱。

9. 开放平台功能逐步拓展

2020 年，4 个综合保税区进出口额达到 178.62 亿元，增长 89.3%，拉动全省进出口额增长 2.4 个百分点；江西首个整车口岸开通，全年累计进口达 1119 辆，货值 3.4 亿元，在全国排名第 9 位、中部排名第 2 位。

表 1　2020 年江西开放型经济主要指标发展情况

主要指标	进出口总额(亿元)	出口总额(亿元)	进口总额(亿元)	实际利用外资(亿美元)	新签对外承包工程合同额(亿美元)	外贸经营企业数量(家)
2020 年规模	4010.1	2920.4	1089.7	146	39.05	26536
比 2019 年增长(%)	14.3	17	7.5	7.5	4	29.7

资料数据来源：江西省商务厅。

（二）存在的主要问题

江西内陆开放型经济试验区建设虽取得了一定成效，但也存在一些问题需要引起关注和重视。

1. 体制机制创新动力有待增强

一是试验区工作机制不统一。试验区业务涉及省发改委、商务厅、海关、财政厅、税务局、工信厅、农业农村厅等多个部门，但至今没有一个常设机构予以统筹协调，只有一个领导小组，各部门在开展具体工作中缺乏抓手，对于试验区建设过程中需要统筹解决的重大问题，领导小组办公室无法给予资金支持或政策支持。二是在制度性开放上尚未破题。试验区未能以改革开放“先行先试”发挥示范带动作用。虽然已从金融、财政、土地政策等方面给出了招商引资的优惠，但这些优惠政策仍停留在“开发区”阶段的低阶制度优惠上，创新举措不多。三是干部队伍素质跟不上试验区需要。适应开放型经济试验区建设的开放型人才少，与浙江、广东等沿海地区的干部队伍素质相比，无论是开放意识还是业务能力都存在较大差距。

2. 先行先试突破口亟须形成

一是 4 个综合保税区和赣江新区“先行先试”的改革突破口作用发挥

不明显。2020 年全省综合保税区进出口额 178.62 亿元，仅占同期全省外贸进出口总值的 4.5%，在海关总署对全国 127 个综合保税区的绩效评估中，除南昌综合保税区排名第 76 位外，其余 3 个综合保税区排名均在 100 名以后，基本处于垫底位置。赣江新区设立近五年，管理体制反复变动，主导产业不突出，开放成效不明显。二是开放型经济产业领域和平台建设不突出。对接融入长三角一体化、粤港澳大湾区时，在承接产业转移上没有实质性的突破，承接的高新技术和高科技产业不多；赣粤、赣浙、赣闽合作园区建设水平较低，中外合作园区建设数量少、规模小。三是在打造“四最”营商环境上仍有差距。对标国际世界银行营商环境指标，对标上海、北京等样本城市先进经验，江西省在跨境贸易指标边境合规成本和合规时间、法治化程度上还有差距。此外，江西省外贸企业融资难、融资贵问题依然存在，现有的行政审批制度与企业诉求还存在一些差距，在投资项目审批时效也有待提升。

3. 降低外贸物流成本仍有较大空间

一是航空枢纽功能有待增强。江西省空运线路较少、货物运力不足，与公路、港口、铁路相互衔接不够，高新技术产业企业航空物流成本压力较大。二是江西省物流基础设施散且弱。重要物流节点城市南昌、赣州、鹰潭、九江等地缺乏集水运、公路、铁路、航空于一体的综合性物流园区，水运、铁路、航空物流等设施难以有效整合，难以形成强大的综合效益。三是入选物流枢纽城市数量少。第一批与第二批国家物流枢纽建设名单中，江西省仅赣州市入围，这将影响江西省在物流业发展方面争取中央层面的用地、投资、金融等支持。四是产业发展与物流规划配套不协调。部分地区在新增产业布局时只考虑生产线的规划建设，没有考虑仓储、配送、货运等物流设施布局，这将制约产业后期发展。五是物流管理机制不完善。目前江西省物流领域管理分散，牵涉到交通、机场、邮政等多个部门，缺少专门的物流业主管部门，不利于物流业高质量发展。

4. 制度交易性成本仍需进一步降低

一是进口贴息、出口创汇等政策支持力度与沿海地区存在较大差异。

2020年，省级财政资金用于进口贴息资金为2000万元，规模偏小，且主要用于资源性产品进口补贴，不利于支持关键技术、先进设备、零部件、优质消费品等能带动本地产业发展的相关物品的进口。二是海关、港口、物流等部门的信息交互、流通衔接不畅。尤其是人流、物流、信息流、资金流等相关数据，在政府各部门之间无法共享，开放型经济数据封闭、相互孤立，不利于全省开放型经济运行实时动态监控，也不利于宏观调控相关工作的开展。

5. 对外开放的产业支撑有待加强

一是主导产业在资源性、关键零部件与技术上对进口依赖过高。如电子信息产业的上游材料集成电路主要从中国台湾和日韩进口，铜、稀土等有色金属及钢铁产业中江铜、新钢原料进口依赖度分别为50%、60%，汽车产业中离合器、变速箱等核心零配件有七成要进口。二是传统产业外贸贡献度低。江西有色、石化、钢铁、建材、纺织、食品、家具、船舶等8个传统产业占江西工业的七成左右，但其外贸规模占外贸总规模的比重仅为27.4%，不足三成。可见，传统产业与国际市场衔接不足，在发展跨境电子商务、开展国内外线上线下渠道平台对接上还有极大提升空间。三是农产品附加值低、品牌化程度低，出口数量少。2020年，江西农产品出口4.57亿美元，同比下降14.7%；而湖南省农产品出口16.86亿美元，同比增长27%。四是金融等服务业领域开放度不高。江西省缺乏跨国律师事务所、结算中心、审计中心，龙头企业总部、产品研发中心、股票交易中心、证券交易中心等“总部经济”引进数量偏少，一定程度上限制了本土大型龙头企业做大做强和参与国际竞争。

6. 开放型经济发展平衡性有待优化

一是外贸出口企业集中度过高。江西省外贸出口中近两成集中在立讯智造和前海国信，随着两家企业部分生产线外迁，全省外贸出口稳定性将受到较大影响。二是进口与出口不平衡矛盾凸显。2020年，江西进口规模居全国第21位，中部第5位；且出口与进口比值为7.3∶2.7，同期全国为5.6∶4.4；优质消费品进口不足，2020年江西消费品进口占进口总值的

2.3%，低于全国平均水平8.7个百分点。三是江西省服务业对外贸易集中度过高。江西省服务业对外贸易主要集中在南昌，且运输、旅游、建筑等传统行业的对外服务贸易居多，而金融、计算机等知识密集型的服务业对外贸易较少。四是对外投资规模小、结构不合理。江西对外投资以资源类对外投资和对外承包工程为主，在生产性投资方面以民营企业为主，而省属骨干国有企业对外投资较少。五是贸易新业态发展不足。江西省新兴业态平台发展起步较晚，跨境电商出口总体业务量与周边省份相比仍存在较大差距。

二　江西内陆开放型经济试验区先行先试重点领域

作为内陆开放型经济试验区，先行先试是试验区的基本职能。江西要在开放型经济上实现新突破，就必须打破常规，大胆闯、大胆试，在先行先试上闯出一条新路。

（一）在开放政策上先行先试

1. 创新财金政策

努力创新信贷融资模式，发展银团贷款，用好国际资金项目支持，推进信贷转让市场建设，增大对重大项目的支持力度。积极创新股票融资机制，整合投融资平台资源，为资本市场融资打下基础。利用好信托、保险、基金等新型融资工具，吸引社会资本流向江西内陆开放型经济试验区建设。通过财政补贴扶持重点领域、关键产业。针对电子信息、装备制造、航空、中医药、新能源、新材料、节能环保等重点产业，出台租金优惠、员工培训补贴、企业所得税优惠、专项奖励金、企业高管与技术骨干个税奖励等优惠政策。

2. 创新科技政策

从事科学研究、技术研发、成果转化等活动的新型研发机构，可享受落户奖励、运行经费补助、成果转化资助、科研条件建设补助等政策。获得国家级、省级检验检测认证的机构，每个机构都可获得相应的资助。对企业自有核心发明专利进行成果转化的，给予一定数额的资助；对促进科技成果转化的专利维权援助运营机构，每年给予费用资助。

3. 创新行业发展政策

鼓励停产企业、低效企业或因环保须外迁制造业企业自带优质项目进行整体转型升级改造，按项目实际设备投资额一定比例给予原企业奖励。对符合一定条件的物流公共信息平台和承接本地企业两个环节以上物流服务外包的企业，给予相应补助。对新设立或省外迁入的法人金融机构，分别给予相应数额的落户奖励。

（二）在开放人才机制上先行先试

1. 深化人才发展体制改革

探索建立国家人才体制机制改革试验区，推动人才制度政策从“与国际惯例接轨”向“推动规则演化”转变。建立国际执业资格互认服务贸易制度。放开引进国外投资、设立人才中介服务机构的限制。

2. 健全完善人才服务体系

为在江西创新创业的国外企业家、高层管理人才、专家学者等打造国际人才社区，建立住房、子女入学、就医社保服务通道。支持开展国际人才管理改革试点，探索建立与国际接轨的全球人才招聘制度和吸引外国高技术人才的管理制度。建立互通互认、共享共建的人才引进、评价、服务体系，打造全国“国际人才自由港”。

（三）在开放平台上先行先试

1. 创新国际贸易服务体系

一是拓展提升国际贸易“单一窗口”功能，不断拓展关检联合验放、铁路拆拼箱、空运舱单系统、铁路仓单申报等功能，实现常用进出口申报业务全覆盖、数据壁垒全打通、通关监管全过程和出口退税全程电子化。二是创新开展跨境电商出口模式，对南昌、赣州、九江跨境电商综合试验区内的货物探索实施“先放行入区、后理货确认”监管，形成“物流畅通、通关便捷、监管有效”的跨境电商便利化通关新模式。三是探索“仓储货物状态分类监管”，在南昌、赣州、九江、井冈山等综合保税区内实施保税货物和非保税货物同仓存储，并允许“区内直转”，实现仓储与物流资源的集约化管理。四是探索在南昌、赣州等中心城市实施自贸区金融政策，实现一线账户之间资金自由流通、币种之间自由兑换。建立外汇政策绿色通道，开辟远程办理外汇业务通道，推出贸易投资便利化措施，提高外汇业务办理效率。

2. 打造内陆开放“大平台”

聚焦江西特色优势和发展需要，争创江西国际农产品贸易中心，支持发展世界电子贸易平台（e－WTP），推动设立江西国家大数据综合试验区、国家数字经济创新发展试验区、国家康养旅游示范区、景德镇陶瓷国家重点实验室等“国字号”平台。主动吸引国内外高端科技研发、检验检测、孵化转化和咨询机构来江西设立总部或分支机构，增强协同创新能力。借助泛珠三角区域科技合作平台，推动相互开放国家级和省级重点实验室、中试基地等试验平台，全面对接粤港澳大湾区科技创新基础平台共享体系。

3. 建设国家外贸转型升级基地

充分利用江西 12 个国家外贸转型升级基地，积极培育特色鲜明、具有较强国际竞争力和示范带动作用、产业链和配套体系较为完善的外贸转型升级示范基地，推进外贸创新发展。

4. 探索建立多领域的更大开放

探索建立铜、钨、稀土等国际商品交易所；争取在江西试点全面放开低空空域，探索空域和航空资源改革；探索引进跨国律师事务所、结算中心、审计中心以及更多总部经济，聚焦抢占发展制高点，推动服务领域的更大开放。

（四）在开放体制机制上先行先试

1. 探索建立江西内陆开放型经济试验区先导区

选取南昌、赣州、九江、上饶四大门户城市及相关县区为先导区，采取特殊的政策优惠试点，促进人才、技术、资本等要素自由流动。

2. 创新对外投资合作方式

允许企业和个人自担风险到各国各地区承揽工程和劳务合作项目，允许以创新方式走出去开展绿地投资、并购投资、证券投资、联合投资等。鼓励有实力的企业采取多种方式开展境外基础设施投资和能源资源合作。

3. 创新国有企业出国管理制度

改革国有企业出国管理制度，允许企业根据实际业务需要出国考察交流，对国企高管每年出国次数不做硬性限制。

（五）在开放新业态新模式上先行先试

1. 推进新业态“放管服”改革

简化企业事项审批，降低企业准入门槛，削减对资质条件的限制。探索“双资质简化管理法”，对于平台及代理企业已经具备全部资质且代理全部业务的情况，不再要求其他企业也具备资质。

2. 创新市场采购模式

创新外贸综合服务，形成“线下展示、线上交易、从看样到结汇全过程服务”的叠加模式，以外贸综合服务企业作为平台，为电商企业开展企业对企业或直购进口服务。

3. 鼓励国家级开发区开展国际合作

在海外设立联合孵化中心、创新中心和国际合作创新园，建立“国别+产业”园，如“中法绿色能源产业园”“中英绿色金融产业园”“中加绿色建筑科技产业园”“中德高端制造产业园”等。

三　加快推进国家内陆开放型经济试验区建设的路径

江西推进内陆开放型经济试验区建设，必须以体制机制创新为突破口，积极参与国内国际双循环，实施更大范围、更宽领域、更深层次对外开放，构筑内陆开放型经济发展新高地。

（一）积极融入国家战略，提升贸易便利化水平

1. 打造内陆投资贸易便利化试验区

以体制机制改革为切入点，推广复制自贸区经验，探索赣江新区临空港服务贸易融合发展的“一体两翼”模式，加快南昌、赣州、九江、井冈山综合保税区建设发展，推动全省海关特殊监管区进一步深化“一线放开、二线安全高效管住”贸易便利化改革。探索在南昌临空经济区实施内陆型自由贸易区制度，试点“三个零”（零关税、零补贴、零壁垒）产业自由贸易，临空经济区内企业可享受免除所得税、无个人所得税、进口完全免税、资本金和利润允许遣返等政策。

2. 培育对外开放新功能

对接长三角一体化和粤港澳大湾区，主动参与 RCEP，支持试验区与 RCEP 成员国在农产品进出口、服务贸易、职业教育等领域加强交流合作。要促进进口与出口均衡发展，积极扩大进口，尤其是在技术设备、关键零部件、优质消费品的进口方面，要进一步加大支持力度，在用好国家级贴息资金的同时，进一步加强省级财政对关键技术、先进设备、零部件、资源性产品等有利于本地产业发展的进口物品的贴息支持。

（二）加快构建物流开放体系，降低开放经济物流成本

1. 构建中部地区物流枢纽中心

结合江西的经济条件、区位特点和发展需求，着力打造陆港型国家物流枢纽体系，成为辐射区域更广、集聚效应更强、服务功能更优、运行效率更高的综合性物流枢纽。尽快完善南昌昌北国际航空货运枢纽、赣州国际陆路货物集散地、九江水运区域航运中心，大力发展货运包机、定班航线，稳定开行赣欧班列、铁海联运、水运“天天班”，推进货代、跨境物流、金融服务等配套产业发展，促进口岸经济产业聚集。建设智慧空港物流中心，畅通货物对外通道，争取设立赣州黄金机场国际航空口岸，拓展赣州与大湾区客货运航线，将赣州市建设成为大湾区的重要航空客货运枢纽中心。把南昌建

成重要航空枢纽和对外开放门户、长江中游高端产业集聚区和绿色智慧空港。

2. 着力降低企业物流成本

整合口岸与物流相关部门职能，成立省口岸与物流办，专门负责协调物流发展相关事宜。加速推进通道基础设施建设，加快建立创新融合、区域协同、集聚高效、全域联动的现代物流运行体系，降低外向型企业的物流和交易成本。加大物流基地建设，政府在规划、审批等环节开通快速通道，并在税收上给予政策支持。对物流资源进行整合，深化流通领域的“放管服”改革，实行全省物流信息联网，进一步提高开放型经济竞争力，促进对外贸易高速增长。

3. 鼓励现有各类指定口岸共用查验设施，促进开放平台扩能提效

提升各类开放平台的功能定位和作用，鼓励实现错位协调发展，促进各开放平台在政策要素、信息物流、产业发展上协同合作。

（三）推动基础设施互通互联，打开内陆开放大通道

1. 打通省域合作通道

加密赣浙、赣粤、赣闽、赣湘、赣鄂、赣皖等省际对接联系，积极协同其他省份谋划省际联动发展的新型基础建设项目，支撑科学研究、技术开发、产品研制等具有公益属性的创新型基础设施项目，以畅通南接粤港澳大湾区、东联长三角、北接京津冀和雄安新区、西接长株潭和成渝双城经济圈的开放发展通道。

2. 联通跨境通道

全面对接“一带一路”建设和国家区域发展战略两个大局，增强通江达海能力。加快完善九江港、南昌港、赣州国际陆港、上饶无水港、鹰潭港等基础设施，打通陆上通道，服务赣欧班列双向对开、常态运行，打造“粤（闽）—赣—欧”国际贸易新通道。打通空中通道，加快通达全球航空运输网络体系，推动南昌临空经济区、赣州临空经济区创建国家航空港经济综合实验区。打通网上通道，在通信网络基础设施上加快与东盟、“一带一路”沿线

国家（地区）互联互通，争取在江西建立“一带一路”区域贸易数据中心，做优做实江西数字外贸平台，促进跨境电商、国际邮件、国际快件加快发展。

（四）打造最优营商环境，提升区域综合竞争力

1. 实施优化营商环境提升行动

深入推动实施《优化营商环境条例》，对标世界银行营商环境评价标准，将对全省营商环境进行第三方评估常态化，进一步打造市场化、法治化、国际化营商环境。

2. 营造透明高效的政务环境

实行简便易行的许可制度，推出“零跑动、零收费、零罚款”政务服务，实施取消办证、改为备案、自主办证、承诺办证、证照合发、严格准入等“六个一批”“证照分离”改革新模式。推行“一门式一网式”政府服务平台，争取一次上门或者就在网上完成办事。主动为企业提供“划红线标雷区”、“市场轻微违法经营行为免罚清单”和“市场违法经营行为提示清单”，全面公开监管。要变强制处罚向主动服务转变，要让企业和市场主体免予处罚、干好事业和获得发展，这是政府管理理念和管理机制的重大变革。通过整合优化“互联网+政务服务”，实现70%以上事项到现场跑动次数在1次或以下，60%以上事项全程网上办结。

（五）优化主导产业布局，做大做强现代产业链

1. 构建现代产业体系

以开放为产业赋能，以合作发挥比较优势，聚焦“2+6+N”产业体系和六大优势产业，做大做强全省航空、电子信息、装备制造、中医药、新能源、新材料等优势产业，培育若干有竞争力的产业集群。大力发展VR、移动物联网、5G等数字经济，鼓励具备条件的企业进入关键零部件和系统集成制造等高端环节，培育国际合作竞争新优势。推进新一代信息技术在商务领域应用，发展电子商务、云上招商、线上展会，提升数字经济化水平。

2. 打造具有特色的产业链

抢抓全球产业链和供应链重构机遇，不断提升江西省制造业水平，让更

多的江西制造走出国门、走向世界。聚焦电子信息、有色金属、虚拟现实、绿色食品、文化旅游、生物医药、航空等特色优势产业，深入实施产业链链长制，打造具有江西特色优势、在国内外有影响力的数字经济产业链集群。加强国内外发达地区开发区与江西开发区结对共建，采取飞地经济、联合共建、委托管理等多种方式，探索建立国际合作园区和飞地园区，鼓励南昌高新区等国家级开发区在海外设立联合孵化中心、创新中心和国际合作创新园，在科技创新领域开展国际合作。

（六）实施人才飞地战略，打造内陆人才特区

江西要营造更具吸引力的人才发展环境，实行更加开放、更加灵活有效的人才政策，打造创新活力迸发的海内外人才高地。

1. 实施高层次人才激励政策

引进一批能够突破关键技术、发展高新产业、带动新兴学科的高层次人才来赣创新创业。加大引才奖补力度，引进和培养实战型的跨学科开放型人才。实行灵活的用人机制，对试验区等紧缺急需、专业性强的公务员职位采用聘任制，实行协议年薪，一职一薪，并进一步探索更大力度的激励措施，有计划成规模地建设高端人才公寓。

2. 建立“人才研发飞地”

探索“人才引进在北上广深，技术研发在当地，成果转化在江西”的新路径，打造以引智、研发功能为主的开放型科技人才合作基地。尽快出台企业“飞地”引才政策，做优“邻凤筑巢”功能，引育创新人才。推行“线上研究院”“专家周末驿站”等柔性引才模式，吸引高端紧缺型科技人才多渠道异地交流合作。

参考文献

郭斯华、郭新宇：《江西内陆开放型经济试验区建设探讨》，《企业经济》2020 年第

5 期。

解静：《关于贵州内陆开放型经济试验区建设的几点建议》，《中国商论》2021 年第 3 期。

王玉华等：《贵州内陆开放型经济试验区背景下企业国际竞争力提升策略研究》，《经济论坛》2018 年第 11 期。

李俊艳：《宁夏内陆开放型经济试验区建设发展研究》，《时代金融》2013 年第 6 期。

沈靖捷：《自贸区税收优惠政策制度的完善》，《法制博览》2020 年第 17 期。

江西省发展和改革委员会：《江西省国民经济和社会发展第十四个五年规划和二〇三五年远景目标纲要》，《江西日报》2021 年 2 月 18 日。

江西省商务厅：《2020 年江西外贸进出口突破 4000 亿元》，http：//swt. jiangxi. gov. cn/art/2021/1/20/art_ 30290_ 3070117. html，最后检索时间：2021 年 4 月 11 日。

江西省商务厅：《2021 年全省商务工作视频会议在南昌召开》，http：//swt. jiangxi. gov. cn/art/2021/1/19/art_ 30290_ 3066005. html，最后检索时间：2021 年 4 月 11 日。

江西省商务厅：《我省分别有 4 家企业入选中国对外承包工程业务新签合同额和完成营业额百强企业名单》，http：//swt. jiangxi. gov. cn/art/2/26/ art_ 30290_ 3210658. htm，最后检索时间：2021 年 4 月 11 日。

江西省商务厅：《方向军出席江西省对外投资合作企业协会第一届一次理事会会议》，http：//swt. jiangxi. gov. cn/art/2021/1/29/ art_ 30290_ 3120351. html，最后检索时间：2021 年 4 月 11 日。

江西省商务厅：《2021 年全省商务工作视频会议在南昌召开》，http：//swt. jiangxi. gov. cn/art/2021/1/19/art_ 30290_ 3066005. html，最后检索时间：2021 年 4 月 11 日。

B.19

江西加快数字经济发展新高地建设研究

龚剑飞　孙育平 等*

摘　要：数字化与智慧经济的迅猛发展，引发全球产业革命的第四次浪潮。数字经济共建共享共治的发展特性，给予欠发达地区参与新产业、新业态、新商业模式竞争的战略机遇。江西具备数字经济发展的产业基础，同时也面临诸多挑战。“十四五”时期江西应牢牢把握数字经济发展风口，科学定位、合理布局、重点突破，着力打造全国产业数字化转型与数字经济创新发展试验区，建设数字经济发展新高地，为建设数字江西提供有力支撑。

关键词：数字化转型　数字经济　江西

党的十九届五中全会审议通过的《中共中央关于制定国民经济和社会发展第十四个五年规划和二〇三五年远景目标的建议》提出，加快数字化发展，建设数字中国。江西面临数字经济加快发展的重要契机，如何研判形势，合理定位，找准发展的难点与突破口，着力打造数字经济发展新高地，是建设数字江西、实现高质量跨越发展的重要战略选择。

---

* 课题组组长：龚剑飞，江西省社会科学院副院长、研究员、博士，研究方向为中国特色社会主义理论。副组长：孙育平，江西省社会科学院农业农村发展研究所所长、研究员，研究方向为产业经济。成员：钟群英，江西省社会科学院农业农村发展研究所副所长、研究员，研究方向为产业经济；蒋小钰，江西省社会科学院农业农村发展研究所副研究员，研究方向为产业经济；龙晓柏，江西省社会科学院经济研究所副研究员、博士后，研究方向为产业经济；徐平平，江西省社会科学院农业农村发展研究所研究实习员，研究方向为产业经济。

一　全国数字经济发展态势及江西战略机遇

（一）全国数字经济发展态势

近年来，随着新一代信息技术飞速发展，数字产业化和产业数字化融合的广度与深度不断拓展，全国数字经济增长势头表现强劲。2014～2019年，全国的数字经济呈现总量快速递增、占比逐年提升的良好发展态势（见表1）。

表1　2014～2019年全国数字经济增加值规模及占比

单位：万亿元，%

项目＼年份	2014	2015	2016	2017	2018	2019
增加值(万亿元)	16.2	18.6	22.6	27.2	31.3	35.8
占GDP比重(%)	26	27.6	30.3	32.9	34.8	36.2

资料来源：中国信息通信研究院《中国数字经济发展白皮书》。

数字经济从初期的IT化到新发展阶段的DT化，不仅仅是经济形态的代际更迭，而且引发了产业与社会治理的深层次变革，数据成为驱动商业模式创新、产业生产方式变革与社会治理现代化的核心力量。从目前看，万物互联互通，数据共建共享，使得生产生活方式正在发生巨大改变，网络化、数字化、智能化带来经济社会效益与效率的提升。从长远看，数字与新一代信息技术切入经济引发的产业与社会巨大变革，终将发展成边界日渐模糊的完全融合。

数字经济可分为数字产业化与产业数字化两大类。数字产业化是信息技术（IT）、通信技术（CT）和人工智能技术（AIT）等数字技术的产业化，体现为这些数字技术的实用化、商业化和价值化。产业数字化是数字技术向其他产业渗透，整合信息技术（IT）、通信技术（CT）和人工智能技术（AIT）等数字技术，总称“ICA”技术，应用数字与信息技术对三大产业进行体系化改造。

国内数字经济发展具有两大特点。

一是产业数字化构成数字经济增长的主要部分。作为一种全新的技术经济范式，产业数字化用数字技术重构了产业组织形态，为经济高质量创新发展、提质增效提供了澎湃的驱动力。2005～2015 年，国内数字产业化占 GDP 的比重，一直在 7% 左右，而产业数字化占 GDP 的比重则由 7% 增长到 20.5%。

二是区域数字经济发展的非均衡性。根据中国信息通信研究院《中国数字经济发展白皮书》对数字经济发展的测算，从总量来看，广东、江苏、浙江、上海、北京、福建、湖北等 12 个省（区、市）数字经济增加值超过 1 万亿元，江西、陕西、广西数字经济增加值超过 5000 亿元；从占比上看，数字经济占 GDP 比重超过 50% 的为北京、上海，超过 40% 的为广东、浙江、江苏、福建，超过 30% 的为重庆、湖北、辽宁、河北、广西、四川；从增速来看，贵州、福建超过 20%，重庆、浙江、河北超过 15%，其他省（区、市）在 10% 到 15% 之间。江西数字经济增速与占 GDP 比重虽然处于全国中游水平，但数字经济总体发展层次不高，产业增加值偏低及行业竞争力偏弱。

（二）“十四五”时期是江西加快数字经济发展重要机遇期

“十四五”是江西加快数字经济发展重要机遇期基于两大判断：一是数字经济已经成为经济实现高质量发展的新动力与新引擎。数字经济成为打破传统经济发展与产业成长路径依赖的重要突破口，数字技术与新一代信息技术对产业赋能，必将引发产业变革的第四次浪潮。内陆欠发达地区如果缺乏对经济数字化转型大势的基本判断与把握，错失数字经济发展窗口期与战略机遇期，将难以摆脱后进地区的困境。二是数字经济发展的共建共享共治特性，给予各参与方公平竞争的发展环境。经济欠发达地区同样享有把握新经济发展风口，实现后发赶超的重要发展契机。贵州大数据产业的逆袭突破与发展，成为内陆地区实现资源优势、环境优势转化为经济优势、产业优势的生动写照。

二　江西数字经济发展现状

（一）江西数字经济发展态势向好

近年来，江西高度重视数字经济的培育和发展，积极推进5G、工业互联网等信息基础设施建设，大力发展电子信息、软件、VR、物联网、大数据、人工智能等数字产业，积极推进制造业数字化转型，成效显著。

1. 数字经济加速产业布局

（1）电子信息产业快速发展。目前，江西电子信息产业已成为全省发展最具活力、创新能力最强的战略性新型产业。2019年江西电子信息产业规模排全国第9位。省内已形成移动智能终端、半导体照明和数字视听产品三大主导产业，其中LED产业处于全国领先水平。同时，形成了一批细分领域冠军产品，如欧菲光指纹模组、晶能光电的移动照明灯珠、联创电子的运动相机镜头、菱光科技的接触式影像传感器等产品均居全球第一。

（2）移动物联网产业发展态势良好。在政策环境和产业技术创新推动下，模组、传感器、射频天线、光模块、智能终端等细分领域涌现出欧菲光、天河、摩比、讯特、立迅、三川等一批物联网制造业龙头企业。目前，江西物联网产业基础逐步夯实，南昌、吉安、鹰潭、九江、赣州等地发展势头强劲。2020年上半年物联网及关联产业主营业务收入约497亿元，全年预计达1000亿元，年均增长率在25%以上。

（3）5G产业具备一定发展基础。江西省内与5G产业有关的电子信息企业比较多，主要分布在南昌、吉安、赣州等地，涌现出一批天线、射频器件、光器件、高频高速线路板、5G网络适配器等5G产业配套企业。5G移动终端具有一定的发展基础，全国手机ODM企业前五强均已落户，零部件配套率90%以上，从模组到传感器再到智能终端的产业链基本形成，初步具备了支撑5G产业发展的关键环节基础。培育了5G+VR看春晚、5G云VR、5G+无人机巡检、5G+工业互联网、5G+医疗和5G+安防等典型应用场景，2019 年全省 5G 应用项目近 100 个。

（4）VR 产业加快创新发展。江西正着力构筑 VR 产业在全国的先发优势，成功举办了两届世界 VR 产业大会，极大提升了江西在 VR/AR 领域的知名度。中国（南昌）虚拟现实 VR 产业基地规模效应明显，已经引进北京理工大学、联想新世界、清华紫光、中国网库、3Glasses、星宇时空等一大批企业和研究机构，VR 体验中心、VR 展示馆、VR 产业云平台等“四个中心、四个平台”已正式投入运营。全省虚拟现实产业核心企业约 150 家（其中南昌 VR 核心企业 104 家），相关企业 180 余家，共计 330 余家，产业集聚效应逐步显现。

（5）区块链产业发展起步。江西区块链发展基础较弱，还处在起步阶段，区块链产业发展集中在赣州和南昌。区块链技术应用主要分布在金融、医疗健康、电力、物流、农产品地理标识等行业，应用于防伪溯源、电子文件存证和数字签章。2017 年江西省赣州区块链金融产业沙盒园暨地方新型金融监管沙盒正式启动，这是国内第一个由政府部门主导的区块链监管沙盒。成立了国内首个区块链本科学院，培育区块链人才。

2. 产业数字化转型提速

（1）两化融合向纵深推进。江西通过政策引导、管理体系贯标、典型示范等方式推进数字技术与产业融合发展，全省两化融合深度和广度迈上新台阶。通过国家两化融合管理体系评定企业数量达 77 家，56 家企业被列入国家两化融合管理体系贯标试点。培育和打造了 15 个省级两化融合示范园区和 300 多个两化融合示范企业，扶持了近 60 个两化深度融合示范项目。

（2）工业互联网发展较快。目前在江西完成本地化部署且初具规模的工业互联网平台有 9 家，平台共计提供了约 120 余款云化应用软件和工业 App，截至 2020 年上半年全省企业上云数量近 2.2 万家。工业互联网内外网改造升级全面启动，已有部分企业开始部署工业无源光网络（PON）、5G 等新型网络。江西联通等 4 个工业互联网标识解析节点和安全态势感知平台，中标国家工业互联网创新工程，目前已启动建设，正在加速与顶级节点对接。打造了龙南骏亚、富而特、金虎、翰德科技等工业互联网应用示范标杆。

3. 数字基础设施建设快速推进

（1）加大5G网络建设力度。截至2020年7月底，全省累计开通5G基站19885个，南昌、鹰潭、抚州部分重点区域和热点地区基本实现5G网络连片覆盖，其他城市中心城区实现覆盖。

（2）工业互联网网络基础设施加快推进。企业工业互联网内外网改造提速，工业互联网标识解析二级节点及递归节点在纺织服装行业加快建设，设备连接数2000余个。互联网协议第六版（IPv6）已在工业应用中逐步推广。

（3）云计算大数据中心加快建设。江西三大电信运营商均已建立云计算数据中心，在工业、公共事业、交通等重点行业提供云服务。上饶、抚州、宜春等市正大力推进云计算数据中心建设（见表2）。

表2　2020年江西云计算大数据中心建设概览

地区	云计算大数据中心	建设内容
上饶市	华为云计算中心	投资10亿元建设大数据产业园和区域大数据中心
抚州市	云计算大数据中心	中科曙光、天津卓朗科技公司投资40多亿元建设1个数据中心和4个信息产业园
宜春市	赣西云数据中心	规划建设4000个标准机柜，建成后将成为华东规模最大、密度最高的云数据中心
赣州市	稀金谷特色产业大数据中心	省内汇聚数据最多、专业性最强的稀土产业大数据平台
鹰潭市	铜产业大数据中心	汇聚铜产业大数据平台

资料来源：江西省工业与信息化厅。

（二）面临的问题与挑战

1. 产业规模较小，总体发展滞后

江西数字经济总体规模小，数字经济总体发展指数水平不高，与江西

“十四五”时期建成数字经济新高地战略目标还存在较大的差距。第一，根据《中国数字经济发展白皮书（2020 年）》报告，2019 年江西数字经济规模虽然超过 5000 亿元，但与超万亿元的广东、江苏、浙江等发达省份比较差距不小。第二，根据《2019 年中国数字经济发展指数》报告，全国各省（区、市）数字经济发展指数平均值为 32.0，江西数字经济发展指数低于全国平均值，仅为 28.6（见图 1）。

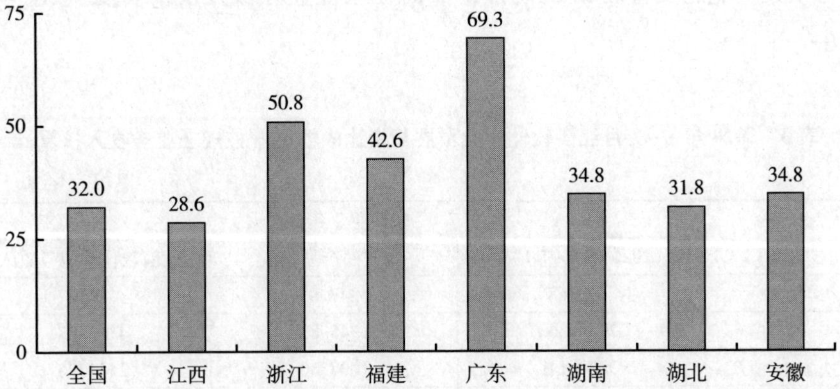

图 1　2019 年江西与毗邻省份数字经济发展综合指数比较

资料来源：中国电子信息产业发展研究院。

2. 创新平台功能有待提升，技术储备支撑不足

第一，当前江西缺乏在全国具有重大影响的大型数字经济创新平台，数字创新平台尚不足以支撑江西“十四五”时期打造数字经济新高地战略目标实现与高质量发展。现有工业互联网等平台供给服务和孵化能力还不强，尤其缺乏高质量的云化软件和工业 App。数字技术服务商咨询服务和系统集成方案解决能力也不足。

第二，江西数字技术储备极为匮乏。数字经济通用技术如云计算、大数据、人工智能和物联网等的主要技术控制和专利权，大都集中在欧美日。虽然阿里巴巴、百度、腾讯等互联网公司已经拥有了一些自主创新的大数据、云计算专利，但江西本土企业并不掌握。掌握数字技术的核心专利对江西来说是一个巨大的挑战，也是江西“十四五”时期高质量建成数字经济发展新高地的主要制约瓶颈。

3. 数字经济发展的产业链短板明显

江西数字经济发展的产业链基础不强，大多处于扶持培育期，对政策依赖性较大，缺乏在“十四五”时期建设数字经济新高地中起带动性作用的龙头企业和大项目。尤其电子信息制造业、软件开发等数字经济发展核心产业与相关产业的支撑链缺乏韧性，江西在软件业领域发展劣势更突出（见表3）。

表3　2020年1~7月江西软件产业发展规模比较情况（按规上业务收入核算）

单位：亿元

区域（省份）		软件业业务收入（2020年1~7月）	1. 软件产品收入	2. 信息技术服务收入
江西		73.68	47.83	24.47
长珠闽沿海	广东	7944.36	1345.83	4769.67
	浙江	3820.14	1007.30	2444.94
	福建	1750.01	570.20	962.16
	江苏	5762.65	1399.40	3174.60

资料来源：国家工业和信息化部。

4. 实体经济与数字信息技术融合不够

第一，两化融合水平不高。根据2020年国家工信部两化融合服务平台最新报告，江西两化融合水平不仅低于周边省份，还低于全国平均水平，这也是江西“十四五”时期高质量建成数字经济发展新高地的一大“软肋”。第二，工业生产智能化程度不高，企业对信息技术“软装备”重视程度不足，智能工厂偏少，柔性制造、个性化定制等新模式应用不多。在农业领域，农业生产标准化、信息化、精准化水平不能完全满足现代农业发展需要。现代服务业互联网应用程度较低、服务效率不高，个性化服务水平也有待提高（见表4）。

表 4　2019 年江西与毗邻省份两化融合水平比较

区域	两化融合水平（分）	生产设备数字化率（%）	数字化研发设计工具普及率（%）	关键工序数控化率（%）
全国	54.5	48.5	70.8	50.5
江西	48.1	40.4	63.6	43.1
浙江	60.4	55.2	83.4	56.5
福建	57.5	49.7	81.1	54.1
广东	58.8	48.5	76.1	48.1
湖北	52.3	45.1	68.6	52.2
湖南	49.0	46.6	73.0	43.0
安徽	51.9	48.8	74.3	50.4

资料来源：国家工业和信息化部两化融合服务平台（2020 年第 1 期）。

5. 人才队伍不强，人才培养机制不健全

受科技发展、经济水平的限制，江西省内人才总量偏小，擅长数字经济领域的人才不足，且外流情况严重。数字经济高端技术人才、创业人才、管理人才等高层次人才紧缺，技术性、基础性人才储备匮乏，这将是江西“十四五”时期推进数字经济新高地建设中面临的关键要素短板。

此外，数字经济人才培养机制不健全，拥有顶尖数字技能的人才供不应求，初级数字技能人才的培养跟不上需求的增长。省内数字经济领域科研机构、有影响的大数据企业不多，开设大数据开发与应用相关专业的高校也较少，缺乏数据分析、软件编程、工业软件、数据安全等完整的数字技能培训体系。

6. 数字经济发展意识有待增强

目前，江西大部分企业对 5G、物联网、虚拟现实、大数据、云计算、区块链等新一代信息技术的内涵、发展模式和应用路径等方面知识储备较为欠缺，通过数字化改造提升企业核心竞争力的动力、意识不强；各地园区运营人员对 5G、物联网、虚拟现实、大数据、云计算、区块链等新一代信息技术的了解也极为欠缺，工作能力短板较为明显，缺乏在 5G、物联网、虚拟现实、大数据、云计算、区块链等领域的专业管理培训。“十四五”时期江西亟待强化数字经济的发展意识与氛围，为高质量建成数字经济发展新高地创造有利的环境。

三 江西打造数字经济新高地的对策建议

江西“十四五”时期建设数字经济发展新高地，既有战略机遇与一定的产业基础，同时还面临巨大的挑战。要以数字化战略思维与系统化谋划，科学定位、合理布局、重点突破，以打造特色优势产业为出发点，以数字化转型推进产业高质量融合发展，着力延伸产业链、畅通供应链、提升价值链，凸显江西数字经济新高地建设的功能定位与发展成效。

（一）以数字化思维推进数字经济发展

数字化思维决定出路与成效。数字化转型带来的是经济与产业的“裂变”，数字化转型促使产业与市场的联结更为紧密，促进产业之间的相互融合不断深化，数字网络技术在与产业的融合中，蕴含产业创新发展的无限空间与可能。因此，在推进江西数字经济发展新高地建设中，要首先确立数字化思维、互联网思维，既要对数字产业化与产业数字化有全面的分工与布局，又要针对数字经济发展的未来增长潜力、前瞻性，预留“三新”经济发展的空间。要明晰数字经济发展的实质与要求。数字经济是利用数字技术融合产业的技术经济范式，通过数字、通信与网络技术的渗透，打通产业之间的连接端口，实现产业之间、产业链之间、产业链与供应链、生产端与消费端的全面整合，是产业经济生态的系统化融合发展。

（二）明确数字经济新高地建设的定位与目标

“十四五”时期江西数字经济发展的战略定位：加快数字化转型步伐，推进数字产业化与产业数字化的“双轮驱动”，通过产业数字化延伸产业链、融通供应链、提升价值链，实现国内大循环与国内国际双循环，成为全国产业数字化转型与数字经济创新发展的试验区，建设数字经济发展新高地，加快构建现代产业体系。以上发展定位，兼顾了《江西省数字经济发展三年行动计划（2020－2022年）》的“四区一中心”战略目标，把数字经济发展目标与实现路径进行有机整合，更符合数字信息技术赋能产业、市场与社会，实现更具开放性、创新性与竞争性的现代化经济体系建设目标。要紧盯国家近年加快推进“国家数字经济创新发展试验区”建设工程，把握中部地区尚处于空窗期的战略机遇，充分发挥江西数字经济发展基础与优势，争取在中部地区率先设立“国家数字经济创新发展试验区”，在数字经济要素流通机制、新型生产关系、要素资源配置、产业集聚发展、产业政策创新等领域，积极探索可复制、可推广的经验，着力打造国家数字经济创新发展的标杆，必将掀起江西经济高质量跨越式发展的一轮新高潮。

（三）把握数字经济新高地建设的战略重点

一是着力推进特色产业的融合发展。以提升特色优势产业竞争力为核心，加快数字化转型的重点战略布局。着力推进14个实施“链长制”的重点特色产业链数字化转型，通过产业数字化实现补链、延链、强链，加快产业链供应链现代化，实现国内大循环与国内国际双循环的相互促进。在“十四五”时期，按步骤对14个重点产业链进行产业数字化改造，实现产业深度融合发展。

二是着力构建完整的产业生态体系。把“ICA”产品与服务、智能服务、场景运用、大数据中心、通信网络、通信营运关联起来，构建一个完整的产业生态体系。组织专业团队或机构，对数字化转型的重点产业与产业链，规划产业数字化与产业融合发展蓝本，系统化配套资金、项目、企业、技术甚或人才，明确数字化转型的阶段任务与目标，实现产业价值链、企业链、供需链与空间链发展层次的整体提升。

（四）统筹数字经济新高地发展格局

数字经济新高地建设可按照“一主多副”分工进行空间布局。利用高端要素集聚的特点，南昌市要成为数字经济技术研发、科技金融与产权交易、新业态与新商业模式孵化、应用培训的建设高地，同时兼顾大数据、软件、电子信息、航空制造、新材料、中医药产业链数字化转型与融合发展的平台建设，着力形成数字经济规模效应，在全省起到引领与示范作用。设区市则依据特色产业构成和数字经济发展基础，设立相应级别或特色化的数据处理与运营中心。如上饶市的大数据与云计算中心、鹰潭市的物联网应用、鹰潭的铜产业大数据中心、赣州稀金谷产业大数据中心，对江西特色产业集群发展与产业链延伸及供应链融通，具有非常重要的促进作用，应成为14个“链长制”产业发展的示范样板。新余市智慧城市与“城市大脑”建设成效显著，可以总结经验在全省示范与推广。可以采用跨越时空“飞地经济”模式突破区域局限，实现数字经济发展要素与机构的广域布局，如数字技术研发、数字经济智力资源共享、大型数据处理设备租赁等，都可以考虑通过“借外脑”“求外援”等合作方式解决。

（五）推动数字经济新高地创新发展

一是加快产业数字化转型与应用平台建设。学习借鉴国内外数字化转型发展经验模式，总结提炼江西两化融合和工业互联网建设经验，以数字与信息技术为产业转型升级赋能，利用工业互联网平台，实现企业内部、外部的生产经营效率和价值链提升。二是加快发展数字贸易和电商经济。鼓励实体经济“入圈入链入云”，解决企业数字化转型设备投入、资金筹备的后顾之忧，促使企业轻装上阵、轻资产发展。考虑大型电商平台对市场的垄断与分割，要提前布局与谋划，积极打造具有地方产业特色的电商平台，争取与大型电商平台分享细分市场利益，为江西特色优势产业的培育与竞争力的提升，提供良好的成长环境。三是激发社会资本投资数字经济积极性。要在“十四五”时期推进大数据中心、通信网络、通信营运等基础设施建设。政府应动员社会各方力量，参与新基建投资与运营，积极谋划运用新型融资工具与渠道，如PPP、可转债、BOT、TBT等方式，加大对大数据中心、城市大脑、通信网络、企业数字化改造等新型基建项目投资，以保障数字经济新高地建设的基础设施支撑。四是完善数字经济统计核算体系。建议组织力量，对数字经济从概念到产业形态进行科学界定，明确数字经济基础产业、融合产业、关联产业的边界；加强江西数字经济专门统计核算机构与系统建设，形成体系化的数据统计报送系统。

（六）加强数字经济人才队伍建设

围绕江西数字经济新高地发展的重点领域，加快数字经济高端技术人才、创业人才、管理人才等高层次人才引进力度，因地因人出台引智政策，广泛延揽数字经济高端人才为江西数字经济发展服务。要培养大数据蓝领工人，有计划招收大中专和高职院校毕业生进入数字经济园区、基地见习；依托相关高校、企业、职校等开展数据分析、软件编程、工业软件、数据安全等完整的数字技能培训体系建设。建立江西数字经济技术性、基础性人才储备库。建议由省职能部门组织开展数字经济专业知识与管理培训，并对从业人员进行考核。

参考文献

《中共中央关于制定国民经济和社会发展第十四个五年规划和二〇三五年远景目标的建议》，2020 年 10 月 29 日。

江西省人民政府办公厅：《江西省数字经济发展三年行动计划（2020 ~ 2022 年）》，2020 年 4 月。

B.20

制造业的格局之变与江西策略

陈石俊*

摘　要：百年未有之大变局下，全球制造业格局处在深刻变化之中，中央提出构建以国内循环为主体，国内国际双循环相互促进的新发展格局，是因应“大变局”的主动战略抉择，中国经济必将迈入高质量发展新阶段。江西紧跟中央部署，提出把江西打造成全国构建新发展格局的重要战略支点。作为核心经济部门的制造业，在“战略支点”中应担当重任。在面临诸多有利与不利因素制约的大环境下，江西制造业必须审慎、科学把握机遇与挑战，清晰辨析发展中“危”与“机”的辩证关系，尤其要善于化“危”为“机”，掌握发展的主动权。要在新发展理念的指引下，明确制造业转型升级的根本方向，清晰制定好“十四五”时期的战略目标任务，切实走好三条发展路径，做好“链、园、融、局”四篇大文章，在高质量发展中担负好支撑战略支点、引领全省现代化建设的重要使命。

关键词：制造业　新发展格局　现代化　江西

构建以国内循环为主体、国内国际双循环相互促进的新发展格局，是中央在新的国际政治经济博弈大势下做出的主动战略抉择。江西作为一个中部

---

* 陈石俊，江西省政府原副秘书长、研究室主任，江西省文史研究馆馆员，江西科技学院区域发展研究院常务副院长，研究员，研究方向为区域经济。

省份，工业化的任务任重道远。省委省政府提出把江西打造成全国构建新发展格局重要战略支点的目标构想，制造业在“支点”中首担使命。与过往发展的条件、环境、路径相比，新发展格局下，江西制造业既面临难得的历史性机遇，也面临与以往不同的严峻挑战，“危”与“机”并存。如何把握“危”与“机”的风口，妥善作出判断与对策，特别是谋划好“十四五”全省制造业的发展，是对理性认识与战略决断的重大考验。

一　全球制造业格局变化与中国的应对之势

自“二战”结束以来，在发达国家与新兴市场国家共同参与下，建立了一套总体上朝着投资和贸易自由化方向发展的国际政治经济关系。WTO、IMF 等世界经济组织机构的建立及相关制度规则的制定，推动了资本、技术和产品的流动，跨国公司得以在全球范围内寻找最优生产区位，促成了自 20 世纪 80 年代后期以来，逐步扩展的全球产业链、价值链的分工新格局。近十年来，全球化出现一些新的变化。这种变化的背后，既有新技术革命推动、发展中国家产业能级的提升、区域性贸易合作关系的建立等积极因素的影响，也有部分国家产业政策转向、贸易壁垒抬升、经济问题政治化等逆全球化不利因素的影响。在多种因素作用下，世界制造业发展格局出现五个鲜明的特点：第一，从制造业增加值占世界份额看，新兴市场国家崛起和发达国家份额相对下降，成为世界制造业区域分布变化的鲜明特点。从制造业增加值占世界比重情况看，发达国家由 2005 年的 74.5% 下降到 2018 年的 53.8%；新兴市场国家由 2005 年的 25.3% 上升到 2018 年的 45.7%；中国、印度、巴西等新兴市场国家制造业在世界市场的份额上升了 20 多个百分点。第二，从制造业出口占世界市场比重看，新兴市场国家比重上升与发达国家下降形成鲜明的对照。2005 ~ 2018 年，以发达国家为代表的高收入国家制成品出口占比，从 77.13% 下降到 68.10%，下降了 9.03 个百分点；以新兴市场国家为主的中等收入国家则由 23.31% 上升到 31.47%，13 年间增加了 8.16 个百分点。这种趋势在短期内也是难以逆转的。第三，从制造业消长的世界版图看，东亚和太平洋区域占比显著上升，北美、欧盟占比明显下降，东亚占尽制造业风头。2005 年至 2018 年，北美、欧盟占比分别下降了 7.3 个、6.9 个百分点。而东亚和太平洋地区则增加了 13.6 个百分点（包括日本则增加了 19.5 个百分点）。第四，随着新兴市场国家制造业国内配套能力的增强，对外依赖性减弱已经成为趋势性的特征。麦肯锡全球研究院在 2019 年做的一份研究表明，2007 年至 2017 年的 10 年间，全球跨境贸易占全球产业的比例，由 28.1% 下降至 22.5%，10 年下降了 5.6 个百分点。其中，计算机、汽车、机械设备、电气设备、化学产品分别下降 12.4%、7.9%、8.9%、8.3% 和 5.5%；劳动密集型商品，如纺织服装、家具和其他制造业也分别下降 10.3% 和 0.8%。第五，尽管以数字信息技术为核心的新的工业技术革命浪潮带动世界制造业水平实现质的飞跃，但美、日、法、德等西方发达国家仍然占据制造业价值链高端。

在全球制造业风云诡谲的变化当中，中国制造业面临新的博弈态势。这种态势不能简单地用挑战和机遇来概括，要有辩证的思维。危中有机，机中有危，危与机的把控，考验着中国的战略智慧。第一，中美关系博弈的演进，为中国制造业发展带来重要的变量，尽管给我国发展带来一定的负面影响，但也将激发我国新一轮的创新热潮。第二，中国构建新发展格局，是对逆全球化趋势的积极有效对冲，以扩大内需作为战略基点，将使我国统筹国内发展和对外开放跃升到一个新的水平。第三，部分内资或外资企业向东南亚等地转移，更多的动因是产业转移规律性作用，这也恰恰证明中国在全球制造业分工中角色地位的提升，有利于中国发展空间的拓展和产业能级的提升。第四，中国制造存在不少短板，整体上处于发达国家主导的价值链当中的较低水平，在新的国际市场竞争中面临更为严峻的挑战。

二　新发展格局下，江西制造业肩负的担当使命与面临的“危”“机”之辩

中共江西省委十四届十二次全会和江西省人大十三届五次会议，对全省

“十四五”发展提出了一系列重要的发展目标及战略任务。这些目标任务的实现，离不开制造业的担当和作为。

第一，在贯彻落实“作示范”“勇争先”的战略任务中，制造业肩负高质量发展的重要责任和使命。习近平总书记在视察江西时，对江西提出“在加快革命老区高质量发展上作示范，在推动中部地区崛起上勇争先”的重要指示和要求。这是对江西发展的殷切希望，也是对江西发展的重要要求。“作示范、勇争先”，最终体现在发展上，根本是落在工业特别是制造业的高水平发展上。物质生产是一切发展的基础。从三次产业看，农业增速一般只能保持4%左右，稳是农业的特征。而工业增长极具弹性，增速高时，20%左右也能达到；在当前情况下，保持9%左右的增速已属常态。因此，地方经济发展增量，主要靠工业。三产的发展则必须以一、二产发展为基础。“十三五”时期，全省工业年均增长8.9%左右，对全省GDP增长的贡献率在40%以上。江西经济在全国的排位（GDP）由2015年的第18位晋升到第15位，其中很重要的原因是工业增速的加快。近些年，在全国工业增速普遍放缓的情况下，江西工业始终保持在全国的第一方阵。2015年，江西工业增速9.2%，在全国列第5位；2019年增速为8.5%，列全国第3位。

第二，在打造全国构建新发展格局重要战略支点中，制造业肩负核心支撑的责任和使命。把江西打造成全国构建新发展格局的重要战略支点，是江西省委、省政府从全国发展大局出发，科学分析江西比较优势，找准江西功能定位和融入新发展格局的路径，彰显江西担当和作为的一项重要战略安排。江西省委的“十四五”规划建议和省里的“十四五规划纲要”，都对此提出了明确的要求。把江西打造成全国构建新发展格局的重要战略支点，制造业的三个作为极为关键：一是牢牢抓住扩大内需这个战略基点，抓紧谋篇布局，争取更多的有效投资注入制造业领域，提升江西制造对构建新发展格局战略支点的支撑能力。二是深入推进制造业供给侧结构性改革，铸牢产业链供应链，增强江西制造的供给能力和供给的适配性，为畅通循环提供坚强保障。三是锚定塑造国内国际合作和竞争新优势的战略目标，积极推进制造业开放合作，为新发展格局拓展更广阔的空间。

第三，在全面建设社会主义现代化新征程中，制造业肩负承载现代化建设的基础责任和使命。制造业对于现代化建设的基础承载作用，主要通过这三种形式体现：①制造业为现代化提供丰富的物质基础。解决人民日益增长的美好生活需要和不平衡不充分的发展之间的矛盾，更多的也是靠制造业提供更丰富、更高品质的商品来解决。②制造业为社会主义现代化提供强大推动力。制造业进步是社会文明进步的重要标志。智能化时代的到来，深刻地改变着人类的生产生活方式，影响着社会形态的发展，是现代化进程的重要标志，人类文明也达到了一个前所未有的新高度。这一切的背后，制造业变革和推动，起着关键作用。③制造业的现代化，本身就是现代化的重要标志。现代化建设，必须以生产力变革为基础，而现代生产力最活跃的领域，恰恰体现在制造业上。德国推出“工业 4.0”战略，美国推出《先进制造业伙伴计划》和《制造业创新网络计划》，法国的“新工业法国”战略，以及印度发布的“印度制造战略”等，这些促进新的生产力发展的国家战略，其战略指向都落在制造业上。我国也推出了相应的方案，引导制造业发展。数字经济、智能化生产管理，个性化、定制化、柔性化生产，工业互联网连接，5G 应用，等等，这些代表数字经济时代制造业生产力方向、模式与概念的元素，已经成为现代化的重要标识。离开了这些标识，现代化几乎无从谈起。

在看到制造业的担当和使命的同时，还应看到制造业面临的机遇和挑战。把视角放到江西制造业来看，无论是政界还是学界，对机遇或挑战都有一定的共识。总的来看，认为有利或机遇的因素有六个方面：一是“后发优势论”。认为新技术革命时代的到来，新一代信息技术与制造业深度融合，为我们发挥后发优势，“变道超车”“换车超车”带来了机遇。二是“政策叠加论”。认为国家出台的支持中部地区崛起等一系列政策，特别是对江西的关心支持，给江西带来一系列的政策红利。三是“宏观导向论”。认为国家实施供给侧结构性改革，鼓励转型升级，推动质量、动力、效率变革，将倒逼制造业加速结构调整，实现量质提升。四是“要素禀赋论”。认为江西丰富的铜、稀土、钨等资源，以及劳动力、生态资源优势，赋予江西制造独特的竞争力，在产业链、供应链的打造中，将形成江西独特的竞争优势。五是“抢占先机论”。认为近年江西积极抢占 VR 等产业高地，争得国家“03 专项”试点，布局“新基建”等，为江西赢得了先机。六是“区位优势论”。认为江西紧邻长三角、闽三角、大湾区，加之国家批复江西成为“内陆开放型经济试验区”，在新一轮的大开放中，将为江西与沿海地区交流合作、承接产业转移，带来历史性机遇等等。

认为不利因素（或说挑战），主要有四个方面的共识：①“差距论”。认为江西制造总量少，规模小，相对沿海地区及中部地区多数省份，存在明显差距。②“短板论”。认为江西高层次人才不足，科研支撑能力弱，科技投入少，在创新发展上存在明显短板。同时，大型企业少，市场影响力大的品牌少，在市场竞争中存在明显短板。③“优势弱化论”。认为内地劳动力成本的提高，土地资源趋紧，生态环境约束强化，原有的优势正在减弱。④“机制不活论”。认为与沿海地区比较，在体制机制的激励性上存在明显的差距，特别是民营经济发展不够强，不够大，不够活跃，等等。在这些现象的背后，也折射出一些思想观念上的差距。

对机遇与挑战（有利或不利）几个方面的“共识”，仅仅是基于经济发展一般规律，对经济现象分析的一般性常识，而实际情况远非这么简单。看待机遇与挑战，对待“危”与“机”，要有辩证的思维。风险中有机遇，机遇中有风险；“危”在“机”中，“机”在“危”中。现实既考验我们开顺风船的能力，也在考验我们开顶风船的能力。在新发展格局之下，江西如何在新的竞争中赢得主动，获得更多的“机”而非“危”，将主要取决于 5 个方面。

（一）取决于我们的创新活跃度

创新是竞争的灵魂。各省之间的竞争，本质上是创新的竞争。江西与一些兄弟省市存在的差距和短板，很重要的一个方面是差在创新上。在新一轮的竞争中增强创新能力，提升创新的活跃度，就成为赢得主动的关键。江西能否让创新活跃起来，就看我们能否解决几个关键问题：一是能否解决好创新要素不足的问题（尤其是人才）；二是能否解决创新的激励机制问题；三是能否解决创新的投入问题（2020 年江西研发投入占全省 GDP 比例较全国平均水平低0.65 个百分点左右）；四是能否解决创新的市场环境问题。解决这些问题，需要党政部门、企业与社会各方面的力量共同参与。在这些方面，江西应该拿出更有为、更有效的行动，让全省上下的创新真正活跃起来。否则，创新的差距，将带来发展上更大的差距。

（二）取决于对国家宏观政策的把握

国家政策具有鲜明的导向性，有的政策具有极高的含金量，但政策红利能否实现，还要看地方的理解和执行。2020 年以来，立足于应对新冠肺炎疫情影响，以及适应新技术革命竞争新态势等多方面情况，国家层面作出了一系列战略部署，出台了一系列战略性文件，比如四部委《关于扩大战略新兴产业投资　培育壮大新增长点增长极的指导意见》，国务院《关于促进国家高新技术产业开发区高质量发展的若干意见》，以及“六保”“六稳”相关政策。这类文件有鲜明的政策导向，对地方来说，执行得好就是红利，执行得不好，则会被动。

（三）取决于对产业链、供应链、价值链的打造

产业链、供应链、价值链“三链”的打造与完善，是构建新发展格局的重要战略举措。其目的是发挥我国经济体量大、市场规模大、腾挪空间大的优势，完善国内配套，减少对外部市场的依赖，强化经济发展的自主可控，推动转型升级。随着我国现代产业体系的逐步完善，对外依存度已经明显降低。在 2020 年 10 月 30 日中共中央举行的新闻发布会上，中央财经办副主任韩文秀介绍，中国的外资依存度已由过去的 60% 以上下降到目前的 30% 多一点，经济增长越来越依靠国内消费和投资。在新的消费需求条件下，经济循环能否顺畅，在很大程度上取决于生产链、供应链的完整程度。新发展格局对各个省份特别是中西部省份来说，既是机遇更是挑战。机遇在于：在“以国内循环为主体”的宏观导向下，将极大地拉伸国内需求，腾

挪出巨大的市场空间。挑战在于：相当多的外销力量将转向国内。2020 年 6 月 17 日，国务院办公厅印发《关于支持出口产品转内销的实施意见》（国办发〔2020〕16 号），国内市场竞争将更为激烈。可以预判的是，整体实力相对较弱的中西部省份，在一些同类别的产品市场上，将受到实力较强的沿海省份的严重挤压。

（四）取决于对数字化时代的应对

数字经济时代的到来，为制造业展现出高质量转型发展的重大机遇，但也带来一系列革命性的挑战。在数字经济发展的趋势下，制造业面临两方面的任务，一方面是发展数字经济产业，另一方面是用数字技术改造提升传统产业。江西在这两方面均有不俗的表现，特别是推进智能制造的“万千百十”工程提前完成。但也要看到存在的不足。主要在数字信息基础建设，以及企业数字技术的应用方面与一些兄弟省市比，存在一定差距，尤其是企业层面的信息化基础薄弱，是个令人担忧的现象。推进数字化转型，不仅是争当下，更是赢未来，要有紧迫感、责任感。

（五）取决于综合营商环境

营商环境是决定一个地方企业是否具备发展活力的极为重要的因素，也是新发展格局下各方面政策、机遇能否转化为发展红利的关键。江西企业外来投资比重大。根据全国企业信用信息公示资料，2018 年江西新增企业中，外地股东占 47.8%，接近半数；其中 500 万元以下投资金额外地股东比例达到 64.8%。如果把新增企业限定在新增规上工业企业的范围，这个比例将会更高。从这个角度看，营商环境的好坏对江西来讲有着更为特殊的意义。营商环境差，外商不会来，来了也会离开。

三　新发展格局下，打造江西制造“新势力”

新发展格局，为制造业发展铺展了一个全新的大局面、大场景，无论是机遇与挑战的搏击，还是“危”与“机”的对冲，都以一种既包含原有轨迹势能又不断注入新动能所催动的发展浪潮扑面而来。新的竞争格局考验决策智慧，时代呼唤我们必须以更大的自信、更有力的措施、更科学的决断，谋划好新时代江西制造业的发展，催生现代化建设新征程中江西制造的“新势力”。

（一）新发展理念下，江西制造战略谋划要注意把握的几个问题

习近平总书记强调：新发展理念是一个系统的理论体系，回答了关于发展的目的、动力、方式、路径等一系列理论和实践问题，阐明了我们党关于发展的政治立场、价值导向、发展模式、发展道路等重大政治问题；无论是中央层面还是部门层面，无论是省级层面还是省以下各级层面，在贯彻落实中都要完整把握、准确理解、全面落实。要抓住主要矛盾和矛盾的主要方面，切实解决影响构建新发展格局，实现高质量发展的突出问题。学习领会习近平总书记重要讲话精神，结合解决江西省制造业发展的实际问题，关键是要贯彻好新发展理念，抓好战略谋划，引导制造业高质量发展。

1. 明确制造业转型升级的根本方向。主要是三个根本方向

——高级化与现代化。主要指产业基础高级化和产业链现代化。2019年8月中央财经委会议对产业基础高级化、产业链现代化提出要求，这是中央层面首次对此作出部署。产业基础能力对产业发展起基础支撑作用，是影响和决定产业发展质量、产业链供应链控制和竞争水平的关键能力，包括产业发展所必需的基础关键技术、先进基础工艺、基础核心零部件和关键基础材料等工业“四基”。从国家层面来看，产业基础高级化，是要发挥体制优势，打牢工业基础，集中解决一批在国际竞争中“卡脖子”的重大技术、制造、配套供应的重大问题。从江西省讲，要按照国家要求，扎扎实实地打好“两化”攻坚战。既要积极参与国家确定的产业基础再造工程和专项，同时要结合江西省自身的特点，着力补短板、强弱项，确立一批抬升制造业的基础的工程和专项。

——数字化与智能化。时代发展已经进入数字化时代。数字化对制造业

具有三层意义：①从技术角度看，数字技术是技术进步的关键变量；②从资源角度看，数字是重要的生产要素；③从产业的角度看，数字产业化及产业数字化，是转型升级的鲜明特征。制造业智能化，则是数字技术运用的集成，先进制造业技术进步的方向，无不是指向智能制造。数字化与智能化，是制造业发展的方向。无论从全国来看还是从江西来看，制造业高质量发展的轨迹方向，必须朝数字化与智能化前进。这在全省的战略设计上，不能有丝毫的含糊。

——绿色化与低碳化。绿色化发展，是近些年来产业转型的重要方向，取得的成效也是明显的。但与以往强调不同的是，“绿色化与低碳化”有了一个明确的目标门槛，即2020年9月22日习近平总书记在第75届联合国大会上提出“中国二氧化碳排放力争于2030年前达到峰值，努力争取2060年前实现碳中和”。在此基础上，12月12日习近平总书记进一步宣布：到2030年中国单位国内生产总值二氧化碳排放将比2005年下降65%以上，非化石能源占一次性能源消费比重将达到25%左右。在这里的几个关键词及数据：“峰值”“中和”“65%”“25%”，实际上是给“绿色低碳”划定了几道门槛，这也成为全国及各地谋划未来制造业发展时的一个重要约束性指标。我们在设计全省制造业发展战略时，这是一个重要的考量因素。

2. 明确战略目标

目前江西省正在编制“十四五”工业发展规划，如何确定制造业发展目标，是规划编制中需要确定的重要内容。总的认为，制造业发展的“总量指标”，要体现在全国进位赶超的跨越式发展要求，比如，工业增加值排位确保前进1位，力争前进2位；质量提升的“结构性指标”，要体现高质量发展要求；现代化“转型升级”的指标要体现绿色低碳的要求；等等。因此，从战略方向考虑，“十四五”及更长一些时期，江西制造业应实现三个方面的战略性目标：第一，量、质跨越目标。“十四五”时期，全省工业增速应保持中部领先、高于全国2个百分点左右、始终处于全国“第一方阵”的速度发展；全省工业实现“两个一万五”：一是规模以上工业企业数超过1.5万户；二是工业增加值力争达到1.5万亿元。在此前提下，实现一批量、质级跨越。第二，地域标识性目标。由“重塑江西制造新辉煌”向“重现江西制造辉煌”转变，打造一批市场影响大、知名度高、成为江西产业重要标识的现代制造“新赣军”。其主要标识有四个方面：①拥有若干在国际市场上极具影响力和竞争力的企业、产业及产业集群。②江西工业主营业务收入在全国的排位力争前进 2 位，同时江西工业增加值占全国的比重，力争由 2019 年的 2.76%，提高到 2025 年的 3% 以上。③进入中国企业 500 强的工业企业力争增加到 6 ~7 家（2020 年为 5 家）。④一批根植性强的产业产品品牌享誉市场。如绿色食品、高端铜产品、中医药、航空产品、电子信息产品等。第三，工业化进程目标。江西处于工业化中期向后期的过渡阶段，还未完全进入后期。在“十四五”时期，江西必须坚定地跨出这一步，进入工业化后期的较高阶段。其重要的推动力，主要依靠制造业的进步。

（二）走好三条路径

基于上述三个立场，“十四五”乃至更长远时期，江西制造业发展应走好三条路径。路径 1：政府力量与市场力量合力推动的产业发展路径。从改革开放以来江西乃至全国制造业发展的一般情况看，从来就离不开政府与市场两股力量的推动。从近些年江西航空、中医药、新能源、新材料、数字经济等战略性产业发展的情况看，政府特别是主管部门的积极主动作为，发挥着关键性的作用，这也应该成为江西制造业发展的一条重要经验。路径 2：绿色低碳高质量发展的路径。强调这一路径，是基于三个重要约束性背景。一是国家在 2009 年即提出到 2020 年，全国单位 GDP 碳排放比 2005 年下降 40% ~45%。碳排放下降成为考核地区经济发展水平的长期性约束性指标，以后也是如此。二是中国向国际承诺，2030 年碳排放达到峰值，并在 2060 年实现碳中和。三是习近平总书记先后三次主持召开长江经济带发展座谈会，始终强调绿色发展、高质量发展。江西作为长江经济带省份，走绿色、高质量发展之路，既是经济责任，也是政治责任。可以预见的是，生态环境保护，考核的约束力度只会越来越大，只有向绿色发展转型、走绿色低碳发展之路，高质量发展才能行稳致远。路径3：改革开放与创新驱动发展的路径。对主要依靠外来投资的江西来说，改革开放对于全省发展的意义自不待言，过去发展靠改革开放，未来发展仍然要靠改革开放。改革开放之路必须更加坚定不移地走下去。同时，要把改革开放与创新发展更好地结合起来，走创新驱动之路。

围绕三条路径，提出三点建议。建议1：强化对省里优势及潜力产业的筛选与发展路径的描绘。在省域管理层面，可以在已有的基础上，根据产业的支撑条件及根植性特点，进一步聚焦，描绘出更清晰的产业发展路径，并发挥政府和市场两股力量的作用，在扶持力度上更加聚焦，促其更好地做大做强。建议2：强化与绿色低碳约束相一致的产业政策的引导。在这方面，不能就工业谈工业的绿色低碳，而是把国民经济各部门、各产业作为一个有机系统来谋划。其核心是贯彻落实好国务院印发的《关于加快建立健全绿色低碳循环发展经济体系的指导意见》（国发〔2021〕4号），健全绿色低碳引领下，包括生产、流通、消费、基础设施、技术创新、法律法规政策在内的六大体系，系统化地推动全省绿色低碳发展。建议3：着力营造鼓励、支持创新的环境。一是进一步落实好政府采购中对省内重要创新产品的首台（套）采购政策，让创新得到实实在在的鼓励和支持。二是像支持工业设计一样，鼓励支持众多的中小企业自己发明或购买专利，实现产品更新换代。全省可以拿出一笔资金，对评选出的重要发明及重要专利的购买进行支持。三是在一些大宗商品领域（如建材等）瞄准沿海发达省市的标准制定省里的行业标准，强制淘汰一些落后产品，让全省产品拥有进入沿海省份市场的机会。

（三）做好四篇文章

第一，做好“链”的文章。产业链、供应链是构建新发展格局的基础。完善的产业链、供应链是畅通循环的根本保证。谋划现代制造业产业体系，一个关键的决策指向，是落在产业链、供应链的构建上。建议做好“三个结合”：一是产业链与创新链的结合。深刻领会并落实习近平总书记指示的“围绕产业链部署创新链，围绕创新链布局产业链”。二是产业链与供应链的结合。打通供给与需求的通道，“形成需求牵引供给、供给创造需求的更高水平动态平衡”，在需求与供给的相互促进中，为畅通国内经济循环做出江西的贡献。三是产业链供应链与产业集群发展的结合。既要聚链成群，又要以群引链，形成链群互促的生动局面。

第二，做好“园”的文章。工业园区是制造业的重要支撑平台。全省制造企业主要聚集在省内100多个工业园区之中，把园区管理好、打造好，为企业发展提供良好的发展环境，成为推动制造业发展的重要抓手。建议进一步抓好五个方面：一是推动园区提质升级。强化园区“两型三化”管理提标提档行动，推动集群式项目满园扩园，全面提升园区综合实力。二是强化对园区的考核引导。坚持“亩产论英雄”，加快推进“工业标准地”建设，全面提升园区土地贡献率。三是抓好开发区的整合优化。重点对同一县域内存在的多个开发主体、未纳入国家开发区公告目录的开发区园区进行整合。四是创新开发区管理机制，加快开发区建设、管理、运营市场化改革，全面推行“管委会＋主题产业园”建设模式。五是继续搭建好各类研发创新平台。

第三，做好“融”的文章。跨界融合、相互促进，是现代制造业实现高质量跨越式发展的显著特点。进入“十四五”时期，站在新的发展阶段，进一步做好“融”的文章，应当是推动制造业发展的重要战略手段选项。实际工作中，应重点抓好两个方面的深化：一是在融合领域上进一步深化。在推动工业化与信息化融合、与生产性服务业融合等方面进一步细化，推动融合向更精准、更专业的领域发展。二是在融合模式上进一步深化。建立一种企业为主体、利益为纽带，市场化驱动的融合发展的商业模式。企业为主体，是指融合发展要落在具体的企业、项目上；利益为纽带，是指参与融合的各方面能够在融合当中有利可图，这也是融合的动力所在；市场化驱动，是将融合建立在市场运作的基础之上，融合的资源配置由市场决定，融合的优势在市场竞争中显现。

第四，做好“局”的文章。科学、协调的区域产业布局，对于发挥地方优势、高效配置资源要素、畅通经济循环、全面提升产业综合竞争力意义重大。做好“局”的文章，就是要做好区域制造业布局规划，引领制造业合理布局，高质量发展。如何更科学地制定好全省制造业布局规划，是个有待深入研究的课题。对此提出三点建议：一是全省的产业规划与空间规划密切衔接。全省的“十四五”空间发展规划和制造业规划正在制定当中，相互间应该做到充分衔接，尤其要有长远发展的眼光来避免触碰生态红线。这方面，我们有深刻的教训。二是强化省里对市、县制造业布局的科学引导。省里的布局规划思想上，不能把市、县存在看作合理，“有什么”就“说什么”；而应从科学的角度出发，“该有什么”就“引导布局什么”，对不合理的项目，即使投资规模再大，该干预的还是要坚决干预，使布局更科学、合理，尤其是避免新一轮的“同构现象”。三是引导制造业项目向集群化方向聚集。省里应进一步规划好若干个各具特色的产业集群，并建立对各设区市产业项目的协调机制，引导项目在集群落地，避免产业集群小而散。

参考文献

芮明杰等：《中国新型产业体系构建与发展研究》，上海财经大学出版社，2019。

吴敬琏等：《中国经济新时代：构建现代化经济体系》，中信出版社，2018。

江西省第四次全国经济普查领导小组办公室：《江西省经济普查年鉴 2018》（综合卷/第二产业卷/第三产业卷），中国统计出版社，2020。

雷晓瑞：《江西经济分析与展望 2019》，江西人民出版社，2019。

罗勇兵等：《新时代江西改革发展智汇》，江西人民出版社，2020。

杨贵平主编《江西省工业和信息化发展报告 2020》，江西人民出版社，2020。

国家统计局：《中国经济年鉴》（2019 年卷，2020 年卷），中国统计出版社。

江西省统计局：《江西统计年鉴》（2016 年卷，2020 年卷等），中国统计出版社。

季凯文等：《“十四五”时期江西制造强省建设研究》，经济管理出版社，2020。

张和平主编《江西高质量跨越式发展研究》，江西人民出版社，2019。

张和平主编《江西省国民经济和社会发展报告（2019）》，江西人民出版社，2019。

金俊平主编《江西经济分析与展望（2020）》，江西人民出版社，2020。

B.21
江西扭住扩大内需基点构建内需体系的建议

张启良　陈全才*

摘　要： 本报告基于支出法GDP核算的视角，以全国和中部地区为参照比较，分析了江西经济增长中内需（消费、投资）增长速度和结构的变化，并分别对消费、投资增长的长期趋势与内在结构进行了深度解析，分析了支持与影响内需增长的居民收入、住户储蓄存款与贷款增长的趋势与特点。对如何扭住扩大内需基点构建内需体系，提出了多措并举激发消费潜力，围绕强基础、补短板扩投资，着力提升居民的消费能力，深化供给侧结构性改革，搭平台、疏堵点、抓促扩内需政策落地等建议。

关键词： 经济增长　国内大循环　消费　投资　江西

坚持扩大内需这个战略基点，加快培育完整内需体系，把实施扩大内需战略同深化供给侧结构性改革有机结合起来，全面促进消费，拓展投资空间，畅通国内大循环，促进国内国际双循环，是党的十九届五中全会提出的当前及今后我国经济发展的方向与任务。本文基于对江西经济增长中内需的多角度分析与认识，对如何扭住扩大内需基点构建内需体系提出初步建议。

* 张启良，江西省统计局研究员，研究方向为宏观经济；陈全才，江西省统计局高级统计师，研究方向为统计监测。

一 江西经济增长的内需分析

（一）经济增长中的内需变化特征

需求是指一个国家或地区在一定时期内由社会可用于投资和消费的支出所实际形成的对产品和劳务的购买力总量。包括两个部分：一是国内需求，二是国外需求。国内需求就是我们当前所讲的“内需”，包括投资需求和消费需求两个部分。在国民经济核算中，支出法从消费、投资、净出口三个方面对 GDP 开展核算，计算出最终消费支出、资本形成总额、货物和服务净出口额，以及消费率、投资率和净出口率。我们把消费（率）+投资（率）=内需（率），外需（率）=净出口（率），来分析江西内需增长速度与结构的变化情况。

1. 内需增长的速度变化

数据显示：“十一五”时期以来，全省最终消费支出、资本形成的增速逐步放缓，资本形成在“十二五”时期减速最大，最终消费增速在“十三五”时期放缓的幅度大于资本形成。

表 1 江西省 GDP 中的最终消费支出、资本形成平均增速

单位：%

年份＼增速	支出法 GDP	最终消费支出	资本形成
2006～2010	18.30	15.70	19.30
2011～2015	11.40	12.90	10.60
2016～2019	10.10	11.10	9.80

数据来源：《江西统计年鉴》、《中国统计年鉴》，增长速度是按当年价计算的。

2. 内需增长的结构变化

“十三五”以来，全省消费率呈现小幅上升趋势，并高于 50%，到 2019 年，已连续 4 年成为全省经济增长的第一动力；投资率（资本形成率）

则小幅下降。同全国比较，2016～2019 年，江西消费率比全国平均低 4.0 个百分点。投资率则平均高 6.9 个百分点；内需（消费、投资）占江西地区生产总值的份额大于 101%。中部地区各省的经济增长依靠消费和投资内需的驱动（见表 2）。

表 2　2015～2019 年江西内需率等变化及与全国比较

单位：%

年　份	江　西			全　国		
	消费率	投资率	内需率	消费率	投资率	内需率
2015	50.0	50.1	100.1	53.7	43.0	96.8
2016	50.6	50.3	101.0	55.1	42.7	97.7
2017	51.1	50.1	101.2	55.1	43.2	98.2
2018	51.5	50.3	101.7	55.3	44.0	99.2
2019	51.8	49.7	101.5	55.4	43.1	98.5

数据来源：《江西统计年鉴》《中国统计年鉴》。

然而，与欧美、日本等一些发达国家 70%～80% 的最终消费率比较，则意味着扩大国内需求和提振消费的空间和潜力巨大。

江西净出口长期为逆差，并逐步扩大，全省净出口逆差由 2006～2010 年累计的 128 亿元（占 GDP 累计的 0.4%）扩大到 2016～2019 年累计的 1187 亿元（1.4%）。与全国的情形不同，目前中部地区对外贸易中，货物贸易为顺差，服务贸易为逆差且大于货物贸易的顺差。而在服务贸易进口中，旅行贸易占了大头。

表 3　江西 GDP 核算消费率、投资率、净出口率等及比较

单位：%

区域	消费率	投资率	净出口率	内需率
全国	55.3	44.0	0.7	99.3
山西	56.4	46.1	-2.5	102.5
安徽	51.4	49.7	-1.1	101.1
江西	51.5	50.3	-1.8	101.8

续表

区域	消费率	投资率	净出口率	内需率
河南	56.4	54.1	-10.5	110.5
湖北	48.4	58.8	-7.2	107.2
湖南	54.2	51.3	-5.5	105.5

注：山西、湖北为2017年数据，全国、安徽、江西、河南、湖南为2018年数据。

数据来源：《江西统计年鉴》《中国统计年鉴》。

（二）江西经济增长的消费表现

1. 新冠肺炎疫情对2020年消费的显著影响

疫情对2020年的消费影响显著，全年全省社会消费品零售总额10372亿元，同比增长3.0%，增速比上年低8.3个百分点。消费升级类商品销售快速增长，通信器材类、可穿戴智能设备商品零售额分别增长50.0%、95.5%，其中智能手机零售额增长25.9%。网上零售保持强劲，限额以上批发零售业通过公共网络实现商品零售额330亿元，增长38.6%。受新冠肺炎疫情影响，石油及制品类仍累计下降8.8%，住宿业下降9.6%，餐饮收入下降3.3%。旅游、商务和会展活动仍未恢复到正常年份水平。但相对而言，江西消费复苏的力度，明显强于全国及大部分中部地区省份（见表4）。

表4　2020年江西社会消费品零售总额及其比较

项目	江西	全国	山西	安徽	河南	湖北	湖南
社会消费品零售总额(亿元)	10372	391981	6746	18334	22503	17985	16258
同比增速(%)	3.0	-3.9	-4.0	2.6	-4.1	-20.8	-2.6
占全国比重(%)	2.65	100	1.72	4.68	5.74	4.59	4.15

数据来源：《江西统计年鉴》《中国统计年鉴》。

2. 消费增长的长期变化

“十一五”以来，全省最终消费支出、社会消费品零售总额、居民人均消费支出及与消费密切相关的服务业增加值四个指标的增长速度，均呈现出明显下行的趋势（见表5）。

表5 “十一五”以来江西消费指标平均增长速度的变化

单位：%

年份＼增速	最终消费支出	社会消费品零售总额	居民人均消费支出	服务业增加值
2006～2010	15.7	21.2	12.6	11.0
2011～2015	12.9	15.4	11.6	9.4
2016～2020	11.1	9.0	5.9	8.7

注：最终消费支出11.1%是2016～2019年平均增速。

数据来源：《江西统计年鉴》《中国统计年鉴》。

3. 人均消费水平及其比较

从人均消费水平看，2020年江西人均社会消费品零售额相当于全国平均水平的79.3%，在中部地区仅高于山西。2019年江西居民人均消费支出相当于全国平均水平的81.9%，在中部地区仅高于山西和河南。反映居民服务消费水平的指标——人均服务业增加值，仅相当于全国平均水平的2/3，仅高于山西（见表6）。

表6 江西主要消费指标人均水平及其比较

单位：万元

项目	江西	全国	山西	安徽	河南	湖北	湖南
人均消费品零售额	2.22	2.79	1.81	2.87	2.33	3.09	2.35
#以全国人均为100	79.6	100	64.9	102.9	83.5	110.8	84.2
居民人均消费支出	1.77	2.16	1.59	1.91	1.63	2.16	2.05
#以全国人均为100	81.9	100	73.6	88.8	75.8	100.0	95.0
人均服务业增加值	2.6	3.9	2.4	3.1	2.8	3.6	3.2
#以全国人均为100	66.9	100	61.2	78.6	70.2	92.2	81.5

数据来源：《江西统计年鉴》《中国统计年鉴》。

4. 消费增长的结构变化

一是政府消费与居民消费。最终消费支出中分为居民消费和政府消费两部分。2016~2019年，江西居民消费率平均为79.1%，政府消费率平均为20.9%，居民消费率上升了0.7个百分点。同全国比较，2016~2019年，江西居民消费率比全国平均高9.0个百分点，相应政府消费率低9.0个百分点（见表7）。

表7　江西居民与政府消费结构变化及与全国比较

单位：%

年份	江西(最终消费=100)		全国(最终消费=100)	
	居民消费	政府消费	居民消费	政府消费
2015	78.4	21.6	70.0	30.0
2016	78.2	21.8	70.3	29.7
2017	77.9	22.1	70.2	29.8
2018	79.1	20.9	70.0	30.0
2019	81.7	18.3	70.0	30.0

数据来源：《江西统计年鉴》《中国统计年鉴》。

同全国和中部地区比较，全省最终消费支出中，政府消费支出率偏低，2018年占20.9%，仅略高于安徽。山西为23.6%，河南、湖北、湖南均为26%左右（见表8）。

表8　江西支出法GDP核算中政府消费率及其比较

单位：%

区域	江西	全国	山西	安徽	河南	湖北	湖南
数据年份	2018	2018	2017	2018	2017	2017	2018
政府消费	20.9	30.0	23.6	20.8	26.4	25.8	26.1

数据来源：《江西统计年鉴》。

二是城镇消费与农村消费。在全省居民最终消费支出中，长期以来，农村呈现萎缩趋势。2016~2019年，在全省居民最终消费支出中，农村居民的占比平均为32.2%，占比仍有所下降；但高于全国平均10.5个百分点；

城镇居民最终消费支出的占比平均为67.8%，相应低于全国平均的10.5个百分点（见表9）。

表9　江西城乡居民最终消费支出结构及与全国比较

单位：%

年份	江西(居民消费支出=100)		全国(居民消费支出=100)	
	农村居民	城镇居民	农村居民	城镇居民
2015	31.7	68.3	21.7	78.3
2016	33.1	66.9	21.4	78.6
2017	32.1	67.9	21.5	78.5
2018	32.3	67.7	21.8	78.2
2019	31.6	68.4	21.7	78.3

数据来源:《江西统计年鉴》《中国统计年鉴》。

从社会消费品零售总额看，最近十年全省城镇和乡村的结构大体处于稳定的态势。2010～2019年，全省城镇社会消费品零售总额占85%左右，乡村占15%。从居民消费水平看，目前农村居民大约为城镇居民的62%（见表10）。

表10　江西居民生活消费支出结构变化及比较

单位：%

项目	江西		全国	
	2015年	2019年	2015年	2019年
居民人均消费支出	100	100	100	100
食品烟酒	33.7	29.5	30.6	28.2
衣　着	7.5	6.1	7.4	6.2
居　住	22.4	24.9	21.8	23.4
生活用品及服务	5.9	6.4	6.1	5.9
交通通信	11.6	11.9	13.3	13.3
教育文化娱乐	10.9	11.9	11.0	11.7
文化娱乐	4.0	3.1		
医疗保健	5.6	7.2	7.4	8.8
其他用品和服务	2.2	2.1	2.5	2.4

数据来源:《江西统计年鉴》《中国统计年鉴》。

三是居民生活消费支出结构。在全省居民生活消费支出中，食品、衣着等传统消费在全部消费支出中的比重呈现长期下降趋势，2019 年全省居民食品消费支出比重下降至30%以下，衣着支出比重下降至6.1%。同时，住房、交通通信、教育文化娱乐所占比重长期趋势性上升，但住房消费上升很快，2019 年所占比重接近 1/4；而文化娱乐所占比重偏低，目前仅3% ~ 4%。与发达国家10%左右的占比相比，文化娱乐消费增长的空间仍然很大（见表10）。

（三）江西经济增长的投资表现

1. 新冠肺炎疫情对2020年固定资产投资的影响

2020 年，受新冠肺炎疫情冲击，全省一季度同比下降4.3%。通过以“项目提速年”为契机，加大建设力度，“稳投资”成效明显。全年固定资产投资同比增长8.2%，仅比2019 年下降1个百分点。工业投资增长8.0%，其中，工业技改投资增长16.4%，占全部工业投资的比重为39.2%，同比提高2.8个百分点；高技术制造业投资增长26.5%，占全部工业投资的比重为25.1%，同比提高3.7个百分点。但第三产业投入相对放缓，高耗能行业投资仍然偏高；民间投资活力有所下降，基础设施投资增速放缓，2020 年，全省基础设施投资仅增长4.2%；民生领域投入依然不足。2020 年全省教育投资仅占全部投资的1.8%，卫生投资占1.2%，文化、体育和娱乐业投资占1.4%。教育、养老、医疗、文化等方面供给仍显不足，资源分布不平衡，与人们日益增长的需求仍存在一定差距。

2. 江西投资需求增长的长期趋势

“十一五”以来，江西主要投资指标增速出现明显减速趋势。资本形成在“十二五”时期出现减速；固定资产投资增速连续出现快速跳降；房地产开发投资在“十三五”时期减速显著；而农村农户投资在“十三五”时期不增反降（见表11）。

表 11 “十一五”以来江西投资主要指标平均增长速度

单位：%

年份	资本形成增速	固定资产投资增速	房地产开发投资增速	农村农户投资增速
2006～2010	19.3	27.4	18.6	20.1
2011～2015	10.6	19.9	16.5	5.2
2016～2019	9.8	10.9	10.2	-3.2

资料来源：Wind，中关村上市公司协会整理。

3. 固定资产投资的主要结构

从三次产业看，在全部固定资产投资中，2019 年第一产业占 2.3%，第二产业占 48.6%，第三产业占 49.1%。按行业分，固定资产投资主要在三大行业：制造业占 44.7%，房地产业占 20.1%，水利、环境和公共设施管理业占 13.0%。投资较少的行业是：科技 0.6%，教育行业 1.7%，文娱行业 1.1%。

（四）居民收入、住户储蓄存款与贷款增长分析

1. 居民收入增长与分配

持续稳定较快的居民收入增长，是促消费、扩内需的基础与主要动力。当前，在以扩内需为动力增长模式下，目前居民收入水平还不高、增速明显放缓、居民收入实际增速滞后于经济增速、城乡收入差距依然较大等问题值得关注。

表 12 江西居民人均可支配收入水平及其比较

区域	居民人均可支配收入(元)			全国平均 = 100		居民人均可支配收占人均 GDP 比重(%)	
	2019 年	2020 年	名义增速(%)	2019 年	2020 年	2019 年	2020 年
全国	30733	32189	4.7	100	100	43.4	44.4
山西	23829	25214	5.8	77.5	78.3	52.1	53.0
安徽	26415	28103	6.4	86.0	87.3	45.2	46.0
江西	26262	28017	6.7	85.5	87.0	49.4	51.0

续表

区域	居民人均可支配收入(元)			全国平均＝100		居民人均可支配收占人均 GDP 比重(%)	
	2019 年	2020 年	名义增速(%)	2019 年	2020 年	2019 年	2020 年
河南	23903	24810	3.8	77.8	77.1	42.4	43.5
湖北	28320	27881	-1.6	92.1	86.6	36.6	38.0
湖南	27680	29380	6.1	90.1	91.3	48.1	48.6

注：因2020 年人口数尚未公布，2020 年中部地区各省居民人均可支配收入占人均 GDP 的比重为推算数。

数据来源：《江西统计年鉴》《中国统计年鉴》。

从居民收入增长速度与经济发展速度比较看，“十三五”时期，江西居民人均可支配收入增速滞后人均 GDP 增速 0.6 个百分点；同期，全国则高 0.3 个百分点。从居民收入水平看，目前，江西居民人均可支配收入不到全国平均水平的 90%；中部地区居民收入水平整体低于全国平均水平。

从收入分配看，“十三五”时期，江西居民人均可支配收入占人均 GDP 比重提高了 1 个百分点；2020 年江西为 51% 左右，全国为 44.4%，中部地区各省为 38% ~53% （见表 12）。如果与世界上中等发达以上的国家和高收入国家的人均可支配收入占人均 GDP 比重 60% ~70% 来比较，仍明显偏低。这说明目前老百姓在收入分配中拿到的相对还比较少，政府拿的部分较多。21 世纪以来，全省城乡居民收入差距持续缩小，但差距依然偏大，目前全省农村居民人均可支配收入仅为城镇的 44%。

2. 住户储蓄存款与贷款增长情况

储蓄是支持未来消费和投资的基础。随着江西经济的发展，全省居民收入快速增长，住户储蓄存款的增长也有所加快。江西住户储蓄存款增速明显高于全国平均水平。同时，和全国一样，江西住户贷款增速显著偏高，高于住户储蓄存款增速 6 ~7 个百分点。2020 年全省人均住户储蓄存款 4.9 万元，相当于全国平均水平的 74%；人均住户贷款 3.5 万元左右，相当于全国平均水平的 77%；其中房贷占了大头。2011 ~2020 年，江西人均住户贷款占人均住户存款的比重，由 43.7% 上升至 71.5% （同期全国由39.6%上升至68.2%）。居民贷款额的急剧增长，相对挤压了消费的空间。

通过以上分析，得到的初步结论如下。

第一，江西经济增长主要由消费和投资内需支撑，净出口对江西经济增长没有正贡献；消费的贡献略高于投资，消费连续4年成为江西经济增长的第一引擎。第二，江西的消费规模和水平明显低于全国，消费水平在中部地区偏低，这表明江西扩大消费的潜力巨大。第三，“十二五”以来，江西和全国、中部地区省份一样，消费和投资的增速出现明显下降。第四，与全国和中部地区省份相比，江西最终消费支出中政府消费的比重偏低，扩大政府消费尚存空间。第五，农村消费偏低、投资不足，扩大农村消费、投资的潜力巨大。第六，江西居民收入水平仍然偏低、增速滞后于经济增长，存在城乡收入差距大等问题，对扩大消费将产生制约；加上近年来居民贷款尤其是购房贷款的急剧增长，也相对削弱了居民的消费能力，挤压了消费空间。

二　江西扭住扩大内需基点构建内需体系的若干建议

（一）多措并举激发消费潜力

1. 继续提升传统消费

目前汽车、家电等传统大宗商品消费占社会消费品零售额的比重较大，是居民消费升级的主要组成部分。进一步加大汽车产业与家电产业技术创新，朝着绿色、健康、安全、舒适、智能的方向发展，完善汽车消费环境，以满足不同层次消费者的需求。

2. 积极培育新型消费

在现代信息技术带动下，信息消费产品、线下业态数字化改造、网络消费（网上购物）、智能消费（智慧商店、智慧餐厅）、定制消费、体验消费、共享消费、“夜经济”、免税经济等消费新模式蓬勃发展，适应了消费升级需求，拓展了消费增长空间。但网络诈骗、网络盗窃等原因让部分群体不敢涉及网络，同时网上购物产品质量保证等问题也存在，智能消费中产品追踪体系仍不健全，定制消费、体验消费的普及程度都较低，共享消费空间还没有完全打开。

3. 大力发展服务消费，着力挖掘文旅消费潜力

随着收入水平的提高，居民消费由商品消费为主转向服务消费为主是客观规律。但受体制机制和相关政策影响，健康、养老、育幼、文旅、体育等服务业对内对外开放步伐缓慢，相关改革滞后，造成一些服务供需矛盾突出，出现一些服务需求潜力难以激发的局面。这就要求进一步优化营商环境，大幅放宽服务业市场准入要求，推动生活服务业向高品质和多样化升级。

顺应当下人们对文化旅游消费不断上升的需要，着力拓展文旅消费空间。在文化消费方面，要以提升人们科学文化水平为目的，把专业学习文化与科学技术普及文化相结合，使学历教育、技术教育与职级教育相结合，实行不同层次的教育认证体系。以提高人们人文素养、精神内涵和文化底蕴为目的，充分挖掘历史文化、红色文化，打造精品娱乐文化，以满足人们精神文化生活需求。通过文字、音频、视频等不同形式的展现，满足人们对健康养生、提升医疗卫生常识的需求。在扩大旅游消费方面，在满足人们户外观光娱乐的同时，要尽可能展现出各地的风土、人文特色，提升人们出行的方便、快捷程度，以及在住宿、餐饮方面的舒适度和游客的满意度。推动文商旅深度融合，通过打造文化旅游品牌，提升旅游内涵，提高服务质量，促进海外旅游消费的回流。

4. 增强农村消费能力，释放农村消费潜力

当前农村消费是洼地，同时也是潜力。当下，可继续通过家电下乡、汽车下乡等活动，促进农村消费。进一步加大农村网络配送方面的服务，提高农村居民购物便捷、网上购物能力，进一步激发农村居民的消费。从长远看，则要有效推进《中共中央国务院关于全面推进乡村振兴加快农业农村现代化的意见》

的落实见效，大力提高农村居民的收入，增强农村的消费能力。

5. 适当增加公共消费，发挥好四两拨千斤的作用

在地方财政可承受的前提下，配合积极的财政政策，按照精准对接消费领域的瓶颈和短板，避免大水漫灌，提高支出效率的原则，发挥公共消费的基础性作用，继续增加医疗、教育、社保、住房、就业、养老、育幼等领域的公共消费，聚焦部分人因财力不足而无法通过私人消费得以满足的基本需要，为居民提供更多优质的公共产品和服务，满足群众需求，充分释放居民消费活力。

6. 适度扩大优质商品进口，提升消费质量

适应当前消费结构升级进程加快的趋势，适当扩大国外优质商品的进口，以满足不同收入水平人群和个性化的消费需求。

（二）围绕强基础、补短板扩投资

扩大投资是扩大内需的重要组成部分，也是扩大再生产、促进技术进步的重要途径。扩大投资应着眼于补短板强弱项、适应高质量发展和满足人民对美好生活的需求，发挥投资对优化供给结构的关键性作用，提高供给体系对国内需求的适配性。

1. 围绕经济转型升级和培育新增长点，着力扩大制造业投资

着眼于经济转型升级和培育新增长点的目标，扩大对制造业的投资。当前，由信息技术引领的新一轮科技革命和产业变革方兴未艾，稳住并扩大制造业投资是抓住这一难得的历史机遇的关键一环。扩大在新型基础设施建设方面的投资，加快5G网络、云平台、物联网、工业互联网、服务器、超高清视频终端、大数据中心等新型信息基础设施建设。鼓励企业加大技改投资，推动传统产业智能化、绿色化、服务化、高端化，激发市场投资产业链长、带动性强的机器人、新材料、高端装备、智能制造等领域，增强新产业新业态顺应新需求的能力。

2. 围绕新型城镇化建设，加大补短板、强弱项投资的力度

聚焦基础设施和提高公共服务、生态环保等保障能力，加快补齐基础设施和公共服务、生态环保设施的短板，以适应高质量发展和满足人民对美好

生活的向往。第一，要加强城市地下基础设施建设，相较于地上基础设施的日新月异，城市地下基础设施水平是短板。要着力加强地下基础设施的建设，以提高城市宜居性和城市现代化发展水平。第二，高水准建设铁路、公路、水运、航空等运输网络，持续完善综合交通运输体系，提高交通运输效率，降低物流成本，为现代化生活生产需要提供高水平保障。第三，以满足人民对美好生活需求为目标，进一步推动城市改造更新美化，推进城镇老旧小区改造，实施电线入地，加装电梯，配建食堂、花园、养老托幼中心等设施。继续推动城市生态修复、强化历史文化保护、增强防洪排涝能力等。第四，增加对服务业的投资。扩大对信息传输、软件和信息技术服务业等新服务行业，以及居民服务、教育、卫生和社会工作等民生领域的新兴产业投资；要进一步加强文化旅游产业的投资，以构建世界 VR 产业中心为目标，着力打造 VR 产业集聚集群基地，加大 VR 产品研发力度，加快产品市场化的消费应用。

3. 围绕乡村振兴推动农业农村现代化，扩大对“三农”的投资

当前，提高农村基础设施建设水平，是乡村振兴发展中面临的主要任务之一。农村基础设施提升空间和建设市场规模大，要扎实推进《中共中央国务院关于全面推进乡村振兴加快农业农村现代化的意见》的贯彻落实，当前要重点围绕适应农业生产机械化、现代化，保障国家粮食安全、食品安全的目标，加大对农村水利化、农田标准化，交通、物流、电网等农村基建投资。

（三）着力提升居民的消费能力

提高城乡居民收入水平，进一步完善社会保障体系和保障水平，既是促消费、扩内需的现实需求，更是提升人民生活品质、不断满足人民对美好生活期待的根本需要。

1. 逐步提高劳动报酬在初次分配中的比重

统计数据显示，江西居民收入水平与全国的差距，主要来源于工资的差距。要提高劳动者报酬，重要途径之一是要依据经济的发展相应提高劳动者的工资水平。要继续落实好“六稳六保”的目标要求，千方百计保市场主

体，促进经济平稳增长，努力实现扩大就业，促进城乡居民工资性收入稳步增长。应根据经济增长和企业的经营情况，及时调整增加机关、企事业单位职工的工资；完善企业薪酬调查和信息发布制度，健全最低工资标准调整机制；进一步强化农民工工资支付的保障，维护好农民工最基本的权益。

2. 努力扩大居民财产性收入

在全省城乡居民收入构成中，财产性收入是一块短板，农村尤其突出。要增加居民财产性收入，应把居民住户储蓄存款利率维持在合理水平，保障储户有合理的利息收入。打击证券市场过度投机的行为，维护股市稳定发展，完善股份制企业特别是上市公司的分红制度，让股民真正分享到企业发展红利，推广员工持股制度。积极稳妥实施农村集体经营性建设用地入市制度，探索农村宅基地所有权、资格权、使用权“三权分置”；进一步拓宽城乡居民依靠合法动产和不动产获得收益的渠道。

3. 着力增加农村居民的收入

当前，农村居民的收入还不到城镇居民收入的一半，是最大的低收入群体。要增加农村居民的收入，家庭经营性收入这一块蕴藏的潜力最大。通过落实乡村振兴各项政策，提高农户经营规模，发展现代农业、智慧农业，提高农业的劳动生产率和单位土地的产出率，挖掘农业的增收潜力。发展县域经济，推动农村一二三产业融合发展，丰富乡村经济业态，拓展农民增收空间。要继续巩固脱贫攻坚战果，建立健全农村低收入人口和欠发达地区帮扶机制，健全防止返贫监测和帮扶机制。

4. 深入贯彻落实好共享理念，完善再分配调节机制

要完善直接税制度，合理调节城乡、区域、不同群体间分配关系；巩固脱贫攻坚战果，加大对相对贫困地区转移支付力度；进一步健全覆盖全民的多层次社会保障体系，稳步提高社会保障水平；培育发展慈善组织，发挥慈善财产在扶老、救孤、恤病、助残、扶贫、济困、优抚等方面的作用；健全志愿服务体系，广泛开展志愿服务关爱行动；遏制各类灰色收入，取缔非法收入，消除权力和腐败带来的分配不公。

（四）搭平台、疏堵点、抓政策落地

1. 继续深化供给侧结构性改革

推动供给侧结构性改革，积极促进实物消费提档升级、服务消费提质扩容，减少无效和低端供给，扩大有效和中高端供给，通过创新拓展新的市场需求。如通过新的技术研发、新的产品开发，开创自主品牌，努力提升品牌和产品质量，提升服务质量与附加值。一方面，通过挖掘消费者的新偏好来拓展国内市场新需求，让国内消费者拥有更加多元和优质的选择；另一方面，促进海外消费回流国内。

2. 搭平台、疏堵点、畅循环

加快新型基础设施建设，加快 5G 商用步伐，强化基础设施网络支撑，促进新型消费快速增长；扩大城市停车场的建设与供给，提高乡村公路与高速公路、高铁对接能力，加快发展连锁经营、超级市场、购物中心等消费市场，为居民购物提供更大的方便；推动电子商务向广大农村地区延伸覆盖，挖掘乡村消费潜力。进一步提高居民养老、医疗保障水平，稳定物价和房地产价格，提高居民消费意愿与消费能力。

3. 维护好消费者权益，进一步优化消费环境

优化消费环境是激发消费潜力的必要保障。要聚焦消费者权益保护这个关键环节，大力营造安全放心的消费环境。加强制度建设，完善产品和服务质量监管体系，强化质量安全保障，全面提升监管能力与效率；完善相关法律法规和制度，健全消费者权益保护机制，充分利用大数据在征信、维权中的作用。

4. 抓政策落实，促消费复苏繁荣

各地应结合实际，着力抓好促消费政策的落地。2020 年以来，国家在促进消费方面出台了一系列政策文件。《关于促进消费扩容提质加快形成强大国内市场的实施意见》《关于稳定和扩大汽车消费若干措施的通知》《关于支持新业态新模式健康发展激活消费市场带动扩大就业的意见》《近期扩内需促消费的工作方案》等，不遗余力抓好这些政策的深入贯彻落实，推动消费持续向好。

参考文献

班娟娟、王璐、高文琎:《蓄力扩内需　农村投资迎多路资金“补血”》,《经济参考报》2019 年 9 月 3 日。

张立群:《“强基础”“补短板”是扩内需的大方向》,《光明日报》2020 年 12 月 9 日。

李心萍:《促消费扩投资，大有可为》,《人民日报》2021 年 2 月 3 日。

《人民日报》评论员:《扩大内需必须深化供给侧结构性改革》,《人民日报》2020 年 4 月 14 日。

王文博、班娟娟:《“十四五”开局之年　新一轮扩内需大幕将启》，中国小康网，2021 年 1 月 20 日。

王珂:《挖掘潜力　扩大内需——强大国内市场成为中国经济发展比较优势》,《人民日报》2021 年 1 月 25 日

詹成付:《提高人民收入水平》,《求是》2021 年 1 月 21 日。

国家统计局江西调查总队:《江西消费市场变革与发展情况研究》。

B.22

新发展格局中江西优化升级产业链供应链的路径研究

季凯文　罗璐薏　王文强*

摘　要：　抓住机遇优化升级产业链供应链，是江西主动融入构建新发展格局，并打造成为重要战略支点的关键环节。总的来看，江西工业基础不断夯实、新旧动能转换不断加快、龙头企业数量不断突破、创新体系不断完善、品牌质量不断提高、人才规模不断扩大，但创新不足、结构不优、品牌不响、成本不低、需求不旺等痛点、难点、弱点、堵点、淤点问题较为突出。江西应瞄准产业链供应链的薄弱环节，从研发端、生产端、销售端、配送端、需求端等五端发力，推动创新链"融合"贯通、产业链"上下"贯通、供应链"内外"贯通、流通链"横纵"贯通、消费链"城乡"贯通，努力打造成为全国构建新发展格局的重要战略支点。

关键词：　产业链　供应链　新发展格局　江西

以习近平同志为核心的党中央积极应对国际国内形势变化，明确提出要加快构建以国内大循环为主体、国内国际双循环相互促进的新发展格局。同

---

* 季凯文，江西师范大学江西经济发展研究院副院长、副研究员、博士，研究方向为区域经济、产业经济；罗璐薏，江西师范大学江西经济发展研究院硕士，研究方向为产业经济；王文强，江西师范大学地理与环境学院硕士，研究方向为区域经济。

时，党的十九届五中全会对构建新发展格局作出了具体部署和安排，《中共中央关于制定国民经济和社会发展第十四个五年规划和二〇三五年远景目标的建议》明确了构建新发展格局的主攻方向和着力点。构建新发展格局作为大战略、大方向、大思路，任何一个省份都不能置身事外，应主动担当作为。江西虽为中部欠发达省份，但具有独特的资源禀赋和战略地位，是全国绿色优质农产品供应基地，全国铜、钨、稀土等战略资源供应基地，航空、中医药、电子信息等国家新型工业化示范基地，以及国家生态文明建设试验区、内陆开放型经济试验区、景德镇国家陶瓷文化传承创新试验区、鄱阳湖自主创新示范区。因此，在构建新发展格局的战略背景下，江西在承接产业转移、提升产业基础高级化和产业链现代化水平等方面面临重大发展机遇。习近平总书记对江西提出了“在加快革命老区高质量发展上作示范、在推动中部地区崛起上勇争先”的目标定位，江西理应主动担当和作为，特别是要瞄准产业链供应链的薄弱环节，综合施策，精准发力，努力打造成国家构建新发展格局的重要战略支点。

一 江西优化产业链供应链取得的主要成效

根据钱纳里工业化阶段理论，实现工业化需经过 4 个阶段。目前江西产业发展已进入工业化中后期，其产业结构不断优化，城镇化率稳步提高。江西在新旧动能转换、龙头企业培育、创新体系完善、品牌建设、人才培育等方面取得了卓越成效，对推动产业链各环节协同、稳固供应链安全提供了有力保障。

（一）从整体发展看，进入工业化中后期阶段

从人均 GDP 看，江西处于工业化中期阶段。2012 年江西人均 GDP 为 4585 美元，超过工业化中期 4021 美元的起始标准，进入工业化中期阶段。2020 年，江西人均 GDP 达到 8243 美元，相当于工业化中期的中间阶段。从三次产业结构看，江西刚迈入工业化后期门槛。2003 年，江西一产占 GDP

的比重为19.9%，首次降至20%以下，且二产占GDP比重大于三产，进入工业化中期阶段。2020年，江西三次产业比重为8.7∶43.2∶48.1。从城镇化水平看，江西处于工业化中期阶段。2014年，江西常住人口城镇化率首次超过50%，达到50.2%，达到工业化中期阶段的起始标准。到2020年常住人口城镇化率提升至58.6%，处于工业化中期的中间阶段。综合以上分析，江西工业化发展仍处于中后期阶段，工业化仍是未来发展的主攻方向（见表1）。

表1　工业化发展阶段划分标准

指标		工业化初期	工业化中期	工业化后期	后工业化阶段	我国2020年数据	江西2020年数据
人均GDP（美元）	1970年钱纳里标准	280～560	560～1120	1120～2100	2100以上	—	—
	2019年折算标准	2010～4021	4021～8042	8042～15078	15078以上	10441	8243
三次产业结构		一产占比大于20%，二产占比大于一产	一产占比小于20%，二产占比大于三产	一产占比小于10%，二产占比大于三产	一产占比小于10%，三产占比大于二产	7.7∶37.8∶54.5	8.7∶43.2∶48.1
城镇化率（%）		30～50	50～60	60～75	75以上	—*	58.6

资料来源：根据2020年国家和江西省统计公报整理而来。

*2020年开展第七次全国人口普查，因此《2020年国民经济和社会发展统计公报》中不再单独发布人口相关数据，2019年全国常住人口城镇化率为60.6%，江西常住人口城镇化率仍低于全国平均水平。

（二）从结构效益看，新旧动能转换步伐加快

“十三五”期间，江西大力实施工业高质量发展三大工程，增加值的即战略性新兴产业倍增工程、传统产业优化升级工程和新经济新动能培育工程，促进动能接续转换，加快产业高质量发展。2020年，全省战略性新兴产业增加值同比增长6.6%，占规模以上工业增加值的22.1%，比上年提高0.9个百

分点；高新技术产业增长 11.2%，占规模以上工业增加值的 38.2%，比上年提高 2.1 个百分点；装备制造业增长 9.4%，占规模以上工业增加值的 28.5%，比上年提高 0.8 个百分点。与之对应的是，高耗能行业增加值增长 5.4%，占规模以上工业增加值的 39.1%，比上年下降 0.4 个百分点（见图 1）。

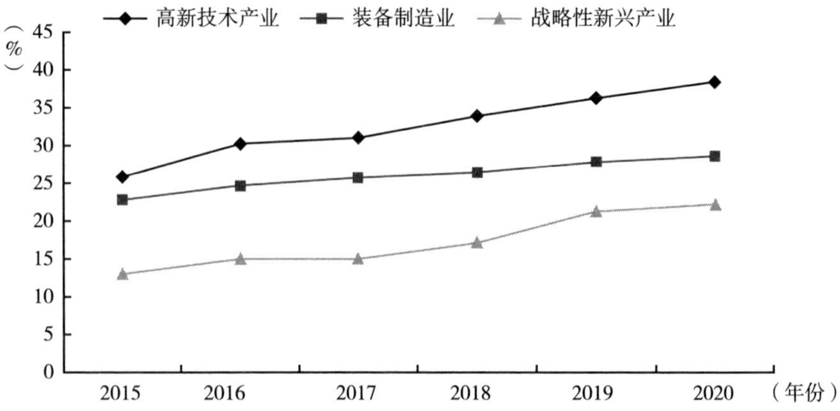

图 1　2015～2020 年高新技术产业、战略性新兴产业和装备制造业增加值占规模以上工业增加值比重

资料来源：根据 2015～2020 年江西省统计公报整理而来。

（三）从龙头企业看，上市公司和世界500强企业落户数量取得突破

截至 2019 年底，全省实有企业 72.38 万户、个体工商户 189.11 万户，分别增长 16.7%、10.0%，企业新登记量和存量均创历史新高。上市公司数量稳步增长，2020 年上市公司达到 55 家，比 2015 年增加 22 家，年均增加 3 家；培育认定制造业单项冠军企业累计 41 家，在 8 家国家级制造业单项冠军企业中，有 4 家示范企业、3 家培育企业、1 家单项冠军产品。吸引了一大批世界 500 强、知名跨国企业入驻，落户江西的世界 500 强企业由 2015 年的 64 家增加到 2019 年的 130 家。

（四）从创新能力看，创新体系逐步完善

研发投入方面，2020 年全省研究与试验发展（R&D）经费支出占 GDP

的比重为1.75%，相比“十三五”开局之年提高0.79个百分点。创新产出方面，2020年全省新产品销售收入占主营业务收入比重达15.1%，签订技术合同4086项，技术市场合同成交金额233.4亿元，比2015年增长了168.6亿元（见图2）。全年受理专利申请114299件，授权专利80239件。平台建设方面，截至2020年底，全省共有国家级重点实验室5个、省级重点实验室218个、国家工程（技术）研究中心8个、省工程（技术）研究中心370个，分别比2015年增加1个、97个、0个、155个。

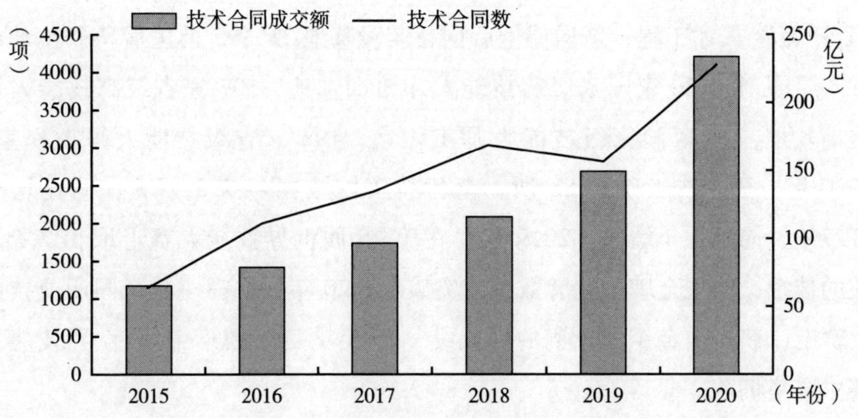

图2　2015～2020年技术合同数与技术合同成交额

资料来源：2015～2020年江西省统计公报。

（五）从品牌建设看，产品质量不断提高

“十三五”期间，江西积极推进制造业企业质量品牌建设，在培育品牌创建、夯实品牌基础、加强品牌竞争力上发力，结合14个省级重点产业链构建品牌生态链，实施产业链“链长制”，擦亮一批全国闻名的江西产品品牌、企业品牌和区域品牌。2019年，江西商标注册申请件数151127件，商标注册件数120407件。2020年，江西共申请专利114299件、专利授权80239件，其中发明专利申请2.23万件、发明专利授权0.44万件、万人有效发明专利拥有量3.79件。

截至 2019 年底，中国驰名商标 166 件，比 2015 年增加 27 件；国家工业品牌培育示范企业 4 家，国家产业集群区域品牌建设示范区 7 个。

（六）从人才支撑看，技能人才规模不断扩大

截至 2019 年底，全省拥有技能人才 483.7 万人，比 2015 年增加 68.7 万人，年均增长 3.90%；高级工以上高技能人才 145 万人，比 2015 年增加 24 万人，年均增长 4.63%。2020 年全年引进到岗的博士以上高层次人才 1320 人，选拔“百千万”人才工程项目省级人才 141 名，6 人入选国家“百千万”人才工程；新增博士后创新实践基地 31 个、博士后科研流动站 11 个。共建有 30 家国家级高技能人才培训基地，107 家省级高技能人才培训基地，40 家国家级技能大师工作室，198 家省级技能大师工作室。2020 年，全省技工院校 88 所，全年技工院校招生 7.3 万人，同比增长 17.7%，连续 5 年增长。2019 年，在第 45 届世界技能大赛上取得 2 金 1 银的佳绩，实现金牌、奖牌数零的突破。2020 年，在第一届全国职业技能大赛上，获得 1 金 4 银 3 铜的好成绩，26 个项目入围第 46 届世界技能大赛中国集训队。

二　江西产业链供应链存在的主要问题

优化稳定产业链、供应链，必须打通产业链阻塞环节，升级供应链。然而目前江西产业链供应链仍然存在“创新不强”的“痛点”，“结构不优”的“难点”，“品牌不响”的“弱点”，“成本不低”的“堵点”和“需求不旺”的“淤点”等问题，亟须引起高度重视。

（一）“创新不强”的“痛点”

江西大多数企业创新投入明显不足，高端创新资源匮乏，自主创新品牌普遍缺乏，关键技术和核心技术尚未掌握，科技创新能力不强，企业创新乏力。目前，由于创新周期长且资金链不稳定，多数企业的资金投入仍然主要

用于企业现有生产投入和周转，中小企业缺乏相应的创新动能。2020 年，全省研发经费占 GDP 的比重为 1.75%，居中部第 4 位，比全国平均水平低 0.65 个百分点；在赣院士仅 4 人，高层次人才匮乏；技术合同交易额 233.4 亿元，仅为湖北的 13.8%、湖南的 31.7%。

（二）“结构不优”的“难点”

近年来，江西深入推进“2 + 6 + N”产业高质量跨越式发展行动计划，创新推出产业链链长制，产业结构不断优化提升。尽管新兴工业大省的地位已经确立，但“大而不强、大而不优”的结构性问题仍然较为突出。从高新技术产业看，2020 年全省高新技术产业增加值占规模以上工业比重为 38.2%，低于安徽的 43.8%；从装备制造业看，2020 年全省装备制造业增加值占规模以上工业增加值的比重为 28.5%，低于安徽的 33.5%、湖南的 32.4%；从高耗能行业看，2020 年全省高耗能行业增加值占规模以上工业增加值的比重为 39.1%，高于湖南的 28.5%、河南的 35.8%。特别是产业链总体处于中低端的加工制造环节，多数企业以“两头在外”的委托加工为主，关键设备和核心材料依赖于进口。

（三）“品牌不响”的“弱点”

从中国驰名商标数量看，全省现有中国驰名商标 166 件，明显低于湖南的 391 件、湖北的 382 件、河南的 267 件、安徽的 252 件。从企业品牌看，全省现有中国 500 强企业仅 7 家，世界 500 强企业仅江铜集团 1 家，而湖北、河南、安徽、湖南分别有中国 500 强企业 19 家、10 家、9 家和 8 家。从农业品牌看，尽管全省生态环境好、农产品质量优，但初加工产品品牌多，精深加工产品品牌少，对无公害农产品、绿色食品、有机食品、农产品地理标志认证的积极性也不够高。

（四）“流通不畅”的“堵点”

流通体系不优，运输结构不合理，物流成本偏高成为制约全省提升经济循环效率的“堵点”。从公路货运量看，2020 年全省公路货运量占比高达 90.3%，居中部第 1 位，比全国平均水平高 16.4 个百分点；从社会物流总费用看，2019 年全省社会物流总费用与 GDP 的比率为 16.3%，比全国平均水平高 1.6 个百分点，在中部仅低于山西；从多式联运看，尽管江西水运得到快速发展，但由于历史欠账较多、基础条件薄弱，水运资源优势没有得到充分利用，与其他运输方式衔接还不够顺畅，港口物流与铁路、公路物流互联互通水平还不够高。

（五）“需求不旺”的“淤点”

从内需看，2020 年江西社会消费品零售总额 10371.8 亿元，居中部第 5 位，分别仅为河南、安徽、湖北、湖南的 46.1%、56.6%、57.7%和 63.8%。从外需看，2020 年江西外贸进出口总值 4010.1 亿元，低于湖北的 4294.1 亿元、湖南的 4874.5 亿元、安徽的 5406.4 亿元、河南的 6654.82 亿元，居中部第 5 位，仅占全国的 1.2%；经济外向度（外贸进出口占 GDP 比重）仅 15.6%，比全国平均水平低 16.1 个百分点；利用外资质量不高，来自欧美等发达经济体的外资占比不足 5%。体制机制存在不少障碍，贸易和投资自由化便利化仍有较大提升空间，对江西用好两个市场两种资源形成制约。

三　新发展格局中江西优化升级产业链供应链的路径

构建新发展格局，就是要将扩大内需作为战略基点，除了需要打通生产、分配环节的“痛点”“难点”，还需要打通流通、消费等其他环节的“弱点”“堵点”“淤点”，提升供给体系对国内需求的适配性，畅通国民经济循环。同时，必须指出的是，新发展格局强调的是开放的国内国际双循环，绝不是封闭的国内经济单循环；而国内循环也需要建立在国家内部的统一大市场上，不是各个地方搞自我小循环，也不是层层搞省内循环、市内循环、县内循环。因此，新发展格局中江西优化升级产业链供应链的路径方向，必须突出“五端发力、五链贯通”。

（一）从研发端发力，推动创新链“融合”贯通

一要制定重点产业技术路线图。定期研究制定和发布重点领域技术创新路线和导向目录，引导制造业企业瞄准国内外产业发展趋势，整合省内外创新资源，加强基础性、前沿性技术研究，集中力量突破一批支撑产业发展的关键共性技术，抢占产业技术制高点。深化对全省重点产业技术现状和发展方向的分析研判，开展技术预见研究，推进以创新骨干企业为基点的产业技术创新评估研究，前瞻布局发展规划。

二要加强各类创新平台和载体建设。依托龙头企业或科研院所，整合科研院所、重点客户等资源，采取政府支持、股权合作、成果分享的市场化运作新机制、新模式，加大区域、地方、企业等多层次创新中心建设，建设跨地区、跨领域、面向行业的制造业创新中心。围绕重点产业关键技术论证，健全以技术交易市场为核心的技术转移和产业化服务体系，筹建一批创新中心及技术研发基地。

三要开展产学研用协同创新。围绕“2+6+N”产业高质量跨越式发展行动，找准摸清关键共性技术，针对与关键共性技术相关的各项战略，确保对关键共性技术的供给进程，给予稳定、持续的管理和支持。以企业为主体精准对接关键领域，形成“企业出题、政府立项、高校接单、协同攻关”方式，鼓励企业与高校、科研机构围绕市场需求开展联合研发，增进基础研究、应用研究、技术开发、成果转化及产业化等环节协同融通。

四要大力培养赣鄱工匠。以提升劳动者技能、服务制造强省建设为目标，大力实施“技兴赣鄱”专项行动，强化学生工匠精神的培养、技能水平的锤炼，将技工院校办成赣鄱工人的摇篮、赣鄱工匠的摇篮，造就“人才”高地。

（二）从生产端发力，推动产业链“上下”贯通

一要梳理重点企业上下游企业名录和需求清单。聚焦航空、电子信息、装备制造、中医药、新能源、新材料六大优势产业，从产业链发展现状出发，全面掌握产业链重点企业、重点项目、重点平台、关键共性技术、制约

瓶颈等情况，指导重点企业梳理核心配套企业名录。围绕重点企业及其配套企业，指导各企业梳理人流、物流、资金流、信息流和市场需求不足、生产成本上升、资金周转紧张等方面存在的困难和问题，分别建立问题需求清单。

二要大力实施产业基础再造工程。策应产业基础再造工程带来的重大机遇，对接工业和信息化部出台的《关于加快推进工业强基的指导意见》和《工业强基工程实施指南（2016－2020年）》，结合江西产业发展情况，参考“2+6+N”产业高质量发展行动计划，遴选一批产业基础领域重点方向，加强对产业基础领域重点方向的引导和支持。集中优势资源，加快突破核心基础零部件（元器件）、关键基础材料、先进基础工艺和产业技术基础，重点突破稀土发光材料和磁性材料、锂电池材料、硅衬底LED材料、电子铜箔等产品，提升产业基础配套能力和产业链的稳定性。

三要增强本地产业协同配套能力。聚焦重点产业链，建立大中小企业产业生态，融通产业链上下游，打造企业联动载体，采取相互采购、配套集成、抱团发展等方式，推动产业链相关企业建立紧密协作关系，引导中小企业向产业链上下游延伸。鼓励和支持成长型中小企业与大企业大集团建立长期、稳定的协作关系，开展供应、生产、销售、技术开发等各领域的合作。支持整机带动与关键零部件突破相结合，支持本地制造企业采购、使用本地企业生产的零部件。

（三）从销售端发力，推动供应链“内外”贯通

一要以多源供应体系“稳链”。完善航空、电子信息、装备制造、中医药、新能源、新材料等重点行业产业链供需对接平台，建立核心零部件、关键原材料多源可供体系，支持企业设立海外原材料保供基地、“海外仓”。密切关注全球新冠肺炎疫情发展态势，协调解决企业零部件配套、人员出入境、物流运输不畅等突出问题，为保产业链供应链稳定创造良好条件。推动不同行业企业间、各产业链间协同发力，形成企业、行业之间相互联系、互为支撑的良性循环系统。

二要鼓励“江西制造”“江西产品”走出去。采取有效措施克服供应断链、需求萎缩的双重压力，解决产能过剩和高端供给不足的“堵点”，用好用足国家扩大开放的各项优惠政策，加大对外出参展企业补贴力度，支持企业参加境外展会，鼓励企业积极开拓国际市场，带动更多“江西制造”“江西产品”走向世界。

三要积极开拓内销市场。将内销作为战略基点，加大内销扶持力度，引导外贸企业搭建出口转内销平台，增强与内销适配性的平台和营销网络，扩大航空、电子信息、装备制造、中医药、新能源、新材料等产品市场占有率。引导企业通过电子商务拓展市场，组织企业参加各类展会，减少中间环节，扩大直销渠道，增加面向国内市场的优质商品供给。

（四）从配送端发力，推动流通链“横纵”贯通

一要畅通工业品出省下乡的流通渠道。聚焦航空、电子信息、装备制造、中医药、新能源、新材料等优势产业，打造一批多功能的专业化采购分销中心，大力推广委托制、拍卖制、仓单交易、网上交易等现代交易方式。

二要畅通农产品进城出省的流通渠道。发挥江西特色农产品优势，规划建设集批发、加工、配送、网上交易、综合服务为一体大型农产品交易中心，合理规划农产品批发市场、农贸市场、连锁超市及其他农产品零售网点的布局。鼓励各主体发展多元化服务方式，探索农产品网上大宗交易模式和生鲜农产品网上直销，鼓励农贸网点开展送货上门、货到店取的新兴业务，拓宽农产品上行渠道，扩大农产品流通网络。

三要加强现代流通体系建设。加强流通软硬基础设施建设，聚焦“构筑枢纽、畅通通道、完善网络”，加快建设水陆空基础设施，着力建设现代集疏运体系，打造中部地区陆路物流枢纽、长江中游综合航运中心、“一带一路”航空货运重要基地，畅通流通“大动脉”。完善现代商贸流通体系，积极引进国内外知名商贸物流企业，大力发展一批新兴物流服务，推动商贸流通企业向现代供应链管理企业转型。加强城乡物流末端网点设施建设，破除流通中的壁垒和障碍，确保国内统一大市场在江西畅通无阻。

（五）从需求端发力，推动消费链“城乡”贯通

一要激发城市内生消费动力。以大南昌都市圈为重点，顺应消费升级趋势，推进文旅休闲消费提质升级。聚焦商贸服务、物流运输、医疗养老、全域旅游、时尚会展等，发挥万达广场、铜锣湾、融创茂等消费商圈的引领作用，合理布局大型商业设施和网点，推动传统商贸流通业改造和促进特色商业适度集聚，培育和打造一批具有地域特色的商业综合体，积极引进知名高端品牌和轻奢时尚品牌。

二要激发农村市场消费潜力。面向农村市场培育农村消费热点，在依托“家电下乡”“汽车下乡”等活动增加热点产品供应的同时，积极引入各类社会资本在农村举办热点产品展销会、体验会，优化农村消费软环境，刺激农村居民消费需求。促进农村教育、文娱、医疗等生活性服务业的发展，优化农村消费制度环境，充分发挥绿色金融改革创新试验区的优势，开展农村绿色消费信贷试点，挖掘农村居民对服务型消费的潜在需要，激发享受型消费潜力。

三要推动城乡融合发展。健全城乡融合发展体制机制，打通城乡要素流通的制度性通道，促进大中小城市和小城镇协调发展，构建多中心、多层级、多节点的城市体系。全面实施乡村振兴战略，深化农业供给侧结构性改革，优化农业产业结构和区域布局。并行实施城市更新行动与乡村建设行动，加快城乡功能衔接。深入推进城乡融合发展试验区建设，破除机制体制障碍，促进城乡各类要素的自由流动和合理配置。

参考文献

江西省统计局、国家统计局江西调查总队：《江西省 2020 年国民经济和社会发展统计公报》，《江西日报》2021 年 3 月 23 日。

韩文秀：《加快构建新发展格局》，《人民日报》2020 年 12 月 1 日。

江西省发展和改革委员会：《江西省国民经济和社会发展第十四个五年规划和二〇

三五年远景目标纲要》,《江西日报》2021 年 2 月 18 日。

梅国平:《“四端发力四链贯通”打造重要战略支点》,《江西日报》2020 年 12 月 23 日。

中共江西省委:《中共江西省委关于制定全省国民经济和社会发展第十四个五年规划和二〇三五年远景目标的建议》,《江西日报》2020 年 12 月 9 日。

《中华人民共和国国民经济和社会发展第十四个五年规划和二〇三五年远景目标纲要》,新华社,2021 年 3 月 12 日。

张和平:《关于江西省 2020 年国民经济和社会发展计划执行情况与 2021 年国民经济和社会发展计划草案的报告》,《江西日报》2021 年 2 月 23 日。

黄继妍:《擦亮江西制造金字品牌》,《江西日报》2018 年 8 月 28 日。

金国军:《以创新引领转型升级　江西示范企业和单项冠军不断涌现》,《中国工业报》2020 年 4 月 9 日。

B.23
江西打造全国最优营商环境研究

麻智辉　刘晓东 等*

摘　要：　对标国际国内先进水平，打造全国最优营商环境，是江西提升综合竞争力的重要举措。近年来，江西在打造最优营商环境方面取得了良好的成效，但对标国际先进水平，仍存在跨境贸易便利度低、要素成本高、物流成本高等问题。要充分借鉴先进国家的经验，结合江西实际，以市场化、法治化、国际化为导向，建立公平客观的长效机制，不断提高办事效率，营造公平营商环境，助推江西开放型经济高质量发展。

关键词：　营商环境　市场化　法治化　国际化　江西

营商环境是一个地方的生产力和核心竞争力。江西省委、省政府多次指出，要坚定不移打造“四最”营商环境，使江西营商环境进入全国一流水平行列。对标国际国内先进水平，打造全国最优营商环境，对于加快推动全省经济高质量跨越式发展具有重要意义。

一　江西打造最优营商环境的做法和成效

近年来，江西加大力度深化改革，实施新一轮优化提升营商环境行动，

* 课题组组长：麻智辉，江西省社会科学院经济所所长、研究员，研究方向为区域经济。成员：刘晓东，江西省社会科学院经济所副研究员，研究方向为区域经济；郭佳，江西省社会科学院经济所助理研究员，研究方向为区域经济；薛飞，江西省社会科学院经济所助理研究员，研究方向为区域经济。

始终将优化营商环境作为激发市场主体活力、吸引外资和牵引持续优化政府服务的重要抓手，着力推进营商环境优化。全省市场主体活力得到有效释放、涉企降成本取得显著效果、企业融资难融资贵问题得到有效缓解。主要举措和成效如下。

（一）出台一系列政策文件，痛点难点问题得到解决

为营造一流营商环境，加快市场化改革，激发各类市场主体活力，降低企业成本，江西省委省政府出台了一系列政策举措，有力地推动了全省营商环境的建设。先后出台了《江西省优化营商环境条例》《中共江西省委　江西省人民政府关于优化营商环境支持民营企业改革发展的实施意见》《江西省人民政府办公厅关于印发进一步优化营商环境更好服务市场主体政策措施的通知》《江西省营商环境突出问题2019年专项整治工作方案》《江西省关于进一步降低实体经济企业成本的补充政策措施》《中共江西省委　江西省人民政府关于加强作风建设优化发展环境的意见》等，一系列含金量高的文件出台，着力解决了市场主体在市场经济活动中遇到的痛点难点问题，大力保护和激发了市场主体活力，增强了经济发展内生动力。

（二）“放管服”改革继续深化，政务服务能力不断提升

1. 简政放权不断向纵深推进

2020年依法依规再下放51项行政权力，其中行政许可18项，14项行政许可由省级下放到市级，7项行政许可由省级下放到县级，将首批县级审批服务执法方面98项权限赋予乡镇（街道），基本做到除法律、法规规定应由省级政府行使的经济社会管理权限外，其他审批事项均下放至设区市政府。新赋予国家级开发区和赣江新区34项省级经济管理权限，赋予乡镇（街道）首批98项县级审批服务执法权限；“一照含证”改革全面铺开，“六多合一”改革全省推广；推进优化提升营商环境十大行动。《江西省统一行政权力清单（2020年本）》《取消的行政权力事项目录》《调整的行政权力事项目录》已经省政府常务会议审议通过。权责清单体系全面建成，

各县（市、区）政府编制并公布了乡镇政府（街道办）权责清单，覆盖省、市、县、乡四级政府的权责清单制度体系全面建成；在49个市、县（区）和开发区开展第三批相对集中行政许可权改革试点，制定出台《关于深化相对集中行政许可权改革建立完善工作机制有关事项的通知》。

2. 不断优化政务服务方式

建成“江西12345”统一政务服务热线平台和统一网上中介服务超市。在全国率先完成国企公司制改革和退休人员社会化管理。实现政务服务事项在全省范围内“一网通办”，全省政务服务事项网上可办率超过90%。实现企业注销“一网”服务。组建行政审批局，实行“一枚印章管审批”。实施“容缺审批+承诺制”等改革。江西电子化招投标体系建成。省本级1233项政务服务事项实现“一次不跑”“只跑一次”；“赣服通”实现6648项高频事项掌上办理，“赣服通”3.0版暨App上线运行，建成了全国首个全省统一的“区块链+政务服务”基础平台，推动一批事项“不见面审批”、一批服务“无证办理”。当前“赣服通”实名用户数2300.6万人；日活量超过30万人；上线服务6790项、电子证照165种，均保持全国同类平台前列；各类应用访问量累计达10.6亿余次。“赣政通”平台上线运行成为全国第三个实现省市县乡四级移动协同办公平台。赣江新区经贸商事调解中心运营，填补了江西国际商事调解工作空白。全省578项政务服务事项实现“省内通办”。“赣服通、掌上办”“政务服务365天不打烊”入选国务院典型经验推介。全省实现企业开办2个工作日、不动产一般登记业务5个工作日、抵押登记业务2个工作日内办结，公章刻制价格降到200元一套（部分县市区实现免费）。2020年全省市场主体增长14%。全省延时错时预约共办理事项502万件，平均每个休息日办件量超过2万件。南昌海关“两步申报”应用率达30.4%，位居全国第一，实现进出口货物7×24小时预约通关，口岸通关时间压缩至0.78小时，下降98.6%，通关时效居全国第7位、中部第1位。

3. 持续开展营商环境和政务服务评价

开展设区市营商环境评价，98.7%的企业对当地营商环境给予满意以上评价，着力推动打造全国政务服务满意度一等省份。江西政务服务网、“赣服通”等线上评价渠道全面接入“好差评”系统，全省152个办事大厅214966项服务事项基本完成接入，实现线上线下评价统一管理，全省所有差评全部及时整改到位。

（三）构建公平市场经济秩序，行政执法更加规范有保障

1. 打造公平的市场经济秩序

坚持“非禁即入、平等准入”原则，鼓励和引导民间投资进入法律法规未明确禁止的一切行业和领域。全面保障中小投资者的知情权、参与权，提升中小投资者维护合法权益的便利度。拖欠民营和中小微企业无分歧账款清欠全部完成。鼓励民营社会资本进入养老机构、医疗机构、保障性安居工程等建设运营。鼓励民间资本参与水权制度改革、铁路投融资体制改革、国有企业改革等。支持符合条件的民营企业申请原油非国营贸易进口资格，参与原油进口。支持民营企业公平参与工程招投标、政府采购等公共资源交易活动。

2. 推进行政执法规范有效

全省建成“双随机、一公开”行政执法监督平台和动态管理随机抽查事项清单制度，省直部门、设区市和县市区随机抽查事项全部纳入平台。全省累计开展双随机抽查3万余次，查处不合格企业991家、处罚4.47亿元。全面开展政务诚信领域专项集中整治，让守信者一路绿灯、失信者寸步难行。省工商局出台《江西省市场和质量监督管理部门行政处罚程序规定》，省交通厅出台实施《〈江西省公路条例〉行政处罚自由裁量权执行标准》。江西省非公有制企业维权服务中心成立运行。在全省范围建立三级法律维权服务中心。深化市场监管、生态环境保护、文化市场、交通运输、农业5个领域综合执法体制改革，全省1300多个乡镇（街道）组建了综合执法队伍，1100多个乡镇（街道）实现了“一支队伍管执法”。深入开展涉政府产权纠纷专项治理行动，2020年帮助企业维护合法权益8亿元。

（四）深化投融资体制改革，加大金融对企业支持力度

1. 投融资体制机制改革持续深化

江西省地方金融监督管理条例出台；财税金融改革有力推进，省直行政和参公单位实行零基预算，省与市县收入划分改革启动。出台《关于金融支持实体经济发展的若干意见》《关于加强金融支持制造业发展的实施意见》等政策文件，印发《江西省“小贷银保通”工作方案》，鼓励金融机构加大对民营企业等实体经济的支持力度。修订江西省《政府核准的投资项目目录》，形成了“省市两级核准、县级备案”的企业投资项目核备体制。赣州、吉安普惠金融改革试验区获批。

2. 持续加大金融对企业支持力度

坚持“对上”“对内”“对外”三管齐下，“对上”积极争取国家支持，“对内”整合优化政府投资，“对外”大力开展招商引资，多渠道破解项目资金难题。持续开展“百家银行进千企”系列对接活动，实现银行和园区双向全覆盖，建立“敢贷、愿贷、能贷”长效机制。建立清理和防止拖欠账款长效机制。2020 年江西绿色金融发展综合指数居全国第 4，新增上市公司 13 家，险资入赣超 300 亿元，全省统筹融资 1.23 万亿元，创历史新高，全省“财园信贷通”全年发放贷款 522 亿元，总量同比 2019 年增长 49%，7 年来累计发放贷款 2850 亿元，惠及中小微企业达 7.58 万户次。推动普惠小微企业贷款增速高于各项贷款平均增速。

（五）构建降低成本长效机制，企业负担不断减轻

1. 优惠政策落地，打通“最后一公里”梗阻

落实了高新技术企业税收优惠政策、固定资产加速折旧所得税政策、支持企业兼并重组税收优惠政策，降低了企业二手设备交易税费成本，减按 2% 征收增值税，降低了房地产企业的土地增值税负担。进一步规范对纳税人、缴费人、扣缴义务人履行缴税义务的事中事后监管，杜绝变相增加企业负担，暂停对企业征收防洪保安资金，清理规范社会团体收费，暂时免收探

矿权使用费。

2. 企业负担不断减轻

统筹推进减税降费等惠企政策落地，2019 年为企业减负约 1960 亿元，超额完成全年目标任务，减负力度、受益面为历年之最。深入开展省市县领导干部挂点帮扶、企业派驻联络员等活动，全省收集企业诉求 1 万余件，基本全部办结。通过网络提速降费、取消省级行政事业性收费等措施，降低涉企收费 155. 77 亿元。2019 年 1 月 1 日起，江西省按照中央授权最大幅度即 25%，减免征收小规模纳税人增值税等 8 种税费，让全省 82. 1% 的增值税小规模纳税人和超 95% 的小型微利企业减轻了所得税负担。取消银行收费项目 72 项、降低收费标准 60 项。阶段性降低社会保险费，将失业保险费率由现行的 2% 降至 1%，支持企业引进海外高层次人才申报各类引智项目，并在立项后予以资助。允许工业用地先租后让等多种方式，下调了土地出让竞买保证金比例，支持废弃厂房集中建设小微企业创业园区，鼓励设立转贷基金。允许地方政府通过转贷新增债券等方式筹措可支配资金。

3. 市场要素成本进一步降低

加快推进电网输配电价改革，两次下调一般工商业电价每度 6. 86 分、平均降幅 10. 03%；通过降低天然气短途管道运输价格等措施，三次下调天然气在省管网管输价的基础上再下降 0. 2 元/方，城市燃气配气最高限价从平均 0. 755 元/方下降到 0. 65 元/方；通过降低企业职工社保费率、返还企业失业保险费用等措施降低用工成本，全年降低企业人工成本 25. 23 亿元，核定全口径城镇单位就业人员月均工资 4763 元，降幅 7%；通过对新增高速公路开展分时段差异化收费试点、赣通卡优惠差异化收费试点等措施，实际降低企业物流成本 57. 16 亿元。

二　江西对标国际国内最优营商环境分析

一个地区营商环境的优劣，通过与其他地区的横向对比，能清晰明了地体现出来。江西作为中部欠发达省份，更应勇于对标国际国内一流标准，整体构建“最优营商环境”，以营商环境、制度供给的迭代升级和系统突破，助力产业转型升级，促进地区经济高质量发展。

（一）对标国内，江西营商环境排名总体分析

通过参考世界银行营商环境指标体系，同时兼顾中国特色，充分考虑到数据的一致性和可得性，借鉴专家学者的实证研究，对标对表，对江西省营商环境进行评估。

1. 江西在全国各省（区、市）营商环境排名中等偏上

根据北京大学光华管理学院、武汉大学经济与管理学院的相关专家学者于2020年底完成的《中国31省份营商环境研究》，江西在全国31个省（区、市）中排名第13，远高于当年人均GDP排名（第21位），属于全国中等偏上的位置（如表1所示）。江西营商环境指数为54.54，与排在榜首的北京（78.23）、上海（76.95）相比，差距明显，有巨大的提升空间。从四种子环境排名看：法律政策环境（第12），人文环境（第14），市场环境（第18），政务环境（第21），说明江西的法律政策环境和人文环境较好，市场环境和政务环境需要加强提升。

表1　中国内地省（区、市）营商环境排行榜

省　份	排名	营商环境得分	省　份	排名	营商环境得分
北　京	1	78.23	湖　北	17	53.17
上　海	2	76.95	天　津	18	51.76
广　东	3	68.69	宁　夏	19	51.73
四　川	4	67.53	吉　林	20	51.21
江　苏	5	63.20	黑龙江	21	47.98
重　庆	6	60.95	辽　宁	22	47.43
浙　江	7	60.68	山　西	23	46.74
安　徽	8	59.27	陕　西	24	46.27
山　东	9	59.26	内蒙古	25	44.97
贵　州	10	58.11	湖　南	26	44.95
河　南	11	57.15	新　疆	27	43.19
海　南	12	55.27	青　海	28	43.05

续表

省份	排名	营商环境得分	省份	排名	营商环境得分
江　西	13	54.54	甘　肃	29	41.22
福　建	14	54.36	广　西	30	37.92
云　南	15	54.13	西　藏	31	35.78
河　北	16	53.93			

数据来源：《中国31省份营商环境研究》。

2. 江西在中部排名第三、东部排名靠后

在中部六省营商环境排名中（如表2所示），江西排在第3位，在河南之后、湖北之前，与全国排名类似，属于中等偏上水平。说明在中部地区，江西营商环境较好，在同区域省份竞争中，具备一定优势。

表2　中部六省营商环境排行榜

省份	全国排名	中部省份排名	营商环境得分
安徽	8	1	59.27
河南	11	2	57.15
江西	13	3	54.54
湖北	17	4	53.17
山西	23	5	46.74
湖南	26	6	44.95

数据来源：《中国31省份营商环境研究》。

从华东七省营商环境排行榜来看（如表3所示），江西省排名第6位，营商环境得分（54.54）仅比福建（54.36）高一点。排名靠后，说明与华东发达省份相比，江西的营商环境差距明显，具有较大的提升空间。

表3　华东七省市营商环境排行榜

省份	全国排名	华东七省市排名	营商环境得分
上海	2	1	76.95
江苏	5	2	63.20
浙江	7	3	60.68

续表

省份	全国排名	华东七省市排名	营商环境得分
安徽	8	4	59.27
山东	9	5	59.26
江西	13	6	54.54
福建	14	7	54.36

数据来源：《中国31省份营商环境研究》。

3. 江西省主要城市营商环境指标分析

南昌在全国省会城市综合评价排名处于中下。根据中央广播电视总台编撰的《2019中国城市营商环境年度报告》，在4个直辖市、27个省会城市和自治区首府，以及5个计划单列市中，江西省会南昌市的营商环境得分为74.71，在综合评价排名中位列第18位（如表4所示），在中部六省省会排名第4位，位于郑州之后、长沙之前。在基础设施维度排名上，南昌以70.48的得分，排在第26位，说明基础设施建设落后于大部分省会城市。在金融服务维度排名上，南昌以80.56的得分，排在第25位，说明金融服务还有很大的提高空间。在普惠创新维度排名上，南昌以65.97的得分，排在第31位（倒数第6位），说明创新服务还需要大力加强。

表4　2019年中国城市营商环境排行榜

城市	排名	营商环境得分	城市	排名	营商环境得分
北京	1	93.67	沈阳	19	74.65
上海	2	89.57	长沙	20	74.57
深圳	3	85.13	福州	21	74.52
广州	4	84.36	大连	22	74.40
重庆	5	83.27	长春	23	73.73
南京	6	81.49	太原	24	73.42
杭州	7	81.22	哈尔滨	25	73.31
成都	8	81.18	贵阳	26	72.87
天津	9	79.85	海口	27	72.49
宁波	10	79.00	南宁	28	72.42
青岛	11	78.38	石家庄	29	72.34

续表

城　市	排名	营商环境得分	城　市	排名	营商环境得分
武　汉	12	78.11	昆　明	30	72.11
厦　门	13	78.00	乌鲁木齐	31	72.01
西　安	14	77.47	兰　州	32	71.83
济　南	15	77.43	呼和浩特	33	71.11
合　肥	16	76.75	银　川	34	70.73
郑　州	17	75.25	西　宁	35	70.48
南　昌	18	74.71	拉　萨	36	64.73

数据来源：《2019 中国城市营商环境报告》。

江西主要城市排名居中上游。根据粤港澳大湾区研究院、21 世纪经济研究院联合发布的《2020 年中国 296 个地级及以上城市营商环境报告》，南昌排名第 30、赣州排名第 50、景德镇排名第 53、九江排名第 59、上饶排名第 71、新余排名第 76、宜春排名第 90、吉安排名第 100 跻身前 100 名，而萍乡排名第 109、鹰潭排名第 123，也在前 130 名以内。江西地级市总体排名靠前，说明江西营商环境在全国城市中总体向好，具有竞争优势。

具体分析，江西城市生态环境优势明显。景德镇排第 2、抚州排第 14、赣州排第 20、上饶排第 21、新余排第 37、吉安排第 42、南昌排第 45、宜春排第 47、九江排第 49，在全国 296 个城市排名前列，尤其在建成区绿地覆盖率指标上，景德镇、九江、新余、赣州等地在全国靠前。在践行“绿水青山就是金山银山”理念、探索未来跨越式发展之路方面，还有很大的优势。

江西城市软环境排名靠后。仅有南昌排第 37、鹰潭排第 92 在全环境总体排名前 100 位，说明江西的营商软环境需要改善。市场主体数量（企业数 + 个体户），江西各地级市都在 50 名开外，说明市场总体不够活跃。2019 年全国城市每千人市场主体数增速中，景德镇（38.9%）、鹰潭（35.6%）的市场主体数增速都在 35% 以上，萍乡也有 33.8%，说明江西三四线城市发展速度较快。

江西城市社会服务待改善。南昌排第 31、赣州排第 85，进入了前 100

名，一方面说明在全国范围来看，江西城市的社会服务能力表现不够突出；另一方面也说明一个省的科教文卫资源往省会城市或副省级城市集中。在296个地级市中，赣州（排第59）、南昌（排第62）进入前100名，也说明江西地级市基础设施建设相对滞后。

（二）江西打造最优营商环境存在的短板

2020年，受江西省发展和改革委员会委托，中国社科院和江西省社科院组成江西省营商环境第三方评估课题组，深入江西省11个设区市和赣江新区进行调研，通过召开政府部门座谈会和企业座谈会，实地走访企业并同企业负责人座谈，发放企业问卷，暗访办事大厅、政府部门、中介机构等，掌握了大量第一手数据，并通过对标对表世界银行营商环境指标，发现江西营商环境仍存在一些短板和问题。

1. 跨境贸易便利度待提高

进出口通关时间较长。江西平均出口通关时间为0.22小时，其中通关时间最长的赣江新区，为0.55小时。平均进口通关时间为14.29小时，最长的抚州市为46.51小时。全球出口、进口时间最短的是荷兰、比利时等欧洲国家，时间均为0小时。

2. 纳税环节优化空间大

江西企业纳税次数为6次，包含增值税、企业所得税、土地增值税、房产税、印花税（财产转让、日常购销）、个人所得税（雇主代扣代缴）。而全球纳税次数最少的香港、巴林，仅为3次。全省平均纳税时间为51.1小时，远远高于香港的35小时。全球最少的是巴林，仅为23个小时。报税后流程还有提升空间。全省报税后流程指数最高的是萍乡，为92.20，低于香港的98.90。全球最高的是所罗门群岛，高达100。

3. 开办企业效率待提升

据调研，江西新开办企业所需环节为3项，分别是办理营业执照、税务开业登记和企业刻章备案。我国开办企业环节数最少的是香港，仅为2项。全球最先进的是新西兰，仅为1项。开办企业时间偏长。南昌、鹰潭等8个设区市的企业设立登记等开办流程时长为2个工作日。我国开办企业时间最短的是香港，仅为1.5个工作日。全球时间最短的是新西兰，仅为0.5个工作日。

4. 获得电力效率偏低

江西高压办电环节为4项，低压办电环节为3项。全球办电环节最少的是阿拉伯联合酋长国，仅为2项。获得电力所需时间偏长。江西高压企业客户获得电力时间为41个工作日、低压小微企业客户获得电力时间为6个工作日。我国获得电力时间最短的是台湾地区，仅为22天。全球最短的是阿拉伯联合酋长国，仅为7天。供电的可靠性一般。江西平均供电可靠率为99.81%。我国供电可靠率最高的是香港，接近100%。全球供电可靠率最高的是阿拉伯联合酋长国，接近100%。

5. 登记财产环节偏多

江西企业不动产登记环节为4项，分别是网签备案、受理、审批、登薄缮证。我国不动产登记环节最少的是台湾地区，仅为3项。全球环节数最少的是卡塔尔，仅为1项。不动产登记时间偏长。江西不动产登记为5个工作日、不动产抵押为2个工作日。我国不动产登记时间最短的是台湾地区，仅为4天。全球最少的是卡塔尔，仅为1天。

三　国外先进国家打造最优营商环境的经验借鉴

根据世界银行《全球营商环境报告2020》的评价指标和排名，新西兰蝉联全球最佳营商环境国家，在开办企业、获得信贷支持方面全球排名第一。新加坡、丹麦、韩国等国已经连续三年进入排行榜前五名。总结国内外先进国家的做法和经验，对于江西省打造最优营商环境具有很好的借鉴作用。

（一）新西兰

新西兰优化营商环境的做法和经验是：（1）对外资监管政策透明，监管法律健全。新西兰《商业法》《公平交易法》《消费者保护法》等包含反垄断条款，防止市场竞争者形成垄断。（2）外贸投资政策开放透明，新西兰对内外资企业一视同仁，没有税收、贷款等差别对待政策。（3）政府办事效率高。据 2020 年世界银行营商环境报告，新西兰政府的办公效率排名第 1 位，开办企业注册时间仅需 0.5 天，比经合组织国家平均水平少 8 天，且成本仅占人均国民收入的 0.3%，低于经合组织国家平均水平 2.8 个百分点。（4）税收优惠。税制以直接税为主，税率享受最佳优惠，研发成本 100% 免税，平均关税全世界最低。

（二）新加坡

新加坡营商环境亮点主要表现在简约的体制、高度的法治、高水平的开放、高效的服务。（1）简约的体制。新加坡公共管理或公共服务职能主要由法定机构完成，法定机构由 16 个部委下辖 65 个机构组成。（2）高度的法治。陆续出台了《竞争法案》《专利法案》《商标法案》《版权法》等。（3）高水平开放的投资环境。新加坡在投资准入方面，实行自由港政策，对其他外商投资企业限制甚少。（4）高效的服务。新加坡在企业注册方面，实现全程电子化，成立公司最快可在 24 小时内拿到执照，与进口、出口贸易有关的全部手续均可通过网络处理，实现一站式的“单一窗口”服务。

（三）丹麦

丹麦是全球最适宜经商和投资的经济体之一，其主要做法和经验是：（1）设立专门的投资促进机构，为外商投资提供全方位服务。（2）简政增效。丹麦政府采取免除注册企业管理层自然人居民的要求，缩减企业注册时间至 24 小时。（3）鼓励创业。以多种形式支持和鼓励初创企业的发展，全方位为初创企业创造良好的机遇和环境。

（四）韩国

韩国主要通过税收减免、租赁减免、现金支援、雇佣支援等制度法规提升整体投资环境。（1）出台《税收资料提供法》，完善了第三方信息交换制度和诚信申报制度。同时，发布《2020 年中小企业税收》政策，对初创的中小企业实施税收减免。（2）高效的政务服务。韩国不断简化开办企业和办理施工许可证等方面的办事及监管程序，减轻企业的负担，对保护投资者的产权给予强有力的法律保护。

四 推进江西打造全国最优营商环境的对策建议

江西作为尚欠发达省份，“在推动中部地区崛起上勇争先”的征途上必须贯彻新发展理念，认真深入学习贯彻落实国务院和江西省《优化营商环境条例》，对标国际，着力打造“政策最优、成本最低、服务最好、效率最高”和市场化、便利化、法治化、国际化的营商环境，助推江西经济社会高质量跨越式发展。

（一）以市场化为导向，构建新型政务营商环境

政府各部门要以新的发展理念提高履职能力，真正落实国家和江西省《优化营商环境条例》，全面深化“放管服”和商事制度改革，强化政府常态化“理旧账”，迭代升级惠企政策“直通车”，持续推进减税减费减租减息减支。充分利用中小企业综合服务平台，提升惠企政策精准度、覆盖面，降低优质项目用地成本和企业用能成本，确保企业“应享尽享”。聚焦解困解难，提升服务企业新能力，深入实施融资畅通工程，深化资产授托融资改革，扩大小微企业资产授托融资规模。

（二）以法治化为导向，多方位营造公平营商环境

政府职能部门要转变服务理念，高精度优化法治营商环境。要在监管力度上做“加法”，进一步树立“宽进严管”的监管理念，健全公平统一、公开透明的制度机制，完善规范化、标准化、智能化监管体系。要充分发挥司法保障作用，建立营商环境诉求受理和分级办理“一张网”，严格规范涉企行政执法，完善“双随机、一公开”监督检查机制，切实维护民营企业家合法权益。培育契约精神，推动合同兑现。依法依规保护企业或个人的财产

权和其他合法权益，相关执法部门慎重对企业或个人财产实施查封、冻结和扣押，不准对市场主体进行摊派，严查不作为、乱作为，对违规人员一经发现或举报，坚决严厉查处。建立健全民营企业发展问题投诉处理机制，切实维护民营企业的合法权益。

（三）以便利化为导向，不断提高办事效率

强化政府服务意识，提高行政效率，为企业提供规范、便利、高效的政务服务。发挥江西政务服务网、“赣服通”“赣政通”等平台作用，推动政务服务事项实现网上通办，有条件的单位实现“一网通办”，推行网上快速办理业务，不见面审批、容缺受理。实现企业与政府的互动交流、合作对话，让企业“办事不求人、办事不用等”成为新常态。进一步放宽市场准入，取消公司最低注册资本限制，全面推行“一照一码”“多证合一”，在证照分离、双定三减、市场要素自由无障碍流动等方面求突破，实现企业全生命周期服务。深入实施企业开办、企业注销、建筑许可、用水用电用气用网等办事便利度提升工程，持续推进企业投资项目提效提速。不断加强代办网络和队伍建设，建立“不见面”代办帮办工作制度，企业群众通过代办系统电脑端、手机端等方式进行“不见面”代办帮办服务。

（四）以国际化为导向，建立高层次对外开放格局

以国际通用的行业规范和管理标准严格要求自己，尽快落实国家规定实行统一的市场准入负面清单管理制度，放宽对外资企业的市场准入，减少进出口环节审批手续，取消不必要的监管事项，优化简化通关流程，大力推行国际贸易“单一窗口”办理模式，不断提高通关效率。积极推广应用提前申报方式、先验后检监管、税费自报自缴、关税保证保险等各种便利化举措。建立完善的国际贸易“单一窗口”跨部门综合服务管理平台，推动进出口企业、货运公司等不同主体之间的信息共享，实现口岸“通关＋物流”的一体化服务联动。各口岸收费一律实行公示制度，不得设置不合理的收费项目。

（五）以提高竞争力为导向，建立公平客观的长效机制

对标国际国内一流营商环境，在省市县成立集营商环境建设、督查、考核于一体的常设机构，统筹营商环境建设工作，各县（市）区、开发区也同步建立营商机构。将优化营商环境政策落实情况纳入各级政府和工作人员绩效考核，在省、市、县三级建立“月月检查、季度通报、半年点评、年度考核”机制，对优化营商环境做得好的及时通报表扬，对优化营商环境做得差的通报批评，真正形成奖优罚劣的机制。

持续完善第三方评估机制。对标世界银行和国务院《优化营商环境条例》评价标准，研究针对全省各市县、各部门、各领域的评价指标，构建适应江西地方特色的评价体系。要加强对营商环境重要指标的动态监测，探索完善第三方评估方式，充分发挥“评价”指挥棒的作用，对全省 100 个县市区的营商环境进行年终评估排名。

参考文献

中国共产党江西省委员会、江西省人民政府：《中共江西省委　江西省人民政府关于优化营商环境支持民营企业改革发展的实施意见》（赣发〔2020〕12 号），2020 年 5 月 25 日。

江西省人民政府办公厅：《江西省人民政府办公厅关于印发进一步优化营商环境更好服务市场主体政策措施的通知》（赣府厅字〔2020〕62 号），2020 年 8 月 31 日。

世界银行：《2020 年营商环境报告》，2019 年 10 月 23 日。

粤港澳大湾区研究院：《2020 年中国 296 个地级及以上城市营商环境报告》，2020 年 12 月 22 日。

张三保、张志学：《中国省份营商环境研究报告 2020》，2020 年 12 月 26 日。

林滕遥：《突出“五个一”机制，打造最优营商环境》，《浙江经济》2019 年 7 月。

许甫林：《对标国际国内一流营商环境，武汉打造全国审批服务最优和营商环境最好城市》，《中国经贸导刊》2019 年 8 月。

麦婉华：《广州开发区——打造全国最优营商环境新高地》，《小康》2021 年 2 月。

B.24

加快制度体系建设 推进人与自然和谐共生现代化

蒋金法　李志萌　马　回*

摘　要：习近平总书记指出"我们要建设的现代化是人与自然和谐共生的现代化。"加快生态文明制度体系建设，是建设美丽中国，实现人与自然和谐共生现代化的根本保障。江西作为国家生态文明试验区，"十三五"时期生态文明建设取得显著成效，相关改革举措和经验做法在全国推广。实现与高质量发展相匹配的高水平生态环境保护，将成为"十四五"时期制度建设和政策创新的立足点与发力点。文章提出前置生态文明规划、完善制度关联性、补齐制度缺陷、集成制度合力、强化监督管理五个重点，从健全生态制度、创新生态科技、壮大生态产业、完善绿色财政、弘扬绿色文化等五个方面着力,加快制度体系建设，推进人与自然和谐共生现代化的实现。

关键词：江西　生态文明　政策制度建设

习近平总书记指出，"我们要建设的现代化是人与自然和谐共生的现代化"。党的十九届五中全会提出，"推动绿色发展，促进人与自然和谐共

* 蒋金法，江西省社会科学院院长、二级教授，博士生导师，研究方向为生态经济；李志萌，江西省社会科学院江西发展战略研究所所长、研究员，主要研究方向为生态经济、农业经济；马回，江西省社会科学院江西发展战略研究所助理研究员，研究方向为生态经济。

生”。江西作为国家生态文明试验区，深化制度建设和政策创新，是正确处理发展与保护之间的关系，实现高质量发展，推动新冠肺炎疫情后经济“绿色复苏”，提升生态文明治理能力现代化水平的有效路径。

一　深刻理解人与自然和谐共生的科学内涵

习近平总书记指出，“自然是生命之母，人与自然是生命共同体”“我们要建设的现代化是人与自然和谐共生的现代化，既要创造更多物质财富和精神财富以满足人民日益增长的美好生活需要，也要提供更多优质生态产品以满足人民日益增长的优美生态环境需要”。习近平总书记的相关重要讲话，不仅将人与自然和谐共生的关系进行了系统阐释，还进一步深化了现代化的理论内涵。

在过去的几十年中，以牺牲环境为代价换来的发展已经被无数次证明，“为了金山银山牺牲绿水青山”，这条老路不能走、走不通、走不长。一方面，人类为了自身发展，片面地将自然作为附属品，从而无止境地开发和利用自然，给自然造成了难以修复的致命伤害；另一方面，由于自然受到人类活动的破坏，导致人类的生存环境不断恶化，人类又继续加大对自然的改造，从而陷入一个恶性循环，这是一条走不通的“死路”。人类的发展虽然需要追求物质财富的增长，但并不仅限于此，社会的发展也不能单靠物质财富的多少来衡量。当前，随着我国经济社会发展进入新时代，“我国社会主要矛盾已经转化为人民日益增长的美好生活需要和不平衡不充分的发展之间的矛盾”①，而经济发展和生态保护之间的不平衡不充分，也正是现今我们正面临的主要矛盾之一。建设人与自然和谐共生的现代化，就是要彻底摒弃过去轻视自然、支配自然的旧观念，树立尊重自然、保护自然的生态发展理念，构建人与自然和谐共生的生命共同体，满足人民对美好生态环境的

① 习近平：《决胜全面建成小康社会　夺取新时代中国特色社会主义伟大胜利——在中国共产党第十九次全国代表大会上的报告》，人民出版社，2017。

需求。

在对自然资源和生态环境的利用上，要尊重其自身的发展规律，秉承尊重、顺应、保护的发展理念，正确处理好人与自然之间的发展联系。在新时代推进社会主义现代化建设征程中，要适应社会主要矛盾的变化，加快构建生态文明制度体系，建设人与自然和谐共生的现代化，以更高标准打造美丽中国“江西样板”。

二　建设人与自然和谐共生现代化需要完善的制度保障

生态文明制度是国家治理体系的重要组成部分，生态文明是一场生产方式、生活方式和价值观念的革命性变革。目前，正处于“三期叠加”的关口，必须坚持和完善生态文明制度体系。“十四五”规划，不仅要着眼未来五年，还要着眼长远，与2035年“生态环境根本好转，美丽中国目标基本实现”的现代化目标要求相对接。把握生态环境保护新要求，从建设优美的生态环境，实现可持续的生产消费，明确生态环境区域协同治理保护等方面着力用功。逐步形成国家和地方的职责规范，进一步理顺生态文明内在的逻辑和利益关系，以制度的完善推进生态文明建设更规范、更有序，提升现代化治理能力和治理效能。

实现高质量发展需完善绿色生产和消费制度体系。绿色发展是高质量发展的本质要求，生态环境在人民群众生活幸福指数中的地位不断凸显。“十四五”时期，我国及全省总体经济规模将持续扩大，需要制定绿色产业专项规划，促进经济社会发展与生态环境保护相协调，推动传统产业的升级，推进新业态的发展，加快构建现代化生态经济体系，以绿色创造江西新优势，以绿色提升江西高质量发展成色。

构建新发展格局需完善生态发展制度保障。在复杂严峻的国际形势下，中央提出“加快形成以国内大循环为主体、国内国际双循环相互促进的新发展格局”。在这一新发展格局下，江西对国内市场的依赖程度将不断加大，推动经济“绿色升级”为江西绿色产业发展带来了契机。一方面，我省劳动密集型出口企业，如服装鞋帽行业、装备制造业出口明显受阻，转而强化对国内市场的依赖；另一方面，随着人们生活水平的提升，已对生态产品的供给与服务形成超大规模市场需求，江西绿色生态的最大优势、最大品牌将在内循环中，可能变成更大优势，转化为更大财富。江西应通过优化营商环境，以高质量生态产品供给，吸引长三角、粤港澳大湾区等沿海地区来江西投资，推进资金、人才流向江西，以更完善的生态发展制度保驾护航，推动生态产业与生态消费双升级和良性循环。

建设更高水平的平安中国需完善生态安全制度监管。党的十九届五中全会提出，要统筹发展和安全，把安全发展贯穿国家发展各领域和全过程，筑牢国家安全屏障。近年来，江西国家生态文明试验区建设取得显著成效，38项重点改革任务全部完成，35 项改革举措及经验做法列入国家推广清单；国家森林城市、园林城市实现设区市全覆盖；空气优良天数比例 94.7%，国考断面水质优良比例 96%，全省生态质量明显提升。但与之不和谐的是，一些环境污染、生态破坏事件仍时有发生，究其原因，就是相关生态安全制度尚不完善。江西还要持续强化综合保护、系统治理相关领域制度完善和落实，加快推进环境治理体系改革，完善自然保护地和生物多样性保护体系，为筑牢国家生态安全屏障提供强力支撑。

三　江西生态文明制度建设取得成效和重点任务

江西坚持以习近平生态文明思想和习近平总书记在江西视察时的重要讲话精神为指引和遵循，深化国家生态文明试验区建设，围绕“源头优化约束”“过程精细管理”“后果奖惩有序”，创新和完善具有江西特色、系统完整的生态文明制度体系，逐步实现“制度改革 – 制度落地 – 制度转化”，推进江西生态文明建设的高质量发展，系列改革举措和经验做法在全国推广，为江西建设人与自然和谐共生现代化打下坚实基础。

（一）主要成效

“十三五”期间，江西牢记习近平总书记的殷切嘱托，纵深推进国家生态文明试验区建设，着力保护好、建设好、发挥好江西绿色生态优势，以体制创新、制度供给和模式探索为重点，探索创新了一批可复制、可推广的制度模式，生态文明“四梁八柱”制度框架全面建立，14 个方面共 35 项具体改革成果列入《国家生态文明试验区改革举措和经验做法推广清单》，具体如表 1 所示。

表 1　国家生态文明试验区（江西）改革举措和经验做法推广清单

序号	名称	具体机制	指导部门
1	自然资源资产产权	古村落确权抵押利用机制	国家发展和改革委员会、自然资源部
2	国土空间开发保护	“上截、中蓄、下排”的海绵城市建设机制	住房和城乡建设部
3	环境治理体系	生态环境监测监察执法垂直管理	生态环境部
		跨部门生态环境综合执法协调机制	
		按流域设置环境监管和行政执法机构	
4	生活垃圾分类与治理	农村生活垃圾积分兑换机制	住房和城乡建设部、农业农村部、国家发展和改革委员会
		城乡生活垃圾第三方治理模式	住房和城乡建设部
5	水资源水环境综合整治	河湖长制责任落实机制	水利部、国家发展和改革委员会、自然资源部、生态环境部
6	农村人居环境整治	“五定包干”村庄环境长效管护机制	农业农村部
7	生态保护与修复	重点生态区位商品林管护机制	国家林草局
		赣湘两省“千年鸟道”护鸟联盟	
		山地丘陵地区山水林田湖草系统保护修复模式	自然资源部、生态环境部、财政部、水利部、国家林草局
		城市生态修复功能修补	住房和城乡建设部

续表

序号	名称	具体机制	指导部门
8	绿色循环低碳发展	绿色发展"靖安模式"	国家发展和改革委员会、生态环境部、农业农村部
		区域沼气生态循环农业发展模式	国家发展和改革委员会、农业农村部
		生态农业融合发展机制	
		利用废弃矿山发展生态循环农业	
		"生态＋大健康"产业模式	国家发展和改革委员会
		全域旅游"婺源模式"	文化和旅游部、农业农村部
		绿色生态技术标准创新机制	市场监管总局
		"碳普惠"制度	生态环境部、国家发展和改革委员会
9	绿色金融	林业金融产品	国家林草局、中国人民银行、银保监会
		林权抵押融资推进储备林基地建设	国家林草局、中国人民银行
		绿色市政工程地方政府债	财政部、中国人民银行
		畜禽智能洁养贷	中国人民银行、财政部、农业农村部
		"信用＋"经营权贷款机制	中国人民银行、自然资源部、国家林草局、国家发展和改革委员会
10	生态补偿	鄱阳湖流域全覆盖生态补偿机制	财政部、生态环境部、自然资源部、国家发展和改革委员会、水利部、国家林草局
		东江流域跨省横向生态补偿机制	财政部、生态环境部、国家发展和改革委员会
11	生态扶贫	"多员合一"生态管护员制度	国家林草局
12	生态司法	地域与流域相结合的环境资源审判机制	最高人民法院、最高人民检察院
		生态恢复性司法机制	最高人民法院、最高人民检察院、生态环境部、自然资源部、农业农村部、国家林草局
13	生态文明立法与监督	制定省级生态文明建设促进条例	国家发展和改革委员会
		省级人民政府向省人民代表大会报告生态文明建设情况制度	全国人大环资委
		人大监督生态环境保护工作机制	
14	生态文明考核与审计	建立自然资源资产离任审计评价指标体系	审计署

资料来源：中华人民共和国中央人民政府官网，http://www.gov.cn/zhengce/zhengceku/2020-11/29/content_5565697.htm。

（二）政策制度建设的重点

“十四五”期间，要以强化制度执行力为导向，推动制度从“设计”到“落地”转变，使成果由虚变实；以彰显试验区影响力为导向，着力形成更多列入国家清单可复制可推广的制度成果，使江西影响力由“内在”变为“外放”；以强化改革的系统性为导向，打造全国生态文明制度体系样板区，使制度由“分散”变“集成”。以打造升级版试验区为导向，谋划生态文明治理体系建设，把“制度优势”转为“治理效能”，推动经济社会发展全面绿色转型。

1. 前置生态文明规划

在“十四五”规划中要进一步做好顶层设计，前置生态文明规划，并以此为导向和约束，制定经济和社会发展总体规划、专项规划。紧密结合生态文明建设指标，对碳排放总量、污染总量等进行控制和限定，从而实现以生态文明建设倒逼经济社会高质量发展的目的。强化制度的执行，把事后严惩，移到事前预防抓落实，发挥制度的权威和约束力。

2. 协调好“宏观体制、中观制度、微观机制”

在生态文明体制改革中，要注重各项制度之间的关联性、耦合性。协调和理顺中央和地方的关系，在国家生态治理的宏观体制下，江西应在中观、微观制度层面上进一步完善，使治理体系更加完整、治理能力更好提升。实现生态文明制度建设与“十四五”规划的有机结合，增强制度的执行力。如中央对江西纵向生态补偿转移支付，东江源跨省流域生态补偿横向转移支付，应改变目前生态补偿等制度的临时性，形成相对稳定的制度。运用财税等政策杠杆，让江西生态资源效益最大化，引导和促进企业绿色生产、百姓绿色消费。

3. 抓好“查漏补缺”“提高品质”

“查漏补缺”：即在系统梳理当前生态环境保护制度和政策的基础上，找出其中的短板和不足，并加以完善。“提高品质”：即使制度政策设计创新更有科学性、更具针对性、更富效果性；加快从出台改革文件向全面推动制度落地转变；尚未实施、短期内不具备全面铺开条件的制度，如环境产权交易，要加快试点布局，并着力协调解决体制机制障碍；对于在实施过程中产生一定偏差的制度，做到及时修正和不断完善。一是制度成果复制推广的“质量”和“广度”有待进一步突破。目前，在总计50多项制度复制推广的成果中，只有4项制度建设成果被纳入国家方案中。需加快从“试点示范”向“全面推广”转变，推动制度在省内的复制推广。二是补齐制约生态环境质量提升的短板。江西生态环境质量在全国持续处在领先地位，但在四个试验区当中江西部分生态环境指标如空气质量、地表水质量排名靠后。

4. 突出系统集成协同

要坚持系统集成协同的基本原则和工作思路。一是新旧制度的衔接和整合不足，如绿色发展指标体系中有多项指标缺乏数据支撑；生态环境部门内部的排污许可数据、监督性监测、竣工验收等信息相对分散，尚未形成统一的信息平台，难以支撑起行业和企业水平分析。二是新制度之间缺乏衔接，如自然资源资产负债表与离任审计制度在时间、空间尺度及指标选择上都有差异，负债表分省和市两级，指标上考虑土地、水、林和矿产；离任审计则侧重县和乡镇一级，指标上还包括了环境质量指标以及约束性目标。急需形成政策协同发力机制，让各项举措有机衔接、融会贯通。

5. 强化监督制度，标本兼治突出问题

坚持问题导向，分类施策。紧盯中央环保督察和群众反映强烈的突出环境问题，逐一列出清单，狠抓整改落实，坚决打好污染防治攻坚战。深入推进长江大保护，实施沿江小化工企业“三年出清计划”，非法码头整治，全力打造江西152公里长江最美岸线。全面推进“五河两岸一湖一江”全流域治理。抓住改善水质这一关键，统筹推进水污染治理、水生态修复、水资源保护、防御水旱灾害“四水共治”，补齐治理设施短板。

四　以政策制度的创新与转化推进现代化

党的十九届五中全会强调“推动绿色发展，促进人与自然和谐共生”，为“十四五”时期江西坚持“绿水青山就是金山银山”理念，纵深推进国家生态文明试验区建设，以更高标准打造美丽中国“江西样板”指明了方向。下一步，江西要着力强化绿色引领，增强绿色发展的法律和政策保障；形成制度合力，通过政府和市场的共同作用，推进已有的环境、经济制度政策融合，构建全链条的环境、经济制度政策体系；推动制度和科技创新，拓展“两山”转化通道，实现地方发展和百姓增富，促进生态效益、经济效益和社会效益的全面提升。

（一）完善生态环境建设制度

一是生态环境保护制度。完善“三线一单”生态环境分区管控体系，深化国土空间规划、自然资源产权、自然保护地体系、流域综合管理等重点领域制度改革，扩大生态系统服务价值核算范围。二是资源高效利用制度。加快推进自然资源资产有偿使用、生态综合补偿、城乡环境第三方治理等重大改革试点，建立财政资金与生态环境质量挂钩激励机制，创新绿色产业发展市场化体系，完善气候投融资机制。三是环境治理和生态修复制度。推动完善鄱阳湖流域生态环境保护修复机制，实行环境污染强制责任保险制度，探索建立入湖入江排污口分类管理制度等。四是生态环境保护责任制度。深入实施河长制、湖长制、林长制，建立田长制，全面落实自然资源资产离任审计、生态环境损害责任追究和赔偿制度等。以全链条政策制度，切实把绿色制度优势转化为绿色治理优势。

（二）创新绿色发展制度

一是构建市场导向的绿色技术创新体系。创建“国家绿色技术标准创新基地”，建设绿色产业创新中心、创新联合体等平台机构；促进生态文明创新成果加速转化，推广生态文明标准验证示范，选择绿色科技向有优势的领域拓展。二是加快提升绿色技术。坚持以市场为导向，加强绿色技术和绿色产业协同创新，推进“产学研”深度融合，强化绿色核心技术攻关、促进技术成果转化推广。三是提高绿色产业集聚度。大力发展数字经济、智能经济、生命经济以及节能环保等绿色产业，不断提升绿色产业发展的集聚能力。四是持续优化绿色技术创新环境。健全绿色技术知识产权保护制度，出台绿色生态标准化原理和方法并在全省推广；引导省内绿色技术创新企业加大研发投入，激活人才、资金、项目、设备等创新要素，优化企业科技创新与成果应用的市场环境，争取用三到五年时间，培育江西本土具有国际影响力的领军企业。

（三）推进绿色转化制度

一是制定绿色产业规划。从制定产品环保地方标准入手，建立江西绿色产业认定规则体系；立足绿色产业发展方向和国家战略需求，制定发布省内绿色产业指导目录、绿色技术推广目录、绿色技术与装备淘汰目录等。二是大力发展优势绿色产业。大力发展绿色农业、生态旅游、“大健康”产业，做优做强做大省内六大优势产业，加快发展数字经济、林下经济、绿色旅游等，推动传统产业优化升级；不断增强生态产品供给能力和水平，实现生态建设与脱贫致富相结合，环境治理与产业发展相促进。三是以绿色产业链，推动疫情后经济“绿色升级”，参与构建新发展格局。“十四五”期间，推进新能源与绿色产业相融合，加快全省新能源汽车生产的整合与提升，在旅游景区、物流车辆等重点领域的推广使用率要超过80%；加快推进原有存量绿色产业转型升级；利用江西建设“内陆开放型经济试验区”的契机，将生态文明试验区建设与内陆开放型经济试验区建设进一步融合；以优良的生态环境，最优的营商环境，积极对接长三角一体化、粤港澳大湾区，形成绿色生产和绿色消费高质量有效循环。

（四）健全绿色财税制度

一是健全绿色金融体系，创新投资和融资模式。以金融改革创新提升绿色金融服务实体经济能力，进一步拓宽绿色产业融资渠道，在政府引导下，运用市场化手段将更多金融资源配置到节能、绿色减排等项目，使绿色经济发展获得有效金融支持；创新绿色保险产品，完善环境污染责任保险，实现环境污染责任保险各设区市全覆盖；制定《水资源税江西改革实施办法》，保护和利用水资源，探索建立用能权、水权、碳排放权、排污权交易制度，加快建设区域性环境权益交易平台，推进自然资源产品价格改革等。二是用财政税收杠杆激励和约束市场主体。通过行政手段和税收、金融杠杆倒逼高污染、高能耗产业企业的退出、转型和升级；制定《资源税江西暂行条例实施细则》，加强对稀土、钨等矿山资源税征收和废弃矿山修复治理；发挥财政税收杠杆的激励和约束作用，实现企业内部制度与治理有效；对接生态文明绿色发展的需求，使市场对绿色资源配置起决定作用，实现效能最大化。

（五）大力弘扬生态文化

一是坚持生态民生福祉共享。坚持生态为民、利民、惠民，促进全社会形成人与自然和谐共生的生态价值观念。二是做好生态文明立法宣传。宣传好《江西省生态文明建设促进条例》，引导人们自觉遵法守法，营造主动节约资源和保护环境的绿色生产生活方式。三是建立健全生态文化培育机制。重视生态文化创建，在全省文明城市、生态文明示范县（市）的评比中提高相关权重。四是倡导生态文明行为。将生态文明相关知识纳入国民教育体系，充分发挥生态文化在生态文明建设中的内核作用；形成政府、企业和社会共同参与多元共治的氛围。

参考文献

习近平：《关于〈中共中央关于制定国民经济和社会发展第十四个五年规划和二〇三五年远景目标的建议〉的说明》，《当代江西》2020 年 11 月。

张和平：《高标准打造美丽中国“江西样板”》，《中国经济导报》2020 年 12 月 8 日。

蒋金法、京方程：《严明生态环境保护责任制度》，《光明日报》2020 年 6 月 4 日。

韩晶、毛渊龙、高铭：《新时代　新矛盾　新理念　新路径——兼论如何构建人与自然和谐共生的现代化》,《福建论坛》（人文社会科学版）2019 年 7 月。

贾绍俊:《新时代生态文明体制改革的指导思想与正确路向》,《观察与思考》2020 年 10 月。

颜晓峰:《建设人与自然和谐共生的现代化》,《环境与可持续发展》2019 年 6 月。

李志萌、马回:《持续推进生态文明制度创新》,《江西日报》（学与思版）2020 年 8 月 31 日。

郇庆治:《建设人与自然和谐共生的现代化》,《学习月刊》2021 年 1 月。

B.25

江西传承红色基因增强人民精神力量的建议

樊 宾 庞振宇*

摘 要： 大力推进红色基因传承，是增强人民精神力量的重要抓手。江西是一片红色资源富集、充满红色记忆的红土地，在大力推进红色基因传承、增强人民精神力量方面积累了宝贵的经验。“十四五”时期，江西要进一步守好壮大红色基因传承阵地，做好红色基因传承总体部署，分类施策让红色基因入脑入心，激发红色基因传承的内生动力，完善红色基因传承的制度保障和体制机制，为新时代江西高质量跨越式发展提供强大的思想保证、文化支撑和精神力量。

关键词： 传承红色基因 精神力量 红色文化江西

党的十九届五中全会提出了“满足人民文化需求和增强人民精神力量相统一，推进社会主义文化强国建设”的要求。红色文化是当代中国的主流文化，表现为红色经典亮闪荧屏，红色歌曲唱响神州，红色教育进入课堂，红色旅游成为时尚，红色收藏持续升温，红色展陈丰富多彩，展现出朝气蓬勃的凝聚力和引领力。大力弘扬红色文化，推进红色基因传承，以满足人民文化需求和增强人民精神力量，是推进社会主义文化强国建设的重要内容。“十四五”时期是开启全面建设社会主义现代化强国新征程的第一个五

---

* 樊宾，江西省社会科学院副院长，研究方向为党史党建；庞振宇，江西省社会科学院历史研究所研究员，研究方向为党史党建。

年，既要巩固提升全面建成小康社会成果，又要为基本实现社会主义现代化开好局、起好步。在新的历史节点上，江西要保护和利用好丰富的红色资源，增强大力推进红色基因传承的政治自觉、思想自觉与行动自觉，为建设富裕美丽幸福现代化江西注入源源不断的精神动力。

一　推进红色基因传承是增强人民精神力量的重要路径

红色基因是红色文化的内核，凝结着中国共产党人坚定执着的理想信念、对党忠诚的政治品格、不怕牺牲的奉献精神、敢为人先的创新勇气、艰苦奋斗的优良作风、清正廉洁的政治本色和依靠群众的制胜法宝，是党带领人民不断走向胜利的力量源泉。大力推进红色基因传承，能够不断激发人民的工作热情和奋斗精神，推动社会主义精神文明持续进步。

（一）以红色基因传承增强人民群众革命理想高于天的信念

习近平总书记在视察江西时指出："革命理想高于天。理想信念之火一经点燃，就永远不会熄灭。在中央苏区和长征途中，党和红军就是依靠着坚定的理想信念和坚强的革命意志，一次次绝境重生，愈挫愈勇，最后取得了胜利。"在党的百年历史中，共产党人不怕牺牲、敢于斗争，依靠的就是坚定执着的理想信念。他们尽管遇到各种艰难险阻，但无惧"敌军围困万千重"，以革命理想高于天的坚定信念，在斗争中奉献自己的青春、热血、家庭甚至宝贵的生命。"敌人只能砍下我们的头颅，决不能动摇我们的信仰！因为我们信仰的主义，乃是宇宙的真理！"无数革命先烈的事迹都表明，死亡可以夺走生命，但没有任何力量能够动摇他们的理想信念。因为他们所做的一切，都是为了人民的幸福，为了实现远大的革命理想。无论党员干部，还是人民群众，心中有理想，脚下就有力量，他们坚信只要一代又一代人持续努力，理想就一定能变为现实。

理想信念是一个人奋斗前行的灯塔。在新时代，以红色基因传承引导人民群众坚定对马克思主义的信仰，对中国特色社会主义和共产主义的信念，对实现中华民族伟大复兴中国梦的信心。只有具有坚定理想信念的人，才能让自身生命得到精彩的绽放。有了远大的理想、执着的信念，站位就高了、眼界就宽了、心胸就开阔了，就能够在胜利和顺境时不骄傲、不浮躁，在困难和逆境时不消沉、不动摇，做到志不改、道不变，在实践中迎难而上、奋发有为，努力争取新的胜利。

（二）以红色基因传承激发人民群众敢闯敢干的胆识气魄

习近平总书记在视察江西时指出，“实事求是、敢闯新路，是井冈山精神的核心”。伟大的井冈山精神、苏区精神和长征精神，承载着中国共产党人敢闯敢干、开拓创新的红色基因。“闯”是井冈山精神的特质。在各地武装暴动先后失败的情况下，中国共产党人以大无畏的革命胆识闯出了一条不同于十月革命苏俄经验的井冈山道路。“创”是苏区精神的特质。赣南等原中央苏区是中国共产党最重要的治国理政的试验田。在这里，中国共产党人创造性地开启了局部执政的伟大实践，开创了“一个自由的光明新天地”。长征精神是井冈山精神、苏区精神的延续和发展。长征是一次开创新局的伟大远征。在长征途中，中国共产党人表现出浴火重生的伟大创造精神，在血与火中趟出了一条走向新胜利的革命道路。

有什么样的奋斗姿态，就有什么样的事业和成就。在新时代，以红色基因传承激发人民群众革故鼎新、一往无前的勇气和善于创造性思维、善于打开新局面的锐气，在变中求新，在变中求进。只有敢破敢立、敢闯敢试的人，才能以坚韧不拔的意志、锲而不舍的恒心，排除万难走向成功。有了敢闯敢干、锐意进取的精神状态，就能以饱满的激情、昂扬的斗志，撸起袖子加油干，用新的作为闯出一条新发展道路，为奋力夺取全面建设社会主义现代化国家新胜利做出贡献。

（三）以红色基因传承凝聚人民群众团结奋进的磅礴力量

习近平总书记在视察江西时指出，要坚持“依靠群众求胜利”。人民群众是社会实践的主体，是历史的创造者，是社会发展的决定性力量。苏区时期，中国共产党把“做群众工作”作为主要任务，提出“要如和尚念‘阿弥陀佛’那样，随时随地要念叨争取群众”。由于党和苏维埃政府真心实意地为群众谋利益，苏区人民群众发自内心地称赞说：“共产党真正好，什么事情都替我们想到了。”与民同心才能凝聚民心。人民群众从共产党人的具体行动中收获了实际利益，看到了光明前途，也深深地被感动、被鼓舞。广大苏区群众也就筑起了坚不可摧的铜墙铁壁。正是获得了人民群众的积极支持，中国革命才夺取了一个又一个胜利。

谋划发展，最了解实际情况的，是人民群众；推动改革，最大的依靠力量，也是人民群众。在新时代，以红色基因传承增强人民群众的爱国情怀、担当精神和责任意识，形成强大的感召力和向心力，构筑坚强的精神堡垒，凝聚起团结一心干事业、众志成城谱新篇的强大合力，夯实中国力量的根基。广大人民群众传承红色基因，心往一处想、劲往一处使，满腔热情地投身到建设祖国的美好未来和创造自己的幸福生活中去，就能够凝聚起众志成城的中国力量，共筑民族复兴伟业，共圆民族复兴梦想。

二 江西推进红色基因传承、增强人民精神力量的经验

习近平总书记强调，要把红色资源利用好、把红色传统发扬好、把红色基因传承好。江西是革命老区，为中国革命做出了突出贡献。中国共产党在这片红土圣地上树立起一座座红色丰碑，孕育和发展了宝贵的红色基因，留下了丰富的红色文化资源。江西把红色资源保护起来、红色传统挖掘出来、红色故事讲述开来、红色基因传承下来，在传承红色基因方面积累了许多宝贵经验。

（一）保护与利用并重，丰富红色基因传承载体

江西红色资源分布广、数量多、种类全，因此红色基因在中国共产党红色基因精神谱系中有着突出的数量优势。江西一直重视红色资源的保护与利用，探索出守好用好红色家底的“江西经验”。一是总结出经典的红色资源保护利用模式。如瑞金革命遗址与红色精品景区建设相结合、宁都革命遗址

与特色村镇建设相结合、金溪革命遗址与田园风光相结合、青原区革命遗址与传统村落相结合等红色资源保护利用模式，被写入《全国文物事业发展“十三五”规划》，在全国推广；在红色标语保护利用方面，总结出乐安普查模式、于都抢救性保护模式、宁都利用模式等；遴选一批红色名村，作为强基铸魂的政治工程。二是完善红色资源保护利用的制度环境，并针对红色资源集中和分散的不同情况，创新安全管理模式。三是红色资源保护利用与文化惠民工程相结合。维护后的革命遗址被因地制宜地开辟为农家书屋、群众文化活动室、村史馆、农村留守儿童中心、农村医疗室等公共活动场所，成为红色基因传承、增强人民精神力量的重要载体。

（二）研究与创作并行，擦亮红色基因传承品牌

利用好红色资源，研究阐释是前提。习近平总书记在视察江西时强调，身在“宝山”，一定要能识宝、会用宝。江西立足新时代，系统全面地研究红色资源，激活红色基因。一方面，整合全省研究力量，深入挖掘红色资源的丰富内涵。研究革命遗迹、旧址、革命文物背后的历史和故事，让文物说话，让历史发声，实现红色文物的“活态”形式和“活化”利用。深化对中共党史上发生在全省的重大事件、重要会议和在全省留下足迹的重要人物的研究，推出一批富有思想内容、具有理论高度和实践价值的学术成果。仅就国家级研究项目而言，截至2020年末，国家社科基金各类关于苏区史研究的项目，共计105项。其中，江西学者立项71项，约占67.6%。另一方面，加强红色文化精品创作，持续推出富有思想内涵、艺术水准，又能在市场上获得欢迎的红色文艺精品。如电视剧《可爱的中国》和电影《信仰者》获第十五届“五个一工程”奖，《可爱的中国》还荣获第三十二届中国电视剧飞天奖“优秀电视剧奖”。江西卫视的红色人文节目《跨越时空的回信》，以书信连接历史与现实，引发人民群众的热烈反响。《跨越时空的回信》之《父亲》荣获第二十六届电视文艺星光奖“优秀电视综艺节目奖”。各设区市也创作了一批红色题材的文艺精品。如吉安市的《我的母亲曾志》，荣获第十四届中国广播剧专家奖金奖。

（三）学习与实践并举，拓宽红色基因传承路径

江西创新红色教育方式和红色育人实践，充分打造教化育人和舆论引领的红色阵地，形成了红色基因传承的多重路径。一是在学习教育中传承红色基因。全国首套红色文化教材进入大中小幼课堂，逐步建立和完善大中小幼一体化的红色基因传承教学长效机制；高校把红色文化融入学科专业建设、课程教材建设和校园文化建设，与学校思政工作相融合，红色基因教育实现常态化。二是在实践活动中传承红色基因。活动是红色基因传承的重要抓手。全省深入推进红色基因进机关、进农村、进社区、进企业、进学校、进家庭、进网络等“七进”活动。精心开展“可爱的中国”主题系列活动、南昌国际军乐节等节庆活动。与文明城市、文明单位、文明村镇、文明家庭、文明校园等精神文明创建活动充分融合。通过电视、网络、手机微信、公众号、报纸等媒介扩大红色基因传承的受众范围，优化共享平台。如“守初心　担使命——百件革命文物说江西”系列活动，在电视、网络等多种传播平台上推出，社会反响强烈。三是在担当作为中传承红色基因。传承红色基因不能只停留在口头上、书面上，而是落实在工作实践中，强化党员干部的责任意识，切实肩负起党和人民的重托；以敢为天下先的改革精神、只争朝夕的创业精神、自信自强的拼搏精神，在伟大斗争中展现新气象和新作为，以工作实效体现传承成效。

（四）宣讲与体验同步，增强奋进新时代的精神力量

红色基因不仅要以群众喜闻乐见的形式飞入寻常百姓家，还要在亲身体验中化思想自觉为行动自觉，使红色基因真正活起来，进而为不懈的努力工作提供持久的精神支撑。一是通过新时代文明实践中心、专业志愿服务队、老兵宣讲团等宣讲平台，努力实现基层宣讲全覆盖。2020 年，井冈山市茅坪镇建好马源、大陇、茅坪等 6 个红色讲习所，通过课堂讲、红色遗址悟、实践点学，引领乡风文明；省文明委扶持项目瑞金市“红色基因传承专业志愿服务队”，利用瑞金丰富的红色资源，引领广大干部群众、中小学生传

承红色基因，预计到2021年5月开展活动50场，受益人数1万人以上。二是以沉浸式的红色旅游推进红色基因传承。江西做活红色旅游业态，丰富全省红色旅游产品，已成为全国红色旅游的主要目的地之一；于都县依托长征渡口、毛泽东长征前夕旧居何屋等28处红色遗址、旧址，开发跟着总书记走好长征路、于都与长征精神、祁禄山红军长征小道等8条红色旅游线路，游客以“零距离”的沉浸式体验，学习领悟红色基因，在情感上产生认同和共鸣。三是走出一条红色研学培训与红色旅游协同发展之路。“红色培训看江西”已成为业内共识，尤其是井冈山红色培训，成为“全国样板”。

江西在红色基因传承方面取得了较大成绩，但也存在着许多问题，主要表现在：一是领导干部在重视程度和主动作为上参差不齐。有的县市有较强的创新意识，而有的县市则较为被动。二是统筹布局有待加强，长效机制有待完善。量化、刚性的考核评价标准还不健全，尚缺乏必要的激励、约束和监督机制。三是红色资源开发存在较高的同质化现象。红色景点建设模式，还不能很好地满足游客多元化的学习需求。四是推进红色基因传承在内容和方式上针对性不强。不是根据不同群体的个性、特点和思想状况选择不同的传承内容和传承方式。

三　深化红色基因传承增强人民精神力量的建议

2021年2月20日，习近平总书记在党史学习教育动员大会上强调：“我们要发扬红色传统、传承红色基因，赓续共产党人精神血脉，始终保持革命者的大无畏奋斗精神，鼓起迈进新征程、奋进新时代的精气神。”红色基因根植于内心、作用于精神，能够把舵导航，校正时代的价值坐标。深化红色基因传承，必将为江西高质量跨越式发展凝聚起磅礴的精神力量。为此，我们提出几点建议。

（一）旗帜鲜明，守好壮大红色基因传承阵地

红色基因就是要传承，要把红色基因传承好，确保红色江山永不变色。

我们要充分利用革命博物馆等红色场馆，用好原址保护的红色资源以及网络等新媒体传播平台，旗帜鲜明地推进红色基因传承。

一是整合资源，加强标准化建设，坚持示范引领和统筹推进相结合。进一步开展全省红色资源的普查，摸清家底并建成江西红色资源数据库。做好红色资源的分类、提炼、优化工作，分期分批保护、修缮，夯实红色基因传承的基础。建设一批红色资源保护传承示范基地，统筹推进红色资源保护利用的区域合作。建立全省红色资源保护联席会议制度，明确责任主体，厘清工作职责。

二是把革命博物馆、纪念馆、党史馆、烈士陵园等红色场馆建设好利用好。建立健全良好的工作机制，不断丰富馆藏内容。努力建设专业的研究队伍，深入挖掘馆藏文物的文化内涵。全力打造精湛的陈列展览，把红色历史客观准确、形象生动地再现出来。倾力培育一支优秀的讲解员队伍，讲好“党的故事、革命的故事、根据地的故事、英雄和烈士的故事”。积极研发一系列红色文化产品，让观众能够把“博物馆带回家”。

三是依托重大的平台、载体项目，打造红色基因传承的精品体验基地。打造长征国家文化公园建设示范区，着力推出一批长征文化研学项目，创作一批长征文化景区演艺节目。继续推进江西党史文物保护展示工程、革命文物平安工程和革命文物集中连片保护利用工程的实施。

四是利用网络主流舆论传播平台，建立红色基因传承的网络学习基地。开发具有针对性的培训课程，进行专题教学、体验教学、拓展教学等，在网上参观、虚拟体验中满足受众的不同需求。在视频、直播、音频、社交平台、自媒体等新媒体平台推出全景 H5、快闪 H5、视频访谈、图解等红色产品。研发有核心自主知识产权的红色文化数字音频智能搜索引擎等。

（二）统筹协调，做好红色基因传承总体部署

红色基因传承要调动全社会多方力量，开展联盟合作，共同构建纵横交错、相互作用、整体融合的多级层垒协同推进机制，让人民群众在红色文化

学习中接受熏陶与洗礼，产生情感认同，争当红色先锋，产生同频共振效应。

一是由党委、政府、群团、学校、社会协力构建红色基因传承“共同体”。党委和政府发挥对红色基因传承的政策导向和顶层设计作用，工青妇等群团组织发挥协调推进的职能，学校发挥促进学生科学的世界观、人生观、价值观形成的主渠道作用，全社会协同构建红色基因传承交流平台，编织红色网络。

二是扩宽红色基因传承渠道，优化传播方式，讲好红色故事。加强与中央媒体合作，整合全省媒体资源，运用好融媒体、新媒体资源。深化与周边省份及全国红色文化大省建立互动合作机制，联合举办学术研讨会、共建红色基因传承平台、共同打造红色旅游线路、合办各类展览等活动，实现资源共享、优势互补。结合清明节、“七一”“八一”、国家公祭日、烈士纪念日等重要时间节点和重大历史事件，策划形式多样的红色主题活动。

三是规范化开展红色教育培训，建设国家红色培训示范区。整顿红色培训市场，落实红色培训机构的准入和审核管理制度。建立全省红色教育培训联盟，逐步建立主题鲜明、功能突出、系统规范的党性教育基地体系，精准化、专业化、标准化、多样化开展革命传统教育、党性教育和理想信念教育。与全国其他红色区域联动发展，建立全国红色教育培训合作机制，切实提升全省红色教育培训在全国的影响力和美誉度，领跑全国红色教育培训。

（三）分类施策，激发红色基因传承的内生动力

根据不同对象因材施教，创新传承方式，形成红色基因传承的多重路径，让红色基因入脑入心，不断激发人民群众的内生动力，汇聚红色基因传承的整体合力，达到传承红色基因的目的。

一是营造全社会各阶层传承红色基因的氛围。对于党员干部，以红色基因打造过硬党支部，引领党员干部的理想信念教育、党性教育和作风建设。对于青少年学生，将红色资源转化为教育资源，融入课程教学、日常管理、校园文化、社会实践之中，举行红色研学、纪念仪式、开展主题班会、唱红

色歌曲、红色文化创意策划大赛、红色情景剧展演评比、讲红色故事、访红色后代等适合学生年龄特点与知识结构的活动。对于其他社会群体，打造一批红色主题公园、红色街道、红色社区，推出内容丰富、形式多样、参与性强的系列活动。

二是利用新时代文明实践中心让身边人讲身边事，用身边事教育身边人。在内容设置上，坚持“小故事”与“大道理”相结合。在宣讲形式上，坚持“讲台”与“舞台”相结合，成为群众喜闻乐见的“好声音”。要把新时代文明实践中心打造成红色基因的“宣讲室”、红色文化的“展览室”和正能量的“发散地”。

三是建设各类红色基因传承实践基地，开展适合不同人群的参与式、体验式、互动式的实践活动。搭建红色基地、红色社团、红色寻访等实践平台，鼓励不同人群特别是学生利用节假日到红色遗址开展志愿服务。优化一批红色旅游精品线路和红色文化传播品牌，根据不同人群的需求，扎实开展红色资源育人实践。

四是在网络平台根据不同用户的需求精准推送红色文化。建立红色遗址、革命博物馆的“线上”展馆，举办网上展映、展播活动，开通在线直播、点播等功能，实现对红色资源的线上参观、远程瞻仰。充分利用微媒体平台传播红色文化，推动红色基因传承的叙事话语生活化。提升网络议题设置能力，让微媒体用户在互动参与中潜移默化地学习。打造网络红色文艺精品创作基地，个性化地把红色基因的价值要素融入文化创意产品之中。

（四）千帆竞发，把红色基因转化为感恩奋进的实际行动

“用实际行动把红色基因一代代传下去”，这是习近平总书记的明确要求。人民群众要自觉用红色基因滋养心灵、净化灵魂、提升境界，从中汲取奋进力量，并在实际工作中得到验证。

一是充分发挥党员干部在传承红色基因中的“旗帜”效应。带头传承红色基因，要做红色基因的坚定承继者，以做“排头兵”的使命担当，带头补足精神之钙、筑牢信仰之基。同时，要做红色基因的积极传播者，做铸魂育

人的先锋，以干在实处的自觉和走在前列的意识，引领全社会传承红色基因。

二是以一支真懂、真信、真传的红色基因传承宣讲队伍推进红色基因薪火相传。完善红色基因传承宣讲职业资格制度，强化政治引导和学术要求，打造一支以党史研究者为指导，包括专家学者、红色场馆专业讲解员、导游、历史见证人或其后代、革命烈士家属等在内的高质量高水平的红色基因传承宣传队伍。制定出台切实可行的激励扶持机制，加大对宣传队伍的培训培养，提高红色基因传承宣传队伍的科研能力和学术水平，在宣讲中激发人民群众的创新创造活力。

三是让有信仰者讲信仰，使红色基因转化为创新创造伟力。特别是学校的思想政治理论课教学，要充分发挥教师的积极性、主动性、创造性，把红色基因传承与培养担当民族复兴大任的时代新人有机结合起来。教师要讲好党史、新中国史、改革开放史、社会主义发展史，深刻阐释我们国家和民族从哪里来、到哪里去，让学生深刻认识历史和人民选择中国共产党、选择马克思主义、选择社会主义、选择改革开放的历史必然性，让红色基因深深融入血脉，见诸行动。

（五）守正创新，完善红色基因传承的制度保障及体制机制

以制度思维建立健全保障机制，推进红色基因传承的大众化、常态化、持久化。大力推进体制机制建设，创造性转化和创新性发展红色资源，充分发挥红色基因的引导功能。

一是完善红色基因传承领导机制。健全落实红色基因传承领导责任制和各级党委、政府目标责任制，对红色基因传承的目标、内容以及方式方法进行规划部署。建立健全党委统一领导、党政齐抓共管、宣传部门统筹协调、相关部门各负其责的工作格局。建立健全传承红色基因联席会议制度，明确分工、加强协调，及时研究解决工作中出现的问题。

二是完善红色基因传承运行机制。打造“红色 +”工程，提升红色资源的承载力、吸引力和感染力。构筑多元、立体、全方位的红色基因传承组织体系，形成横向到边、纵向到底的红色教育辐射网，特别是发挥工会、共

青团、妇联等群众团体的协同作用。构建网上网下一体、内宣外宣联动的主流舆论格局和全媒体传播体系。

三是完善红色基因传承评估机制。坚持定量与定性相结合，构建科学的综合评估指标体系，全面评估红色基因传承工作。加强对红色基因传承工作机制的评价反馈，包括对党性教育工作者和党性教育实施过程的评价反馈。完善群众评价反馈机制，以公众满意度指标体系和引入第三方评价体系等方式，实现对红色基因传承工作的科学评估。定期开展红色基因传承工作督促检查，发现问题及时通报，推动问题解决。

四是完善红色基因传承保障机制。健全红色基因传承财政保障机制，增加各级财政对红色资源专项资金的投入，并强化监督审计，提高专项财政资金的使用绩效。积极吸纳社会资金参与，推动形成红色基因传承多元化资金投入机制。培养和引进红色教育管理、红色旅游开发的综合性人才，加大骨干人才队伍建设。完善红色文化人才队伍的职称评聘和人才项目评选，让红色文化人才有更大发展空间。

参考文献

周静、陈再生：《习近平关于红色基因传承的重要论述及时代价值》，《党史研究与教学》2020 年第 4 期。

田延光：《努力打造红色基因传承创新高地》，《江西日报》2020 年 5 月 27 日。

黎康：《在传承红色基因中激发创新创造伟力》，《光明日报》2021 年 2 月 19 日。

龚剑飞、庞振宇：《以红色旅游为抓手推进乡村全面振兴》，《光明日报》2021 年 2 月 19 日。

中共江西省委党校课题组：《红色基因时代价值和传承发展的江西实践路径》，《智库成果专报》2020 年第 22 期。

俞银先：《关于做好江西红色资源保护和利用工作的几点思考》，《党史文苑》2019 年第 11 期。

张武明、邱辉强：《红色血脉永赓续　感恩奋进再出发——我省传承红色基因践行初心使命实录》，《江西日报》2019 年 11 月 18 日。

B.26
江西实现农业农村现代化需重点关注的若干问题

李志萌　张宜红 等*

摘　要：　在分析“十三五”江西农业农村发展成效的基础上，“十四五”江西农业农村现代化需科学把握新形势，重点关注农业产业高质高效的“弱项”、乡村宜居宜业的“不足”、农民富裕富足的“难点”、生产要素向农村流动的“堵点”四大问题，着力从以“优种、优地”保障粮食和农产品安全、以“三链”融合提高农业质量效益和竞争力、以“均衡”发展加强基础设施和公共服务建设、以“改革创新”促进生产要素向农村回流和集聚、以“有效衔接”抓好脱贫攻坚与乡村振兴接续实施五个方面突破，努力建设新时代“五美”乡村，走出一条具有江西特色的农业农村现代化发展之路。

关键词：　农业　农村　江西

习近平总书记在中央农村工作会议上指出，“民族要复兴，乡村必振

* 课题组组长：李志萌，江西省社会科学院江西发展战略研究所所长、研究员，主要研究方向为生态经济、农业经济；课题组成员：张宜红，江西省社会科学院江西发展战略研究所副所长、副研究员，主要研究方向为农业农村发展；盛方富，江西省社会科学院江西发展战略研究所副研究员，主要研究方向为区域经济、农业农村经济；陈宁，江西省社会科学院科研处副处长，主要研究方向为环境社会学；王露瑶，江西省社会科学院江西发展战略研究所研究实习员，主要研究方向为生态经济、农业农村发展；龚梦玲，江西省社会科学院江西发展战略研究所研究实习员，主要研究方向为农业农村发展。

兴”，“要举全党全社会之力推动乡村振兴，促进农业高质高效、乡村宜居宜业、农民富裕富足”。在开启全面建设社会主义现代化国家江西篇章之际，亟须总结“十三五”时期江西农业农村现代化发展成效，科学研判“十四五”时期全省“三农”工作面临的形势与需重点关注的问题，进而提出具体突破路径，努力建设彰显产业兴旺之美、文明淳朴之美、共建共享之美、自然生态之美、和谐有序之美的新时代“五美”乡村，走出一条具有江西特色的农业农村现代化发展之路。

一 “十三五”时期江西农业农村发展成效

“十三五”时期，是全省脱贫攻坚的决胜阶段，是与全国同步全面建成小康社会的决胜阶段，是加快转变农业发展方式，推进农业供给侧结构性改革的攻坚期，是正式开启农业农村现代化征程的“两个百年”历史交汇期。江西牢固树立创新、协调、绿色、开放、共享五大发展理念，以提高质量效益和竞争力为中心，以推进农业供给侧结构性改革为主线，以多种形式适度规模经营为引领，着力转变农业经营方式、生产方式、资源利用方式和管理方式，全力走出“产出高效、产品安全、资源节约、环境友好”的江西现代农业强省之路和乡村振兴之路，为“十四五”时期农业农村现代化发展奠定了坚实的基础。

（一）农业综合生产能力稳步提升

一是主要农产品供给能力不断提升。江西农业在全国具有得天独厚的优势和非常重要的地位，以占全国2.3%的耕地和3.3%的人口，生产了全国3.6%的粮食，是新中国成立以来从未间断输出商品粮的省份之一，是粤港澳大湾区、闽三角、长三角等沿海发达地区农产品的重要供应基地。2020年，全省粮食总产量432.8亿斤，连续五年稳定在430亿斤以上，确保持续巩固了全国粮食主产省地位，生猪产能全面恢复到2017年水平，蔬菜综合生产能力稳步提升，为保障国家粮食安全和重要农产品供给做出了“江西贡献”。二是高标准农田加快建设。创新性提出了“三变、三创、八结合”的高标准农田建设经验做法并向全国推介。截至2020年底，累计建成高标准农田2846万亩，占全省耕地面积比重达61.4%，位居全国前列，有效提升了粮食综合产能。三是农业科技化水平不断提高。在全国首创基层农技推广体系改革“综合建站”模式，并被农业部列为向全国推广的六大模式之一；建成22个省级现代农业产业技术体系，实现优势特色产业全覆盖；全省主要农作物综合机械化率达到75.9%、水稻综合机械化率达81%以上，均高于全国平均水平。

（二）农业农村改革不断深入

江西是全国农业农村改革策源地之一。一是扎实做好农村土地承包经营权确权登记颁证。2015年以来，整省推进农村集体土地确权登记颁证工作，创造了“江西确权七步工作法”，有序推进农村承包地“三权分置”，土地流转面积1855万亩，流转率50.3%，比2015年提高了20个百分点。二是全面完成农村集体产权制度改革整省试点任务。年经营性收入10万元以上的村占比70%左右，基本消除薄弱村。2020年，湖口、余江、大余、永丰等四个县入选中央新一轮农村宅基地制度改革试点。三是农村综合产权交易中心建设加快推进。重点加大乡级农村综合产权交易中心建设力度，全省共建成11个市级流转服务中心、102个县级流转服务中心、1454个乡级流转服务中心，基本实现“全覆盖、互联互通”，并在此基础上建设市县乡三级农村综合产权交易中心。

（三）绿色生态优势不断彰显

牢固树立保护优先、绿色发展的理念，大力实施绿色生态农业“十大行动”，助推农业发展质量与生态环境稳步提升，绿色、健康、有机已成为江西农产品的代名词。一是产地环境更优。2020年全省畜禽粪污综合利用率达93.0%，比2016年高出17个百分点（见图1）；农药化肥用量连续五年负增长，农药、化肥利用率分别达44%、41.5%，均高于全国平均水平；畜禽粪污综合利用率、规模场粪污处理设施装备配套率分别达到93%、98%以上，比2015年分别提高18个、19个百分点；农作物秸秆综合利用率94%以上，比2015年提高9个百分点，农膜回收率超80%，率先在长江流域重点水域实现全面禁捕退捕，破坏渔业资源形势得到有效遏制。二是产品质量更好。截至2020年末，全省累计创建国家农产品质量安全县（市）10个、全国绿色食品原料标准化生产基地48个、省级绿色有机农产品示范县46个；绿色有机地理标志农产品总数达3482个；农产品检测总体合格率连续保持在98%以上，多年受到农业农村部的致函肯定。三是农产品品牌更响。“生态鄱阳湖·绿色农产品”不断唱响，大力打造“赣鄱正品”品牌建设体系，培育一大批知名区域品牌，其中赣南脐橙以678.34亿元列全国区域品牌（地理标志产品）第6位，稳居水果类第一；赣南脐橙、庐山云雾茶、崇仁麻鸡等12个品牌入选“2020中国区域品牌（地理标志产品）百强榜”。

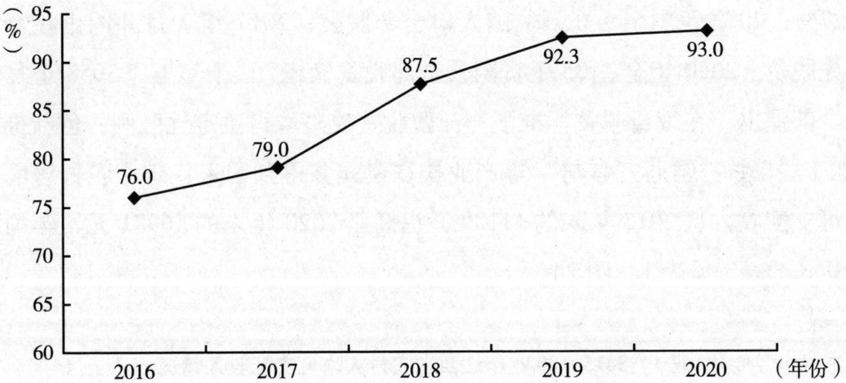

图1　2016～2020年江西省畜禽粪污综合利用率

资料来源：江西省农业农村厅。

（四）农村治理能力不断提升

截至2020年底，农村人居环境整治三年行动目标基本实现，在全国率先全面启动了“五定包干”村庄环境长效管护，71个县实现城乡环卫“全域一体化”第三方治理，农村生活垃圾无害化处理率达到99%；107个县

（市、区）和功能区开展城乡供水一体化工作，建成农村污水处理设施5403座；“厕所革命”三年攻坚任务超额完成，农户无害化卫生厕所普及率94.1%；全省新农村建设覆盖65%的村组，中央农办《农村要情》先后两次以“专刊”形式，向全国推介江西“整洁美丽，和谐宜居”新农村建设的典型经验。此外，江西还探索出了一系列乡村治理模式。上饶好客王家通过“基层党组织+村规民约”引领乡风文明，赣州大力推进乡风文明行动引领文明新风尚，不推山、不砍树、不填塘，推进乡村自然生态治理，打造“生命共同体”。

（五）农村居民收入不断提高

全省农村贫困人口从2016年末的113万人减少至2019年末的9.6万人，累计减少103.4万人，贫困发生率由2016年的3.30%降至2019年的0.27%。2020年剩余9.6万贫困人口全部脱贫；2017年2月井冈山在全国率先脱贫。2020年全省25个贫困县全部脱贫摘帽，“十三五”3058个贫困村全部退出，在现行脱贫标准下，江西脱贫攻坚取得决定性胜利，创新推行“四个一”“一领办三参与”等产业扶贫模式并得到国家肯定。农村居民人均可支配收入从2015年末的11139元提高至2020年末的16981元，年均增速达8.8%（见表1、图2）。

表1　2015～2020年江西省农村人均可支配收入情况

单位：元，%

年份	人均可支配收入	同比增长
2015	11139	10.1
2016	12138	9.0
2017	13242	9.1
2018	14460	9.2
2019	15796	9.2
2020	16981	7.5

数据来源：江西省统计年报。

图2　2016 年至 2020 年末江西省贫困人口和贫困发生率

数据来源：根据公开数据整理。

二　“十四五”江西农业农村工作面临的形势

“十四五”时期，江西推进农业农村现代化，需立足新时代我国社会主要矛盾发生变化的国情、建设现代农业强省目标，科学把握四大趋势。

（一）“三农”工作重心发生历史性转移

从世界百年未有之大变局看，稳住农业基本盘、守好“三农”基础是应变局、开新局的“压舱石”。习近平总书记指出，脱贫攻坚取得胜利后，要全面推进乡村振兴，这是“三农”工作重心的历史性转移。这一重要论断科学回答了全党高度重视的一个关系大局的重大问题，为“十四五”时期做好全省“三农”工作指明了方向，一方面做好巩固拓展脱贫攻坚成果同乡村振兴有效衔接，另一方面压实各级党委政府第一责任，像打赢脱贫攻坚战一样，举全省全社会力量全面推进乡村振兴。

（二）新发展格局下农村发展空间巨大

构建新发展格局，把战略基点放在扩大内需上，农村有巨大空间，可以大有作为。随着经济水平的提升，居民消费逐渐向绿色、健康、安全发展，为江西优质绿色农产品有效供给和价值实现提供了重要契机。随着乡村振兴全面推进，农业农村基础设施建设将不断加快、农业农村有效投资将不断扩大，为实现农业农村现代化提供了重大历史契机。

（三）数字化为农业农村现代化注入新动力

随着数字中国建设深入推进，移动互联网、大数据、云计算、人工智能等新一代信息技术将迅速融入农业农村生产生活各领域，不断催生新产业、新业态、新模式。“十四五”时期江西应抢占数字化先机，统筹好数字经济、智慧农业、数字治理与乡村振兴发展，为实现农业农村现代化提供有力支撑。

（四）优种资源为农产品更高水平供需动态平衡提供了契机

中央经济工作会议明确，2021 年重点工作之一是解决好种子和耕地问题，加强农业“芯片”种质资源保护和利用、种子的选育生产和经营，打一场种业翻身仗。江西优良种质资源丰富，是我国保存稻种资源最多的省份之一，拥有乐平花猪、崇仁麻鸡、南丰蜜橘、广昌白莲等地方优良品种。同时，江西以现代技术实现了优良品种“野败”籼杂交水稻、“赣无系列”优质高产油茶等选育创新。育种核心技术的创新和推广，江西将推进全省绿色有机农业以及农业产业基础高级化、产业链现代化，深度对接长三角、闽三角、粤港澳大湾区；促进农业产业链、供应链、价值链“三链”融通、协同提升，形成需求牵引供给、供给创造需求的更高水平动态平衡。

三 “十四五”江西农业农村现代化需关注的重点问题

对标新时期农业农村现代化要求，“十四五”时期江西农业农村现代化需重点关注四大问题。

（一）农业产业高质高效存在“弱项”

一是优质农产品有效供给不足。江西是“粮猪型”农业结构，但优质稻种植比重只有25%左右；江西部分优秀地方种猪已濒危，除了农村一些散户家里和保种场外，已难觅江西本地品种猪的身影。目前，江西大众农产品多，优质原产地的农产品往往“优种”但“小众”，产能不大，在全国叫得响的品牌不多，农产品供给结构与消费升级需求不匹配。二是农村产业链式发展不够。“链主”型农业龙头企业，特别是农产品加工龙头企业少，龙头企业中建立研发机构的不足35%。如谷物衍生产品开发不够，米乳、米蛋白等附加值高的加工企业极少，精深加工产品加工总量不到稻米总量的1%；2020年是江西脐橙、蜜橘丰果年，但加工能力不足，如南丰蜜橘年均产量26亿斤，但深加工率仅约2%，而正常年份的烂果率在7.7%左右，在天气不好或市场滞销时烂果率甚至高达20%。企业创新力不强，直接制约产业链延伸的长度和融合链拓展的深度。三是农业数字化水平不高。根据农业农村部信息中心联合中国国际电子商务中心研究院公开的《2020全国县域数字农业农村电子商务发展报告》，2019年江西县域农产品网络零售额在全国排第16位、中部第5位，居全国中游、中部靠后。

（二）乡村宜居宜业存在“不足”

一是乡村治理能力薄弱。基层党组织建设不完善，党员队伍老化，年轻、高学历党员少，由于经费不足，有的村“两委”班子出现无力办事、无心理事、无人管事“三无”现象。乡村治理主体参与不足。村民自治组织“形式大于内容”，缺乏参与农村发展规划、基本建设、权益维护等乡村治理的途径。乡村法治建设较为薄弱。部分群众法律意识淡薄，“不懂法、不用法、不信法”的现象时有发生。农村的陈规陋习未得到有效遏制。二是农村生态文明建设仍是短板。尽管近年来全省农村人居环境大为改善，但由于历史欠账较多，农村产业污染复杂化，村民生态环境意识不足，“自扫门前雪”“室内现代化，室外脏乱差”等问题仍突出。三是农村公共服务供给不足。城市和农村发展不平衡，当前农村公共服务体系建设相对滞后，农村公共服务供给总量不足。农业基础设施特别是新型基础设施供给不足，交通和通信设施与农业农村现代化的要求不匹配。

（三）农民富裕富足存在“难点”

一是工资性收入增速下降成为较大挑战。2019 年全省农民工资性收入占比为 42.4%，收入增幅收窄，叠加新冠肺炎疫情冲击，农民务工增收形势不容乐观。二是经营性收入总量不高且占比呈下降趋势。2016 年至 2019 年全省农民经营性收入占比分别为 38.7%、36.8%、36.5%、36.1%，下降态势明显。三是财产性收入难以扩大。2019 年全省农民财产性收入占比仅为 1.6%，一直处于较低水平。四是稳定农民转移性收入成难题。2019 年全省农民转移性收入占比为 19.9%，比全国平均水平低 0.7 个百分点（见表 2）。2020 年受疫情的影响外出务工的难度加大，收入减少，长江重点水域，特别是鄱阳湖区“退捕禁捕”涉及渔民的转产就业，对农民（渔民）增收形成巨大挑战。

表 2　2016～2019 年江西省农村居民人均收入结构情况

单位：元，%

年份	工资性收入		经营性收入		财产性收入		转移性收入	
	金额	占比	金额	占比	金额	占比	金额	占比
2016	4954.66	40.80	4692.3	38.70	204.37	1.70	2286.39	18.80
2017	5609.17	42.40	4868.8	36.80	214.23	1.60	2549.62	19.30
2018	6120.98	42.30	5271.87	36.50	235.46	1.60	2831.58	19.60
2019	6699.2	42.40	5701.18	36.10	257.38	1.60	3138.53	19.90

数据来源：江西省统计局。

（四）生产要素向农村流动存在“堵点”

一是农村土地改革亟待深化。全省农村土地承包权有偿退出尚待破题，土地经营权流转不规范，农村集体经营性建设用地入市、宅基地“三权分置”改革的具体操作细则、相关配套政策尚未出台。二是农村资金多元投入机制亟待健全。全省财政涉农资金投入不足且整合不够到位，多头下达、“撒胡椒面”等问题仍较突出。农村金融产品创新不足，全省土地经营权抵押贷款仍停留在探索阶段，农业保险存在农民“不愿保”和保险公司“不愿设”难题。工商资本、社会资本进入农村的路径不畅，并存在“非粮化”“非农化”倾向。三是乡村人才匮乏。乡村引人留人吸引力不足，特别是懂技术、懂市场、懂农业的实用人才，农业经营管理、环境治理、文化传播等人才严重不足。

四 “十四五”时期江西实现农业农村现代化的突破路径

“十四五”期间，江西农业农村现代化要从以下五个方面寻求突破。

（一）以“优种、优地”保障粮食和农产品安全

进一步解决好“种子和耕地”问题。一是夯实粮食安全基础。进一步加强高标准农田建设，提升耕地质量标准，同时重视中低产田改造，充分发挥土地的潜力和抗风险能力，增强高品质农产品和服务供给能力。解决好农民种粮和地方政府抓粮的积极性问题，持续深化农业供给侧结构性改革，健全专业化社会化服务体系。二是打造全国种业创新高地。对全省优质种源进行普查，建设农作物种质资源库，打造可存可取的“种子银行”，推进江西农业大学、省林科院、省水生生物研究所等科研院所与企业联合育种攻关，实现育种核心技术创新。引进培育一批大型种业集团。恢复生猪生产，特别是对江西“土猪”种猪的保护，借鉴湖南“花猪”保护利用模式，通过引进商业模式留住地方猪品种，实现质量和效益并重，确保“舌尖上的美味与安全”。

（二）以生态型、现代化的“三链”融合提高农业质量效益和竞争力

强化绿色农业、数字农业、智慧农业发展，以科技赋能融入“双循环”

新发展格局，做大做强一批“链主”领航企业，提高农业质量效益和竞争力。一是延伸整合产业链。着眼打造全国知名绿色有机农产品示范基地，建设一批产加销一体、产业链条完整的现代农业产业园和农村产业融合示范区。二是重塑提升价值链。实施农产品加工业提升行动，加快形成一批百亿级、千亿级农产品加工优势产业集群；建立健全“赣鄱正品”认证体系，打响优势企业、区域农产品品牌，打通线上线下销售渠道，持续提升“生态鄱阳湖·绿色农产品”品牌影响力。三是优化融合供应链。建立农产品优化品种结构正面清单和负面清单制度，构建融合现代仓储、冷链物流、配送、质量保障等环节的市场供应链体系。促进农产品生产与市场对接的最优化，推动农业劳动生产力提升和农民生产经营性收入增加。深挖休闲农业潜力，打造长三角、闽三角、粤港澳大湾区等地首选的“米袋子”“菜篮子”“果盘子”“花园子”。

（三）以“均衡”发展加强基础设施和公共服务建设

实施乡村建设行动，持续补齐农村基础设施短板，不断增加与城乡基本公共服务均等化相适应的乡村公共服务供给，建设宜居宜业新农村。一是深入开展生态文明建设。持续深化农村人居环境整治，加大农村人居环境整治资金扶持力度，加快推进农村生活垃圾处理、生活污水处理，以钉钉子精神推进农业污染防治、农业废弃物资源化利用等设施建设，将有机农产品基地建设与农村生态环境治理相结合，将农村生态景观改造与生态环境治理相结合，提升农村生活环境和村民生活质量。二是加强公共基础设施建设。推进农村水电路气网等基础设施建设，大力实施数字乡村和智慧农业设施建设。以专业化、社会化运行管护机制创新管理农村公共基础设施。三是增加乡村公共服务供给。探索建立健全统筹城乡公共服务优先投入机制，加快提升教育、医疗、卫生、社会保障、文化体育等城乡公共服务一体化水平。推动县乡一级的行政服务向行政村延伸，建立村级公共产品产权清单制度，构建具有江西特色的乡村公共服务体系。

（四）以“改革创新”促进生产要素向农村回流和集聚

以改革创新为动力，充分释放农业农村发展活力，推进农村和城市协调融合，打通生产要素向农村回流和集聚流通的“梗阻”。一是深化农村土地改革。探索开展进城落户农民依法自愿有偿退出土地承包权试点，由村集体通过土地入股、土地托管等方式经营村民土地，建立新型“合作农场”经营模式。探索增加农民财产性收入新渠道。二是加快农村金融改革创新。推动涉农金融机构在县域及乡镇创设一批专营服务机构，设立“普惠金融+服务站+村委会”基层服务网点，大力发展乡村数字普惠金融。推广订单、仓单质押等产业链、供应链金融服务新模式。设立涉农贷款风险补偿基金，支持工商资本和社会资本有效投入“三农”。推动保险机构创设具有江西农产品特色险种，推动险种设立权限下移。三是畅通各类人才下乡渠道。积极吸引乡贤等返乡下乡，创新性出台支持继承祖宅的乡贤回乡的政策，以“实心人”改变“空心村”。新建、提升、拓展、整合一批具有江西区域特色的返乡下乡人员创业创新园区（基地）、产业集聚区，形成加工园、电商园、休闲旅游园等。引导人才向农村回流集聚，让更多乡村振兴人才引得回、留得住、干成事；同时增加农民就地就业的工资性收入。

（五）以“有效衔接”抓好脱贫攻坚与乡村振兴接续实施

巩固拓展脱贫攻坚成果同乡村振兴有效衔接。一是巩固脱贫成果防止返贫。严格按照“四不摘”5年过渡期的要求，对已摘帽的贫困县、贫困村、贫困户“扶上马送一程”。特别关注江西长江重点水域退捕渔民上岸就业稳得住、逐步能致富，升级改造扶贫车间，以高质量发展提供更多更高质量的就业岗位。二是推动减贫政策向乡村振兴制度化体系化保障转型。通过“退出、保留、加强、新设”逐项分类优化调整现有帮扶政策，合理把控调整节奏、力度、时限，稳步实现由集中资源支持脱贫攻坚向全面推进乡村振兴的平稳过渡。三是聚焦“五大振兴”抓好衔接。以新时代“五美”乡村为目标任务，更加注重市场机制，推动产业扶贫向产业振兴提档升级；注重人才下沉和本土培育，抓好人才振兴这一关键；注重拓展和创新“两山”转换通道，把生态资源转换成绿色经济优势，实现生态振兴；注重振兴乡村优秀文化，以文化建设为乡村振兴塑形铸魂，激发群众内生动力，健全自治、法治、德治相结合的乡村治理体系；更加注重组织领导衔接，强化县委书记作为乡村振兴的“一线总指挥”，建设一支政治过硬、本领过硬、作风过硬的乡村振兴干部队伍，把乡村振兴作为培养锻炼干部的广阔舞台，整体推进乡村振兴能力现代化。

参考文献

2021 年中央农村工作会议：《中共中央　国务院关于全面推进乡村振兴加快农业农村现代化的意见》，新华社，2021 年 1 月 4 日。

江西省委农村工作会议：《坚定不移建设新时代“五美”乡村　努力在全面推进乡村振兴上走前列》，《江西日报》2021 年 2 月 4 日。

《2021 年江西省政府工作报告》，《江西日报》2021 年 2 月 8 日。

魏后凯：《“十四五”时期中国农村发展若干重大问题》，《中国农村经济》2020 年第 1 期。

柴曦：《“十四五”期间如何推进农业农村高质量发展?》，《中外农业概览》2020 年第 8 期。

彭超、刘合光：《“十四五”时期的农业农村现代化形势、问题与对策》，《改革》2020 年第 2 期。

陈明星：《“十四五”时期农业农村高质量发展的挑战及其应对》，《中州学刊》2020 年第 4 期。

《全面推进乡村振兴，中央这样谋划——中央农村工作会议传递五大新信号》，《大社会》2020 年 12 月 15 日。

B.27

江西推进社会治理现代化走前列的对策建议

钟小武　涂龙峰 等*

摘　要：推进社会治理现代化是江西在新的起点上贯彻落实习近平总书记重要指示精神和践行以人民为中心的发展思想的重要方面。本文从人口结构、区域发展、社会矛盾、社会特征角度分析了江西省推进社会治理现代化走前列面临的形势与挑战，梳理了江西推进社会治理现代化走前列的优势和短板，提出了“加强党的建设，突出核心引领作用”“聚焦民生短板，凝聚治理合力”“推动减负增效，夯实基层治理根基”“加强机制创新，提升治理效能”“加强专业化建设，提升现代化水平”“强化应急管理，完善公共安全体系”等对策建议。

关键词：社会治理　党的建设　江西

推进社会治理现代化，是完善和发展中国特色社会主义制度、推进国家治理体系和治理能力现代化的必然要求。党的十八大以来，习近平总书记就

* 课题组组长：钟小武，江西省社会科学院党组成员、副院长，主要研究方向为社会政策、宣传文化、马克思主义中国化。课题组成员：涂龙峰，江西省社会科学院社会学研究所副所长，主要研究方向为应用社会学；方芳，江西省社会科学院社会学研究所副研究员，主要研究方向为应用社会学；程秀敏，江西省社会科学院社会学研究所助理研究员，主要研究方向为应用社会学；刘月平，江西省社会科学院社会学研究所助理研究员，主要研究方向为应用社会学；程激清，江西省社会科学院社会学研究所助理研究员，主要研究方向为应用社会学。

加强和创新社会治理发表一系列重要讲话、作出一系列重要指示，为推进社会治理现代化指明了前进方向、提供了根本遵循。80 多年前，以瑞金为中心的中央苏区是中国共产党最重要的治国理政试验田。2019 年 5 月，习近平总书记时隔三年再次视察江西，提出了“五个推进”的重要要求，其中之一就是切实保障和改善民生、推进社会治理创新，指示我们要坚持系统治理、依法治理、综合治理、源头治理，打造共建共治共享的社会治理格局。《中共江西省委关于制定全省国民经济和社会发展第十四个五年规划和二〇三五年远景目标的建议》指出“十四五”时期全省经济社会发展的主要目标之一是“社会治理成效保持全国一流水平”，提出要“提升民生改善和社会治理水平，在增进老区人民福祉上走前列”。“十四五”时期及未来很长一段时间，加强和创新社会治理，打造共建共治共享的社会治理格局，让全省人民共享发展红利，为国家治理提供“江西经验”“江西实践”，推进社会治理现代化走前列，是江西在新的起点上贯彻落实习近平总书记重要指示精神和践行以人民为中心的发展思想的重要方面。

一　推进社会治理现代化走前列面临的形势与挑战

近年来，江西实现了社会和谐稳定与经济社会高质量发展的良性循环，截至 2020 年底，江西连续 16 年被相关国家部委评为全国社会治安综合治理考评优秀省。与此同时，当前及未来的一段时间，社会转型加速，人口结构、城乡结构深刻变化，社会矛盾和社会风险不确定性增加，信息社会、网络社会加快到来，也给新时代社会治理提出了一系列新挑战新要求。

（一）人口结构方面：虽然仍然处于人口红利期，但老龄化程度将逐步加深，全省人口总抚养比①将继续提高

一方面，未来五年，江西依然处于人口红利期。2014～2019 年，江西

① 即总体人口中非劳动年龄人口数与劳动年龄人口数之比。

省人口平均增长率达到 0.52%，增长率在中部地区排名第三；2019 年，劳动年龄人口占总人口比重为 68.71%，全省 6 岁以上人口受教育水平为初中及以上的达到 67.84%，外出务工人员回乡创业趋势增强，可为未来五年经济社会发展提供丰富的人力资源储备。

另一方面，人口老龄化程度不断加深，人口总抚养比将接近 50%。人口结构的标志性变化会对社会发展与治理造成较大的压力。按照国际通用的划分指标，当一个国家或地区 65 周岁及以上人口占比超过 7% 时，说明社会已老龄化；当超过 14%，说明已成为深度老龄化社会；当超过 20%，说明进入超老龄化社会。2005 年，江西这一比例为 7.3%，已经步入老龄化社会；2019 年已达 11.0%，预计“十四五”期间会加速，将给养老金及养老服务供给带来较大压力。与此同时，2014 年以来，除“全面二孩”政策实施后的两年（2016 年及 2017 年）外，人口出生率和人口自然增长率均呈下滑趋势，育龄妇女数量呈现结构性下降，人口流动也主要是流出为主，人口总量呈现缓慢增长态势。进入“十四五”时期，随着“全面二孩”政策实施的堆积效应消失，江西省人口总量增长率将会进一步走低。与此同时，江西省人口抚养比不断增加，2019 年末，全省老人抚养比和少儿抚养比相加达 45.54%，预计在“十四五”期间将突破 50%。根据江西省民政厅统计，全省还有孤弃儿童、事实无人抚养儿童、农村留守儿童、困境儿童等需要特殊关爱的儿童近 100 万人，数量位列全国第 4 位。

（二）区域发展方面：城乡区域发展将进入新阶段，城镇化水平将突破60%，但农村空心化程度也将随之进一步加重

一方面，城乡区域发展将进入新阶段。《江西省国民经济和社会发展第十四个五年规划和二〇三五年远景目标纲要》显示，2020 年，江西省常住人口城镇化率达 58.6%，户籍人口城镇化率达 41.5%。“十三五”期间，常住人口城镇化率年均提高了 1.4 个百分点，2025 年江西省常住人口城镇化率目标值为 64%，城乡区域发展将进入新阶段，城市的治理将成为社会治理的主战场。

另一方面，越来越多以农村青年为主体的人口流入城市，村庄空心化程度将进一步加重。户籍人口城镇化率与常住人口城镇化率较大比例差距的背后是大量的农民变成了“市民”，或者进城务工和生活。从调研走访的情况来看，农村事实上的老龄化程度比统计数据更为严重，城市近郊的年轻人大多在就近城市务工或在兼业，早出晚归，每日奔波在城乡之间；距城市较远的农村青壮年则大多外出务工，重要节假日才能返乡。但多数进城务工农民无法享受与城市居民同等的社会保障待遇，尤其是涉及养老、失业等方面，对社会公平和公共服务均等化提出了更迫切的要求。

（三）社会矛盾方面：进入利益型矛盾凸显期，社会风险不确定性增加

一方面，当前进入矛盾易发多发期，特别是利益型矛盾多发。主要涉及城乡建设、劳动和社会保障、农村农业、国土资源、政法等领域。同时，随着交通和互联网的发达，赴京上访人数在增加，把矛盾化解在基层的难度加大。

另一方面，社会风险的不确定性增加。在全球性生态环境恶化的时代，灾难、疾病等公共危机愈加频发。随着人员流动更加便捷、更加发达，社会风险的不确定性增加。以新冠肺炎疫情的暴发为例，疫情、舆情、社情以前所未有的状态挟裹在一起，形成了对治理能力和风险应对能力的一次大考。从重点群体来看，第一代农民工①由于年龄、能力、身体状况等的影响，开始陆续返乡；一些外出务工人员素质相对较低，面临被智能机器淘汰返乡的危险；一些 20 世纪 90 年代国企改革过程中下岗失业的员工也陆续到了退休年龄，上述群体的社会保障和就业问题若得不到有效解决，将对社会稳定带来较大挑战。

① 主要指 20 世纪 60 年代出生、八九十年代外出务工的农民。

（四）社会特征方面：信息社会、网络社会、数据社会加速到来，互联网及数据治理能力和水平，成为社会治理的重要指标和核心驱动力

信息流通和互动逐步网络化，使得互联网和数据治理能力和水平，成为社会治理的重要指标和核心驱动力。移动互联网不断普及，越来越多的人用上了智能手机，微信和抖音成为联系和互动的主要工具之一，微信群成为新的公共空间，人们在互联网的场域中获取信息、维护关系、参与公共讨论。江西省通信管理局数据显示，截至2020年底，全省移动电话用户达到4249.4万户，其中5G用户达到965.6万户；固定宽带接入用户达到1510.5万户，移动互联网用户达到3599.3万户。网络基础设施不断完善的同时，也亟须加快完善网络社会治理，适应网络化信息化社会下人们信息获取与社会交际方式，提升社会治理的针对性和有效性。

二　江西推进社会治理现代化走前列的优势和短板

课题组比较了2020年江西与全国的基本概况，对江西推进社会治理现代化走前列、构建社会治理新格局的优势和短板进行了分析梳理。

（一）基础和优势方面

1. 经济基础不断夯实

一是经济增长迅速。2020年江西地区生产总值达2.57万亿元，提前两年实现比2010年翻一番；GDP在全国排名比2015年末提升3位；人均地区生产总值超过8000美元，人均可支配收入超过28000元。二是产业结构更加优化，2015年三次产业结构为10.2∶49.9∶39.9，2020年优化为8.7∶43.2∶48.1。其中数字经济成绩亮眼，其增加值占地区生产总值比重达30%左右；科技含量不断提高，高新技术产业增加值占规模以上工业增加值比重比2015年末提高10个百分点以上。

2. 文化基础底蕴丰厚

一是红色文化底蕴厚重。江西在革命战争时期孕育了伟大的井冈山精神、苏区精神、长征精神。赣南等原中央苏区是我党治国理政的重要试验田，留下了国家政权建设和社会治理的红色智慧和红色经验。这一时期的工作作风、治理手段、动员技术和先进理念，为加强和创新江西省社会治理提供充足养分。二是乡贤文化历史悠久。近些年来，大量的新乡贤通过各种方式参与乡村社会治理，弥补了乡村社会治理资源的不足；同时以家规、家训和家风等为主要标志的优秀家族文化元素为乡村社会提供了良好的道德规范。三是新时代文明新风不断形塑，以全国新时代文明实践中心试点建设为契机，通过开展理论宣讲、移风易俗、志愿服务等活动，习近平新时代中国特色社会主义思想深入人心、落地生根的种子在赣鄱大地广泛播撒，基层治理有了大提升，群众获得感、幸福感、安全感不断增强，“听党话、感党恩、跟党走”的思想和行为更为坚定。

3. 民生基础不断筑牢

一是民生福祉持续改善。2020 年全省民生领域支出 5294 亿元，占财政支出比重达到 79.4%。二是基本公共服务均等化水平不断提高，义务教育提前两年实现整省基本均衡，高等教育进入普及化阶段。2020 年，江西省教育支出增长 6.1%，比全国 4.4% 的增速高出 1.7 个百分点；基本养老保险参保率为 95%，比 2015 年高出 10 个百分点。三是群众的生活水平和质量不断提高。全面建成小康社会取得决定性成就，居民人均可支配收入提前实现比 2010 年翻番目标，城、乡居民可支配收入从 2015 年的 26500 元、11139 元，增长到 2020 年的 38556 元、16981 元。四是群众的安全感更加充实。坚持深入推进平安江西、法治江西建设，扫黑除恶专项斗争持续保持全国第一方阵，连续 16 年获评为全国综治考评优秀省，2020 年全省公众安全感为 98.87%，满意度为 98.31%，创历史新高。

表1 2020年全国与江西基本概况对比

区域	地区生产总值排名	年末常住人口城镇化率(%)	人均可支配收入(元)	城市居民人均可支配收入(元)	农村居民人均可支配收入(元)
全国	—	超过60	32189	43834	17131
江西	15	58.6	28017	38556	16981

数据来源：《中华人民共和国2020年国民经济和社会发展统计公报》《江西省国民经济和社会发展第十四个五年规划和二〇三五年远景目标纲要》。

4. 实践基础不断累积

一是积极推行市域社会治理现代化试点，搭建基层实体化综治中心平台，推动网格化管理，形成社会治理“一张网”；二是实施农村“法律明白人”培养工程，截至2019年底培养了一支301.5万人的“法律明白人”队伍；三是构筑了平安共创、责任共担、矛盾共调等多种治理体制、机制、制度，有效保障治理能力的发挥；四是推进基层组织、专业队伍、条件配套等建设更加规范，夯实基层治理基础；五是探索典型经验，如吉州区“人文社区、温馨家园”社区治理服务模式被评为“中国社区治理十大创新成果”；余江县以宅基地制度改革为突破口，实现多方协商共治，探索出多元主体民主协商共治的新型乡村治理模式；寻乌巡回审判法庭助推基层治理，获最高人民法院肯定。

（二）短板与弱项方面

1. 民生保障仍有短板

一是人均可支配收入不高。2020年，全省居民人均可支配收入为28017元，比全国的32189元低了4172元；二是城乡居民人均可支配收入绝对数差距不断拉大，由2015年的15361元上升为2020年的21575元，拉大了6214元。

2. 自治组织比例偏低

一是基层自治组织方面。截至2019年底，江西省每万人拥有社会组织数低于全国平均水平0.59个，每万人拥有自治组织数低于全国平均水平0.16个（见表2）。二是城市小区业主委员会设置比例低。以南昌市为例，根据2019年8月媒体的相关报道，成立了业委会的小区占比不到30.00%，其中红谷滩新区比较成熟的住宅小区共有118个，只有28个小区成立了业委会，占比仅为23.70%。

表2　2019年全国和江西自治组织数量

项目	全国	江西
社会组织单位数(个)	866335	26140
自治组织单位数(个)	642693	20690
总人口(万人)	140005	4666
每万人拥有社会组织数(个)	6.19	5.60
每万人拥有自治组织数(个)	4.59	4.43

数据来源：《中国统计年鉴（2020）》。

3. 文明建设有待进一步加强

群众反映比较多的主要有燃放烟花爆竹、高价彩礼、沉溺麻将扑克、人情往来成本高昂、薄养厚葬等不良风气，比如火遍网络的“全国彩礼地图”上，江西以15万~20万的彩礼名列前茅。

4. 公共安全有弱项

以交通事故为例，一是与全国相比，江西省交通事故中造成人员死亡和直接财产损失的事故占比较高，2019年江西省造成人员伤亡的交通事故中，死亡发生率（死亡人数占伤亡人数比例）达22.87%，高于19.68%的全国平均水平，直接财产损失率也偏高；二是从纵向对比来看，2015年到2018年，交通事故发生数、交通事故受伤人数呈明显增加态势，2019年略有回落（见表3、表4）。

表3　2019年全国与江西交通事故情况

区域	发生数(起)	死亡人数(人)	受伤人数(人)	直接财产损失(万元)
全国	247646	62763	256101	134617.9
江西	6481	1999	6743	6547.4

数据来源：《中国统计年鉴（2020）》。

表4　2015～2019年江西省交通事故情况

指标	2019年	2018年	2017年	2016年	2015年
交通事故发生数总计(起)	6481	6925	5356	4932	3058
交通事故死亡人数总计(人)	1999	2015	2122	2102	1439
交通事故受伤人数总计(人)	6743	7668	5797	5207	3136
交通事故直接财产损失总计(万元)	6547.4	5937.0	5093.8	5425.6	5120.3

数据来源：2016～2020年《中国统计年鉴》。

三　推进社会治理现代化走前列的思路与建议

推进社会治理现代化走前列，必须牢记习近平总书记的嘱托，切实回应党的十九届五中全会提出的“坚持把实现好、维护好、发展好最广大人民根本利益作为发展的出发点和落脚点，尽力而为、量力而行，健全基本公共服务体系，完善共建共治共享的社会治理制度，扎实推动共同富裕，不断增强人民群众获得感、幸福感、安全感，促进人的全面发展和社会全面进步”要求，切实回应江西省委十四届十二次全体会议上提出的“提升民生改善和社会治理水平，在增进老区人民福祉上走前列”号召，坚持人民至上、改革创新，坚持统筹推进、科学治理，持续深入推进社会治理现代化，为开启全面建设社会主义现代化新征程、谱写全面建设社会主义现代化国家江西篇章营造良好社会环境。

（一）总体目标

聚焦习近平总书记对江西提出“作示范、勇争先”目标定位和“五个推进”的重要要求，全面开启社会治理现代化新征程，努力使江西“社会治理成效保持全国一流水平，基层治理水平明显提高。防范化解重大风险体制机制不断健全，突发公共事件应急、自然灾害防御等关键性短板领域能力建设明显增强，发展安全保障更加有力”。

（二）具体建议

1. 加强党的建设，突出核心引领作用

一是把建好基层党支部作为社会治理的第一位任务来抓。实施推广基层党组织带头人“育苗工程”，积极吸纳政治素质好、带富能力强、文化水平高的青年同志加入党组织。

二是形成“社区吹哨、党员报到”制度。推广参考湖北等地在职党员进社区及党员领导干部社区报到等经验做法，健全街道党的“大工委”制度，由社区党组织统一领导、统一管理、统一调度，联系单位和下沉党员干部。

三是推广“党群服务 + 文明实践 + N”党建综合体模式。以基层党建资源阵地整合和“标准化、规范化、信息化”建设为契机，从省委省政府层面出台标准、明确要求，构建“一室多用”党建阵地，统筹资源阵地协同运作。依托党组织的凝聚力，整合共建单位、社会组织和辖区党员资源，有效对接居民需求，下移服务重心，下沉服务资源，补齐服务短板，扩大服务范围，用社区“微治理”提升百姓“微幸福”。

2. 聚焦民生短板，凝聚治理合力

一是加快基本公共服务均等化进程。聚焦不同群体、不同地区之间在抚幼、上学、看病、就业、养老、住房等基本公共服务方面的差异，强化各级政府对民生建设的统筹和兜底责任。进一步放低落户门槛，推动非户籍人口在城市落户，确保进城落户人口与当地城镇居民享有同等权利。

二是充分发挥市场配置资源的作用。建立各级财政长期补贴公共服务市场供给机制，鼓励多元化公共服务供给储备。鼓励企业、社会组织、个人和其他社会力量积极参与民生服务的运营和管理，培育多元供给主体，特别是大力培育、扶持枢纽型社会组织，省级层面出台相应的管理办法。

三是完善治理体系。进一步强化基层党组织引领作用，健全基层民主协商制度，拓宽市场主体、社会组织等各类主体参与社会治理的途径，发挥群团组织、行业协会商会的作用。

四是加强基层自治。规范业主委员会、物业等组织建设。通过多种宣传方式，特别是利用“互联网+”的模式，加大进城落户人口社会融合宣传，在城市推广建设“指尖社区”，通过线上线下互动和组织活动，引导增强群众参与社会治理意识和能力。

3. 推动减负增效，夯实基层治理根基

一是明确权责边界和调整区划。厘清街道、城乡社区和政府职能部门的权责边界，把街道和社区的“向上对口”功能往“向下对应”转变。根据实际情况调整农村和城市社区区域划分，特别是对于城镇化进程中，人口流入多、服务半径大的城乡接合地带和老旧街道社区，探索拆分或整合。

二是加强基层工作保障。加强资金保障力度，全面落实社区建设、服务群众专项经费，统筹整合社区工作、基层党建、新时代文明实践中心（所、站）等项目资金，鼓励社会组织、乡贤能人慈善捐赠，省级福彩公益金每年安排一定资金用于支持公益创投项目。

三是发挥激励导向，科学设定基层考核机制。从省级层面规范有关部门对基层的报表和考核要求，增加群众评议权重，充分发挥普通党员和群众评价的效果导向作用。

四是全面推进综治中心实体化建设。进一步推动养老托育、卫生健康、家政服务的对接和集成，加快建设基层管理综合服务平台。推进市域社会治理现代化试点工作，建设更高水平的平安江西。

4. 加强机制创新，提升治理效能

一是开展社会治理第三方评估。聚焦社会治理“全国一流”的目标定位，委托第三方机构研发社会治理指标体系，对设区市及县（市、区）开展第三方评估，评估结果向社会发布。

二是探索实现与粤港澳大湾区和长三角地区社会治理的“对接融入”。构建相邻省份社会治理融合机制，与邻省携手加强公共卫生、市场监管、就业服务、生态环保、信用体系、平安建设等方面的紧密协同和服务事项的“跨省通办”。

三是完善社会矛盾综合治理机制和社会治安综合治理体制机制。借鉴

“枫桥经验”“寻乌做法”，在社会矛盾纠纷调解工作中重视情、理、法的深度融合，注重发挥乡村“五老”人员和乡贤在纠纷调解领域的突出作用。坚持专群结合、群防群治，推进智慧平安小区和智能安防建设。建立健全突出违法犯罪和治安问题专项打击整治机制。

四是完善重大决策社会稳定风险评估机制。聚焦房地产、教育、卫生健康、扶贫、环保、集资诈骗等群众反映强烈的突出问题，将评估工作前移，加强重大决策实施的动态跟踪监测，及时处置过程中出现的不稳定因素。

5. 加强专业化建设，提升现代化水平

一是推进社会化建设。优化城乡志愿服务的供给和扶持，充分发挥志愿者在社区服务供给、矛盾纠纷化解、特殊人群服务管理、社会心理服务体系方面的作用，针对老年人等重点群体定向开展智能手机使用、代办等志愿活动。

二是抓好法治化建设。推动法律服务“便民化”，加强对城乡居民的法律援助、司法救助和公益法律服务。夯实全民守法根基，切实加强普法宣传，深入推进农村“法律明白人”培养工程，并逐步在城市社区推广，推动全社会形成办事依法、遇事找法、解决问题用法、化解矛盾靠法的浓厚氛围。

三是加强智能化建设。继续提升“赣服通”政务信息化水平，全面整合条块分割的政务数据资源，突破政务数据的区域、部门和层级限制；建设完善社区“最后一公里”基础数据库，提高基层数据挖掘和使用效率。加强水、电、能源、交通、管网等智能化基础设施，全面布局物联网、无线网等，使数据提取和移动交互更为便利。

6. 强化应急管理，完善公共安全体系

一是坚持源头防范化解。完善公民安全教育体系，推动应急消防、防震减灾、公共卫生等宣传进企业、进农村、进社区、进学校、进家庭；加大各类科普教育基地、气象科普教育基地、生命安全教育培训体验基地的公益开放力度；开展常态化应急疏散演练，积极推进社区风险隐患排查和网格化管理。健全完善安全生产责任和管理制度，强化企业主体责任落实，强化生物安全保障，建立高效科学的自然灾害防治体系。

二是强化应急保障。建立健全应急物资保障部门联动机制和社会参与机制，改造提升整合防汛抗旱、救灾物资和应急综合等储备库。融合“天网工程”和“雪亮工程”等设施功能，做好应急处置的常态化应对。加快构建政府、企业、第三方等多方联动的应急物资保障体系。发展巨灾保险。

三是提高网络治理水平。将传统社会治理视域延伸至网络社会，坚决打击社会风险中的谣言病毒，净化网络空间；牢牢掌握网络意识形态工作主动权，科学研判舆情、做好舆论引导；探索“互联网+群众路线”治理模式，调动广大群众参与社会治理的积极性，在重大突发事件中更好地传播江西声音、展现江西形象。

参考文献

习近平：《习近平谈治国理政》（第一卷），人民出版社，2020。

习近平：《习近平谈治国理政》（第二卷），人民出版社，2020。

习近平：《习近平谈治国理政》（第三卷），人民出版社，2020。

中国共产党中央委员会：《中共中央关于制定国民经济和社会发展第十四个五年规划和二〇三五年远景目标的建议》，2020年10月29日。

中共江西省委员会：《中共江西省委关于制定全省国民经济和社会发展第十四个五年规划和二〇三五年远景目标的建议》，2020年12月9日。

江西省发展和改革委员会：《江西省国民经济和社会发展第十四个五年规划和二〇三五年远景目标纲要》，2021年2月18日。

区域报告

Regional Reports

B.28

南昌市“十三五”回顾与“十四五”展望

南昌市人民政府课题组*

摘　要：“十三五”时期是全市高质量跨越式发展的关键时期，南昌市深入践行新发展理念，积极推进供给侧结构性改革，全力打好三大攻坚战，奋力夺取疫情防控和防汛抗洪救灾斗争伟大胜利，总体完成“十三五”规划确定的目标任务。“十四五”时期，南昌市将奋力开创高质量跨越式发展新局面，全面增强在全省的核心龙头作用，奋力在描绘好新时代江西改革发展新画卷中挑重担、走前列。

关键词：经济发展　社会发展　高质量发展　南昌市

* 课题组组长：万广明，南昌市委副书记，南昌市人民政府市长。成员：黄小华，南昌市政府党组成员、秘书长，南昌市政府办公室党组书记；王耀，南昌市政府副秘书长、市政府办公室主任；黄诗健，南昌市政府研究室副主任；杨遇，南昌市政府研究室研究二科副科长。

“十三五”时期是全面建成小康社会决胜阶段，南昌市在总结全市“十三五”时期发展成就、分析短板和不足的基础上，研究明确了“十四五”时期发展的基本思路和主要举措。

一 “十三五”回顾

“十三五”期间，南昌市坚持以习近平新时代中国特色社会主义思想为指导，按照党中央、国务院和省委、省政府的决策部署，奋力推动全市高质量跨越式发展①，“十三五”规划总体实施顺利，重大战略任务和重大工程项目相继落地见效，主要指标基本如期实现。

（一）经济发展提质增效

1. 综合实力大幅提升

“十三五”期间，全市地区生产总值年均增长 7.6%，高于全国 1.9 个百分点，2020 年达到 5745.51 亿元，是 2015 年的 1.5 倍。人均地区生产总值从 2015 年的 71683 元增加到 2020 年的 102000 元，分别是全省、全国平均水平的 1.9 倍、1.4 倍。2020 年财政总收入比 2016 年的 790.8 亿元增长了 218 亿元；财政收入百亿元县区 4 个，较 2015 年增加 3 个。2020 年，地方一般公共预算收入为 483.86 亿元，较 2015 年增长 24.3%，年均增长 4.4%（见表 1）。

表 1　2016～2020 年南昌市主要经济指标统计

指标名称	单位	2016 年	2017 年	2018 年	2019 年	2020 年
地区生产总值(GDP)	亿元	4137.49	4547.63	5119.33	5536.66	5745.51
第一产业	亿元	180.30	180.79	190.68	212.92	235.28
第二产业	亿元	2122.70	2291.78	2432.81	2608.05	2676.89
第三产业	亿元	1834.49	2075.06	2495.84	2715.69	2833.35
农林牧渔业总产值	亿元	298.37	310.04	321.01	360.53	401.62

① 《市委十一届十一次全体（扩大）会议举行》，《南昌日报》2020 年 12 月 13 日。

续表

指标名称	单位	2016 年	2017 年	2018 年	2019 年	2020 年
规模以上工业增加值增速	%	9.2	9.5	9.5	8.5	4.7
规模以上工业营业收入	亿元	6161.52	6223.85	6395.38	6997.07	7346.91
社会消费品零售总额	亿元	1877.74	2108.36	2143.68	2382.31	2452.74
500 万元及以上固定资产投资增速	%	13.5	12.7	10.9	10.2	8.8
财政总收入(市口径)	亿元	790.80	845.30	938.55	1000.80	1008.80
#地方一般公共预算收入	亿元	402.18	417.08	461.75	477.00	483.86
城镇居民人均可支配收入	元	34619	37675	40844	44136	46796
农村居民人均可支配收入	元	14952	16364	17866	19498	20921
万元 GDP 能耗降低率	%	3.17	4.36	4.21	6.06	4.38

资料来源：南昌市统计局。

2. 产业结构持续优化

“十三五”期间，三次产业结构由 2015 年的 4.7∶52.5∶42.8 调整为 2020 年的 4.1∶46.6∶49.3，实现了由“二、三、一”向“三、二、一”的转型升级。2016~2020 年，全市规模以上工业增加值年均增长 8.3%，分别高于全国、全省 2.8 个和 0.3 个百分点，在中部六省会城市中排第 2 位。2020 年我市规模以上工业企业实现营业收入 7346.91 亿元，形成了电子信息产业、汽车和新能源汽车产业、绿色食品产业、新型材料产业四大千亿产业，分别实现营业收入 1509.89 亿元、1233.59 亿元、1187.86 亿元、1035.99 亿元。全市服务业增加值由 2015 年的 1616.72 亿元增加到 2020 年的 2833.35 亿元，按可比价格计算，年均增长 8.3%，高于地区生产总值年均增速 0.7 个百分点。社会消费品零售总额由 2015 年的 1671.18 亿元增加到 2020 年的 2452.74 亿元，在全国 27 个省会城市中排第 16 位，比 2015 年前进 2 位，年均增长 9.8%，高出全国 3.2 个百分点，在中部六省会城市中排第 1 位。

3. 发展动能显著提升

深入推进国家创新型城市建设，“硅衬底高光效 GaN（氮化镓）基蓝色发光二极管”获得国家技术发明一等奖，“03 专项”成果转移转化试点示范工作扎实开展，赣江两岸科创大走廊、航空科创城、中医药科创城、VR科创城等快速推进，北航江西研究院等一批重大创新平台签约落地，高新区成为鄱阳湖国家自主创新示范区核心区。

表2　2016～2020年南昌市相关科技创新指标数据

指标名称	2016年	2017年	2018年	2019年	2020年
研发经费投入(亿元)	71.42	81.02	89.65	101.24	114(预估数)
研发经费投入占GDP比重(%)	1.62	1.68	1.70	1.81	1.95(目标数)

资料来源：南昌市统计局。

（二）三大攻坚战取得胜利

1. 脱贫攻坚战取得决定性胜利

"十三五"期间，南昌80个省市级贫困村（63个省级贫困村、17个市级贫困村）2018年底实现高质量退出。贫困户人均收入从2015年底4102元增至2020年底的14134元，五年年均增幅为28.6%，远超城乡居民人均可支配收入的增幅；现行标准下47192名农村建档立卡贫困人口全部脱贫。

2. 污染防治攻坚战取得显著性胜利

"蓝天、碧水、净土"保卫战持续开展。空气质量连续三年达到二级标准并保持在中部省会城市第一位；饮用水安全得到充分保障，地表水考核断面Ⅴ类及劣Ⅴ类水全面消除，成功实现"带着Ⅳ类水进入小康"的目标，成功获评"全国水生态文明城市"；土壤质量状况总体良好。

3. 防范化解重大风险攻坚战取得阶段性胜利

扎实推进金融、地方政府债务、房地产等重点领域风险防控化解工作。强化金融政策支持，多措并举"去杠杆"，帮助实体经济解决融资难题、降低融资成本；化解存量和遏制增量两手抓，妥善处置政府隐性债务；供需双侧调控房地产市场，促进房地产市场平稳健康有序发展。始终稳住经济基本盘，守住了不发生系统性风险的底线。

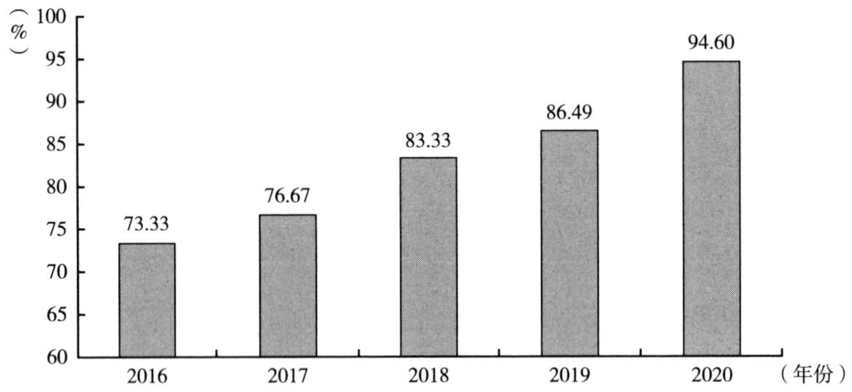

图1 “十三五”期间南昌市地表水断面水质优良率

资料来源：南昌市统计局。

（三）城乡品质显著提升

1. 城市品牌不断优化

世界 VR 产业大会永久落户南昌；成功举办南昌国际军乐节等一系列具有国际影响力的重大活动，令“天下英雄城”名扬天下；“北有兵马俑，南有海昏侯”唱响全国，滕王阁旅游区成功晋级为国家 5A 级旅游景区；“八一”军体运动队集体落户南昌。

2. 基础设施不断完善

2016～2020 年，全市 500 万元及以上固定资产投资年均增长 11.2%，分别高于全国、全省 5.4 个和 0.3 个百分点，在中部六省会城市中排第 1 位。全市综合交通体系日臻完善，昌北机场晋升千万级枢纽机场，“一货站三中心”建成运营；“一环八射”高速路网、“十纵十横”干线路网、普通国省道路网加快升级改造。城市一环闭环通行，三环基本实现闭环运行，二环加速推进。新型基础设施建设步伐不断加快，“十三五”期间开通 5G 基站 8620 个，成功实现窄带物联网市域全覆盖。

3. 城乡融合不断加快

城市架构加速成型，开创“跨江临湖、揽山入城”的“鄱阳湖时代”，城市框架拉大，同城步伐加快。新建区顺利完成由县到区的角色转换，撤销湾里区设立红谷滩区，重点推进九龙湖新城、瑶湖新城等开发建设。全市城镇化率超过75%，基本实现轨道交通达郊区、干线公路连镇街、区域供水全覆盖，公共交通一体化，新改建公路850公里，通村公路3022公里，改造危桥249座，全市乡镇、建制村通硬化路率100%。城乡公共服务均等化持续改善，农村地区教育保障水平稳步提高，医疗卫生服务不断优化。

（四）改革开放深入推进

1. 重点领域改革持续深化

政府机构改革全面完成，事业单位改革有序推进。“赣服通”南昌分厅上线运行，政务服务实现掌上办理。“放管服”改革持续深化，相对集中行政许可权改革试点深入推进，“六多合一”集成审批模式改革唱响品牌，营商环境不断优化。“十三五”期间，千方百计“降成本”，累计为企业减负超过1350亿元。国资国企改革取得重大突破。

2. 开放合作持续加强

大南昌都市圈加速构建，昌九一体化、昌抚一体化纵深推进，深度融入长江经济带，一体融合、抱团发展的趋势日益彰显。跨境电子商务综合试验区获批设立，综合保税区封关运行，海铁联运外贸班列、中欧国际直达班列相继开行。结交国际友城13座。实际利用外资累计173.92亿美元，73家世界500强企业在昌投资项目141个，发展活力进一步显现。

（五）民生福祉显著改善

1. 民生保障日益增强

“十三五”以来，全市财政累计投入民生领域资金2967.1亿元，每年民生类投入占一般公共预算收入的80%左右。全市城镇新增就业人数38.6万人，新增农村转移劳动力21.62万人。2020年全市城镇居民人均可支配收入46796元，比2015年增加14854元，年均增长7.9%，在中部六省会城市中排第2位；农村居民人均可支配收入20921元，比2015年增加7228元，年均增长8.8%，在中部六省会城市中排第2位。“十三五”期间，城乡居民医保筹资及财政补助标准逐年提高，城市低保标准、农村低保标准、机构集中养育孤儿标准、散居孤儿最低养育标准等补贴标准均排全省第一位。

2. 社会事业繁荣发展

各级各类教育全面发展，豫章师范学院成功升格为本科院校，南昌健康职业技术学院加速筹建，“学在南昌”品牌进一步唱响。公立医院改革稳步推进，所有公立医院全部实现取消药品和耗材加成。积极引入名校名院优质医疗资源，提升医疗服务水平，中山大学中山眼科中心南昌眼科医院正式运营。全面完成国家医养结合试点、居家和社区养老服务改革试点目标，养老床位数增加到3.7万张。全市街道综合文化活动中心实现全覆盖。公共体育设施免费或低收费开放率100%，基本形成城区“15分钟健身圈”。

3. 社会治理持续加强

“1+5+X”社区邻里中心建设加速推进，“十三五”末建成192个，有效破解社区治理难题。扫黑除恶专项斗争深入开展，“平安南昌”“法治南昌”“信用南昌”建设持续深化，获评全国双拥模范城“九连冠”，人民群众安全感明显增强。

五年来全市经济社会发展历程充满艰辛，取得的成绩让人振奋。这些成绩的取得，是以习近平同志作为党中央的核心、全党的核心领航掌舵的结果，是习近平新时代中国特色社会主义思想科学指引的结果，是全市广大干部群众攻坚克难、团结奋斗、顽强拼搏的结果。

二 “十四五”展望与举措

锚定到2035年率先基本实现社会主义现代化的战略目标，围绕“国际先进制造业集聚区、全国数字经济发展先行区、全国绿色低碳发展示范区、全国市域治理现代化试验区、国家现代流通体系重要枢纽”目标定位，谱写出新时代“五城”建设新篇章。

（一）主要目标

1. 综合实力迈上新台阶

主要经济指标增速保持在全国省会城市前列，力争地区生产总值达8200亿元，人均地区生产总值突破1.8万美元。全员劳动生产率达到23.3万元/人。投资质量明显提升，固定资产投资年均增速在8%左右。消费贡献显著增强，社会消费品零售总额达到3600亿元。规模以上工业增加值增速在年均7.5%左右。第三产业占比达到53%左右。常住人口城镇化率达到78%左右。

2. 创新驱动迸发新势能

基本建成赣江两岸科创大走廊，建成更高水平的创新型城市。研发经费投入强度达到2.5%左右，每万人发明专利拥有量达到18件。科技创新对经济发展的驱动力明显增强，数字经济核心产业增加值占全市GDP的比重达到8%左右。高新技术企业达到3500家。

3. 改革开放开创新境界

大南昌都市圈引领辐射能力显著增强，服务国家开放大局的能力进一步提升，进出口总额年均增速达到5%左右，实际利用外资额突破53亿美元。

4. 城市品质实现新跨越

城市功能不断完善，风貌颜值持续提升，生态文明深入人心，城乡区域发展协调性明显增强，可持续发展能力大幅提升，宜居、绿色、韧性、智慧、人文的新型城市基本建成。国考地表水达到或好于Ⅲ类水体比例保持稳定，空气质量优良天数比例不低于90%。森林覆盖率保持稳定，绿色发展水平走在全国前列。

5. 社会文明达到新高度

党的创新理论成果深入人心，公共文化服务水平提高，文化产业发展速度加快，城市文化魅力显著提升。

6. 民生福祉得到新提升就业质量提高

收入稳步增长。城乡居民收入比控制在2.2%左右，城镇登记失业率控制在4.5%以内。卫生健康体系更加完善，每千人口拥有执业（助理）医师数达到3.5人，改革发展成果更多更公平地惠及全市人民。

7. 市域治理谱写新篇章

进一步健全和彰显社会主义民主法治与公平正义。

（二）战略布局

1. 空间布局

确立“南昌向南”城市空间发展导向，形成“拥山跨江临湖”大都市形态，构建“一江引领、双城共融、三环串联、五星簇拥”的大都市空间布局。“一江引领”，即把赣江作为城市中心轴景观天际线和繁荣创新活力带；“双城共融”，即以赣江为轴的南北双城共同构成主城区；“三环串联”，即以城市三条快速交通环线串联城区；“五星簇拥”，即城市外围由五大副中心组团和功能片区（临空新城、昌南新城、瑶湖副城、九龙湖副城、龙鼎副城）与主城区通过交通网紧密连接。

2. 产业布局

围绕产业链部署创新链，围绕创新链延伸产业链，建设“一廊”（赣江两岸科创大走廊），构建“三区四园”（三个国家级开发区及四个省级工业园区）新制造格局，打造“六区协同”（红谷滩金融商务集聚区、东湖文旅商贸集聚区、西湖现代商贸集聚区、青云谱新服务集聚区、青山湖商务集聚区、新建高端特色服务集聚区）现代服务业发展新高地。

3. 生态布局

充分发挥山水林田湖资源禀赋，构建“一湖三脉，两屏多廊，蓝绿交织，人鸟共生”的生态整体布局。“一湖三脉”，即鄱阳湖所属鄱阳湖主湖区、青岚湖——军山湖片区，赣江、抚河、潦河三条主干水系及其流域水网。“两屏多廊”，即九岭山——梅岭屏障、怀玉山——玉华山屏障所属多条林地廊道；以绕城高速和水系为依托，形成内外环状绿带、郊野公园、河湖湿地、城市公园体系，提升生态服务功能，筑牢生态安全屏障。在城市内部，构建以“一江三河串十湖”水系、城市绿道系统及城市公园点状分布为主体的都市生态系统。

（三）重点任务

围绕上述目标定位，“十四五”时期，南昌将重点推动十四个方面的工作，努力把宏伟蓝图变成美好现实。

①加快建设区域创新高地。坚持“四个面向”战略方向，加快建设更高水平的创新型城市。②建设数字南昌。全面实施数字经济“一号工程”，以“数字产业化、产业数字化、治理数字化、数据价值化”为导向，加快发展数字经济，推进数字社会、数字政府建设，超前布局数字基建，抢占数字发展制高点。③发展现代产业体系。大力发展工业与现代服务业，建立现代化产业体系。④实施扩大内需战略。提高供给质量，有效拉动潜在需求。⑤加快深层次市场化改革。坚持和完善社会主义基本经济制度，推动有效市场和有为政府更好结合，以重点领域和关键环节改革为突破口，整体协同推进首创性、差异化改革探索，以改革红利打造发展优势，增强发展内生动力。⑥高水平建设内陆开放新高地。以江西内陆开放型经济试验区建设为契机，加快推进制度型开放。⑦全面推进乡村振兴。不断推动农业农村优先发展与农业农村现代化。⑧建设现代化大都市。坚持生态空间山清水秀、农业空间绿色高产、城镇空间集约高效的发展导向，优化国土空间开发，提升城市功能品质，协同推进跨区域基础设施建设，建设令人向往的中国智造新城、山水名城。⑨引领大南昌都市圈高质量发展。充分发挥经济发展潜能，做强做优大南昌都市圈。⑩打造美丽中国“南昌样板”。建设新时代美丽南昌。⑪建设独具魅力的文化之城。牢牢把握社会主义先进文化前进方向，建设独具魅力的文化强市。⑫促进人的全面发展。不断加快推进教育现代化，着力提升医疗卫生服务水平，积极应对人口老龄化。⑬增进民生福祉。健全基本公共服务体系，切实增进民生福祉。⑭建设更高水平的平安南昌。形成共建共治共享的良好局面，完善打造“昌治久安”市域社会治理体系样板。

参考文献

南昌市政府办公室：《南昌市人民政府关于印发〈南昌市国民经济和社会发展第十四个五年规划和二〇三五年远景目标纲要〉的通知》，2021 年 3 月 19 日。

南昌市人民政府：《2021 年南昌市政府工作报告》，2021 年 3 月 24 日。

B.29 赣江新区“十三五”回顾与“十四五”展望

赣江新区管理委员会课题组*

摘　要：2016年6月，国务院正式批复设立江西赣江新区。赣江新区成为中部第2个、全国第18个国家级新区。“十三五”期间，赣江新区紧紧围绕国家赋予长江中游新型城镇化示范区、中部地区先进制造业基地、内陆地区重要开放高地、美丽中国“江西样板”先行区的“两区两地”战略定位，和打造成江西省创新的引领区、开放的先行区、改革的试验区、合作的示范区，发展的重要增长极“四区一极”目标要求，高举绿色发展之旗，走改革开放创新之路，经济社会始终保持平稳健康较快的发展势头。“十四五”时期，赣江新区将围绕创新引领、融昌联九、口岸促新、产城融合、数字赋能、生态低碳等经济社会发展战略，进一步强化“赣江新区的战略引擎作用”要求，打造全省发展引擎、创新高地。

关键词：国家级新区　产业链　绿色发展　赣江新区

---

* 课题组组长：肖玉文，赣江新区党工委副书记、管委会主任、新祺周管理处［中国（南昌）中医药科创城］党委书记。副组长：应炯，赣江新区党工委委员、管委会副主任、新祺周管理处［中国（南昌）中医药科创城］党委副书记、主任。成员：陈江宁，赣江新区经济发展局局长；熊新辉，赣江新区经济发展局副局长；陶珂，赣江新区经济发展局发展规划组组长；谭震，赣江新区经济发展局经济运行组干部。

“十三五”时期赣江新区实现了从设立挂牌到大跨步向前。“十四五”时期是我国开启全面建设社会主义现代化国家新征程的第一个五年，也是赣江新区迈向高质量跨越式发展的关键期。赣江新区在总结“十三五”期间经济社会发展情况的基础上，明确了“十四五”时期发展的总体构想、发展目标和主要举措。

一 “十三五”发展回顾

在省委省政府的正确领导下，“十三五”期间，赣江新区保持定力、创优争先，综合实力不断增强、产业能级不断跃升、改革成果不断涌现、开放优势不断彰显、创新能力不断提高、政治生态不断优化，相继获得国家绿色金融改革创新试验区、国家“双创”示范基地、国家级人力资源服务产业园等靓丽的“国字号”名片。

（一）聚焦统筹发展，综合实力不断壮大

四年来，赣江新区持续优化产业结构，牢牢抓住产业项目不放松，统筹经济发展，主要经济指标增速进位赶超，发展速度位居国家级新区中上游，呈现出强劲的发展态势。

表1 “十三五”时期赣江新区主要指标情况

单位：亿元，%

年度	地区生产总值		财政总收入		固定资产投资
	总量	增速	总量	增速	增速
2016	582.32	—	101.23	—	—
2017	667.29	9.5	108.07	18.2	17.4
2018	733.90	9.5	124.05	14.8	20.2
2019	820.37	9.7	132.26	6.6	15.5
2020	857.13	5.1	126.10	15.1	11.1
年均增长率	—	9.0	—	13.0	16.0

数据来源：赣江新区管理委员会。

一是经济社会发展稳中求进。成立以来，新区统筹推进经济社会发展，地区生产总值（GDP）年均增长9%，规模以上工业增加值年均增长9.5%，固定资产投资年均增长16%，财政总收入年均增长13%，一般公共预算收入年均增长11.7%，实际利用外资年均增长14.4%。主要经济指标增速均位列全省前列。二是产业结构持续优化升级。先进制造业提质增效。“1323”现代产业体系初步构建，其中光电信息、智能装备产业发展突出，贡献率分别达到29.9%、19.5%。三是项目建设跑出“加速度”。赣江新区牢固树立“项目为王”理念，成立以来，共推动重大重点项目525个，总投资3385.1亿元。其中，产业项目357个，总投资2720.7亿元，基础设施项目115个，总投资488.4亿元，社会事业项目53个，总投资176亿元。包括华润江中现代中药生产基地、江铃新能源汽车新基地及工程研究院、绿地集团儒乐湖产业小镇、万创科技城、中医药科创城建设提升（一期）工程等一批重大重点项目。

（二）聚焦创新驱动，内生动力不断增强

四年来，赣江新区始终牢记创新是新区的灵魂和生命，深入开展科技创新、平台创新、高端人才引进、双创示范基地建设，推动创新型新区建设取得积极成效。

一是高标准建设创新平台。坚持对标国际一流标准和国内顶尖水平，加快建设各类创新平台，先后引进了中药国家大科学装置预研中心、中国中医科学院健康研究院、中药制造工艺与装备国家技术创新中心等24个重点创新平台，其中中医产业相关平台11个，已有8家创新平台建成运营，集聚200多名科研人员。新区高新技术企业298家，是成立之初的5.4倍，省级以上研发平台是成立之初的2.2倍；R&D经费投入占GDP的比重达到3.04%，每万人有效发明专利拥有量21.2件，分别是全国平均水平的1.36倍、1.59倍。二是全方位引领双创热潮。赣江新区是区域性国家双创示范基地，拥有北大科技园、腾讯众创空间等10家国家级科技企业孵化器、众创空间，3家省级孵化器，9家省级众创空间。先后出台系列创新创业政策，

在办公场所、研发投入、企业孵化、初创培训、技术交易、成果转化、金融支持、人力资源等方面，为双创企业发展提供了有力的政策支持和坚强的要素保障，大众创业、万众创新局面加速形成。三是多层次实施招才引智。围绕新区主导产业、战略性新兴产业发展需要，每年安排人才发展经费用于各类人才的引进、培育和奖励，推出“赣江海智”“赣江创新”“赣江创业”“赣江杰青”四项人才计划。院士人数由成立前 1 人增长至 12 人，“国字号”高层次人才从 9 人增加至 30 人。

（三）聚焦产业高端，发展质量不断提升

四年来，赣江新区围绕光电信息、生物医药、智能制造、新能源与新材料、有机硅、现代轻纺等六大主导产业补链强链延链，加速产业转型升级，培育发展新动能，筑牢高质量发展根基。

一是做强主导产业，挺起产业发展新脊梁。坚持顶层设计、规划先行，编制出台了《赣江新区产业发展规划（2018～2035 年）》以及产业发展指导目录等一系列规划文件，培育了光电信息、新能源汽车及汽车零部件、有机硅、羽绒服装等五个省级以上重点产业集群。六大主导产业主营业务收入年均增长 13.9%。打造了“江西省装备制造业基地”“江西省智能制造基地”“江西省新型工业化产业基地”等多块省级“金字招牌”。二是突出补链强链，实现产业发展新突破。构建产业链链长工作机制，形成了以电子元器件、集成电路芯片、智能终端为核心的电子信息产业链；以太阳能外延片、LED 芯片、模组封装、LED 照明应用为核心的 LED 全产业链；以新能源汽车整车生产、锂离子动力电池为核心的新能源新材料产业链；以智能机床、智能芯片、传感器、互联网技术为核心的智能制造产业链；以有机硅单体为上游，硅橡胶、硅油、硅树脂、硅烷偶联剂和氟硅结合为下游的有机硅新材料产业链。三是突出企业培育，激发产业发展新活力。实施企业梯次成长计划，出台系列配套政策，推动企业提档升级，助推产业提质增效。截至 2020 年底，培育省级“专精特新”企业 22 家，省级专业化小巨人企业 2 家，省级制造业单项冠军示范企业 1 家，省级企业技术中心 14 家，省级小

微创新创业示范基地3个；创建省级绿色园区2个，国家级绿色工厂3家，国家级绿色供应链示范企业1家。

（四）聚焦改革攻坚，先行先试不断推进

四年来，赣江新区牢记完成“国家重大发展和改革开放战略任务”的使命，坚持向改革创新要动力，在改革系统集成上下功夫，努力把改革红利转化为治理效能。

一是积极探索要素市场化改革。积极探索土地、资本等要素市场化改革，破除要素流动体制机制障碍。率先推出混合产业用地（M0）新模式破解创新型项目用地难题，实现创新型企业在单宗土地上研发、办公、生产的一体化集成。以开发性PPP新模式破解政府在片区整体开发中的投资运营难题。充分发挥产业引导基金的引领和杠杆作用，以资本招商新模式破解成长型项目落户难题。二是推进绿色金融改革创新试验区建设。截至2020年底，全区已设立了11家绿色金融专营机构，共认定228个绿色项目，推出各类创新成果22项，其中6项为全国“首单首创”，绿色市政债、畜禽“洁养贷”列入国家生态文明试验区经验做法推广清单。中央财经大学发布的《地方绿色金融发展指数与评估报告（2020）》显示，以赣江新区为主战场的江西绿色金融发展综合指数排名全国第4位，与北京、浙江、广东一起，位列全国31个省（区、市）“第一方阵”。三是创新行政管理体制。制定出台了赣江新区人事管理体制意见、工作人员聘用管理办法、绩效考核管理办法、薪酬管理制度和末位淘汰机制，明确将“身份管理”转变为“岗位管理”，“主观评价”转变为“量化考评”，“铁工资”转变为“活薪酬”，充分发挥绩效考核“指挥棒”的引导作用，最大限度调动干事创业积极性。四是深入推进行政审批改革。成立全省首个开展相对集中行政许可权改革试点的市级审批局——赣江新区行政审批局，推行“一颗印章管审批”，打通“多头审批”堵点。此外，先后推行承诺制+容缺先批、模拟审批、并联审批、“多评合一”、投资项目前期“一件事一次办”及“多测合一”“证照分离”“一照含证”、个体工商户简易登记程序、放宽企业住所（经营场所）

登记、集群注册登记等改革，持续加大“放管服”改革力度，不断优化营商环境。

（五）聚焦开放发展，开放水平不断提高

四年来，赣江新区围绕打造“内陆地区重要开放高地”的战略定位，深入推进开展内陆开放型经济试验区建设工作，持续招大引强，推动形成全面开放新格局。

一是持续招引更高规格产业项目。坚持“走出去”和“引进来”相结合，千方百计谋项目、抓招商、促发展。截至2020年底，新区共签约项目800余个，投资总额5800余亿元。累计引进超百亿元项目8个，超50亿元项目16个。包括投资300亿元的康佳第三代化合物半导体科技园项目、投资180亿元的万创城项目、投资100亿元的华为新一代智慧视觉、投资50亿元的华润江中现代中药生产基地项目等。二是加快发展更高层次开放型经济。主动对接和融入“一带一路”、长江经济带等国家战略，打造内陆地区重要开放高地，提升国际影响力和竞争力。持续扩大双向对外开放，在北京、上海、深圳等城市以及美国、德国、英国等地区设立招商引资和招才引智中心。复制推广自贸区改革开放经验，探索投资管理、贸易便利化、金融、事中事后监管等制度创新，推进全方位、多层次、宽领域对外开放。三是着力打造更高水平开放平台。充分利用好南昌综合保税区、昌北国际机场、龙头岗综合码头、昌北铁路物流基地，进一步促进综保区和空、水、铁口岸联动发展。昌北国际机场新国际货站、国际邮件互换局、国际快件监管中心、海关通关中心“一货站三中心”建成运营，民航华东空管局区管中心项目、跨境电商产业园等一批平台项目加速建设，为“买全球、卖全球”开通阳光通道。

（六）聚焦产城融合，城市品质不断提升

四年来，赣江新区紧紧围绕长江中游新型城镇化示范区的战略定位，以昌九高速公路、昌九大道和鄱阳湖、赣江等水系为依托，不断优化“两廊

一带四组团”发展格局，产城深度融合，现代品质城市凸显。

一是坚持高水平规划。以“多规合一”理念，逐步建立健全新区“1 + N”规划体系（“1”即指新区总体规划，“N”即指若干专项规划、技术规定、管理办法等）。编制完成了《赣江新区总体规划（2016～2035 年）》《赣江新区空间发展战略规划》《赣江新区土地利用总体规划（2015～2020 年）》，并以此为纲，陆续完成了生态环境、海绵城市、消防、地下空间、人防等相关专项规划。二是坚持高质量建设。坚持按照“精心规划、精致建设、精细管理、精美呈现”的总体要求推进城市建设管理。中医药科创城总体规划面积 27 平方公里，首期已基本建成 3 平方公里核心区域，9 平方公里的产城融合新区正在如火如荼建设当中。儒乐湖新城秉持“生态城市、海绵城市、智慧城市”三大开发理念，打造交通慢行系统、滨水生态系统、地下城市系统、智慧能源系统，昔日阡陌交错农田变成今日塔吊林立的现代化新城。三是坚持高标准配套。实施了一批补短板、强弱项、提能力的配套基础设施项目。在建和已建标准厂房 285 万平方米，研发楼房 15.3 万平方米。推进建设儒乐湖周边生态治理、绿地中央广场、赣新大道、儒乐湖新城一号综合管廊、赣江新区医院、赣江新区国际学校等一批项目，不断完善城市功能布局，着力打造宜居宜业宜游的现代城市经济综合体。

（七）聚焦绿色发展，生态文明不断推进

四年来，赣江新区牢牢把握新发展阶段，坚持绿色发展理念，构建新发展格局，统筹抓好生态环境治理，坚决打赢污染防治攻坚战，扎实推进生态文明各项工作。

一是积极推进生态文明建设。深入贯彻国家生态文明试验区实施方案，成立赣江新区生态环境保护委员会，按专业性行业（领域）分别设赣江新区绿色发展等 10 个专业委员会，建立了各级各部门生态环境保护工作机制，加快构建生态文明体系。新区单位生产总值能耗、用水量和二氧化碳排放量持续下降。二是稳步擦亮生态环境新名片。建立健全新区生态环境管理制度体系，不断完善环境监管机制体制，开展环境污染责任保险试点。新区省考

断面2020年均值水质均达到或优于地表水Ⅲ类水质。“森林城乡、绿色通道”工程有序实施，滨湖立体生态廊道加快构筑，城镇环保基础设施建设和运行水平稳步提升。

二　“十四五”展望与举措

（一）总体构想

“十四五”期间，赣江新区将坚持和推进“两区两地”战略定位和“四区一极”发展目标，按照省委十四届十二次全会提出的“强化赣江新区的战略引擎作用”要求，打造全省发展引擎、创新高地。围绕创新引领、融昌联九、口岸促新、产城融合、数字赋能、生态低碳等经济社会发展战略，推进建设引领全省的智创之芯、对标国际的未来之城、辐射内陆的开放之区，争当高质量发展的“排头兵”、科技创新的“领头雁”、双循环“枢纽区”、品质生活“首选地”、生态文明“模范生”、社会治理的“标杆城”，努力成为带动全省发展的创新高地。

（二）主要目标

锚定到2035年在全省率先基本实现社会主义现代化的战略目标，聚焦打造“支撑中部地区崛起和长江经济带发展的活跃增长极”，今后五年不断壮大产业体系，力争光电信息产业规模突破1000亿元，高端智能制造、新材料产业规模突破500亿元，生物医药、有机硅、现代纺织服装产业规模实现翻番。

一是成为高质量发展“排头兵”。在质量效益明显提升的基础上实现经济持续健康发展，增长潜力充分发挥，发展动力持续增强，经济结构更加优化，高质量发展的标杆地建成，主要经济指标发展态势和成效位居全国新区“第一方阵”。

二是成为科技创新“领头雁”。加快形成以企业为主体的科技创新体系，产业基础高级化、产业链现代化水平明显提高，成为科技创新引领地，研发机构、孵化器、众创空间等创新载体的质量明显提升。

三是成为开放合作“桥头堡”。通过全面融入“一带一路”、长江经济带等国家战略，多层次、多领域对接长三角、粤港澳大湾区，实现内外要素资源的大整合，形成高层次的开放型经济体系，成为内陆双向开放样板地。

四是成为品质生活“首选地”。构建更加优质均衡的教育、医疗、养老等公共服务体系，建成全覆盖可持续的社会保障体系，居民获得感、幸福感明显增强。实现更加充分更高质量的就业，居民收入增长和经济增长基本同步。

五是成为生态文明“模范生”。山水林田湖一体的生态系统实现良性循环，国土空间开发保护格局得到优化，生态文明制度体系更加完善，生产生活方式绿色转型成效显著，能源资源配置更加合理，利用效率大幅提高。

六是成为社会治理“标杆区”。城市治理体系不断完善，治理能力现代化水平明显提高，形成系统完备、科学规范、运行有效的体制机制。营商环境市场化、法治化、便利化、国际化水平显著提升。

（三）主要举措

1. 提升产业链现代化水平，打造现代产业体系

一是提升产业链供应链现代化水平。锻造产业链供应链长板，立足部分领域先发优势，打造新兴产业链，推动传统产业高端化、智能化、绿色化，发展服务型制造。积极承接沿海地区产业转移。实施产业基础再造工程，加大重要产品和核心技术攻关力度，发展先进适用技术，推动产业链供应链多元化。全面实施数字经济“一号工程”，推动数字经济与制造业、服务业、农业相融合。二是以集群化理念发展先进制造业。按照“补链强链”的发展导向，在智能终端、核心零部件、ODM/OEM 等领域，着力打造一大国际性光电信息产业集群。打造高端智能制造、新材料两个优势型产业，力争 3 年内超 500 亿元。培育生物医药、新能源汽车、现代纺织服装三个成长型产业，力争 3 年翻番。同时，积极抢抓前沿新材料、新一代人工智能、信息安

全等领域发展制高点，形成新的经济增长点。三是做强发展主战场。对标国家级平台的建设要求，推动南昌经济技术开发区（经开组团）和共青城（共青组团）高新技术产业开发区打造赣江新区先进制造业高质量发展平台。推进中医药科创城、人力资源产业园、智能装备制造产业园等特色园区建设，以“区中园”“园中园”等形式，打造一批主导产业突出、产业特色鲜明的特色产业园。

2. 全力做强创新引擎，建设科技创新高地

一是坚持人才优先发展。深入实施人才新政和“赣江创业”“赣江创新”“赣江海智”“赣江杰青”等人才计划，不断集聚高端人才。通过优化人才服务配套，开辟人才住房、子女入学、医疗保障服务绿色通道等方式，健全人才使用评价机制、创新激励和保障机制。二是提升科技创新能力。深度参与“赣江科创大走廊”建设，推动国家重大战略项目、科技创新2030重大项目在新区布局，谋划生成落地一批研发中心、技术创新中心、重点实验室、院士工作站等重大科技创新平台，加快推进中药国家大科学装置、中国中医科学院健康研究院、中药制造工艺与装备国家技术创新中心等科创平台建设。三是营造科技创新生态。建立财政科技稳定增长机制，设立政府引导基金，发挥政府产业基金的杠杆作用。优化技术转移体系，全流程完善科技成果转移转化服务。通过深入开展双创赛事活动、优化人才贡献与收入相适应的奖励分配机制、建立创新容错机制等方式大力营造创新氛围。

3. 全面纵深推进改革，营造最优营商环境

一是激发各类市场主体活力。深入实施国资国企改革创新行动，做强做优做大国有资本和国有企业。加强新区投融资平台建设、深化资本投资改革，提高国有资本运营效率。持续精准深入开展“降成本、优环境”专项行动，建立健全民营企业救助纾困机制，切实降低企业生产经营和制度性交易成本。二是提升政府服务效能。积极开展相对集中行政许可权改革，深化商事制度改革。拓展提升“赣服通 3.0”赣江新区分厅服务功能，加快实现政务服务事项“一次不跑”“一网通办”“一链办理”。实行重大决策事前评估和事后评价。三是建设高标准市场化体系。加快推进要素市场化改革，

积极推进“亩均效益综合评价”和“标准地”改革。深化投融资体制改革，做强直管区省投资集团、省金控集团、省大成国资公司和统筹区融资主体，拓展融资渠道，扩大社会投资。

4. 提升开放发展水平，拓展合作发展空间

一是积极对接融入国家和区域战略。全面融入“一带一路”，推动新区龙头企业抱团“走出去”，在“一带一路”沿线建设境外合作园，加快建设中以产业园、中韩智能制造产业园。积极融入长江经济带，鼓励东部地区政府、园区、战略投资机构采取直管、托管、“一区多园”等模式与新区合作共建产业园区。积极探索与上海自由贸易试验区、深圳前海蛇口自贸片区开展全面战略合作，共建大南昌都市圈。二是构建高能级开放平台。积极探索建立自贸区，主动对接上海自贸区和广东自贸区，努力形成一批可复制、可推广的经验和模式，拓展对外开放的广度和深度。统筹对外开放平台，强化新区与南昌综合保税区、昌北国际机场、龙头岗综合码头、昌北铁路物流园等对外开放平台的协调互动。

5. 推动产城融合发展，打造未来城市样板

一是打造“双轮驱动”现代新城。以建设世界一流的中医药科创城和享誉海内外的金字招牌为目标，将中医药科创城建设成为中国中医药“传承精华、守正创新”的科学新城。以建设“城之心、江之眼”现代服务业集聚新城为目的，将儒乐湖新城打造成自动化集成的生产服务业和高端要素集聚、宜居宜业的现代化新城。二是提升城市宜居水平。构建“城镇－乡镇－乡村（社区）”三级生活圈，打造富有文化品位和创新韵味的特色商业街区。探索在直管区和统筹区选址打造面向未来的智慧应用场景示范区，提供以智能化为基础的无接触服务，着力打造无人零售、无人配送、无人驾驶等智能场景。围绕“500 米见公园、300 米见花园、100 米见游园”目标，建设“雨水花园、下沉绿地、生态湿地”的海绵城市和“四季有绿、四季有景、四季有花”的花园城市。三是提升公共服务事业水平。构建全方位医疗卫生服务网，推动赣江新区医院、七喜医院等建设，基本实现城乡优质医疗卫生资源的均衡配置，构建“15 分钟医疗服务圈”。推进优质基础教育

均衡发展，加快建设赣江新区中学、国际学校、南昌师范附属学校、南昌二中经开校区等学校。推动文化传承创新，构建“意境农禅、科技中医药、工匠‘样式雷’、时代共青”的特色文化艺术品牌。

6. 加强生态文明建设，建设美丽中国样板

一是积极构建生态安全格局。构建以国家公园为主题、自然保护区为基础、自然公园为补充的自然保护地体系，实施山水林田湖生态保护和修复工程，对重要生态功能保护区实行严格保护下的适度利用和科学恢复，建成风廊、水廊、野生动物保护廊道等相结合的完善绿色生态网络，防止生态破坏和生态功能退化。二是巩固提升生态环境质量。在打好“碧水、蓝天、净土”保卫战的基础上，加强噪声和化学物质污染管控，力争到2025年，全区环境噪声平均值和交通干线噪声平均值继续维持在55分贝以下和68分贝以下，噪声达标区覆盖率达到85%，完成重点地区危险化学品生产企业搬迁改造。三是持续推进绿色低碳循环发展。争创国家循环化改造重点支持园，创建一批国家循环经济示范试点单位、国家级园区循环化改造示范试点单位、再生资源回收体系建设试点单位等，培育发展绿色产业，建设无废城市，倡导绿色生活方式与绿色消费。

7. 坚持和加强党的领导，凝聚共识形成合力

一是加强党的全面领导。全面落实“两个维护”的制度机制，把党的领导贯彻到所有机构履行职责全过程。坚持大抓基层党建的鲜明导向，打造坚强战斗堡垒，落实发展党内民主和实行正确集中的各项制度，提高各级党组织把方向、谋大局、定政策、促改革的能力。健全科学决策、民主决策、依法决策机制，强化决策的执行、评估、监督，增强各级党组织的政治功能和组织力。二是推进社会主义政治建设。健全同党外知识分子、非公有制经济人士、新的社会阶层人士的沟通联络机制，健全民族宗教工作体制机制，发挥工会、共青团、妇联等人民团体作用，把各自联系的群众紧紧凝聚在党的周围。完善基层党组织领导的充满活力的基层群众自治机制，丰富完善基层民主实践形式。三是强化干部作风建设。锲而不舍落实中央八项规定精神，持续纠治形式主义、官僚主义，深入整治

“怕、慢、假、庸、散”作风顽疾。深化干部制度改革，建设忠诚干净担当的高素质专业化干部队伍。

参考文献

赣江新区党工委管委会办公室：《赣江新区党工委关于制定赣江新区“十四五”规划和二〇三五年远景目标的建议》，2021 年 1 月 20 日。

B.30
九江市“十三五”回顾与“十四五”展望

九江市人民政府课题组*

摘　要：经过“十三五”时期的奋斗，九江积蓄了强大发展势能，汇聚了诸多发展优势，取得了显著发展成效。九江的发展站在了新的起点上。“十四五”时期，九江要创造新的辉煌，要在全省、长江流域乃至全国争得应有的地位，必须危中寻机、化危为机，捕捉机遇、创造机遇，赢得未来发展的先机和主动。

关键词：新发展格局　高质量发展　九江市

一　“十三五”回顾

“十三五”期间，九江市坚持以习近平新时代中国特色社会主义思想为指导，深入贯彻落实习近平总书记视察江西重要讲话精神，紧紧围绕“融入长江经济带、振兴江西北大门，打造区域率先发展战略高地”的奋斗目标，以供给侧结构性改革为主线，攻重点、补短板、挖潜力、增优势，全力打好三大攻坚战，加快建设长江经济带绿色发展示范区，有效应对各类风险挑战，特别是新冠肺炎疫情的严重冲击，经济社会发展保持良好势头。

* 课题组组长：谢来发，九江市委书记、市长。成员：董金寿，九江市委常委、常务副市长；鲍成庚，九江市政府党组成员、秘书长；匡建军，九江市发改委主任；梁巨光，九江市人民政府办公室副主任。

（一）总体情况

主要指标继续保持全省前列，地区生产总值跃上3000亿元台阶，2020年达到3240.5亿元，提前三年实现比2010年翻一番的目标。人均GDP先后跨越6000、7000、8000、9000美元台阶，达到中等收入国家（地区）水平。财政总收入跃上500亿元台阶，达到545.29亿元，年均增长7.2%，其中税收占财政收入的比重达82.4%。固定资产投资年均增长11.1%，社会投资成为投资增长的主动力。7个县财政收入过30亿元，瑞昌、经开区财政收入过40亿元，市县联动发展、协同共进的新格局加快形成。社会消费品零售总额年均增长11.1%，以互联网为载体的新兴消费、服务消费成为拉动消费增长的新引擎。三次产业比由2015年的7∶52∶41调整为2020年的7.1∶47.3∶45.6。荣获“国家卫生城市”“国家森林城市”“中国魅力城市”“中国旅游城市”“国家公共文化服务体系示范区”“中华诗词之市”“全国双拥模范城”等称号。

表1　九江市2016～2020年地区生产总值和财政总收入情况

年份	指标	GDP	财政总收入
2016	总量(亿元)	2313.66	415.23
	增幅(%)	9.4	7.7
2017	总量(亿元)	2545.34	461.29
	增幅(%)	9.1	11.1
2018	总量(亿元)	2860.07	508.06
	增幅(%)	8.7	10.1
2019	总量(亿元)	3123.06	541.59
	增幅(%)	8.3	6.6
2020	总量(亿元)	3240.5	545.29
	增幅(%)	3.8	0.7

资料来源：九江市统计局。

（二）发展成就

——产业发展迈上新台阶。“工业强市、产业兴市”战略深入推进，产业链链长制全面实施，新兴产业逐年壮大，产业集聚发展成效显著，千亿产业总数达到5个。规模以上工业企业达到1985户，列全省第二，较2015年增加726户；纳税过亿元工业企业达到16家，较2015年增加14家；规模以上工业增加值年均增长8%。现代服务业与先进制造业“双轮驱动”的发展格局逐渐形成，以物流、金融、旅游、电子商务为代表的现代服务业步入发展快车道，九江银行、晨光新材料实现主板上市，庐山西海晋升国家5A级旅游景区。大力调整优化农村产业结构，“两茶一水”特色产业加快发展。

——创新能力得到新提升。“一南一北”“一东一西”“一县一园”区域创新布局基本形成，九江市获批国家知识产权试点城市，共青城高新区升格为国家级高新区，鄱阳湖生态科技城获批省级数字经济创新发展试验基地，九江（修水）国家农业科技园成功获批，彭泽县获批认定为国家现代农业产业园。全社会研发投入创新高，总量突破50亿元，年均增幅高达40%，总量排名从全省第七上升至第三。科技型企业爆发式增长，高新技术企业总数达710家，是2015年的8倍，成功培育潜在独角兽和种子独角兽企业、瞪羚企业和潜在瞪羚企业20家。创新平台不断夯实，累计新增创新平台（载体）218家，其中国家级17家、省级67家、市级134家。科创人才不断集聚，新增享受国务院特殊津贴3人，入选国家“万人计划”2人。

——生态文明取得新进展。深入贯彻习近平总书记关于长江经济带“共抓大保护、不搞大开发”的指示要求，坚持生态优先、绿色发展，长江经济带绿色发展示范区创建重点任务全面完成，“河长制”“湖长制”“林长制”全面实施，码头整治、小化工出清、城市黑臭水体治理、绿色矿山整治、乡镇饮用水水源地保护“五场硬仗”取得阶段性胜利。累计投入244亿元，实施重大项目82个，治理废弃矿山1.1万亩，拆除码头74座、泊位87个，复绿岸线7529米，“水美、岸美、产业美、环境美”的长江最美岸线基本建成。获批国家级生态示范县1个、国家级生态乡镇27个，建成国家级自然保护区3个、省级自然保护区6个。生态环境明显改善，空气质量优良率达87.2%，县级以上集中式生活饮用水水源地Ⅲ类水质达标率和国考、省考断面水质优良率均为100%，森林覆盖率达到56.4%，省级森林城市实现县域全覆盖，武宁县获评全国绿化模范县、入选第四批国家生态文明建设示范县。

——改革开放迈出新步伐。“放管服”、机构改革、“多证合一”、国资国企等重点领域改革全面推进，营商环境不断优化。农村土地制度等农村领域改革全面铺开。行政区划改革取得重大突破，撤九江县设柴桑区、撤星子县设庐山市、创鄱阳湖生态科技城，庐山、庐山西海、八里湖新区管理体制进一步理顺，庐山“市局合一”正式运行。努力在江西内陆开放型经济试验区建设中走前列、当主力、打头阵，区域性航运中心建设加快推进，九江综合保税区封关运行，中国（九江）跨境电子商务综合试验区获批，红光国际港正式开港，九江港口岸扩大开放至瑞昌港区和彭泽港区，进口肉类指定口岸通过验收，“单一窗口”建设取得明显成效，港口集装箱吞吐量达到61万标箱，是2015年的2.4倍，在长江22个港口中的排名由第12位升至第8位。对外经贸规模快速增长，累计外贸出口额超220亿美元，累计实际利用外资超108亿美元。“长江经济带·九江新工业新动能投资洽谈会”等重要经贸平台形成区域影响力，与周边区域的经济交流合作不断扩大深化。

——城乡建设呈现新面貌。中心城区从“老两湖”时代走向“新两湖”时代，建成区面积超150平方公里，城区人口超100万，城镇化率达58.3%。八里湖新区功能更趋完善，赛城湖新城、鄱阳湖生态科技城框架正在拉开，高铁新区主干路网基本建成。陆续实施“拆四建二”、城市快速路、昌九高速高改快、道路“白改黑”、中心城区水环境系统综合治理、垃圾焚烧发电等重大城建项目。深入实施城市功能与品质提升三年行动，系统推进市容环境综合整治等专项行动，累计拆除各类违建33.2万平方米，改造各类棚户区13.7万户。基本实现农村人居环境整治三年行动目标，新农村建设覆盖率达85.1%，农村生活垃圾无害化处理率、农村改厕率分别达95%、94.6%，彭泽县入选全国农村“厕所革命”典型范例。

——社会事业实现新进步。高质量打赢脱贫攻坚战，修水、都昌正式脱贫摘帽，贫困村全部退出，现行标准下农村贫困人口全面脱贫。居民收入与经济增长基本同步，城乡居民人均可支配收入分别为40337元、17051元，年均分别增长7.9%、8.9%，提前两年实现比2010年翻一番的目标。全面完成义务教育学校标准化建设，县域义务教育均衡发展全部通过国家验收，高中教育特色化发展深入推进，新改扩建中小学688所，新建公办幼儿园533所。“健康九江”战略稳步实施，累计新改扩建医疗卫生项目1211个，入选全国城市医联体建设试点，获批全国居家和社区养老服务试点城市、全国社会足球场试点城市。社会保障体系日益健全，城乡居民医疗保障参保率和基本养老保险参保率分别达98%、95%。扫黑除恶专项斗争纵深推进，“平安九江”“法治九江”“诚信九江”扎实推进，人民群众获得感、幸福感、安全感不断增强。

二　“十四五”展望与举措

“十四五”时期我国将进入新发展阶段，这是以习近平同志为核心的党中央，对我国所处历史方位作出的新的重大论断。“立足新发展阶段，贯彻新发展理念，构建新发展格局”是“十四五”时期一个大的脉络和总的要求，这既是一项全局性的战略任务，也将是一场全方位的深度调整。构建新发展格局，必将加速资源要素重组、产业布局重构、经济版图重塑，机遇和挑战都前所未有。九江要增强责任感、紧迫感和使命感，大力发扬孺子牛、拓荒牛、老黄牛精神，顺应大变局、融入新格局、着力破困局，抓住基础设施建设、产业分工重构、新型城镇化建设、突破要素制约四大窗口期，找准发力点，下好先手棋，把握主动权，全力把九江打造成为江西融入国内大循环的战略节点和国内国际双循环的重要节点，奋力谱写全面建设社会主义现代化国家江西篇章的“九江画卷”。

（一）发展目标

为确保全面建设社会主义现代化新征程开好局、起好步，提出了“经济发展量质齐升、创新能力显著增强、改革开放深入推进、生态文明形成示范、城乡融合协调发展、文明新风日益浓厚、人民生活更加美好、治理效能明显提升”的经济社会发展目标。在相应的主要发展指标设置上，提出了到2025年，主要经济指标增幅在全省持续走前列，在沿江同类城市居上游，GDP总量突破4500亿元，规模以上工业增加值、固定资产投资、社会消费品零售总额年均增长8%左右，研发经费支出超110亿元，高新技术产业增加值占规模以上工业增加值的35%以上，数字经济核心产业增加值占GDP的比重达到7%左右，常住人口城镇化率达64%，进出口总额达568亿元，实际利用外资达33.3亿美元，居民人均可支配收入达39012元。九江要与全国全省同步基本实现现代化，“十四五”时期是关键阶段，开局就是决战，起跑就要冲刺，必须努力实现这些目标，为后续发展奠定更加坚实的基础。

（二）主要措施

1. 深入实施创新驱动发展战略，着力建设国家创新型城市

实施重点人才引进和培养工程，着力引进科技领军、高层次研发和产业技术人才，加快建设高层次人力资源产业园。实施全社会研发投入攻坚行动和市级科技重大专项工程，力争在石化行业智能制造新技术、高端精密制造等领域取得突破。不断夯实“一南一北”“一东一西”“一县一园”创新平台，加快组建国家级共建研究院、国家级大学科技园、国家重点实验室等一批创新平台和载体。营造良好创新生态，加快科技成果转化，加大社会资本支持创新的力度。

2. 加快构建现代产业体系，着力做强高质量跨越式发展主干支撑

以产业链链长制为抓手，实施全产业链打造工程，增强本地产业协同配套能力。加快培育现代物流、金融服务等生产性服务业，积极发展文化旅

游、健康养老等生活性服务业。深入实施数字经济倍增行动，加快产业数字化转型，重点发展大数据与云计算、信息技术应用创新、5G与物联网、软件与信息服务、人工智能等数字产业，将九江建设成长江中下游地区数字产业化集聚区、产业数字化示范区。持续提升产业平台发展层次和能级，加快形成“一带一轴多点”的产业空间布局，促进产城融合发展，推动开发区提质增效，健全开发区体制机制。

3. 积极参与国内大循环和国内国际双循环，着力构建江西融入新发展格局的重要支点

立足国内大循环，充分发挥比较优势，促进内需和外需、进口和出口、引进外资和对外投资协调发展。聚焦关键领域和薄弱环节加大补短板力度，推动投资规模合理增长、结构持续优化、质量不断提升。全力打造“通道＋枢纽＋网络”的现代流通体系，构建“大进大出、快进快出、优进优出”的现代物流格局。充分发挥九江对全市及长江北岸的消费带动力和吸引力，培育千万级人口的消费市场。

4. 全面深化改革开放，着力营造市场化、法治化、国际化营商环境

健全完善市场化管理制度，深化要素市场化配置改革，加快构建高标准市场体系。不断激活市场主体活力，不断提升政府治理效能，努力实现营商环境全省作示范、全国走前列。积极融入“一带一路”、长江经济带、粤港澳大湾区等国家区域战略，探索建立赣鄂皖长江两岸合作发展试验区；深度融入大南昌都市圈，积极参与赣江新区建设。全力做强综合保税区、跨境电子商务综合试验区、进境商品指定监管场地等对外开放平台。

5. 纵深推进新型城镇化，着力提升九江作为长江经济带重要节点城市的功能地位

充分发挥各地比较优势，促进区域间联动发展、协调互动，着力构建“一心两带三城多点”的城镇发展格局，提高“一心”吸引力，提升“两带”驱动力，夯实“三城多点”支撑力。加快推进港城融合、景城融合、产城融合步伐，深入实施城市功能与品质提升行动，补齐城镇公共服务、环境卫生、教育医疗等设施短板，提高中心城区吸引力，将九江建设为具有自

然生态美、历史人文美、智慧文明美的现代化新型城市。加快推动县域经济高质量发展，引导特色小镇健康有序发展，提高农业转移人口市民化质量，促进城镇良性互动、协调发展。

6. 大力实施乡村振兴战略，着力描绘“五美”乡村新画卷

按照“产业兴旺、生态宜居、乡风文明、治理有效、生活富裕”的总要求，抓重点、补短板、强弱项，全力促进农业高质高效、乡村宜居宜业、农民富裕富足。深入实施农业科技推广、农业园区建设、农业新型主体培育、农业新业态培育、农产品安全保障、农村实用人才培育等现代农业发展六大工程，实现“一乡一园”全覆盖，提高农业综合效益和竞争力。加快完善现代化农业基地、农村公路、农村物流、农田水利、农村能源、农村新一代信息网络等农村基础设施，补齐农村公共服务短板。不断健全自治、法治、德治“三治融合”的乡村治理体系，切实提高乡村治理效能，建设充满活力、和谐有序的善治乡村。

7. 聚焦聚力基础设施建设，着力夯实江海直达开放门户城市基础

紧紧围绕“江海直达、服务全省、辐射周边”的目标定位，加快夯实区域航运中心“通”的基础、增强“运”的能力、提升“达”的层次。大力建设现代交通强市，开工建设昌九客专，推进长九池高铁建设；推动九江至黄梅、宿松、武穴等地过江通道建设，加快建设修水、共青城、瑞昌、武宁、都昌、庐山西海（巾口）通用机场。健全现代能源保障体系，积极开发利用风电、光电、生物质能等可再生能源，优化城乡电网结构，加快天然气管道建设。加强水利基础设施建设，重点实施长江沿岸及鄱阳湖防洪排涝工程、农业农村防洪灌溉能力提升工程、水旱灾害防御监测能力提升工程。

8. 持续深化生态文明建设，着力巩固拓展长江经济带绿色发展示范区创建成果

持续改善生态环境质量，一体推进最美鄱湖、最美修河、最美西海岸线建设，让百里长江“最美岸线”既美得起来，也美得下去。加快推进长江江豚保护示范工程和长江鄱阳湖水生物保护基地建设，深入推进入江入湖入河排口溯源整治，积极推动气候适应型城市建设。深入贯彻“两山”理论，

推广绿色生产方式，倡导节能、节水、垃圾分类、限塑等绿色生活方式，推进排污权、碳排放权市场化交易。健全生态文明制度体系，建立以“三线一单”为核心的生态环境分区管控体系，完善生态环境保护制度和生态环保责任体系，健全资源能源高效利用机制。

9. 突出强化以文促旅、以旅彰文，着力打造国际山水文化旅游城市

传承和发掘红色基因，筑牢新时代团结奋斗的共同思想基础，强化理想信念教育，提升公民文明素养，夯实思想文化阵地。推进优秀传统文化传承创新，加强历史文物和非物质文化遗产传承保护，加强多层次对外文化传播与交流。积极推动文化事业繁荣发展，完善公共文化服务体系，创新公共文化服务运行机制，繁荣发展社会主义文艺。积极推进“山、江、湖、城”一体化发展，加快构建“一核两圈两带多节点”全域旅游发展格局，积极打造“环庐山、大庐山、泛庐山”沿线旅游风情带、沿长江和环鄱阳湖的“行走江湖九江游”等旅游路线，推动庐山西海向世界级旅游景区和度假区迈进，把庐山打造成全省旅游的龙头、全国旅游的标杆、世界旅游目的地。

10. 深入践行以人民为中心的发展思想，着力实施幸福民生工程

健全就业创业服务体系，加大对十大产业链相关新经济、新业态的政策扶持力度，进一步拓宽就业空间。坚持教育优先发展地位，不断扩大教育投入，努力发展全民教育、终身教育，建设学习型社会，推动九江学院更名为九江大学。全面推进健康九江建设，加快建设九江区域（赣鄂皖）中医医疗中心和中医专病（科）区域诊疗中心。建立健全覆盖全民、统筹城乡、公平统一、可持续的多层次社会保障体系，稳步提高社会保障水平。

11. 始终坚持共建共治共享，着力提升社会治理能力现代化水平

守牢安全发展底线，强化经济安全保障，提高公共安全保障能力。更高水平建设平安九江，健全社会矛盾综合治理机制，健全完善社会治安防控体系，构建基层社会治理新格局。加快推进法治九江建设，完善地方人大立法运行机制，加强对法律实施的监督，促进严格执法、公正司法。推进社会主义民主政治建设，完善人民代表大会制度，健全基层民主协商制度，巩固和发展爱国统一战线。

参考文献

中共九江市委：《中共九江市委关于制定全市国民经济和社会发展第十四个五年规划和二〇三五年远景目标的建议》,《九江日报》2021 年 1 月 15 日。

九江市人民政府：《2021 年九江市人民政府工作报告》, 2021 年 1 月 21 日。

B.31
景德镇市“十三五”回顾与“十四五”展望

景德镇市人民政府课题组*

摘　要：　“十三五”时期，景德镇市坚持以习近平新时代中国特色社会主义思想为指导，深入贯彻习近平总书记视察江西重要讲话精神，全面落实省委、省政府决策部署，国家试验区建设坚实起步、经济发展量质双提升、城市面貌焕然一新、乡村振兴成效显著、生态环境持续向好、新旧动能加速转换、改革开放持续深化、民生和社会事业全面进步，“十三五”规划确定的主要目标任务总体实现。“十四五”时期，景德镇市将全面推进景德镇国家陶瓷文化传承创新试验区建设，全力打造与世界对话的国际瓷都，奋力书写全面建设社会主义现代化国家景德镇新篇章。

关键词：　国家试验区　高质量发展　治理能力　景德镇市

“十三五”时期是全面建成小康社会决胜阶段，“十四五”时期景德镇要增强机遇意识和危机意识，增强使命感和紧迫感，在总结分析“十三五”改革发展情况的基础上，剖析“十四五”时期景德镇高质量发展面临的主

* 课题组组长：刘锋，中共景德镇市委书记；组员：张维汉，景德镇市政府秘书长；王铁军，景德镇市政府办公室副主任；叶晨露，景德镇市政府办公室研究室主任；王渭渭，景德镇市政府办公室研究室科员。

要形势，研究提出推动全市“十四五”时期高质量发展的基本思路和主要举措。

一 “十三五”发展情况

“十三五”期间，坚持以习近平新时代中国特色社会主义思想为指导，大力实施“三个五”战略行动，全市经济社会发展成绩显著，夯实了“十四五”时期的发展基础。

——国家试验区建设坚实起步。成功创建国家试验区，实施方案获国务院批复。制度体系初步构建，国家试验区工作机构获批，出台国家试验区建设的决定和三年行动计划；重大政策加快落地，“手工制瓷减按3%征收增值税”等财税政策、发行新增地方政府专项债88.9亿元等投融资政策、新增建设用地8000亩等自然资源政策、国际“景漂”出入境及居留许可等人才政策得到落实，政策效应逐步显现；先行先试有效推进，景德镇陶瓷文化生态保护实验区、全国版权示范城市、全国城市体检评估试点城市、全国老厂区老厂房更新改造利用试点城市、直饮水试点城市等相继获批创建或实施；重点谋划实施总投资1035亿元的项目152个，陶阳里历史街区保护利用等50个标志性、示范性、引领性重大项目进展顺利。

表1 “十三五”时期景德镇市财政收支情况

单位：亿元，%

年度	财政总收入	一般公共预算收入	一般公共预算支出
2016	115.82	88.72	173.80
2017	123.21	86.70	192.13
2018	132.46	89.86	204.05
2019	139.42	99.69	235.71
2020	140.27	100.05	235.88
年均增长率	4.9	3.17	7.93

资料来源：景德镇市统计局。

——经济发展量质双升。“十三五”期间，全市经济保持稳定增长，地区生产总值年均增速8%以上，2019年末达到926.11亿元，提前实现“总量比2010年翻番”的既定目标。产业结构持续优化，主导产业对GDP的贡献逐年增加，三次产业结构由2015年的7.3∶57.0∶35.7调整为2020年的7.1∶43.1∶49.8，第三产业占比提高14.1个百分点。固定资产投资年均增长12.1%，高于全省平均增速；财政总收入年均增长4.9%（见表1），规上工业增加值年均增长8.5%，社会消费品零售总额年均增长11.4%。

——城市面貌焕然一新。坚持既塑形又铸魂，先后开展城乡环境大整治、城市“双创双修”，城市功能与品质大幅提升。城市框架进一步拉大，中心城区建成区达到94平方公里，常住人口城镇化率达到68.05%，提升4.52个百分点，城市控制性规划覆盖率由40%提高到100%。老城保护利用大力推进，城市基础设施大幅改善，中心城区“两横三纵五联”的城市骨架路网基本形成，新建改建中心城区跨江大桥4座，新改建城市道路超过40条，打通城市断头路超过20条。九景衢铁路建成通车，昌景黄铁路、景德镇水利枢纽、鱼山码头等重大基础设施项目开工建设。

——乡村振兴成效显著。稳步实施蔬菜振兴、茶叶复兴、三产融合、高标准农田建设和品牌提升五大行动计划，成功创建国家现代农业示范区、国家农村产业融合发展示范园和全国农村一二三产业融合发展先导区。全市粮食播种面积稳定在143万亩，产量稳定在60万吨，实现十七连丰，蔬菜、茶叶、畜产品等主要农产品产量稳定增长。“乐平辣椒”“浮梁茶”品牌影响力持续提升。农业农村改革持续深化，稳步推进全市农村土地“三权分置”改革，完成农村集体清产核资、农村土地承包经营权确权登记。农村人居环境持续改善，农村生活垃圾治理全域纳入城乡环卫一体化，全市村庄生活垃圾无害化处理率达到90%以上。

——生态环境持续向好。坚持生态优先、绿色发展，全力推进国家生态文明试验区建设，打好污染防治攻坚战，生态环境质量显著提升，生态环境综合指数跃居全省第一。生态文明制度体系日趋完善，“河长制”“湖长制”“林长制”有效落实，“三废”治理有力推进。大力实施环境保护重点工程，着力开展“净空、净水、净土”三大行动。森林覆盖率稳定在66%以上，全市$PM_{2.5}$平均浓度27微克/立方米，空气质量优良天数比例97.5%，位列全省第一，荣获国家生态文明建设示范市称号。

——新旧动能加速转换。深入实施创新驱动“54321”工程倍增计划，科技综合发展水平保持在全省第一方阵，科技进步贡献率提升至61%，研究与试验发展经费投入强度提高到2.22%，位居全省第二。增强科技创新能力，组织实施“03”专项等一批重大科技项目，集聚了一批高水平人才和团队，实现了一批重大科技成果的成功转化，新增高新企业59家、院士工作站6个、省级以上工程技术中心9家，入选全国首批通航产业综合示范区，通过国家创新型城市评估，列入国家支撑绿色发展型城市。景德镇市被列为老工业基地调整改造工作成效突出的地级市，获得国务院表彰，加快推进新旧动能转换经验做法获国务院通报表扬。

——改革开放持续深化。深入对接“一带一路”等国家战略，主动融入江西内陆开放型经济试验区，持续加大招商引资力度，积极参加“丝路瓷行”系列陶瓷展、米兰世博会、赣台会、赣港会等文化经贸活动，引进省外项目969个，比“十二五”增长147%，实际进资1981亿元，比“十二五”增长58.73%，实际利用外资年均增长8.4%，出口总值年均增长6.9%。加强国际交流合作，与国外21个产瓷城市建立友好关系，景德镇国际丝路学院挂牌成立，获批国家级外贸转型基地（陶瓷），成功举办景德镇国际陶瓷博览会。

——民生和社会事业全面进步。脱贫攻坚战取得胜利，区域性整体贫困问题得到历史性解决，现行标准下贫困人口全部清零。就业形势保持总体稳定，全市累计实现城镇新增就业11.57万人，城镇登记失业率控制在3.3%左右。教育卫生文化体育公共服务体系逐步完善，普惠性幼儿园覆盖率达86%，乡镇公办中心幼儿园全覆盖，景德镇学院、江西陶瓷工艺美院、景德镇卫校顺利完成搬迁，景德镇艺术职业大学、景德镇陶瓷技师学院筹建工作顺利推进并开工建设；城乡居民养老保险、医疗保险实现全覆盖，救助标准位居全省前列；公立医院综合改革继续深化，基层卫生计生服务体系进一步健全，每万人病床数达到55.88张。文化基础设施建设提升成果显著，新建御窑遗址博物馆，全面完成景德镇中国陶瓷博物馆、市图书馆新馆搬迁，完成市群众文化活动中心、市文化馆、市美术馆改造提升。全面完成11个体育场馆的新建和改扩建，成功举办第十五届省运会等重大赛事；深入开展扫黑除恶专项斗争，获评全省扫黑除恶专项斗争先进市。实现全国双拥模范城7连冠、全省双拥模范城8连冠。

二　“十四五”展望与举措

“十四五”时期，景德镇市全面推进景德镇国家陶瓷文化传承创新试验区建设，全市将深入实施“三个五”战略行动，加快景德镇国家陶瓷文化传承创新试验区建设，推动国家试验区建设取得阶段性成果，陶瓷文化传承保护创新体制机制初步建立，陶瓷文化保护传承、陶瓷产业创新发展、陶瓷国际贸易和文化交流合作的体系基本形成，陶瓷文化和旅游业深度融合效果显著，新型人文城市、世界陶瓷文化中心城市建设初见成效，实现经济行稳致远、社会安定和谐，全力打造与世界对话的国际瓷都。

（一）全力建好景德镇国家陶瓷文化传承创新试验区

围绕“两地一中心”战略定位，传承和弘扬景德镇陶瓷文化，推动陶瓷文化创造性转化、创新性发展，形成以文化释放新需求、创造新供给、催生新业态的发展格局。以御窑厂遗址申报世界文化遗产为抓手，统筹陶瓷物质文化遗产和非物质文化遗产传承保护，加强陶瓷文化挖掘阐发，推动文化遗产活化利用，延续厚重文脉，彰显景德镇陶瓷文化的独特魅力。培育陶瓷产业新技术、新业态、新模式，推进陶瓷文化与相关产业深度融合，催生经济社会发展新动能，推动景德镇成为全国乃至世界的陶瓷产业标准和创新中心。放大陶瓷文化品牌优势，推动旅游与文化、生态深度融合，充分发挥旅游的综合带动作用，促进旅游业全区域、全要素、全产业链发展，把景德镇建设成为国内一流、国际知名的文化旅游名城。

（二）实施创新驱动发展战略

加大引才育才力度，实施高层次人才引进培养行动，建设高层次人才产业园，完善招才引智和“景漂”“景归”等各类人才服务体系，加强技能型人才培养。优化人才发展环境，深化人才发展体制机制改革，实施“陶瓷儒匠”计划，大力培养陶瓷后备人才，推进人才、项目、资金、平台一体化建设，加大对创新创业主体的金融支持，营造良好的创新创业生态。强化创新载体建设，全面推进鄱阳湖国家自主创新示范区建设，搭建航空、陶瓷新材料、精细化工和医药等高技术领域的协同创新平台，持续加大全社会研发投入，实施高新技术企业倍增计划，强化核心技术攻坚，推广运用“揭榜挂帅”、择优委托等方式，着力解决一批制约产业发展的技术瓶颈、共性难题，形成更多高水平、引领性和原创性的创新成果。破除束缚创新和成果转化的制度障碍，激活各类创新要素，全面开展与国内外知名院所的合作，与“大院大所”“名校名企”共建高端研发机构，推进科研院所、高校、企业科研力量的优化配置和资源共享。

（三）发展景德镇特色现代产业体系

实施工业倍增三年行动计划，大力发展陶瓷、航空、精细化工和医药等特色优势产业，打造千亿级精细化工和医药产业集群，推动产业向高端化、智能化迈进。培育发展新兴产业，加速传统产业转型升级，实施铸链强链引链补链和产业基础再造工程，推动产业链创新链供应链价值链迈向中高端。以“数字产业化、产业数字化”为主线，推动数字经济与实体经济深度融合，培育壮大数字经济新业态、新模式。支持高新区、陶瓷工业园、乐平工业园、浮梁产业园满园扩园，提高园区土地利用率和产出率，进一步提升产业平台能级和水平。

（四）聚力扩大内需和畅通循环

发挥投资对优化供给结构的关键性作用，加快补齐基础设施建设、农业农村经济等短板，扩大战略性新兴产业投资，推动城市建设投资稳步增长。聚焦信息基础设施、融合基础设施和创新基础设施三大方向，系统布局新型基础设施。推进全覆盖、立体化、相衔接的水陆空交通体系建设，打造赣东北区域性交通枢纽城市。开展质量提升行动，全面提升“景德镇产品”“景德镇服务”质量，培育消费新模式，促进消费转型升级。强化消费市场监管，强化消费者权益保护，优化消费环境。培育现代流通企业，建设高质量的新型物流基础设施，加速现代化、智能化物流体系建设，实现区域流通一体化和城乡流通一体化。

（五）推进以人为核心的新型城镇化

统筹生态、农业、文化、城镇四类重点开发保护空间，构建“北景南经、西产东文”的功能布局和国家试验区“一轴一带一区多点”的空间布局，提高中心城区对周边县市的辐射力。巩固提升“双创双修”成果，以保护传承景德镇历史文脉为主线，统筹历史文化遗产保护与城市现代化建设，推进老城保护和有机更新。坚持产城融合要求，加速新城建设。巩固全国文明城市创建成果，深入推进文明城市建设，让文明之花香飘满城。提高县城综合承载能力，按照高起点规划、高标准建设、高水平管理要求，促进公共服务设施、市政公用设施、产业配套设施提级扩能。

（六）打造新时代“五美”乡村

坚持农业农村优先发展，全面实施乡村振兴战略，深入实施藏粮于地、藏粮于技战略，坚持最严格的耕地保护制度，扎实推进“优质稻米工程”“优质粮食工程”等项目，提升农业生产水平。加快农业结构调整，拓展农业多种功能，突出发展优势特色农业，以茶叶、蔬菜等为重点，打造“乐平菜”“浮梁茶”等绿色有机品牌，发展农业新业态，引导产业集聚发展，促进农村一二三产业融合发展。统筹县域城镇和村庄规划建设，大力开展农村人居环境提升行动，重点加强“一带三边五线”可视范围内的环境整治，完善“五定包干”村庄环境长效管护机制。健全和完善乡村治理体制机制，强化农村基层党组织的领导作用，形成文明乡风、淳朴民风、良好家风。

（七）推进改革开放走深走实

深入实施国资国企改革创新三年行动、国企混改提升行动，优化调整国有经济布局，推进国有企业战略性重组和专业化整合，做强做优做大国有资本和国有企业。全面落实支持非公有制经济发展的政策措施，破除制约非公有制经济发展的各种显性和隐性壁垒，积极构建“亲”“清”政商关系，构建高效规范、公平竞争的统一市场。纵深推进“放管服”改革，持续开展营商环境优化提升行动，优化营商环境评价体系，着力打造“四最”营商环境。建立健全优化财政资源配置的长效机制，强化预算约束和绩效管理。推进保税物流中心（B型）、国家级外贸转型升级基地和外贸公共服务平台建设，建设高能级开放平台。培育引进一批省级外贸综合服务企业，申报国家市场采购贸易方式试点城市，全面落实鼓励外商投资政策，促进贸易和投资自由便利化。

（八）推进生态文明建设

坚持“绿水青山就是金山银山”理念，实施以“三线一单”为核心的生态环境分区管控体系，健全自然资源有偿使用制度，完善资源价格形成机制。持续开展“净空、净水、净土”专项行动，高标准打好蓝天保卫战，全面推进“五气共治”，全方位打好碧水保卫战。实施山水林田湖草一体化保护和修复行动，实施生物多样性保护重大工程。培育绿色产业，发展太阳能发电装备、新能源汽车等节能环保产业，推动传统清洁能源高效利用。大力推广“两山银行”“湿地银行”等建设，深化绿色金融改革，构建绿色金融服务体系。

（九）促进人的全面发展

坚持优先发展教育事业，优化城乡教育资源布局和结构、学科专业结构、人才培养结构，推动基本公共教育服务普惠性发展。推进高等教育分类管理和高等学校综合改革，支持江西陶瓷工艺美术职业技术学院职业本科教育，建成景德镇艺术职业大学，申办景德镇市卫生健康职业学院，景德镇市高级技工学校升格景德镇市陶瓷技师学院，筹建景德镇市航空职业学院。推动职业教育提质创优发展，重点打造“陶瓷、人工智能、幼儿保育、旅游、医学（养老）、农业”等6个高水平中职专业群。深化文化体制改革，健全出精品、出人才、出效益的体制机制。改革完善疾病预防控制体系，提高疾病预防处置能力。深化医药卫生体制改革，落实医疗机构公共卫生责任，创新医防协同机制。完善医防协同机制，落实医疗机构公共卫生责任。加强健康教育与健康知识普及，开展控烟行动，巩固国家卫生城市创建成果，建立长效管理机制。落实国家人口长期发展战略，以“一老一小”为重点，优化生育政策和配套措施，推动养老事业和养老产业协同发展。

（十）满足人民美好生活新期待

实施就业促进重大行动计划，加大重点群体就业帮扶力度，以创业带动就业，多渠道灵活就业，加大职业教育和再就业培训力度，提升劳动者技能，健全公共就业服务体系。提高劳动报酬在初次分配中的比重，优化收入分配结构。努力健全覆盖全市、统筹城乡、公平统一、可持续的多层次社会保障体系。健全基本生活救助制度和医疗、教育、住房等专项救助制度，加快构建保障性住房体系，增加保障性住房供给。

（十一）建设平安景德镇

健全完善贯彻落实总体国家安全观的地方工作体系和制度体系。加强经济安全风险预警、防控机制和能力建设。持续开展危险化学品、矿山等重点行业领域专项整治，严防重特大事故发生。坚持和发展新时代“枫桥经验”，坚持运用法治思维和法治方式化解矛盾、维护稳定。完善现代化社会治安防控体系，增强社会治安防控的整体性、协同性、精准性。创新市域社会治理，加强法治景德镇、法治政府、法治社会一体化建设。

参考文献

中共景德镇市委：《中共景德镇市委关于制定全市国民经济和社会发展第十四个五年规划和二〇三五年远景目标的建议》，2020 年 12 月 31 日。

B.32
萍乡市“十三五”回顾与“十四五”展望

萍乡市人民政府课题组*

摘　要： “十三五”时期是萍乡转型发展历史上浓墨重彩的五年。五年来，萍乡紧紧围绕实现“年年有变化、三年大变样、五年新跨越”的目标要求，贯彻落实新发展理念，扎实做好“六稳”工作，全面落实“六保”任务，经济实力明显增强，产业转型升级迈出关键性步伐，全面建成小康社会取得伟大历史性成就。“十四五”时期，萍乡将继续坚持稳中求进工作总基调，立足新发展阶段，贯彻新发展理念，构建新发展格局，加快推进高质量跨越式发展，奋力谱写江西改革发展的萍乡篇章。

关键词： 高质量发展　新发展理念　萍乡市

“十三五”时期是萍乡发展历史上极不寻常、极为不易的五年，是人民群众收获满满的五年。五年来，在江西省委、省政府的正确领导下，全市上下克服结构调整阵痛、新冠肺炎疫情冲击，经济社会保持平稳健康发展，与全国、全省同步全面建成小康社会。展望“十四五”，萍乡将围绕与全国、全省同步基本实现社会主义现代化的目标，努力实现“一个进位赶超”（经

---

* 课题组组长：李江河，中共萍乡市委副书记、萍乡市人民政府市长；副组长：兰叶子，萍乡市政府秘书长；万四新，萍乡市政府副秘书长、办公室主任。成员：周斌，萍乡市政府办公室副主任；汤宇，萍乡市政府办公室调研科科长；周煜欣，萍乡市政府办公室调研科副科长；谭展鹏，萍乡市政府办公室调研科四级主任科员。

济综合实力)、全力打造“三区”(国家产业转型升级示范区、内陆开放赣湘合作核心区、城乡融合发展先行区),在奋力谱写全面建设社会主义现代化国家江西篇章、描绘好新时代江西改革发展新画卷中贡献萍乡力量。

一 “十三五”回顾

“十三五”时期,萍乡坚定不移贯彻党中央、国务院和江西省委、省政府各项决策部署,紧紧围绕实现“年年有变化、三年大变样、五年新跨越”目标要求,主动适应、积极引领经济发展新常态,经济社会发展取得新成就,萍乡全面建成小康社会目标如期实现。

(一)经济综合实力和质量效益实现双提升

“十三五”期间,萍乡认真贯彻新发展理念,全市经济发展呈现“总体平稳、稳中有进、进中趋优”的良好态势,地区生产总值由2015年的628.24亿元增长至2020年的963.6亿元,年均增长8.9%;人均地区生产总值由2015年的3.3万元增长至2020年的5万元,年均增长8.7%;财政总收入由2015年的130.5亿元增长至2020年的176.2亿元,年均增长6.2%;社会消费品零售总额由2015年的213.83亿元增长至2020年的332.3亿元,年均增长9.2%,主要经济指标顺利完成。全市人民的获得感、幸福感、安全感明显增强,高质量跨越式发展迈出坚实步伐,连续五年获评全省高质量发展综合考评先进设区市,为实现第一个百年奋斗目标打下了坚实基础(见表1)。

表1 “十三五”时期萍乡市主要经济指标情况

指标	2016年		2017年		2018年		2019年		2020年		年均或累计增长(%)
	核算数	增速(%)	核算数	增速(%)	核算数	增速(%)	核算数	增速(%)	完成数	增速(%)	
地区生产总值(亿元)	688.5	9.1	756.06	8.9	849.53	8.7	930.02	7.5	963.6	3.6	8.9

续表

指标	2016年		2017年		2018年		2019年		2020年		年均或累计增长(%)
	核算数	增速(%)	核算数	增速(%)	核算数	增速(%)	核算数	增速(%)	完成数	增速(%)	
人均地区生产总值(万元)	3.6	8.5	3.93	8.2	4.39	8.2	4.79	7.1	5.0	4.4	8.7
财政总收入(亿元)	135.64	4.0	146.16	7.8	161.6	10.5	172.57	6.8	176.2	2.1	6.2
500万元以上固定资产投资(亿元)		13.3		12.8		10.5		9.7		8.0	10.9
社会消费品零售总额(亿元)	235.97	10.4	261.79	10.9	290.3	10.9	322.93	11.3	332.3	2.9	9.2
进出口总额(亿元)	92.93	18.0	102.99	10.8	112.67	9.4	117.63	4.4	147.5	24.7	13.4
实际利用外资(亿美元)	3.37	9.4	3.67	9.0	4.01	9.3	4.26	6.2	4.5	6.3	7.9

资料来源:《萍乡市国民经济和社会发展第十四个五年规划和二〇三五年远景目标纲要》。

(二)产业结构更加协调

“十三五”期间,全市三次产业结构由2015年的6.9∶56.7∶36.4优化为2020年的7.9∶43.6∶48.5。产业转型升级亮点纷呈,获批国家产业转型升级示范区。老工业基地调整改造、资源枯竭型城市转型升级获国务院通报表彰。传统产业改造提升稳步推进，“中国电瓷之都”花落芦溪，钢铁、煤炭产业去产能分别达到265万吨（占全省50%）、545万吨（占全省20%）。新兴产业蓬勃发展，战略性新兴产业、高新技术产业占比大幅上升。农业现代化水平稳步提高，省级以上现代农业示范区实现县区全覆盖，基本形成了“优质水稻+现代种业、草食畜禽、高效蔬菜、休闲农业”的现代农业产业体系。旅游业实现重大突破，萍乡武功山景区成功创建为国家5A级旅游景区。

（三）改革开放稳步推进

国资国企、财税金融、农业农村、机构改革等重点领域改革深入推进。市本级国有资产总量突破千亿元，农村集体产权制度改革顺利通过省级验收。房地产市场平稳健康发展。“放管服”改革全面深化，“赣服通”加快建设，行政权力事项精简率不断提高，“一次不跑”“只跑一次”事项占比达90%。优化营商环境十大行动取得新成效，2020年政务服务、财产登记两项指标居全省第一，营商环境综合评价和企业评价位列全省第二。城市信用监测排名跃升至全国第一方阵、全省第一。赣湘边区域合作示范区建设加快推进，与株洲实现深度合作。全市进出口总额由2015年的78.55亿元增长至2020年的147.5亿元，年均增长13.4%；实际利用外资额由2015年的3.08亿美元增长至2020年的4.5亿美元，年均增长7.9%。

（四）城乡融合发展水平不断提高

城乡面貌明显改善，萍乡常住人口城镇化率由2015年的65.88%提高到2020年的70.1%，海绵城市建设从全国试点走向全国示范，以全省第一的成绩入选省级城乡融合发展试验区，成功创建全国文明城市、国家森林城市。新型城镇化质量持续提高，城镇化率稳步提升。空间布局进一步优化，节约集约用地成效明显。城市更加精致宜居，一批高品质的城市公园相继建成，南正街、鳌洲书院、市图书馆、城市展示馆等项目正式落成并对外开放，长赣铁路前期工作进展顺利，萍莲高速项目加快推进，320国道改扩建目标实现，湘东S533公路、杨宣公路、中环北路全线贯通。乡村更加文明秀美，红色名村建设和乡村振兴先进经验多次被中央媒体报道，动力电、光纤网实现村村通。

（五）生态环境质量逐步改善

全力推进《蓝天碧水净土·2020行动计划》，$PM_{2.5}$、PM_{10}平均浓度大幅下降，2020年萍乡空气质量优良天数占比明显上升，中心城区首次达到空气二级质量标准，提前五年完成省下达的考核任务。水环境质量持续向好，通过全国水生态文明城市建设试点验收，劣Ⅴ类水全面消除，全市地表水断面和县级以上饮用水水源地水质达标率均为100%，各项环境质量关键指标均创历史最好成绩。土壤生态环境总体安全可控，可持续发展迈出新步伐，能耗总量和强度“双控”目标责任评价考核位列全省第一方阵，完成受污染耕地安全利用和重度污染耕地严格管控年度任务。成功建立跨省、跨市流域生态保护补偿机制，森林覆盖率和湿地保护率均稳居全省前列，生态文明试验区建设取得阶段性成果，美丽中国“江西样板”考核连续多年名列全省前茅。

（六）民生福祉大幅增进

脱贫攻坚战取得全面胜利，得到了上级和实践的检验认定。莲花县作为萍乡市唯一的国家级贫困县顺利通过考核验收，实现脱贫摘帽，110个贫困村全部顺利实现摆脱贫困，现行贫困标准下农村贫困群众全面脱贫。“一村一品”特色产业格局基本建立，全市获得产业发展扶持的贫困户覆盖率达90%以上，办好了以“八个全覆盖”“八大工程”“八个提升”“八个着力”为重点的民生实事，妥善解决了一大批人民群众的“急难愁盼”问题。公共文化设施发生翻天覆地的变化，市县乡村四级文化场馆实现全覆盖，百姓精神文化生活进一步充实。在全省率先通过县域义务教育基本均衡发展国家督导验收，教育发展考评连续五年位列全省第一。实现全国双拥模范城七连冠。

（七）全面建成小康社会获得伟大历史性成就

人民群众生活质量得到了全方位的提升，居民的收入水平基本上与经济的增长水平保持一致。人民群众的收入水平明显提高，全市城乡居民人均可支配收入分别由2015年的28361元、14033元，增长至2020年的40405元、20831元，年均增速分别为7.3%、8.2%，城乡居民人均可支配收入稳居全省前列。坚持就业优先。截至2020年末萍乡成功创建创业孵化基地达12个，城镇登记失业率下降到3.82%，低于全省控制目标。城乡社会保障体系更加健全，城乡居民免费参加大病保险实现全覆盖，获批全国第四批居家和社区养老服务改革试点城市，基本养老保险覆盖率达到95%以上。卫生健康事业加快发展，按照国家和省的统一部署要求，逐步健全全覆盖、多层次医疗保障体系。根据平安中国、法治中国、健康中国建设的要求，统筹推进了平安萍乡、法治萍乡、健康萍乡建设。如表2所示。

表2 “十三五”时期萍乡市主要民生福祉指标情况

指标	2016年	2017年	2018年	2019年	2020年	年均或累计增速(%)
城镇居民人均可支配收入(元)	30630	33120	35763	38502	40405	7.3
农民人均可支配收入(元)	15274	16598	18012	19536	20831	8.2
城镇新增就业人数(万人)	3.31	3.31	3.3	3.1	2.49	[15.51]
基本养老保险参保率(%)	88	92.2	94.6	95	95	[1]
人均预期寿命(岁)	76.8	76.8	76.8	76.8	78.5	[1.7]

续表

指标	2016 年	2017 年	2018 年	2019 年	2020 年	年均或累计增速(%)
农村贫困人口脱贫(万人)	1.67	2.27	0.93	0.61	5.8	[5.8]
城镇棚户区住房改造(万套)	0.7975	1.2044	0.9336	1.5226	1.2002	[5.66]

资料来源:《萍乡市国民经济和社会发展第十四个五年规划和二〇三五年远景目标纲要》。
注:[ ] 为累计数或年均增长值。

(八)市域治理体系和治理能力在实践中得到优化增强

社会治理水平大幅提升，连续五年在全省法治江西建设中考核先进，公安满意度连续多年位居全省前列。新冠肺炎疫情阻击战取得重大成果，在全省较早实现确诊病例和疑似病例“双清零”，最大限度地保护了人民生命安全和身体健康。全面从严治党在纵深推进中取得令人振奋的成果，“廉洁萍乡”建设作为萍乡自选创新动作深入实施，风清气正的政治生态得到巩固。依法治市有力推进，社会大局保持和谐稳定。

五年来的发展成就，充分彰显了习近平新时代中国特色社会主义思想的科学性、指导性和真理性；充分证明了江西省委“二十四字”工作思路和高质量跨越式发展首要战略是对中央精神的有力贯彻和创新实践；充分验证了萍乡市委、市政府提出的“年年有变化、三年大变样、五年新跨越”总体目标符合上情、切合市情、顺应民情，为萍乡紧跟全国、全省的统一步伐，顺利开启全面建设社会主义现代化新征程夯实了关键性基础。

二 “十四五”展望与举措

展望“十四五”，萍乡发展的“时与势”都发生了深刻变化。总体上看，当前和今后很长一段时间仍然是重要战略机遇期。从国际看，新冠肺炎疫情仍然在全球肆虐，中美博弈使国际政治经济格局产生新变化，但和平与发展仍然是时代主题，孕育着巨大的发展空间和潜力。从国内看，我国经济成功抵御疫情冲击，经济长期向好的基本面没有变，以国内大循环为主体、国内国际双循环相互促进的新发展格局构建的步伐正在加速，为萍乡发展提供了最可靠的依托。从省内看，江西"四面逢源"的区位优势不断显现，国家生态文明试验区、国家内陆开放型经济试验区建设效应持续凸显，为萍乡发展营造了良好的发展环境。萍乡经过"十三五"时期的发展，转型升级成效明显，综合实力显著增强，各种积极因素将为未来发展创造有利条件，但也面临不少困难和挑战，发展不平衡不充分的矛盾仍然存在。

未来五年，萍乡将高举中国特色社会主义伟大旗帜，深入贯彻党的十九大和十九届二中、三中、四中、五中全会精神，坚持以习近平新时代中国特色社会主义思想为指导，从更高层次贯彻习近平总书记视察江西重要讲话精神，聚焦"作示范、勇争先"目标定位和"五个推进"重要要求，统筹推进"五位一体"总体布局、协调推进"四个全面"战略布局，以推动高质量发展为主题，以深化供给侧结构性改革为主线，以改革创新为根本动力，以满足人民日益增长的美好生活需要为根本目的，统筹发展和安全，深入落实江西省委"二十四字"工作思路、高质量跨越式发展首要战略，加快建设具有萍乡特色的现代化经济体系，加快融入构建新发展格局的步伐，推进市域治理体系和治理能力现代化，实现经济行稳致远、社会安定和谐，奋力开启全面建设社会主义现代化萍乡新征程。确保到"十四五"期末，经济综合实力实现新跨越，产业转型升级打造新样板，深化改革开放迎来新突破，城乡融合发展树立新标杆，人民生活品质迈上新台阶，社会文明程度达到新高度，生态文明建设取得新进展，市域社会治理呈现新气象，"一个进位赶超"（经济综合实力）、打造"三区"（国家产业转型升级示范区、内陆开放赣湘合作核心区、城乡融合发展先行区）目标全面实现。主要从以下 14 个方面发力。

（一）加快建设创新型萍乡

对照中央和江西省的统一部署推进创新体系建设，把强化企业创新主体地位放在关键位置，把创新平台和载体建设作为重要支撑，把推进产学研用深度融合作为重要手段，推动产业技术迭代更新，以技术创新打造“萍乡品牌”。加快完善科技创新机制，深化科技管理体制机制改革，深入开展“加大全社会研发投入攻坚行动”，激发社会创新活力。强化创新要素制度保障，优化创新要素配置，健全长效机制，为萍乡实施创新驱动发展战略打下坚实基础。坚持好人才强市战略，继续推进“昭萍英才”计划，加大创新人才引进与培养，为人才营造“无忧”环境。

（二）发展萍乡特色现代产业体系

以国家产业转型升级示范区建设为契机，着力打造现代产业体系，围绕“1+2+N”现代工业体系部署创新链、资源链、资金链、政策链，落实好产业链链长制，改造提升钢铁、煤炭、电瓷、工业陶瓷等传统产业，培育壮大电子信息、节能环保、装备制造等新兴产业，努力重塑“工业重镇”辉煌。大力发展全域旅游，围绕高端服务业、现代特色商贸和现代物流业，积极打造现代服务业集聚区。大力发展“1+4”生态高效特色农业，加快发展富硒富锌产业，着力建设“种业大市”。大力发展数字经济，实施“上云用数赋智”行动，推动一二三产与数字技术相融合，让数字化为产业发展赋能。根据特色与优势布局开发区产业，注重在发展特色主题园区的基础上，培育发展科技含量高和产业关联度高的项目。以“亩产论英雄”为导向，加快“腾笼换鸟”，全面提升开发区土地、资金和其他生产要素集约节约利用水平。全面推行“管委会+平台公司+产业基金”运营模式，提高开发区服务能力。

（三）扩大内需畅通双循环

抓牢扩大内需战略基点，持续深化供给侧结构性改革，推动供给质量持续提升，以供给质量升级带动需求升级。进一步扩大有效投资，结合新时代基础设施建设的现实需要，谋划和实施一批打基础、利长远的大项目好项目，带动投资高质量发展。以扩展消费空间与优化消费环境为核心，持续推进商贸消费升级行动，积极培育信息、旅游、绿色、文化、健康等新兴消费，激发消费需求，释放消费潜力。改造提升消费载体，完善文化路步行街、润达国际等商圈配套服务，着力建设乡镇商业综合体，营造便利放心的消费环境。

（四）加快深层次市场化改革

以要素市场化配置为重点，纵深推进重点领域改革，更好地发挥政府作用，推动有效市场和有为政府更好结合。深化国资国企改革创新，做大做优国资国企；构建亲清政商关系，促进非公有制经济健康发展。促进银行加大对实体经济的信贷投放力度，提升实体经济融资获得感。根据市场需求强化对电子商务、快递等新兴业态的引导，推进新兴业态市场主体健康有序发展。加快建设“五型”政府，纵深推进“放管服”改革，实施新一轮优化提升营商环境行动，打造“四最”营商环境。深化要素市场化改革，打破生产要素自由流动壁垒，推进土地要素的市场化配置，引导劳动力要素合理有序流动，完善资本要素市场配置，加快培育数据要素市场，建设统一开放、竞争有序的市场体系。

（五）建设开放合作“赣西门户”

深入推进赣湘边区域合作核心区建设，重点推进湘东—醴陵、上栗—浏阳、莲花—茶陵等跨省合作产业园的基础设施建设互联互通和产业互补，实现高质量发展。深度融入全省“一圈引领、两轴驱动、三区协同”区域发展格局，根据市场需要和政策导向强化与长三角、珠三角、海峡西岸城市群、成渝地区等重点区域的对接交流与深度合作，实现产业优势互补、紧密协作、联动发展。紧紧抢抓厦渝高铁和沪昆高铁在萍乡交汇的发展机遇，全力推动高铁新区建设，大力发展临站经济，打造高质量高铁经济区。大力发展开放型经济，立足“强龙头、补链条、聚集群”，着力提高招商引资质量。全面对接“一带一路”，加速国际产能合作步伐。

（六）全面推动乡村振兴

大力发展现代农业，推进农村产业结构调整，培育壮大优势特色农业产业集群。深入实施乡村建设行动，科学统筹推进乡村规划，聚焦聚力农村“七改三清”，开展农村人居环境整治行动，着力补齐农村人居环境短板，优化农村生产生活条件，加快建设美丽乡村。深化农村土地制度改革，稳步提高土地出让收入用于乡村振兴比例；深化农村集体产权制度改革，建立完善“归属清晰，权能完整，流转顺畅，保护严格”的农村集体产权制度，激活农村资源要素，增强农业农村发展活力。巩固拓展脱贫攻坚成果，构建扶贫帮困长效机制。以建设城乡融合发展试验区为契机，推动城乡资源要素集聚共享，加快形成城乡工农互补互促的良性发展格局。

（七）着力促进市域协调发展

立足资源环境承载能力，以“多规合一”为抓手，科学划定生态保护红线、永久基本农田、城镇开发边界三条控制线，构建科学合理的国土空间规划体系。立足各县域区位、生态、文化、资源等优势，积极培育县域优势产业，推进工业园区等经济载体高质量发展，引导县域产业发展走差异化、特色化路子，不断壮大县域经济，补齐区域经济发展短板。

（八）高水平推进新型城镇化

深入实施城市功能与品质提升行动，老城区着力补齐短板、提升城市品质，新城区着力完善配套、打造精品、提升城市品位，提升中心城区能级。持续开展城市体检工作，创新城市管理体制机制，提升城市整体管理水平。坚持把海绵城市建设作为提升城市功能和品质的重要抓手，将海绵城市试点范围扩大到全市区域，打造国家海绵城市先行区。支持芦溪、上栗、莲花做好新型城镇化工作，实现公共服务、环境卫生、市政公用设施、产业配套服务等全方位升级。健全农业转移人口市民化机制，稳步推进农业转移人口市民化。

（九）打造美丽江西“萍乡样板”

继续推进污染防治攻坚战，突出抓好挥发性有机物总量减排工作，打好蓝天保卫战；积极探索建立政府主导、部门分工协作、社会力量参与的河湖管护体系，打好碧水保卫战；建立对重点行业企业用地土壤污染状况的监督机制，开展土壤污染防治和修复，打好净土保卫战。深入开展长江经济带生态环境污染治理“4+1”工程，落实长江流域重点水域十年禁捕，抓好生态环境突出问题整改，持续巩固和提升生态环境质量。落实“三区三线”，打造河长制、林长制升级版，加快矿山地质环境治理修复进度，打造山水林田湖草生命共同体。加强资源节约和高效利用，建立健全绿色低碳循环发展的经济体系，倡导简约适度、绿色低碳的生活方式，加快实现绿色低碳发展。

（十）推进萍乡文化繁荣发展

强化新时代思想引领，坚持不懈抓好精神文明创建工程的巩固提升，深化新时代中国特色社会主义和中国梦宣传教育，实现城市精神与“安源精神”的内涵升华，弘扬新时代英雄精神，传承红色基因。如期完成融媒体融合改革任务。切实把国家公共文化服务体系示范区建设成果巩固好，探索高质量公共文化发展先行区。鼓励各县区举办特色鲜明的文化活动，打造一批具有本地特色、影响广泛、深受群众喜爱的群众文化活动品牌。支持文化产业新业态发展，促进文化产业与旅游、数字经济深度融合。

（十一）促进人的全面发展

着力建设高质量教育体系，加快发展公办幼儿园，着力解决中心城区义务教育资源短缺的问题，推动高中及以上阶段教育提质扩容。建设一支高素质的教师队伍，提高教育法治化水平，推动教育评价体系改革，构建终身学习服务体系。积极推进健康萍乡建设，健全以县级医疗机构为龙头的基本医疗服务体系，改革完善疾病预防控制体系。加强食品安全全链条监管，确保不发生重大食品药品安全事故。发展竞技体育，推进体育产业发展，壮大“赛事经济”，推进体育强市建设。积极应对人口老龄化，完善生育配套政策，引导生育水平稳定在合理区间。加强乡镇敬老院的建设和管理，实施以经济困难、高龄、失能老年人为重点的老年人长期照护计划，健全基本养老服务体系。

（十二）构建共享共治的民生发展格局

持续优化就业创业环境，着力提高产业的就业吸纳能力，突出抓好重点群体就业工作。坚持共同富裕的要求，不断优化收入分配制度，促进农民增收，进一步缩小城乡差距。强化基本医疗保险、大病保险与医疗救助三重保障功能，进一步完善社会救助体系和慈善制度，落实退役军人安置政策，保障特殊人群的基本权益，逐步提高城乡居民社会保障水平。坚持在发展中保障妇女权益，优化儿童成长环境，促进青少年全面发展，提高残疾人发展能力。坚持党的全面领导，推动城乡治理实现自治、法治、德治相统一，坚持保障和完善基层民主协商，提升社会治理能力。

（十三）着力建设平安萍乡

着力保障经济安全、人民生命安全，坚决防范各类风险，助力提升国家安全体系和能力建设水平。正确处理新形势下人民内部矛盾，扎实推进市域社会治理现代化试点；畅通和规范群众诉求表达、利益协调、权益保障通道，着力化解社会矛盾；健全完善社会治安防控体系，保持扫黑除恶长效常治态势，维护萍乡社会长期和谐稳定。

（十四）建设社会主义民主政治萍乡篇章

坚持和完善人民代表大会制度、政治协商制度，全面贯彻党的民族政策、宗教工作方针，巩固和发展爱国统一战线。完善党内监督体系，纵深推进全面从严治党。坚持依法治市、依法行政共同推进，努力建设法治萍乡。纵深推进地方立法工作，重点抓好改革、经济体制、乡村振兴、社会治理、生态保护等领域的立法。广泛开展民法典等普法工作，全面推进法治政府建设，与时俱进抓好司法体制改革，加强人权法治保障。

参考文献

中共中央：《中共中央关于制定国民经济和社会发展第十四个五年规划和二〇三五年远景目标的建议》，2020 年 10 月 29 日。

江西省发展和改革委员会：《江西省国民经济和社会发展第十四个五年规划和二〇三五年远景目标纲要》，《江西日报》2021 年 2 月 18 日。

中共萍乡市委：《中共萍乡市委关于制定全市国民经济和社会发展第十四个五年规划和二〇三五年远景目标的建议》，《萍乡日报》2021 年 3 月 24 日。

萍乡市发展和改革委员会：《萍乡市国民经济和社会发展第十四个五年规划和二〇三五年远景目标纲要》，《萍乡日报》2021 年 3 月 29 日。

B.33
新余市“十三五”回顾与“十四五”展望

新余市人民政府课题组*

摘　要：　“十三五”以来，新余市委团结带领全市上下牢记初心、勇担使命、改革创新、实干兴余，取得同步建成小康社会、打赢脱贫攻坚战、奋力实现第一个百年奋斗目标的历史性成就。“十四五”时期，新余市将围绕经济发展“小而强”、改革开放“小而特”、生态文明“小而美”、民生福祉“小而富”、社会治理“小而优”的思路和目标来开展全市经济社会各方面工作。

关键词：　经济社会发展　中长期规划　新型工业城市　新余市

“十三五”时期是全面建成小康社会决胜阶段，“十四五”时期是开启全面建设社会主义现代化国家新征程的第一个五年。在总结新余“十三五”经济社会发展成果的基础上，全面分析“十四五”期间新余新发展阶段面临的新机遇新挑战，研究提出了推动新余“十四五”经济社会高质量发展的基本思路和主要措施。

一　“十三五”回顾

新余市深入贯彻落实习近平新时代中国特色社会主义思想，按照“一

* 课题组组长：徐鸿，中共新余市委副书记、新余市人民政府市长；成员：钟桂林，新余市发展和改革委员会主任；姚非凡，新余市发展和改革委员会四级调研员；陶宇峰，新余市发展和改革委员会综合科科长；王信，新余市发展和改革委员会办公室主任。

年理思路、两年打基础、三年上台阶、四年大变样、五年新辉煌”构想，经过五年努力，全市“十三五”规划目标总体实现，经济社会发展取得新的历史性成就。

（一）综合实力整体提升，经济发展迈上新台阶

2020 年全市 GDP 达到 1001.3 亿元，为 2015 年的 1.1 倍；城乡居民人均可支配收入分别达到 42531 元和 20747 元，分别为 2015 年的 1.43 倍、1.48 倍（见表 1）。GDP 突破千亿元大关，人均 GDP 列全省第二。500 万元以上固定资产投资年均增长 11.2%。三次产业结构进一步优化，由 2015 年的 5.9∶55.8∶38.3 优化调整为 6.9∶45.9∶47.2。进一步加快新型城镇化进程，常住人口城镇化率达到 70.1%，列全省第二。人民健康水平提升，人均预期寿命预计达到 79.1 岁。生态文明开创新局面，“十三五”以来全市单位 GDP 能耗累计下降 26.5 个百分点；城镇生活垃圾无害化处理率和主要河流监测断面Ⅲ类以上水质比重均保持在 100%，城镇生活污水集中处理率提高 37.84 个百分点，主要污染物排放量均达到规划约束目标。

表 1　2015 年与 2020 年新余市居民人均可支配收入情况

指标	绝对值		年均增长(%)
	2015 年	2020 年	
城镇居民人均可支配收入(元)	29836	42531	7.3
农村居民人均可支配收入(元)	13986	20747	8.2

（二）重大任务稳步实施，经济动能更具后劲

三大攻坚战成效显著。积极化解政府性债务，加强政银企对接，不良贷款率降至近 5 年来最低，“映山红行动”深入开展，金融服务实体经济的血脉更加通畅。实施产业扶贫、就业扶贫、保障扶贫、基础设施扶贫等，推动了扶贫工作按质保量完成，如期打赢脱贫攻坚战。生态文明制度体系逐步建立，先后荣获“国家节能示范城市”“全国卫生城市”“全国造林绿化先进

城市”等称号，每年超额完成全省能耗总量和强度双控考核目标。全面推进“保家行动”“蓝天行动”，生态环境质量得到显著提升。一批具有时代意义的重大工程推进顺利。“十三五”期间新余市重点项目个数、总投资分别增长了3倍、2.5倍，“223”重点项目、新宜吉的“一镇三园”项目、“5020”项目顺利推进。

（三）新旧动能转换加快，产业发展更具实力

“十三五”以来，新余市结构转型升级实现新突破，经济综合实力迈上新台阶，连续两年荣获全省高质量发展先进市。出台了推动工业高质量发展的“1+6+30”等政策，有效地推动了钢铁、新能源、光电信息、装备制造、麻纺等产业迈入高质量发展轨道，构建了“2+4+N”新型工业体系。设立钢铁产业创新引导基金，新钢公司转型升级冲千亿工程即将完成。锂盐优势愈加凸显，2020年全市锂盐产能将达到全国的40%，顺利获批江西省锂电新材料产业示范基地。高新区动力电池产业被认定为国家火炬特色产业基地。新余已经成为全球最大的乘用车锂电池正极原料生产基地。装备制造产业链不断延伸，博迅汽车、新冀动力等项目顺利投产。新基建加快发展，2020年末全市5G基站达910个，主城区5G网络基本覆盖。京东（新余）数字经济产业园已顺利开园，同步启动了“锂电行业云”“5G+数字工厂”项目建设，推动“新余制造”向“新余智造”转变。

（四）改革创新要素集聚，民营经济更具活力

创新驱动“3315”工程提前一年完成，“十三五”末全市有研发投入的企业为115家，研究与实验发展经费投入强度突破2%；科技进步贡献率达60%，科技进步监测连续五年位居全省前三位，每万人有效发明专利拥有量达3.61件，科技创新正以前所未有的力度驱动经济发展。新余市着力打造“四最”营商环境、全省“办事最方便”的城市，获“地方全面深化改革”

调研基地称号，“降成本、优环境”专项行动已为企业累计减负166.42亿元。持续扩大“仙女湖夜话”品牌效应，打出了一整套构建亲清新型政商关系“组合拳”。

（五）开放发展步伐提速，发展空间更具视野

新余市全力推动“双循环”新发展格局，加快融入江西内陆开放型经济试验区、“一带一路”建设等，大力鼓励企业“走出去”“引进来”并进。“十三五”以来，实际利用外资年均增长7.91%。全面推进落实进出口企业贸易便利化各项政策，重点推进国际贸易“单一窗口”全面应用，被评为全省2017～2019年开放型经济综合先进市。倡议共建新宜吉转型合作示范区，三市六县已成功举办三届合作大会，在交通、产业、民生等领域开展的合作项目达95个，投资超300亿元。

（六）发展成果普惠共享，群众生活更具品质

新余市致力打造幸福宜居的民生城市，出台完善民生保障体系37条措施，每年推出几十条民生实事“干货”，促进发展成果由人民共享。居民生活质量明显提升。“十三五”以来，城乡收入水平与消费能力显著提高，消费结构优化升级，物价保持基本稳定，CPI年均涨幅控制在3%左右。社会保障能力增强，基本养老保险参保率提高到99.06%，城镇年均新增就业人数稳定在2万人以上。公共服务水平明显提升。新余市成功入选全国第三批居家和社区养老改革试点城市，“党建+颐养之家”品牌在全国打响。推动全国公立医院改革试点，改革效果显著。开展“晓康诊所”标准化建设，实现行政村全覆盖，40余万农民在家门口即可享受优质医疗服务。新余市成功列入国家优质普惠学前教育资源扩容建设试点市，在农村学校推行以膳食改善行动、免费热水淋浴等为主要内容的“小荷工程”。在文化领域开展了国家文化消费试点城市、国家公共文化服务体系示范等“国”字号改革，全市公共文化设施城乡全覆盖。

二 “十四五”展望与举措

“十四五”时期，是新余市与全国同步全面建设社会主义现代化的开局起步期，同时更是全市再铸“工小美”新辉煌发展的关键期。新余市将围绕经济发展“小而强”、改革开放“小而特”、生态文明“小而美”、民生福祉“小而富”、社会治理“小而优”全面展开经济社会各方面工作。

（一）发展目标

到2025年，综合质效进一步提高。全市地区生产总值达1500亿元，全员劳动生产率为20万元/人，规模以上工业增加值年均增长7.5%，固定资产投资年均增长8%，社会消费品零售总额达到500亿元，粮食综合生产能力保持在11.3亿斤；创新驱动战略深入推进，研发经费支出达到38亿元，每万人口高价值发明专利拥有量3.5件，数字经济核心产业增加值占GDP比重达到6%；经济协调发展，三次产业结构优化调整到5∶44∶51，常住人口城镇化率达到71%；全面深化改革开放，进出口总额达到215亿元，实际利用外资6.93亿美元；绿色生态持续改善，各项指标稳中有升；民生福祉持续提高，居民人均可支配收入达到50000元，劳动年龄人口平均受教育年限为10.6年，基本养老保险参保人数81.85万人，人均预期寿命达到79.7岁，公众安全感达99.3%。

（二）工作举措

1. 构建现代化产业体系，打造中部新型工业强市

坚持工业“底色”不变，推动产业向高端、绿色、智能、融合方向发展，加快形成以数字经济为引领、以先进制造业为重点、以生产性服务业为支撑的新型产业体系，加快先进企业集聚，进一步提高经济质量效益以及核心竞争力。构建新型工业体系，以争创国家产业转型升级示范区为抓手，聚焦园区主战场，打造中部新型工业强市。打造数字经济新引擎。突出培育数

字经济新动能，围绕数字产业化和产业数字化主线，以数字应用为牵引，推动城市数字化建设，创建中部产业数字化转型示范区、全省数字经济创新引领区。推进服务业与制造业融合发展，顺应科技革命、产业变革、消费升级趋势，推动现代服务业同先进制造业深度融合，推进制造业服务化，增强制造业核心竞争力。推动开发区改革创新发展，更好地发挥工业发展主阵地、主战场的作用。

2. 坚持创新核心地位，打造全国中小城市创新示范区

以创建国家创新型城市为主线，完善科技创新体系，优化创新发展环境，打造全国中小城市创新示范区。深入实施人才发展战略，完善人才政策体系，引培各层次人才，打造创新创业人才聚集洼地。提升核心创新能力，加快建设国家自主创新示范区，加大科技攻关和科技投入力度，全面提升科技创新驱动经济高质量、高水平发展能力。构建高层次创新体系，汇聚创新优势资源，建设创新载体，培育创新主体，激发创造活力。

3. 全面深化改革，打造营商环境新高地

坚持社会主义基本经济制度，构建高标准市场体系，扎实推进“五型”政府建设，打造“四最”营商环境，建设全省办事最方便城市。全面提升政府服务效能，以深化“一照含证”改革为切入点，集成推进营商环境优化行动，全面提升政府服务效能。建设高标准市场体系，坚持社会主义市场经济改革方向，充分发挥市场在资源配置中的决定性作用，全面完善市场准入、公平竞争、社会信用制度，建设统一开放、竞争有序的市场体系。

4. 坚持扩大内需战略基点，融入新发展格局

精准扩大有效投资，坚持传统基建与新型基建并重，实施一批强基础、补短板、增功能、利长远的重大项目，突出投资对优化供给结构的关键性作用。构建新型消费体系，聚焦消费产品和服务供给质量的提升，鼓励发展消费新模式新业态，完善促进消费体制机制，发挥消费对扩大内需的基础性作用，打造赣西品质消费中心。推进开放型经济向高水平迈进，抢抓江西内陆开放型经济试验区建设的重大机遇，实施更加积极主动的区域合作发展策略，加快外资、外贸、外经高质量发展。

5. 推动绿色发展，打造宜居宜业山水美市

坚定不移走生态优先、绿色发展之路，深度参与国家生态文明试验区建设，树立工业强市美丽标杆，高标准打造生态文明“新余特色”。加强生态环境保护治理，打好升级版污染防治攻坚战，巩固提升绿色生态优势，加强环境应急能力和风险防范能力建设，统筹推进源头治理、综合治理、系统治理，筑牢生态安全屏障，全面提升生态环境质量。拓展绿色发展道路，牢固树立“两山”理念，完善绿色低碳循环发展的经济体系，促进生态价值转换，推动生产生活方式绿色化发展。加快生态文明制度建设重心由顶层设计向改革成果落地和生态文明现代治理体系建设转变，构建系统完整、具有新余特色的生态文明制度体系。

6. 加快城乡融合发展，打造一体共享区域小市

发挥区域小市好统筹优势，协同推进乡村振兴和新型城镇化，加快区域产业联动、设施互通、服务普惠，促进城乡融合发展，向全域城市化迈进。全面推进乡村振兴，坚持农业农村优先发展，建设彰显产业兴旺之美、自然生态之美、文明淳朴之美、共建共享之美、和谐有序之美的新时代“五美”乡村。大力推进新型城镇化建设，加快推进以人为核心的新型城镇化建设，实施城市更新行动、新一轮城市功能与品质提升行动，提升城市功能品质，建好城市“会客厅”，推动城市智慧化、品质化发展。建设省级城乡融合发展试验区，健全城乡融合发展体制机制，进一步增强农业农村发展活力，加快形成新型工农城乡关系。

7. 传承弘扬优秀文化，打造文旅宜游名城

坚持中国特色社会主义文化发展道路，以创建国家文化和旅游消费示范城市为抓手，进一步促进文化与旅游融合、产业化发展，打造文旅宜游名城。筑牢全市人民共同奋斗的思想基础。推动文化事业繁荣发展，推进优秀传统文化传承创新，加强公共文化产品和服务供给，实现城乡一体的现代公共文化服务体系。坚持以文塑旅、以旅彰文，深入挖掘文化旅游资源，促使文化繁荣和旅游发展相互促进、相得益彰，推动文化与旅游在更广范围、更深层次、更高水平上实现融合发展。

8. 提升人民生活品质，集成打造民生城市

不断增加民生福祉，满足人民群众对美好生活的新期待新要求。强化就业优先政策，充分释放人力资本红利，构筑高质量发展的民生根本和社会稳定基石。健全社会保障制度，提高社会保障总体水平，满足人民群众的差异化需求，构建覆盖城乡、公平且可持续的多层次社会保障体系。办好人民满意教育，以创建国家级教师发展协同创新实验区为引领，不断优化教育资源配置，建设高质量教育体系，努力推动新余教育事业进入全省第一方阵。把保障人民健康放在优先发展的战略位置，全方位全周期保障人民健康，深入实施健康新余行动，为人民健康保驾护航。积极应对人口老龄化，促进人口结构优化和长期均衡发展，加快构建养老、敬老、孝老的政策体系和社会环境。

9. 提升市域社会治理能力，构建共建共治共享新格局

建设更高水平的平安新余。加快推进市域治理现代化建设，充分发挥法治在社会治理中的重要作用。全面推进法治新余建设，全面加强党对全面依法治市工作的领导，全力推动治理体系和治理能力现代化，凝聚法治新余建设的强大合力。推进社会主义民主政治建设，坚持和完善人民代表大会制度，推进社会主义协商民主，发展基层民主，丰富民主形式，拓宽民主渠道，发展更加广泛、更加充分、更加健全的人民民主，凝聚起最广大人民的智慧和力量。

参考文献

江西省发展和改革委员会：《江西省国民经济和社会发展第十四个五年规划和二〇三五年远景目标纲要》，《江西日报》2021 年 2 月 18 日。

中共江西省委：《中共江西省委关于制定全省国民经济和社会发展第十四个五年规划和二〇三五年远景目标的建议》，《江西日报》2020 年 12 月 9 日。

B.34

鹰潭市“十三五”回顾与“十四五”展望

鹰潭市人民政府课题组*

摘　要： “十三五”时期是鹰潭市经济社会发展的重要时期、关键时期，面对错综复杂的国际国内环境，鹰潭市紧扣全面建成小康社会目标任务，扎实做好“六稳”工作，全面落实“六保”任务，积极应对新冠肺炎疫情，坚决打赢三大攻坚战，与全省、全国一道全面建成小康社会，经济社会迈向高质量发展阶段，“十三五”规划目标任务基本完成，为“十四五”发展奠定了坚实基础。“十四五”时期，鹰潭市将立足新发展阶段，贯彻新发展理念，融入共建新发展格局，坚持高质量跨越式发展首要战略，全力推动科技创新、产业升级、扩大内需、城乡融合、改革开放、民生改善实现新突破，更好统筹发展和安全，全力建设“世界铜都、中华道都、智慧美城”，奋力开启全面建设社会主义现代化新征程、谱写好新时代江西改革发展新画卷鹰潭篇章。

关键词： 全面小康　城乡融合　“两都一城”　鹰潭市

“十三五”时期是全面建成小康社会决胜阶段，“十四五”时期开启全面建设社会主义现代化国家新征程，鹰潭市政府在总结分析鹰潭市“十三

* 课题组组长：张子建，中共鹰潭市委副书记、鹰潭市政府党组书记。成员：席志新，鹰潭市政府秘书长；齐思军，鹰潭市政府办公室调研科科长；徐颖，鹰潭市政府办公室调研科科员。

五”改革发展情况的基础上，剖析了“十四五”时期鹰潭市高质量跨越式发展面临的主要形势，研究提出了推动全市“十四五”高质量跨越式发展的基本思路和采取的主要举措。

一 “十三五”回顾

“十三五”时期，是鹰潭市发展史上极不平凡、极不寻常、极为不易的五年。鹰潭市委、市政府团结带领全市人民，以习近平新时代中国特色社会主义思想为指导，深入贯彻习近平总书记视察江西重要讲话精神，认真落实江西省委、省政府决策部署，坚持稳中求进工作总基调，坚持新发展理念，坚持高质量发展，扎实做好“六稳”工作，全面落实“六保”任务，有效应对各类风险挑战特别是新冠肺炎疫情的冲击，全市经济运行呈现总体平稳、稳中有进的良好态势，经济总量位次实现前移，发展质量实现新提高。

“十三五”时期，鹰潭市35项主要经济指标预计达标34项（未达标1项，即财政收入），其中约束性指标完成度为100%，“十三五”规划目标总体实现，如期与全省、全国同步全面建成小康社会。主要表现为“一个重大突破，两个明显提升，三个成效凸显”。

（一）一个重大突破

“十三五”期间，鹰潭市地区生产总值实现较大突破，连续迈上3个百亿元台阶，年均增长7.6%，2018年突破800亿元，提前2年实现全面小康翻番目标（与2010年相比），2019年突破900亿元，2020年实现982.66亿元，是“十二五”末的1.52倍，在全省排名前移2位（见图1）。人均地区生产总值突破1.2万美元，稳居全省第三，进入中高等收入行列。财政总收入、一般公共预算收入分别年均增长6.3%和1.35%。固定资产投资年均增长10.7%，是“十二五”时期的1.66倍（见图2）。社会消费品零售总额年均增长8.9%。“十三五”时期成为鹰潭市经济社会发展速度最快的时期之一。

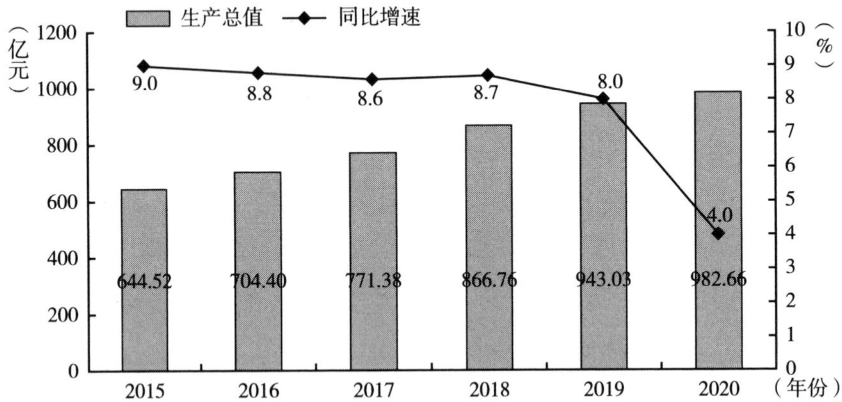

图1　2015～2020年鹰潭市地区生产总值及增速

资料来源：鹰潭市统计局。

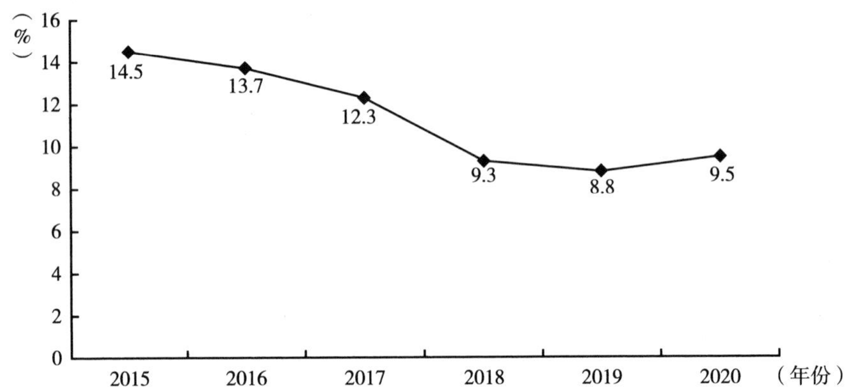

图2　2015～2020年鹰潭市固定资产投资增速

资料来源：鹰潭市统计局。

（二）两个明显提升

1. 发展质量明显提升

一是财政质量明显提升。财政总收入由2016年的112.43亿元增长到2020年的152.05亿元，年均增长6.2%，3个区（市）财政收入均超20亿

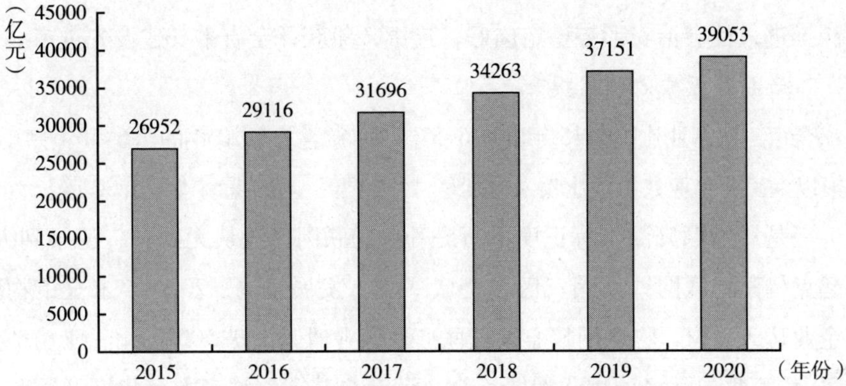

图3　2015～2020年鹰潭市社会消费品零售总额

资料来源：鹰潭市统计局。

元，贵溪市突破60亿元。地方一般公共预算收入由2016年的83.01亿元增长到2020年的88.78亿元，年均增长1.4%。

二是项目建设提质增效。“十三五”期间累计谋划实施重大项目1700余个，总投资约6000亿元，累计完成投资约1600亿元，固定资产投资预计年均增长10.8%。开工建设鹰潭港、余信贵大道、鹰潭大桥改造等一批基础项目，建成了余信贵大桥、中心城区供水、妇幼保健院、老年大学等一批民生项目，储备了鹰潭机场、景鹰瑞铁路、贵资高速等一批过境项目，为全市社会经济又好又快发展打下了坚实基础。

三是民生福祉明显改善。“十三五”期间，全市累计投入民生工程资金525.4亿元，民生投入年均增长7.4%。城镇和农村居民人均可支配收入分别年均增长7.7%和8.8%。累计发放社会保障卡131万张，基本养老保险覆盖率稳定在95%以上。打造嵌入式居家社区养老服务中心25个，建成党建+农村互助养老服务中心340个。学前教育三项交账任务均超过省定目标，义务教育“大班额”比例大幅下降，超大班额全面消除，新改扩建中小学校277所，新增义务教育学位52470个、公办园学位37700个。村医“乡聘村用”试点扎实推进，5家市县医院与省级医院共建相对紧密型医共体，医疗床位数净增2415张。安全生产形势保持平稳，扫黑除恶专项斗争纵深推进，社会治安形势稳定向好，连续7年获评全省平安建设先进市。

2. 产业升级成效明显提升

全市三次产业比由2015年的8.6∶57.4∶34调整为2020年的7.6∶50.6∶41.8，规模以上工业企业数、营业收入分别是“十二五”末的1.54倍、1.32倍。

一是“智联鹰潭”标识度不断提升。物联网产业从无到有、从小到大，高起点构建物联网“两园三区、全域一体”发展格局，2020年末全市物联网企业达332家，物联网核心及关联产业营业收入突破500亿元。成功举办了2019江西国际移动物联网博览会，荣获全球智慧城市数字化转型奖和全球智慧城市中国区产业数字化转型奖，鹰潭物联网产业纳入国家第一批战略新兴产业集群发展工程。

二是“世界铜都”首位度不断提升。全力实施铜产业三年倍增计划，与江铜集团地企合作取得阶段性成效，铜产业营业收入达4200亿元，是“十二五”末的1.35倍，16家铜企业跻身全省民营企业制造业百强。大力实施“铜产业+物联网”行动，建设江西先进铜产业研究院、铜产业大数据平台，5家铜企业列入国家和省级智能制造试点示范，铜高新技术企业达55家，铜精深加工比重达50%，较“十二五”末提高15个百分点。发布“鹰潭铜价”，成为全国铜现货交易价格重要风向标。

三是“中华道都”知名度不断提升。全市旅游接待总量、旅游综合收入分别年均增长20.6%、25.1%。成功承办中国鹰潭·龙虎山道文化旅游峰会、第六届中部六省炎黄文化论坛等活动，连续举办两届海峡两岸道文化交流论坛，大上清宫遗址成功入选2017年全国十大考古新发现。

（三）三个成效凸显

1. 三大攻坚战成效凸显

一是脱贫攻坚战取得重大胜利。新时代脱贫攻坚目标任务如期完成，截至2020年末全市34个省市级贫困村全部退出，现行标准下10590户、

29485名农村贫困人口全部脱贫。全域推行数据比对法、增收激励法、智慧扶贫“产业下沉”扶贫车间、“一户一码”，大力推进产业、就业、消费扶贫，“两不愁三保障”全面实现，贫困人口饮水安全问题全部解决，无一户一人因疫因灾返贫致贫，入选全国扶贫典型案例2个，鹰潭市被列为全国首批“互联网+健康扶贫”应用试点城市。二是污染防治成效明显。全力打好蓝天、碧水、净土保卫战，鹰潭中心城区 $PM_{2.5}$ 浓度均值为32微克/立方米，环境空气质量达到国家二级标准，主要河流断面水质和县级及以上城市集中式饮用水水源地水质达标率持续保持100%，“十三五”减排任务全面完成，成功创建国家园林城市、国家森林城市，贵溪、余江列入省级生态文明示范县（市）。三是重大风险有效管控。全力以赴抗击疫情，快速响应、科学防治，联防联控、群防群控，落实“四早”要求、坚持“四个集中”，成为全省最晚出现确诊病例、首批确诊病例清零的地市。严格落实常态化疫情防控措施，清零以来未出现本土新增确诊病例。防范化解重大金融风险取得阶段性成效，建立市区两级金融纠纷多元化解服务中心，设立12亿元地方银行风险处置专项帮扶资金，银行机构不良贷款率降至2%以内，实现高风险区域和高风险机构“双摘帽”，各类风险总体可控，坚决守住不发生重大安全生产事故的底线。

2. 改革开放成效凸显

一是坚持以改革激活力。“十三五”期间，全市共争取省级以上改革试点82项，其中国家级33项，余江撤县设区、市县机构改革等顺利完成。全力推动“放管服”改革创一等走前列，全域推进相对集中行政许可权改革试点，精简行政审批事项156项，非行政许可审批事项全面取消，222个村（居）委会实现便民服务站全覆盖。二是坚持以创新添动力。2020年末，全市全社会研发投入占GDP比重持续保持全省第一，建成各类科技创新平台99家，培育瞪羚企业4家、高新技术企业达218家、科技型中小企业202家，战略性新兴产业产值和高新技术产业增加值占规模以上工业比重分别为20%、35.36%。鹰潭高新区获批国家自主创新示范区和国家安全“高精尖”技术创新试点示范区。三是坚持以开放创优势。主动对接“一带一路”、长江经济带、粤港澳大湾区建设及赣东北开放合作等，全面融入江西内陆开放型经济试验区建设，引进绿地控股、京东集团、光大集团、正大集团等一批龙头企业，鑫铂瑞科技、至信搏远、力博等一批总投资50亿元以上的重大项目落地鹰潭，“十三五”期间全市累计入统亿元以上项目635个，其中过10亿元项目117个，项目总量、体量、质量均实现历史性突破。全市实际利用内资、外资分别是“十二五”末的1.65倍、1.51倍，外贸出口年均增长10.39%，连续11年评为中国外贸百强城市。

3. 城乡融合发展成效凸显

一是城乡融合发展试验区建设全面启动。鹰潭全域列入首批国家城乡融合发展试验区，属全国11个、中部地区2个试验区之一。按照“一年建机制、三年见成效、五年成模式”要求和“点上体制机制突破、面上项目推进见效”的工作思路，聚焦建立集体经营性建设用地入市制度等五项改革任务，实现鹰潭“整体上市”。二是新型城镇化步伐明显加快。全域一体发展格局基本形成，全市建成区面积由2015年的71.2平方公里拓展到2020年的88.01平方公里，城镇化率由2015年的55.78%提高到2020年的63.54%。成功创建全国文明城市提名城市，城市功能与品质提升和城乡环境综合整治三年行动深入实施，完成“城市体检”。鹰潭人民期盼已久的花桥水利枢纽工程启动实施，鹰潭港、余信贵大道等开工建设，鹰西大桥等一批标志性工程相继建成。“十三五”期间全市累计完成棚户区改造2.4万套，人均住宅面积由2015年的42.5平方米增至2020年的52平方米。三是乡村振兴迈出坚实步伐。“十三五”期间，全市累计建成高标准农田54.73万亩，粮食生产实现“十七连丰”，创成11个省级以上现代农业示范园。全市共有市级以上（含）农业产业化龙头企业235家，其中国家重点农业龙头企业1家、省级27家。累计完成7510个自然村点新农村建设任务，全市新农村建设村庄覆盖率达到了97%。全市所有行政村集体经济经营性收入达5万元以上。贵溪市、余江区获评全省美丽宜居示范县。

二 “十四五”展望与举措

“十四五”时期，是我国“两个一百年”奋斗目标承前启后的历史交汇期，是鹰潭与全省、全国同步全面建设社会主义现代化的开局起步期，也是鹰潭实现“小市大为、跨越赶超”的发展关键期。

（一）总体要求

“十四五”时期，鹰潭市将始终坚持以习近平新时代中国特色社会主义思想为指导，深入贯彻落实习近平总书记视察江西重要讲话精神，坚持党的全面领导，坚持贯彻新发展理念，坚持稳中求进工作总基调，以高质量发展为主题，以深化供给侧结构性改革为主线，以改革创新为根本动力，以满足人民日益增长的美好生活需要为根本目的，积极融入新发展格局，推进市域治理体系和治理能力现代化，全力建设“世界铜都、中华道都、智慧美城”，努力开创“小市大为、跨越赶超”新境界，奋力开启全面建设社会主义现代化新征程、谱写好新时代江西改革发展新画卷鹰潭篇章。

（二）2035年远景目标

展望2035年，鹰潭将与全省、全国同步基本实现社会主义现代化。到那时，全市经济实力大幅跃升，经济总量和城乡居民人均收入迈上新的大台阶。基本实现新型工业化、信息化、城镇化、农业现代化，加快建设科技强市、工业强市、文旅强市、开放强市、人才强市，建成具有鹰潭特色的现代化经济体系。市域治理体系和治理能力现代化基本实现，法治鹰潭基本建成。生态环境质量大幅改善，在美丽中国“江西样板”中站前列。全域一体协调发展，城乡融合发展更加完善，公共服务均等化基本实现，城乡发展差距和居民生活水平差距显著缩小。人均地区生产总值和城乡居民人均收入走在全省前列，教育强市、健康鹰潭取得更大成效，居民素质和社会文明程度达到新高度。平安鹰潭建设达到更高水平，共建共治共享的社会发展新局面基本形成，社会充满活力又和谐有序。人民生活更加美好，人的全面发展、全体人民共同富裕取得更为明显的实质性进展。

（三）“十四五”时期主要目标

“十四五”时期鹰潭市经济社会发展主要指标预期目标是：综合经济实力明显提升，保持中高速经济增长，经济总量在全省位次前移，主要经济指标增幅保持全省“第一方阵”。生产总值实现年均增长7.5%左右，规模以上工业增加值年均增长7.5%左右，固定资产投资年均增长8.5%左右，社会消费品零售总额年均增长8.5%左右，居民人均可支配收入年均增长8%左右，进出口总额年均增长6%左右，实际利用外资年均增长5%左右，约束性指标完成省定目标任务。

（四）“十四五”时期主要任务

主要任务重点体现在“六个求跨越、四个站前列”。

一是大力实施创新驱动发展战略，在建设创新型示范城市上求跨越。建设高能级科创平台。深入实施科技创新平台提升工程，探索采用“揭榜挂帅”等方式，支持开展核心关键技术重点攻关。深入实施科技公共服务平台提升工程，积极引进国内有影响力的新型研发机构、科技孵化器、公共服务平台等科技创新平台，力争到2025年新增国家级各类科创平台10个以上、省级各类科创平台40个以上。培育壮大创新主体。深入实施科技型企业梯次培育工程，引导企业走“专精特优”发展新路子，发展一批创新能力强、特色突出、在国内细分市场占有优势地位的行业“配套专家”“单项冠军”和“小巨人”企业。力争到2025年独角兽（潜在、种子）企业达到2家，瞪羚（潜在）企业达到15家以上，高新技术企业和科技型中小企业均突破300家。完善人才政策体系。大力实施人才强市战略，全面落实“人才16条”，深入实施“鹰才回归”计划，在沿海发达地区筑巢探索柔性引才“飞地模式”。加快本科院校创建步伐，与江西理工大学、江铜集团申报建设铜现代产业学院。大力发展职业教育，优化市属院校专业设置，积极申办鹰潭市高级技工学校，支持鹰潭卫校升格高职大专院校。

二是大力实施工业强市战略，在构建现代产业体系上求跨越。着力打造全省万亿有色产业集群核心区。健全完善“八位一体”铜产业体系，实施铜产业扩链强链工程，重点实施20个50亿元以上铜精深加工项目，全力打造国家级铜基新材料产业集群、全国铜进口原料集散中心。强化与江铜地企合作、科研平台院企合作，推动铜产业向高端线缆线束、铜基复合材料等细分领域延伸，建成一批示范性数字化生产车间和智能工厂。力争到2025年规模以上铜企业达230家，新增6家以上上市公司，营业收入实现翻番，突破4000亿元。着力打造中部地区物联网产业制造中心。全面推进新一轮国家“03专项”试点示范核心基地建设，积极推进国家下一代信息网络集群（物联网产业集群）发展工程，加快推动国家网络安全“高精尖”技术创新试点示范区建设，规划建设鹰潭高新区网络安全产业园，建成百亿级网络信息安全产业集群，着力打造中部地区物联网产业制造中心。力争到2025年实施物联网制造类项目200个，规模以上企业达到100家，物联网核心及关联业务营业收入突破1000亿元。着力打造高质量发展平台。深入推进集群式项目“满园扩园”行动和开发区“两型三化”管理提标提档行动，深化“节地增效”行动，强化“亩产论英雄”导向，全面清理低效闲置和批而未用土地，加大调区扩区步伐。全面推行“管委会+平台”运行模式，加快推进以高新区为主体的“一区多园”一体化发展，推动余江工业园区集聚集约发展，高标准打造江尚新区，支持贵溪经开区创建国家级经济技术开发区，鼓励与沿海开发区共建“飞地园区”，探索“双飞地”发展模式。

三是大力实施文旅旺市战略，在加快全域旅游发展上求跨越。唱响“中华道都”品牌。推动大上清宫遗址保护性设施工程对外开放，推进龙虎山度假特色小镇、象鼻山景点改造升级、九曲洲高端康养、上清圣境前期等项目建设，全力打造世界级旅游目的地、国际道文化养老养生旅游首选地和高端“微度假”旅游目的地。推动文旅繁荣发展。加强公共文化产品和服务供给，健全城乡一体的现代公共文化服务体系，打造“书香鹰潭”。全面开发城市旅游资源，加快鹰潭华夏历史文明传承创新示范区、周塘小镇、华章文化综合体、贵溪象山书院重建等城市文旅项目建设，推动青茅境、灵溪小镇等创建国家4A级景区。大力发展红色旅游，加快韬奋小镇、国家长征公园（鹰潭段）等项目建设。构建“智慧文旅”生态。推动公共文化数字化建设，加快推进图书馆、文化馆、博物馆、美术馆、地方文化特色数字资源库等数字化建设，打造地区统一的公共文化数字服务平台。大力推进各区（市）A级旅游景区、乡村旅游点、公共文化服务场所的智慧化建设进程，重点推进智慧停车、智慧书屋、智慧旅游厕所等智慧化建设，推进文旅场所管理方式和服务方式转型升级。

四是大力实施扩大内需战略，在畅通经济循环发展上求跨越。扩大有效投资。重大基础设施方面，积极谋划推动景鹰瑞铁路、鹰潭通用机场等项目建设，推进鹰潭港、余信贵大道、贵资高速、沪昆高速鹰潭段“四改八”改扩建等项目，努力构建现代化综合交通运输体系。新型基础设施方面，积极筹建有色金属方向的工业互联网标识解析二级节点，推进“光网城市”建设，实施“数字乡村”工程，实现城区5G网络全覆盖。产业项目建设方面，大力实施工业高质量“5166”工程，加快推进欧菲炬能二期、沃德尔汽车电子三至五期等项目建设，着力引进落地一批大体量、高质量的重点产业项目。促进商贸消费升级。深化商贸消费升级五大行动，大力提升“鹰潭产品”“鹰潭服务”质量，积极打造中小型消费城市。力争到2025年，培育5家“老字号”企业品牌，引进培育5家高端零售品牌和品牌企业。扩大养老产品和服务供给，城乡居家和社区养老服务实现全覆盖。实施新一轮汽车下乡行动，促进新零售、直播电商、无接触配送等消费新热点加快发展。搭建现代化流通体系。加快国家城乡高效配送试点建设，大力实施“快递下乡进村”工程，加快实施中国邮政鹰潭邮件处理及物流仓储中心、贵溪冷链物流园、余江智联电商小镇等项目，打通城乡双向物流渠道。

五是全面推进对外开放，在打造内陆开放型经济上求跨越。深化区域开放合作。积极对接“一带一路”、长江经济带、长三角一体化、中部地区崛起、粤港澳大湾区等建设，主动融入江西内陆开放型经济试验区建设，谋划推动赣东区域合作示范区、鹰潭—闽西经济圈建设，着力打造内陆双向开放和双循环新高地。打造对外开放平台。加快建设鹰潭国际综合港经济区，建成运营一期公用型保税仓，基本形成铁水、铁海、水水等多式联运体系。加大招商引资力度。深入开展“三请三回”和“三企入鹰”，继续实施“一把手”招商、重点领域招商、产业链招商、基金招商，力争到2025年全市引进省外2000万元以上项目资金664.5亿元、年均增长7.5%，实际利用外资4.6亿美元、年均增长5%。积极扩大外贸出口。支持出口产品转内销，引导企业参加线上展，畅通国际国内销售渠道，鼓励企业通过欧盟认证等传统市场认证，最大努力保订单、保市场，力争到2025年外贸进出口达到412亿元左右。

六是推动更深层次改革，在打造“四最”营商环境上求跨越。推进重点改革。纵深推进“放管服”改革，持续推进相对集中行政许可权制度改革，持续完善提升“赣服通”“赣政通”平台功能，全力推动优化营商环境创一等走前列。深化财税体制改革、综合执法体制改革等重点改革，完成事业单位改革。全方位壮大市场主体。深入实施产业链链长制，全面落实减税降费政策。实施国资国企改革创新三年行动，做大做强金融、建设、文旅、数字化四大板块，加快“千亿国控”建设，持续提升国控集团长期信用等级。加快推进企业上市“映山红行动”，鹰视集团实现主板上市，其他市属国有企业完成控股、参股上市公司1家以上或参与拟上市公司股改2家以上，各区（市）完成参与拟上市公司股改1家以上。强化金融支撑。鼓励金融机构加大对实体经济的支持力度，设立产业引导基金，加大“三通一创”政策性贷款投放、PPP融资、政府债券争取力度，引导金融机构优先支持在建工程后续融资。加强地方政府性债务管控，规范政府举债行为，深化金融机构不良资产化解工作，严厉打击非法金融活动。加快推进“信易+”建设，做响“诚信鹰潭”品牌。

七是大力实施乡村振兴战略，在推进城乡融合发展上站前列。加快试验区建设。加快推进国家城乡融合发展试验区建设，围绕五项试验任务，抓好体制机制突破和重大项目推进，尽快形成可复制推广的改革经验。加快推动城乡物流、交通、污水处理、供水等基础设施一体化建设。加快推进城乡基本公共服务均等化发展，全域推进教师“县管校聘”、教育联合体组建，深化省市紧密型医共体建设，健全村医“乡聘村用”机制，推广“物业进乡村”长效管护模式，加快建设城乡“十五分钟”文化生活圈，有序开通周边县城际公交。深化新一轮农村宅基地制度改革试点，全力打造余江宅改升级版。提升城市能级。按照“一心两带四片区”城市发展布局，进一步优化国土空间开发保护格局。持续深化城市功能与品质提升三年行动，持续加大城乡环境综合整治力度，强化“城市体检”成果运用，注重城市设计、城市修补、城市精细化管理，力争实现“三年进一流”工作目标，全面提升中心城区形象品质。掀起新一轮创建热潮，争创全国文明城市。积极推进城市建设和运行“一网统管”，大力实施数字政府治理能力提升工程，重点打造“智鹰119”、智慧应急、智慧治超等一批“城市级”示范应用，加快推进智慧城管二期、智能安防小区、智慧停车等项目建设，全面建成“感知鹰潭”。

八是推动民生福祉大幅度改善，在提升人民生活品质上站前列。提升就业创业质量。实施稳就业专项行动和职业技能提升行动，建立健全公共就业服务制度，全面提升公共就业服务水平。开展职业技能提升行动，实施高技能人才培养“千人计划”。落实保障农民工工资支付条例，持续抓好欠薪根治。强化社会保障水平。持续加大民生投入。深入实施全民参保计划扩面专项行动，逐步实现法定人群全覆盖。推动社保卡“一卡通”在惠民资金发放、医疗卫生、社会保障、公共交通等民生领域的广泛应用，加快推进医保领域三项国省试点，完善医保转移接续、异地就医结算等政策。启动市精神卫生福利院建设，完善城乡社会救助体系，健全妇幼、老年人、残疾人关爱服务体系。补齐社会民生短板。推进教育强市建设，全域一体推进义务教育优质均衡发展，实施城区基础教育优化提升建设项目三年行动，加快中小学校建设，进一步化解城镇“大班额”问题。推进健康鹰潭建设，加快实施卫生健康项目优化提升和提升疫情防控救治能力三年行动计划，深化县域综合医改，推动中医药传承创新发展，全面提升医疗卫生服务水平。

九是大力推动绿色发展，在生态文明建设上站前列。厚植生态优势。深入打好污染防治攻坚战。继续推进八大标志性战役30个专项行动，持续开展碳排放达峰行动，推动生态环境质量持续改善。严格落实“六控一禁”举措，加强细颗粒物和臭氧协同控制，确保全市环境空气质量稳定达到国家二级标准。深入实施饮用水水源地保护、城市黑臭水体整治等六大专项行动，主要河流断面水质和县级及以上城市集中式饮用水水源地水质达标率持续保持100%。全力补齐环保设施短板。加快生态静脉智园建设。推进生活垃圾填埋场减量及生态封场、固体废弃物处置及资源综合利用、环保科普生态公园等项目建设。推进危废安全处置和土壤污染防治。打通“两山”转换通道。新增人工造林4万亩，推动传统产业绿色化升级改造，促进资源节约循环高效利用，推进产业生态化发展，提升生态系统碳汇能力。

十是统筹推进发展与安全，在市域社会治理现代化上站前列。提升市域治理水平。坚持和完善共建共治共享的社会治理制度，努力把制度优势转化为社会治理效能，全面提升社会治理现代化水平。推进平安鹰潭建设。统筹抓好市域社会治理现代化试点工作，常态化推进扫黑除恶，深化公安大数据平台和雪亮工程实战应用，加快完善立体化、信息化社会治安防控体系。推进法治鹰潭建设。强化公共法律服务供给，抓好“八五”普法和农村“法律明白人”培养工程，建设更高水平的平安鹰潭。

参考文献

中共中央：《中共中央关于制定国民经济和社会发展第十四个五年规划和二〇三五年远景目标的建议》，2020年10月29日。

中共中央、国务院：《关于全面推进乡村振兴加快农业农村现代化的意见》，2021年1月4日。

中共中央、国务院：《国家创新驱动发展战略纲要》，2016年5月。

江西省发展和改革委员会：《江西省国民经济和社会发展第十四个五年规划和二〇三五远景目标纲要》，《江西日报》2021年2月18日。

B.35
赣州市“十三五”回顾与“十四五”展望

赣州市人民政府课题组*

摘　要： 2019年5月20日，习近平总书记亲临赣州视察，为新时代赣州发展标定了新的历史方位，翻开了赣南苏区振兴发展新篇章。“十三五”时期，全市坚持以习近平新时代中国特色社会主义思想为指导，深入贯彻习近平总书记视察江西和赣州重要讲话精神，坚定不移打好中央三大攻坚战和全市“六大攻坚战”，规划主要目标任务总体实现。“十四五”时期，全市将聚焦“三大战略”，突出“六大主攻方向”，加快建设革命老区高质量发展示范区。

关键词： 赣南苏区　小康社会　革命老区　高质量发展　赣州市

2019年5月20日，习近平总书记亲临赣州视察，为新时代赣州发展标定了新的历史方位，翻开了赣南苏区振兴发展新篇章。在总结回顾赣州市“十三五”经济社会发展情况基础上，分析研判未来五年发展形势，研究提出“十四五”赣州市高质量跨越式发展的总体要求、主要目标和具体措施。

---

* 课题组组长：许南吉，中共赣州市委副书记、赣州市人民政府市长。成员：杨雍谨，赣州市人民政府秘书长；卢述银，赣州市发展和改革委员会主任；钟福林，赣州市人民政府办公室副主任；亓伟扬，赣州市发展和改革委员会副主任；任小彬，赣州市人民政府办公室调研科科长。

一 “十三五”回顾

“十三五”时期，是赣州市综合实力提升最快、城乡面貌变化最大、群众获得感最强、干事创业氛围最浓的时期。

（一）综合实力显著增强

主要经济指标增幅保持全省“第一方阵”，国内生产总值增幅连续五年位居全省第一。2020年赣州市地区生产总值经济总量达3645.2亿元，在全国地级及以上城市排位由2015年的第101位跃升至2020年的第66位；人均GDP跨越6000美元大关，在全省排位前移2位；三次产业结构由2015年的15∶44.1∶40.9调整为2020年的11.4∶38.1∶50.5。赣州获全省高质量发展考评“四连冠”（见表1）。

表1 “十三五”时期赣州市主要经济指标完成情况

年　度	地区生产总值（亿元）	财政总收入（亿元）	一般公共预算收入（亿元）	城镇居民人均可支配收入（元）	农村居民人均可支配收入（元）
2016	2541.21	366.32	243.18	27086	8729
2017	2805.93	408.32	245.36	29567	9717
2018	3170.28	459.51	265.21	32163	10782
2019	3466.05	485.52	280.37	34826	11941
2020	3645.20	491.03	285.82	37031	13036
年均增速（%）	8.2	6.8	3.1	8.2	10.9

资料来源：赣州市统计局。

（二）脱贫攻坚全面胜利

现行标准下，全市11个贫困县全部摘帽，1023个贫困村全部退出，农村贫困人口全部脱贫，历史性解决绝对贫困和区域性整体贫困问题。“两不愁三保障”问题全面解决，2020年末全市产业扶贫累计覆盖带动26.1万贫困户，易地扶贫搬迁10.5万人，建成农村保障房1.7万套，健康扶贫惠及186.6万人次，教育资助贫困家庭学生309.3万人次。

（三）产业发展取得突破

创新驱动引领有力，2020年末全市全社会研发投入占GDP比重从2015年的0.79%提高至1.5%左右，挂牌运行中国科学院赣江创新研究院，此举填补江西没有国家级大院大所空白。“两城两谷两带”和各地首位产业加速壮大，新能源汽车量产企业达3家，现代家居产业集群产值突破2000亿元（为全市首个），电子信息、纺织服装产业集群产值均突破900亿元，规模以上工业企业由2015年的1188家增至2020年的2250家、总数连续四年全省第一。现代农业扬优成势，“赣南脐橙”品牌价值连续六年稳居全国水果类第一，建成蔬菜钢架大棚20余万亩，“赣南茶油”晋级地理标志产品区域品牌榜50强。现代服务业提质升级，获批国家普惠金融改革试验区、商贸服务型国家物流枢纽、国家跨境电商综合试验区。数字经济提质提速，建成全省最大光磁一体化数据存储中心，成立全省首个信创产业联盟。

（四）城乡面貌深刻变化

省域副中心城市建设加快推进，“十三五”期间全市常住人口城镇化率突破50%（见表2）。中心城区建成区面积扩大到202平方公里、城市人口近200万，赣县撤县设区，蓉江新区起步区加速崛起，高铁新区核心骨干路网基本建成。城市功能和品质明显提升，“四横六纵”快速路网加快形成，成功创建全国文明城市、国家卫生城市。瑞（金）兴（国）于（都）“3+2”经济振兴试验区、“三南”[①] 园区一体化、会（昌）寻（乌）安（远）生态经济区、大（余）上（犹）崇（义）幸福产业示范区、信丰高质量发展示范先行区竞相发展，龙南撤县设市，发展协调性进一步增强。乡村振兴

① “三南”是指龙南、全南、定南三市（县）。

稳步推进，新型城镇化示范乡镇、特色小镇加快建设，农村危旧“空心房”整治、安全饮水改造提升全面完成，农村户用卫生厕所基本实现全覆盖，人居环境显著改善。

表 2　“十三五”时期赣州市常住人口城镇化率

单位：%

年份	2016	2017	2018	2019	2020
城镇化率	47. 13	48. 72	50. 29	51. 85	53

资料来源：赣州市统计局。

（五）基础设施实现跨越

获批革命老区交通运输高质量发展试点，铁路营运里程由 2015 年的 555 公里增至 2020 年的 663 公里，昌赣高铁建成通车；高速公路通车里程由 2015 年的 1116 公里增至 2020 年的 1559 公里；升级改造普通国省道 1070 公里，新改建农村公路 1. 32 万公里；瑞金机场全面动工，黄金机场 T2 航站楼转场运营，开通首条国际航线，全国性综合交通枢纽地位日益凸显。瑞金电厂二期、信丰电厂建设进展顺利，实现 500 千伏电网输入“双环网、双通道”，220 千伏变电站县县全覆盖，能源保障能力大幅提升。县县建成应急水源、具备通天然气条件，实现村村通客车、通动力电、连 4G 网，组组通水泥路。

（六）改革开放走深走实

“放管服”改革取得革命性进展，七大市属国企集团顺利重组，财税金融、农业农村、投融资体制、商事制度等重点领域改革取得新成效，截至 2020 年末全市降成本优环境专项行动累计为企业减负近 600 亿元。加速形成全方位开放格局，与广州、深圳、宁波、河源、龙岩签订合作协议，与上海、广州、深圳、宁波、昆山等地开展国家级园区结对共建，对接融入粤港澳大湾区迈出坚实步伐，赣州国际陆港成为全国内陆第 8 个对外开放口岸，航空口岸获批临时开放，赣州成为全国革命老区中唯一拥有铁路、公路、航空口岸的城市。

（七）生态环境持续向好

国家生态文明试验区重点改革任务全面完成，山水林田湖草生态保护修复试点目标基本实现，东江流域上下游横向生态补偿首轮试点任务顺利完成并签订第二轮补偿协议。“十三五”期间，全市改造低质低效林414万亩，治理水土流失3444平方公里，林长制、河（湖）长制全面推行，森林覆盖率达76.23%。生态环境质量保持全省前列，空气质量达国家二级标准，劣Ⅴ类水全部消灭，集中式饮用水源地水质达标率保持100%，荣膺国家森林城市、中国绿色发展优秀城市、中国最具生态竞争力城市。

（八）人民生活明显改善

城乡居民收入提前三年实现比2010年翻一番。基本公共服务均等化水平不断提升，提前两年全域通过国家义务教育基本均衡发展评估认定，城乡居民社会保障体系基本实现全覆盖，完成城市棚户区改造11.8万户，改造提升老旧小区378个，新（改、扩）建城乡学校2658所、医疗卫生项目2845个，基本实现城镇的居家和社区养老服务设施全覆盖，70%以上行政村实现农村互助养老服务设施覆盖。文化事业和文化产业繁荣发展。社会保持和谐稳定，安全生产形势总体平稳，荣获全国、全省双拥模范城“四连冠”，连续四届蝉联全国综治最高奖“长安杯”。

二 “十四五”展望与举措

“十四五”时期是赣州市与全国、全省同步全面建设社会主义现代化的开局起步期，也是全市推进革命老区高质量跨越式发展的全面加速期。坚持以习近平新时代中国特色社会主义思想为指导，全面贯彻党的十九大和十九届二中、三中、四中、五中全会精神，坚决贯彻习近平总书记视察江西和赣州重要讲话精神，建设省域副中心城市和国家区域中心城市，打造对接融入粤港澳大湾区桥头堡和全国构建新发展格局的重要战略节点。推动赣州综合实力得到新增强、产业发展实现新突破、改革开放迈出新步伐、城市能级实现新跃升、生态文明建设取得新成效、人民生活得到新提升、社会治理迈上新台阶，不断开创革命老区高质量发展示范区建设新局面。

（一）深入实施重大战略

纵深推进新时代赣南苏区振兴发展，深入贯彻落实《国务院关于新时代支持革命老区振兴发展的意见》（国发〔2021〕3号），牢牢把握国家建立健全支持革命老区振兴发展“1+N+X”政策体系契机，创新落实对口支援政策，推动新时代支持革命老区振兴发展重大政策高效落地。全力打造对接融入粤港澳大湾区桥头堡，建设革命老区与大湾区合作样板区、内陆与大湾区双向开放先行区、承接大湾区产业转移创新区和大湾区生态康养旅游后花园，打造全省对外开放合作的新高地。全面提升省域副中心城市能级，加快建设教育、科研创新、金融、商贸物流、文化旅游、医疗养老“六个区域性中心”增强资源集聚和辐射带动能力。

（二）建设区域性创新高地

深入实施创新驱动发展战略，构建“一核一廊多链”创新布局，建设创新型赣州。优先实施人才强市战略，实施更加积极、开放、有效的人才政策，创新人才“引、育、用、留”体制机制，打造创新创业人才高地。全面提升科技创新能力，建好用好中国科学院赣江创新研究院等重大创新平台，打好关键核心技术攻坚战，加速科技成果高质量就地转化。进一步坚持企业创新主体地位，实施企业研发攻坚行动，大力培育科技型企业。优化创新创业生态，深化科技体制改革，健全市县联动财政科技投入稳定增长机制，加快建设知识产权强市。

（三）构建赣州特色现代产业体系

强力推进工业倍增升级，推进“1 + 5 + N”重点产业高质量跨越式发展，力争用5年时间，培育形成1个产值超5000亿元、5个产值超2000亿元、N个产值超500亿元的产业集群。大力培育战略性新兴产业。推动开发区改革创新发展，加快建设国家级产城融合示范区，实现国家级园区营收全部超千亿元。创新发展数字经济，积极培育“区块链 + AI”“信创 + 网安”“北斗 + 时空大数据”等特色数字经济产业，打造革命老区数字经济高质量发展试验区和赣深数字经济走廊，建设数字产业化发展核心引领区、产业数字化转型示范区。繁荣发展现代服务业，建设全国一流旅游目的地、区域性金融中心和全国知名的康养基地。

（四）全面融入新发展格局

坚定实施扩大内需战略，打造全国构建新发展格局的重要战略节点。精准扩大有效投资，深入打好六大领域“项目大会战”，加快实施一批“两新一重”项目，深化投融资体制改革，充分发挥投资对经济增长的关键作用。全面促进消费升级，深入实施消费升级行动，提升传统消费，培育新型消费，激活潜在消费，构建多元融合消费业态，打造国家区域性消费中心城市，增强消费基础性作用。着力畅通经济循环，用好国内国际两个市场两种资源，推动更多赣州制造、技术和品牌“走出去”。

（五）加快深层次市场化改革

推动有效市场和有为政府更好结合，持续深化“放管服”改革，进一步激发经济社会发展内生动力，打造全国一流营商环境。大力发展非公有制经济，纵深推进国资国企改革创新，稳定发展新型市场主体，着力激发各类市场主体活力和创造力。提升要素市场化配置效率，推进社会信用体系建设，基本建成统一开放、竞争有序、制度完备、治理完善的高标准市场体系。推进政府治理体系和治理能力现代化，全力建设“五型”政府，打造全省政务服务满意度一等地市。

（六）高水平推进内陆开放先行

推动革命老区交通强国建设试点，构建全国性综合交通枢纽，建成区域性重要能源支撑点、全省领先的新能源应用示范基地，打造全国水网重要节点。加强对外开放合作，深度融入共建“一带一路”，积极参与粤港澳大湾区、长江经济带、长三角一体化和海西经济区建设，推进江西内陆开放型经济试验区赣州片区建设，做大做强赣州国际陆港、跨境电商综合试验区等开放合作载体，建设全省对外开放合作的新高地。加快建设商贸服务型国家物流枢纽，大力发展冷链物流、智慧物流、应急物流，建设连接东南沿海与中部地区的区域性物流中心和国际货物集散地。

（七）促进区域协调和城乡融合发展

强化国土空间规划和用途管控，构建主体功能清晰、发展导向明确、国土空间高效利用、人与自然和谐相处的国土空间开发保护格局。优化“一核五区”区域发展格局，加快中心城区“五区一体化”，推动瑞（金）兴（国）于（都）“3 +2”经济振兴试验区突破发展，促进“三南”一体化协同发展，加快会（昌）寻（乌）安（远）生态经济区绿色发展，推进大（余）上（犹）崇（义）幸福产业示范区转型升级，推动信丰高质量发展示范先行，形成高质量发展的板块支撑和动力系统。做大做强县域经济，引导县域经济差异化特色化发展，加快瑞金、龙南次中心城市建设。推进以人为核心的新型城镇化，实施城市功能品质提升、城市更新、棚户区改造和城镇老旧小区综合改造等行动，重塑新型城乡关系。

（八）建设革命老区乡村振兴示范区

坚持农业农村优先发展，促进农业高质高效、乡村宜居宜业、农民富裕富足。巩固拓展脱贫攻坚成果，强化产业就业支撑，推进同乡村振兴有效衔接。加快建设现代农业强市，大力推动特色农业全产业链发展，打造脐橙、蔬菜、油茶等 3 个超百亿优势主导产业集群，生猪、畜禽、茶叶等若干个特色产业集群，推动一二三产深度融合，建设全国重要的富硒农产品供应基地。深化农业农村改革，完善农村土地“三权分置”，积极探索农村集体经营性建设用地入市，大力发展新型农村集体经济。实施乡村建设行动，全面改善农村人居环境，建设新时代“五美”乡村。

（九）高标准建设美丽中国“赣州样板”

坚定不移走生态优先、绿色发展之路，持续深入打好污染防治攻坚战，加快实施东江流域上下游横向生态补偿等重大生态工程，打造山水林田湖草生命共同体示范区，筑牢我国南方地区重要生态屏障。拓展“两山”转化通道，深入开展经济生态生产总值核算，推进生态产品价值实现机制试点，积极开展碳排放达峰行动，大力发展绿色产业。坚持源头严防、过程严管、后果严惩，严格落实“三线一单”管控要求，打造河（湖）长制、林长制升级版，深化生态环境损害赔偿制度改革，全面推行领导干部自然资源资产离任审计，加快构建具有赣州特色的生态文明制度体系。

（十）打造较大影响力的文化强市

推进新时代赣南文化传承创新，高质量建设长征国家文化公园（赣州段），推进国家级客家文化（赣南）生态保护实验区建设。深入推进国家公共文化服务体系示范区创新发展，推动城乡公共文化服务一体发展。大力发展文化产业，做大做强文创项目孵化、文创产品交易、文化产业服务等平台，把文化产业培育成为重要支柱性产业。

（十一）持续增进民生福祉

加强普惠性、基础性、兜底性民生建设，不断增强老区人民获得感、幸福感、安全感。推动实现更加充分更高质量就业，实施中等收入群体培育战略，壮大中等收入群体。着力办好人民满意教育，深化部省共建教育改革发展试验区建设，积极创建国家产教融合试点城市。加快建设健康赣州，加强疾病预防控制能力建设，大力推动优质医疗资源扩容、医疗服务能力补短板，全面提升乡村卫生健康服务能力，深化医药卫生体制改革，深入开展全民健身运动。完善社会保险制度，健全医疗保障体系，优化社会救助和慈善制度。

（十二）建设更高水平平安赣州

统筹发展和安全，牢牢守住不发生系统性风险底线。深入推进法治赣州建设，加强和改进新时代立法工作，推进依法行政和法治政府建设，加快建设信用赣州。探索建立市域社会治理现代化机制，打造社会治安防控体系升级版，推进扫黑除恶机制化常态化，健全安全生产长效机制，加强防灾减灾救灾能力建设，争创国家食品安全示范城市，坚决防范遏制重特大事故发生。

参考文献

中共赣州市委：《中共赣州市委关于制定全市国民经济和社会发展第十四个五年规划和二〇三五年远景目标的建议》，《赣南日报》2021 年 1 月26 日。

B.36
宜春市“十三五”回顾与“十四五”展望

宜春市人民政府课题组*

摘　要：　“十三五”时期是全面建成小康社会的决胜阶段，“十四五”时期将开启全面建设社会主义现代化新征程，宜春市在总结分析“十三五”改革发展情况的基础上，结合当前面临的主要形势，研究提出了“十四五”高质量发展的基本思路、具体目标和主要举措。

关键词：　区域性中心城市　新能源（锂电）产业　宜春市

“十三五”以来，全市上下坚持以习近平新时代中国特色社会主义思想为指导，在江西省委、省政府的坚强领导下，深入贯彻落实省委“二十四字”工作思路，以新发展理念全力推进高质量跨越式发展，全市经济社会发展取得显著成就。“十四五”时期，是开启全面建设社会主义现代化新征程的关键时期，要认真把握新发展阶段的新特征、新要求，准确识变、科学应变、主动求变，奋力描绘好新时代宜春改革发展新画卷。

---

* 课题组组长：严允，中共宜春市委副书记、宜春市人民政府市长；课题组成员：徐勇军，市政府党组成员、秘书长；魏松林，市政府办公室主任；潘来财，市政府副秘书长；陶石明，市政府机关党组成员、办公室副主任；龙启涛，市政府办公室调研科副科长；杨敏，市政府办公室调研科干部。

一 “十三五”回顾

（一）基本情况

面对错综复杂的国内外发展环境和经济下行压力，宜春市委、市政府团结带领全市人民，攻坚克难，锐意进取，经济总量实现进位赶超，成功入围中国城市百强榜。全市地区生产总值由2015年的1848.55亿元提高到2020年的2789.87亿元，年均增长8.6%，经济总量排名由全省第5位上升到全省第4位；财政总收入由2015年的308.77亿元提高到2020年的416.32亿元，年均增长6.2%；规模以上工业增加值年均增长7.5%；服务业增加值由2015年的723.37亿元提高到2020年的1328.9亿元，年均增长12.9%；500万元以上固定资产投资年均增长11.3%；社会消费品零售总额由2015年的615.8亿元提高到2020年的909.6亿元，年均增长8.1%（见表1）。

表1 2015年、2020年宜春市主要经济指标完成情况

指标	2015年	2020年	年均增长(%)
地区生产总值(GDP)(亿元)	1848.55	2789.87	8.6
财政总收入(亿元)	308.77	416.32	6.2
规模以上工业增加值增速(%)	9.4	4.7	7.5
500万元以上固定资产投资增速(%)	17.2	8.1	11.3
社会消费品零售总额(亿元)	615.8	909.6	8.1
实际利用外资(亿美元)	6.54	9.75	8.3
外贸出口(亿元)	148.08	228.47	9.1

资料来源：《宜春市国民经济和社会发展第十四个五年规划和二〇三五年远景目标纲要》。

（二）基本特点

1. 兴产业、调结构，经济实力显著增强

全市三次产业比重由2015年的12.3∶48.6∶39.1调整为2020年的

11.6∶40.8∶47.6（见图1）。一是工业加速聚集。大力实施产业兴市、工业强市战略，基本形成以建材、食品、化工、纺织等传统优势产业为支撑，以锂电新能源、中医药、电子信息、先进装备制造等新兴产业为先导的发展格局。全市规上工业企业1781户，列全省第3位，较2015年增加684户。二是农业发展取得新成效。全市耕地面积718.44万亩，粮食产量稳定在410万吨。富硒农产品基地和中药材种植面积均突破100万亩，全省首个富硒产业院士工作站落户宜春，组建江西富硒产业研究院，荣获世界硒养之都、全国富硒农业示范基地。截至2020年底，全市“三品一标”认证数突破1000个，成功创建国家农产品质量安全市。三是现代服务业优化升级。截至2020年底，全市服务业占GDP比重超过二产，对GDP增长的贡献率达40%以上（见图1）。成功承办2019年全省旅游产业发展大会，年接待游客突破1亿人次、旅游综合收入突破1000亿元，温汤镇获评全国首个“世界温泉健康名镇”、全省首家国家级旅游度假区。全市营业或在建的大型商业综合体23个，4A级物流企业36家，均列全省第1位。实施数字经济“八大行动”，宜阳新区获批省级数字经济创新发展（大数据）试验基地，全市建成5G基站1435个，初步实现市县主城区5G网络连续覆盖。

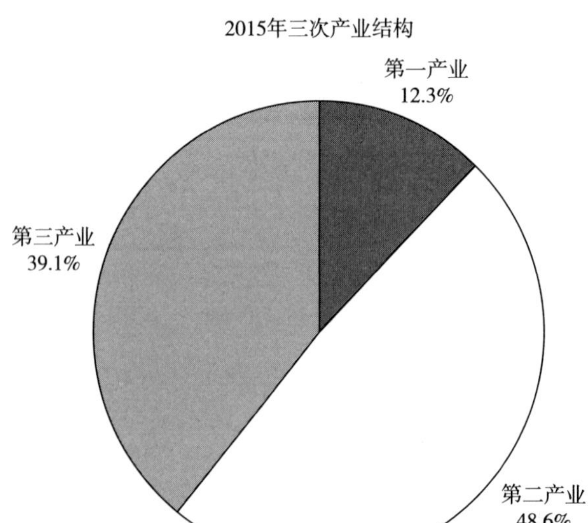

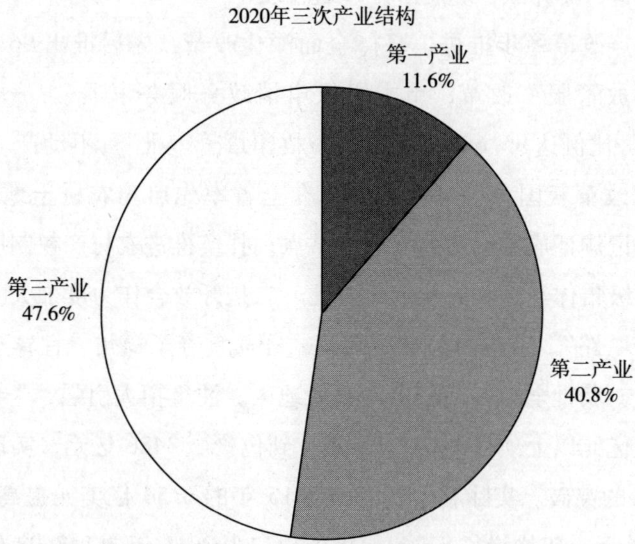

图 1　2015 年和 2020 年宜春市三次产业结构

资料来源：《宜春市国民经济和社会发展第十四个五年规划和二〇三五年远景目标纲要》。

2. 拓空间、提品质，城乡面貌大幅改善

一是空间布局更加优化。启动国土空间规划编制，构建“五组团、双十字、一环城”中心城市新格局，教体新区、智慧经济产业特色小镇启动建设，宜春西绕城高速公路、宜万快速通道等项目加快推进，明月山机场站坪扩建工程、昌吉赣客运专线（宜春段）等项目完成建设；截至 2020 年末，明月山机场年旅客吞吐量突破 70 万人次；中心城区建成区面积扩大至 91.68 平方公里，增长 34.8%。二是城市功能更加完善。大力实施城市功能与品质提升三年行动，“十三五”期间全市累计开工建设项目 1326 个，完成投资 1722.4 亿元，其中中心城区累计开工 380 个，完成投资 517.4 亿元。完成城镇棚改 16.58 万套，获得国务院督查激励奖励。三是人居环境更加秀美。按照“连点成线、拓线扩面、突出特色、整体推进”要求，“十三五”期间全市完成 25636 个村点整治建设，村庄整治覆盖率 80% 以上。靖安、铜鼓入选全省第一批美丽宜居示范县。

3. 抓改革、促开放，发展活力加速释放

一是重点改革稳步推进。坚持全面深化改革，先后推出961项改革举措。深化“放管服”改革，市本级依申请政务服务事项“一次不跑”或“只跑一次”比例达95.6%，实现“一枚印章管审批”；不动产“登记+交易”一体化改革获国务院通报推介。在全省率先启动农村土地确权工作，土地确权登记颁证成果应用列入全国试点；扎实推进农村产权制度改革，所有行政村村级集体经济收入均超5万元。二是开放合作力度加大。主动对接融入“一带一路”，宜春海关顺利开关，开通宜春至福州、宜春至宁波等铁海联运班列，获批全国二手车出口业务地区。注重招大引强，“十三五”期间全市引进亿元以上项目1464个，累计到位资金3486亿元，实现百亿工业项目“零”的突破。实际利用外资由2015年的6.54亿美元提高到2020年的9.75亿美元，年均增长8.3%；外贸出口由2015年的148.08亿元提高到2020年的228.47亿元，年均增长9.1%。三是创新能力持续增强。“十三五”期间，全市新增各类省级研发平台73个，科技实力综合排名上升至全省第4位，首次获得江西省科技进步一等奖；2020年末全市高新技术企业525家，丰城高新区晋升国家高新技术产业开发区。获批全国创新驱动助力工程示范市，科技进步贡献率由2015年的55%提升到2020年的60%。

4. 重治理、守底线，生态优势持续巩固

一是环境质量进一步改善。深入开展污染防治攻坚战“八大标志性战役30个专项行动”，2020年末全市空气优良率97.8%，列全省第2位；国考省考断面水质、县级及以上集中式饮用水水源地水质达标率均为100%，入选国家黑臭水体治理示范城市；受污染耕地和污染地块安全利用任务全部完成。二是生态优势进一步凸显。“河长制”“湖长制”工作获国务院督查激励奖励。“十三五”期间，全市创建国家“绿水青山就是金山银山”实践创新基地1个、国家生态县3个、国家生态文明建设示范县4个，生态示范创建“标杆”居全省之首。三是生态制度创新进一步深化。在全省率先实施市内跨县流域上下游横向生态保护补偿，“生态+大健康”产业模式等3条改革举措和经验做法入选国家推广清单，靖安“一产利用生态，二产服从生态，三产保护生态”的做法得到习近平总书记点赞。

5. 补短板、强弱项，民生福祉不断增进

一是脱贫攻坚圆满收官。大力推进十大扶贫工程，现行贫困标准下全市164754名建档立卡贫困人口全部脱贫，146个贫困村全部出列，绝对贫困问题得到历史性解决，万载高村镇荣获全国脱贫攻坚先进集体。城镇贫困群众脱贫解困目标如期完成。二是社会保障坚实有力。“十三五”期间，全市城镇登记失业率控制在4.5%以内；新建农村“幸福食堂”1754个，改扩建敬老院102所；基本医疗保险参保率达到98.35%；获评全国双拥模范城。三是民生短板加快补齐。“十三五”期间，全市共改造农村学校3829所（次），受益学生60余万人；新建社会足球场地106片，新改扩建学校105所，增加学位16.4万个，义务教育超大班额全面化解，在全省全市域率先通过义务教育发展基本均衡县国家评估认定。宜春市人民医院北院（一期）投入使用，南昌大学附属宜春医院挂牌成立，蝉联国家卫生城市、全国基层中医药先进市。基层综合性文化服务中心实现全覆盖，荣获全国“扫黄打非”先进集体。四是社会大局和谐稳定。首创法律顾问制度，列为第一批全国市域社会治理现代化试点创建城市，矛盾纠纷化解成功率保持在95%以上。入选全国扫黑除恶重点培育市，平安宜春、法治宜春建设取得新成效。

（三）基本经验

五年来的发展成就，主要得益于：一是必须旗帜鲜明讲政治，不断增强“四个意识”、坚定“四个自信”、做到“两个维护”，始终在思想上政治上行动上同以习近平同志为核心的党中央保持高度一致，坚定沿着习近平总书记指引的方向奋勇前行。二是必须矢志不移抓发展，牢牢把握高质量跨越式发展首要战略，不争论、不折腾、不懈怠，着力在项目建设、招商引资、科技创新、重点改革、扩大开放、区域协调、城乡融合、厚植人文等方面精准发力、持续用力，进一步做大做强经济总量。三是必须从严从实转作风，大力倡导“事事马上办、人人钉钉子、个个敢担当”“不为不办找理由、只为办好想办法”作风，聚精会神搞建设、一心一意谋发展的强大合力。四是必须不遗余力惠民生，坚持群众利益无小事，努力办好群众期盼的事，解决好老百姓最关心最迫切的问题，让宜春人民的生活一天更比一天好。

二 “十四五”展望与举措

（一）发展目标

全力建设区域性中心城市，加快中心城区强起来、县市区跑起来、大宜春立起来的发展步伐，打造成为综合实力强市、绿色发展大市、文明幸福城市。

——经济综合实力跃上新台阶。突出高质量跨越式发展要求，推进新型工业、现代服务业与现代农业的有机融合。力争主要经济指标增速高于全省平均水平，地区生产总值年均增长7.2%左右，人均GDP跨越1万美元台阶，全市发展态势和成效进入全省第一方阵。

——发展动力活力实现新提升。创新引领发展能力明显增强，R&D经费投入强度达到2.3%。深化供给侧结构性改革，增强内生发展动力，主动融入国家、省重大区域发展战略，注重需求侧管理，增强市场经济主体活力，致力打造产业高地、创新高地、开放高地，营造全省一流营商环境。

——城乡融合发展迈出新步伐。拓展中心城区发展新格局，推进万载撤县设区，提升中心城市辐射带动能力，努力打造百万人口区域性中心城市。增强县域经济发展动力，推动市县竞合发展提速。实施城市更新行动，推进智慧城市建设，统筹城乡融合发展，城乡人居环境达到全国一流水平。

——生态文明建设取得新进展。生态环境质量持续改善，绿色生产生活方式加快形成，优质生态产品供给持续增加，“生态+大健康”产业不断壮大，美丽城市、健康城市、宜居城市建设取得新成效，绿色发展水平走在全省前列，生态环境质量位居全国一流。

——社会文明程度得到新提高。社会主义核心价值观深入人心，人民思想道德素质、科学文化素质和身心健康明显提高。公共文化服务体系和文化产业体系更加健全，人民精神文化生活日益丰富，红色基因更好传承，好人文化不断弘扬，创建全国文明城市。

——民生福祉改善取得新成效。脱贫攻坚成果得到巩固拓展。就业更加充分，居民收入增长和经济增长保持同步。基本公共服务均等化水平显著提升，教育服务支撑更加有力，卫生健康体系更加完善，社会保障体系更加完善。人民对美好生活的需求得到更好满足，奋力建设中国最具幸福感城市。

——社会治理水平得到新提升。法治体系更加完善，社会公平正义得到彰显。市域社会治理现代化深入推进，社会安全体系保障更加有力。社会治理体制机制进一步完善，平安宜春建设水平稳步提升，争创全国市域社会治理现代化试点合格城市。

表2　宜春市“十四五”规划主要指标

类别	指标	2020年基期值	2025年目标值	年均增长/累计增长（%）	属性
综合质效	地区生产总值(GDP)(亿元)	2789.9	4000	7.2左右	预期性
	规模以上工业增加值增速(%)	[7.5]		[7.2]	预期性
	固定资产投资增速(%)	11.3		8.2	预期性
	社会消费品零售总额(亿元)	909.6	1300	8	预期性
	粮食综合生产能力(亿斤)	74.8	75左右	保持稳定	约束性
创新驱动	研发经费支出(亿元)	43.2	87	16	预期性
	每万人口高价值发明专利拥有量(件)			[1.9]	预期性
	数字经济核心产业增加值占GDP比重(%)		7左右		预期性
协调发展	三次产业比例	11.6∶40.8∶47.6	9∶41∶50		预期性
	城乡居民人均可支配收入比	2.09	2	[-0.09]	预期性
	常住人口城镇化率(%)	52.2	58	[5.8]	预期性
改革开放	进出口总额(亿元)			5.3	预期性
	实际利用外资(亿美元)	9.75	12.5	5	预期性
绿色生态	耕地保有量(万亩)		确保数量不减，质量提升		约束性
	单位GDP能源消耗降幅(%)	[20]		完成省下达指标	约束性
	单位GDP二氧化碳排放降幅(%)	[19.5]		完成省下达指标	约束性
	县级及以上城市空气质量优良天数比例(%)	97		完成省下达指标	约束性

续表

类别	指标	2020 年基期值	2025 年目标值	年均增长/累计增长（%）	属性
绿色生态	地表水达到或好于Ⅲ类水体比例(%)			完成省下达指标	约束性
	森林覆盖率(%)	57		保持稳定	约束性
民生福祉	居民人均可支配收入(元)			6.8	预期性
	城镇调查失业率(%)			5.5	预期性
	每千人口拥有执业(助理)医师数(人)	1.75	2.7	[0.95]	预期性
	基本养老保险参保率(%)			[0.5]	预期性
	每千人口拥有 0～3 岁婴幼儿托位数(个)		3.5		预期性
	公众安全满意度(%)		98.3		预期性

注：1. [ ] 为五年累计提高或下降数，其中规模以上工业增加值、固定资产投资增速为“十三五”平均增速；2. 约束性指标具体数值按省下达任务执行。

资料来源：《宜春市国民经济和社会发展第十四个五年规划和二〇三五年远景目标纲要》。

（二）主要举措

1. 坚持创新驱动，增强发展内生动力

一是建设创新人才高地。实施高层次科技创新“双百计划”，打造“1233”人才平台系统工程，加快引进和培养一批海内外战略性人才、科技领军人才、创新团队。二是提升核心创新能力。实施全社会研发投入攻坚行动，推进优势领域技术创新，到 2025 年全市 R&D 经费支出达到 87 亿元左右，高新技术企业研发经费占营业收入的比重超过 3%。三是强化创新体系建设。实施创新平台“233”建设工程，创建宜春科学院，推进“一核三区五基地”区域创新体系建设；实施科技型企业梯次培育行动，到 2025 年高新技术企业达 1500 家。四是创造良好创新生态。加强知识产权保护，推动创新成果转化应用，力争专利数和专利授权量平均每年递增 20%，创新指数位列全省中上游。

2. 坚持主攻工业，构建现代产业体系

一是做大做强先进制造业。推进工业强基八大专项行动，实施产业链链长制，打造新能源（锂电）、生物医药、先进装备制造等特色优势新兴产业，培育壮大电子信息、节能环保、新材料等具有发展潜力的新兴产业，加快建材家具、健康食品、纺织鞋服等传统产业优化升级。二是打造数字经济创新发展试验区。以产业数字化和数字产业化为主线，促进数字经济与社会各行业领域深度融合，建设宜阳新区数字经济产业集聚区、樟树智慧医药产业园、丰城智慧教育产业园和高安智慧物流产业园等“一区三园”。三是提升服务业发展质量和水平。构建区域现代物流中心，建设金融服务创新引领区，加快发展会展服务、科技服务、工业设计等生产性服务业，提升生活性服务业品质，打造健康养生休闲度假中心，力争实现4A级旅游景区县市区全覆盖。四是优化产业发展布局。强化开发区“主战场”作用，加快推动首位产业和主攻产业集群发展，深入实施集群式项目满园扩园行动，实施“四图五清单”作业，打造特色优势产业集群。

3. 坚持改革开放，构建新格局

一是加快深层次市场化改革。持续深化“放管服”改革，完善市场准入、公平竞争、社会信用等制度，全面优化营商环境，增强市场主体活力。二是构筑高水平开放合作新优势。推动丰（城）樟（树）高（安）、奉新、靖安融入大南昌都市圈，推进袁州、万载、铜鼓参与赣湘边区域合作，推进宜（春）新（余）萍（乡）三市区域一体化建设，争创宜春综合保税区、跨境电子商务综合实验区，建设江西内陆开放型经济赣西门户。三是拓展投资新空间。推进新型基础设施建设，重点实施5G网络提升、赣西云数据中心优化等工程，推动丰城电厂三期、奉新抽水蓄能电站、宜春至万载天然气长输管线等工程建设。四是持续释放消费潜力。振兴老字号品牌，增加绿色消费供给，发展体验式消费。推进商业街区升级改造，改造提升城乡农贸市场，引导各类机构与服务企业进社区、进家庭，拓宽消费升级新载体。

4. 坚持统筹谋划，全面推进乡村振兴

一是推进农业产业现代化。深入实施藏粮于地、藏粮于技战略，进一步巩固粮食主产区地位。大力实施“产业兴农、品牌强农”战略，重点推进八大产业发展工程，构建以富硒产业为引领，大米、油茶、中药材产业为支撑，多种经营多种业态融合发展的“1+3+N”产业体系。二是实施乡村建设行动。统筹县域城镇和村庄规划建设，科学布局乡村生产生活生态空间，改善农村人居环境，推进县乡村公共服务一体化。健全乡村治理体系，倡导文明乡风民风。三是促进农民收入持续增长。健全防止返贫监测和帮扶机制，建立解决相对贫困长效机制，实现巩固拓展脱贫攻坚成果同乡村振兴有效衔接。实施高素质农民培育工程，加强农村专业人才队伍建设，吸引各类人才投身农村建设。

5. 坚持城乡融合，推动区域协调发展

一是做大做强做优中心城区。推进万载撤县设区，加快宜万经济走廊、教体新区建设和宜春经开区整合优化，打造中心城区北部产城融合发展示范区；充分发挥明月山温泉风景名胜区和袁州区南部乡镇生态资源优势，打造南部新兴服务业和生态康养产业板块。二是推进以人为核心的新型城镇化。实施城市更新行动，推进城市“双修”和垃圾分类，合理布局教育、医疗、体育等公共服务设施，推动城镇基础设施大改善。三是推动县域经济竞相发展。构建“一核两极”区域发展新格局，加快宜万同城步伐，推动宜万经济走廊向宜丰等延伸区范围扩展，打造袁（州）上（高）万（载）核心区；改造提升盐化工、建材家具等传统产业，培育壮大新能源（锂电）、电子信息、中医药等新兴产业，打造丰（城）樟（树）高（安）东部增长极；大力发展现代农业、生态旅游、纺织服装等产业，打造昌铜四县北部增长极。

6. 坚持互联互通，打造现代交通强市

一是完善基础运输网络建设。加快推进干线铁路常岳昌、咸修吉铁路前期工作，构建“三纵四横一联”铁路网络。新建靖安至樟树、南昌至南丰（赣闽界）、宜春东绕城等高速公路，形成“一环五纵四横一联”高速公路网络。加快普通国省道升级改造，全面推进“四好农村路”建设。加快明月山机场二期扩建，构建宜春港“一港六区”总体布局。二是强化综合交通枢纽功能。促进铁路与重要港口、大型工矿企业、物流园区无缝衔接和高效联通。提升中心城区综合客运枢纽，完善宜春明月山机场、宜春高铁西站综合交通枢纽。三是增强运输公共服务能力。推动区域运输一体化，积极开通中心城区至新余、萍乡、吉安等周边地区城际公交班线。优先发展城市公共交通，推动城乡公共交通一体化。

7. 坚持生态优先，全面推动绿色发展

一是加强绿色制度建设。建立健全生态保护治理制度，建立“三线一单”分区管控体系，全面实施环境监管网格化、全覆盖管理。二是打造山水林田湖草生命共同体。统筹推进山水林田湖草生态保护修复工程，开展国土绿化、生态鄱阳湖流域建设等行动。三是强化环境综合治理。持续推进污染防治攻坚，做好碳达峰、碳中和工作，全面消灭劣Ⅴ类水和Ⅴ类水体。四是培育壮大绿色经济。大力发展“生态+大健康”产业，构建绿色产业体系和多层次资源高效循环利用体系，加快打通绿水青山与金山银山的双向转化通道。五是积极弘扬绿色文化。加大生态文明宣传力度，倡导绿色生活消费方式。

8. 坚持人民至上，持续提升群众幸福指数

一是促进更充分更高质量就业。实施更加积极的就业政策，到2025年全市城镇新增就业19.4万人以上，城镇登记失业率控制在4.5%以内。二是全面推进健康宜春建设。深化医药卫生体制改革，加强卫生机构能力建设，完善突发公共卫生事件监测预警处置机制；持续打响“中国药都”品牌，推进中医药传承创新发展。三是建设高质量教育体系。实施基础教育优质发展、职业教育扩容提质创优、高等教育提升等工程，到2025年全市40%的县市区实现县域义务教育优质均衡发展。四是健全广覆盖多层次社会保障体系。实施全民参保计划，健全全民医疗保障体系和多层次社会救助体系，完善住房保障体系，加强“双拥”和退役军人工作。五是促进人口更加均衡发展。积极应对人口老龄化，做好人口生育服务工作，保障妇女儿童权益，关爱青少年健康成长，提升残疾人服务保障水平。六是提升文化软实力。实施文化惠民工程，大力传承红色基因和优秀传统文化，促进文化事业繁荣发展和文化产业高质量发展。

9. 坚持共建共治，提升社会治理效能

一是筑牢安全发展底线。统筹发展与安全，加强地方安全体系和能力建设；落实安全生产责任制，强化安全风险管控和隐患排查治理，全力防范化解各类安全风险。二是建设更高水平的平安宜春。创新市域社会治理，完善社会治安防控体系，健全矛盾纠纷多元化解格局，推进扫黑除恶长效常治。三是全面推进法治宜春建设。完善地方立法体制机制，全面推行行政执法“三项制度”和行政裁量权基准制度，严格执行“三重一大”制度，提高依法行政能力；规范司法行为，促进司法公平正义；加强法治宣传，增强全民法治观念。四是发展社会主义民主政治。坚持和完善人民代表大会制度，推进协商民主广泛多层制度化发展，扩大社会主义基层民主，依法管理民族宗教事务，健全党和国家监督体系，推动社会主义民主政治向更高水平、更高质量稳步发展。

参考文献

宜春市人民政府：《宜春市国民经济和社会发展第十四个五年规划和二〇三五年远景目标纲要》，2021 年 3 月 29 日。

宜春市人民政府：《2021 年宜春市政府工作报告——2021 年 2 月 28 日在宜春市第四届人民代表大会第七次会议上》，《宜春日报》2021 年 3 月 4 日。

B.37

上饶市“十三五”回顾与“十四五”展望

上饶市人民政府课题组*

摘　要：　“十三五”时期，上饶市坚持以习近平新时代中国特色社会主义思想为指导，深入落实省委“二十四字”工作思路，综合实力大幅度增强，产业发展深层次变革，城乡面貌历史性巨变，民生福祉全方位改善，经济社会发展发生了系列变化。“十四五”时期，上饶市将统筹“两个大局”，深入落实高质量跨越式发展首要战略，抓住重要战略机遇，全面推进社会主义现代化建设。

关键词：　现代化建设　上饶市

“十三五”时期是全面建成小康社会决胜阶段，上饶市在总结分析“十三五”经济社会发展情况的基础上，深入剖析“十四五”上饶高质量发展面临的主要形势，研究提出推动全市“十四五”高质量发展的基本思路和采取的主要举措。

一　“十三五”回顾

“十三五”期间，上饶市始终坚持高质量跨越式发展首要战略不动摇，

* 课题组组长：陈云，中共上饶市委副书记、上饶市政府市长。成员：毛祖宾，上饶市政府秘书长；陈长智，上饶市政府副秘书长、办公室主任；张平，上饶市发展和改革委员会主任；胡建中，上饶市统计局局长。

始终坚持奔着问题去、跟着政策走、扛着责任干，推动“决胜全面小康、打造大美上饶”取得明显成效，“十三五”规划确定的主要目标和任务总体实现。

（一）基本情况

一是综合实力大幅度增强。2020 年，全市地区生产总值 2624.3 亿元、较“十二五”末年均增长 7.7%，财政总收入 377.3 亿元、较“十二五”末年均增长 5.4%，社会消费品零售总额 1229.4 亿元、较“十二五”末年均增长 8.7%，规模以上服务业主营业务收入 420 亿元、较“十二五”末年均增长 16.6%，500 万元以上固定资产投资较“十二五”末年均增长 11.3%，规模以上工业增加值较“十二五”末年均增长 8.3%，主要经济指标增速连年位居全省第一方阵。全市城乡居民人均可支配收入分别达 39647 元、15888 元，金融总量突破 8000 亿元，存贷比、税占比均突破 80%，经济质量和效益迈上新台阶（见表 1）。

二是产业发展深层次变革。工业经济强势崛起，每年新增工业用地 1 万亩左右，每年平均净增规模以上工业企业近 170 家，工业税收增幅连续 7 个季度位居全省第一。“两光一车”快速发展，爱驰汽车畅销欧盟，吉利汽车成功下线，晶科能源成为全球最大光伏组件出货商，上饶经开区营业收入突破 1000 亿元，在全国 219 家国家级开发区当中的排名由 2015 年的 191 位攀升至 2019 年的 55 位。数字经济蓬勃兴起，成功创建全省唯一的数字经济示范区，先后引进了华为、滴滴、vivo、洋码头等一批知名企业，2020 年全市大数据产业营业收入突破 500 亿元。康养产业扬帆起航，成功创建全国第三个国际医疗旅游先行区，干细胞谷、恒大养生谷、基因测序等一批重点项目加速推进。旅游业亮点纷呈，婺源获批国家全域旅游示范区，三清山金沙获批国家级旅游度假区，上饶被评为“高铁旅游名城”，三清山代管港首划转工作全面完成，葛仙村、望仙谷、云谷田园、灵山工匠小镇、水墨上河等新兴景区陆续开放，城东文化旅游综合体、十里槠溪、野生动物园等重点项目加快建设。现代农业稳步推进，“十三五”期间全市建成高标准农田 160 多万亩，“东西南北中”特色产业种养面积超过600万亩，新增国家级农业产业化龙头企业3家，创建省级以上现代农业示范区37个，培育规模以上农业龙头企业近1000家，万年县入选国家现代农业产业园创建名单。

三是改革开放纵深化推进。全面完成市县机构改革，全面启动事业单位改革。持续深入推进“放管服”改革。医疗体制改革成效显著，分级诊疗制度逐步实施，县乡医疗服务一体化改革稳步推进。持续优化营商环境，“招大引强”“三请三回”“三企入饶”成效显著，“十三五”期间全市累计引进省外资金项目2000多个，实际进资3400多亿元；上饶“无水港”累计发运集装箱20万标箱，成为全省“无水港”营业冠军。赣浙边际合作（衢饶）示范区建设破土动工。深入实施创新驱动“2211”工程和创新型城市建设“三大攻坚计划”，全市R&D经费投入占GDP比重较“十二五”末提高0.85个百分点。

四是城乡面貌历史性巨变。上饶县撤县设区，“一城三区”联动发展格局全面形成。三清山机场建成通航，昌景黄高铁、祁婺高速、上浦高速等重大交通项目加快推进，对外交通更加四通八达；上广、上铅快速通道建成通车，320国道上饶城区段南移项目全面竣工，沪昆高速上饶段北移项目正式启动，市内交通更加便捷顺畅。控违拆违动真碰硬，“十三五”期间全市累计拆除违章建筑800多万平方米。棚改工作力度空前，“十三五”期间全市累计完成棚改2350万平方米，得到国务院通报表扬。创建国家卫生城市得到广大市民真心点赞，“十三五”期间全市累计整治住宅小区902个，整治城中村和城乡接合部105个，改造里弄小巷1290条。城市建设大刀阔斧，“十三五”期间全市累计实施中心城区重点城建项目近400个，城市功能与品质得到提升。从“七改三网”、通道沿线抓起，秀美乡村建设四年完成“扫一遍”，施行了全国首部规范农民建房地方性法规《上饶市农村居民住房建设管理条例》，赣派风格建筑成为一道道靓丽风景。全面建立“户分类、村收集、乡转运、县处理”的农村生活垃圾收运处置体系，城乡环卫一体化实现全覆盖，截至2020年末全市农村生活垃圾有效处理率达95%。“厕所革命”扎实推进，全市91.7%的农村普及无害化卫生户厕普及，农村人居环境整治成效明显。

五是生态优势系统性提升。积极融入国家生态文明试验区建设，大力推进长江经济带“共抓大保护”攻坚行动，持续开展打击“电鱼网鸟”等专项行动，驰而不息打好蓝天、碧水、净土保卫战，“十三五”期间全市累计关停取缔各类污染企业710多家，关停小煤窑100多家，关停烟花爆竹生产企业50多家，拆除黏土砖瓦窑700多座。2020年，全市空气质量优良率96.4%，主要河流断面水质达标率99.77%，生态环境质量持续向好。举一反三抓好各类环保问题整改，解放河黑臭水体整治全面完成。重点水域禁捕退捕扎实推进，2020年末全市实现7143户24410名建档立卡退捕渔民如期退出、渔船回收处置、捕捞证注销、参保缴费等“四个100%”，长江禁捕退捕渔民安置保障工作现场推进会在鄱阳县召开，“绿水青山就是金山银山”的发展理念深入人心。

六是民生福祉全方位改善。决战脱贫攻坚取得全面胜利，4个贫困县全部脱贫摘帽，542个“十三五”贫困村全部脱贫退出，55.7万名贫困人口全部稳定脱贫。民生工作力度空前，“十三五”期间全市新建城市道路近300条，新增停车位10多万个，读书难、看病难、买菜难、停车难等“老大难”问题得到缓解。

表1　“十三五”时期上饶市主要经济社会发展指标完成情况

指标名称	2020年完成数	“十三五”年均增长速度(%)
地区生产总值(亿元)	2624.3	7.7
规模以上工业增加值增速(%)	5	8.3
财政总收入(亿元)	377.3	—
500万元以上固定资产投资增速(%)	9.3	11.3
社会消费品零售总额(亿元)	1229.4	8.7
#限额以上消费品零售额(亿元)	293.8	12.0
规模以上服务业主营业务收入(亿元)	420	16.6
#一般公共预算收入(亿元)	227	0.4
金融机构人民币存款余额(亿元)	4464.73	14.6
金融机构人民币贷款余额(亿元)	3644.10	19.8
总用电量(亿千瓦时)	181.60	8.8
#工业用电量(亿千瓦时)	106.68	6.6

续表

指标名称	2020 年完成数	“十三五”年均增长速度(%)
实际利用外资(亿美元)	14.3	8.75
接待旅游人数(亿人)	2.11	17.6
旅游综合收入(亿元)	2194.5	22.6
城镇居民人均可支配收入(元)	39647	8.0 左右
农村居民人均可支配收入(元)	15888	9.5 左右

数据来源：上饶市统计局。

（二）基本特点

一是经济发展进入新阶段。“十三五”时期，全市上下不忘初心、牢记使命，有效应对各类风险挑战特别是新冠肺炎疫情和超历史极值特大洪水带来的不利影响，经济保持增长势头。

二是产业结构呈现新特征。“十三五”期间，上饶始终把加快发展服务业作为经济转型升级的战略支点，从高起点规划现代服务业布局，转型升级传统服务业，全力推进现代服务业发展。2020 年，全市产业结构实现了由“二三一”到“三二一”的转变。

三是动能转换彰显新优势。“十三五”期间，上饶“两光一车”产业强势崛起，高新技术产业占 GDP 比重达 17.9%、五年累计提高 7.2%。

（三）基本经验

坚持党的全面领导是加快高质量发展的根本保证。全市始终坚持党对一切工作的领导，成功应对一系列重大风险挑战、克服无数艰难险阻，有力应变局、开新局、化危机、育新机。

坚持创新驱动是加快高质量发展的第一动力。五年来，全市建有国家级研发平台 1 个、国家级企业技术中心 1 家、国家级“星创天地”10 家以及省级高新区 6 个、省级工程技术研究中心和重点实验室 30 个，获批独角兽企业 2 家、瞪羚企业（含潜在）15 家，R&D 经费投入占 GDP 比重较“十二五”末提高 0.85 个百分点。

坚持改革开放是加快高质量发展的关键一招。五年来，全市牢牢把握长三角一体化、长江经济带、海西经济区等重大战略机遇，“三请三回”“三企入饶”“饶商回归”工程等活动扎实开展，进出口总额突破200亿元，实际利用外资突破14亿美元。

坚持绿色崛起是加快高质量发展的最佳路径。五年来，全市努力提高生态环境“含绿量”和经济发展“含金量”，“大美上饶”的生态品牌越擦越亮。

二 “十四五”展望与举措

按照“对标对表抓落实、着眼长远打基础、自我加压勇争先”的总体考虑，提出全市经济社会发展“继续保持、力争前移、进一步缩小”的总体目标①，加快建设区域性中心城市，打造现代化大美上饶。

（一）发展目标

1. 高质量跨越式发展取得新突破

全市R&D经费投入占GDP比重超全省平均水平，创新平台建设取得突破性进展，创新创业体制机制更加健全，科技成果转移转化更加便捷。现代服务业与先进制造业融合加快，数字经济规模进一步扩大，智能制造水平大幅提升。投资质量和消费贡献率稳步提高，外贸进出口结构不断优化，供需结构更趋合理。

2. 全面深化改革开放实现新突破

要素市场化配置进一步优化，高标准市场体系基本建成，政府职能转变深入推进，市场有效、政府有为、企业有利、社会有序、百姓受益的体制机制进一步完善，营商环境进入全省一流水平行列。推动江西内陆开放型经济试验区建设取得新突破，构建高能级开放合作平台，打造全方位开放发展新格局。

---

① 主要经济指标增速继续保持全省“第一方阵”，经济总量在全省位次力争实现前移，人均地区生产总值与全国、全省平均水平差距进一步缩小。

3. 区域城乡融合发展实现新突破

全市区域城乡融合发展加快推进，“一主一副多节点、两轴两板块”总体空间格局加快形成，中心城区、县城和小城镇协调发展，常住人口城镇化率和户籍人口城镇化率进一步提升，农业转移人口市民化水平持续提高，城市功能品质不断提升，县域经济高质量发展，农村人居环境持续改善，城乡资源配置更加均衡。

4. 基础设施建设实现新提升

基础设施资源综合利用效率和系统运行效率大幅提升，基础设施安全保障和应急防御能力进一步提高。

5. 生态文明建设实现新提升

“绿水青山”和“金山银山”双向转化通道更加顺畅，自然资源资产产权制度、自然资源有偿使用制度、生态综合补偿机制更加健全，产业生态化、生态产业化加快推进，生态环境质量持续改善，资源能源开发利用效率大幅提高，国土空间开发保护格局得到优化，山水林田湖草系统治理取得显著成效。

6. 社会文明程度实现新提升

不断健全具有上饶特色的公共文化服务体系，传承弘扬方志敏精神等红色基因，不断提升上饶文化软实力。

7. 民生福祉改善实现新提升

社会就业更稳定更充分，城乡居民收入水平不断提高，教育、医疗、住房、养老、托育等公共服务体系更加健全，建成更加公平、可持续的社会保障体系。脱贫攻坚成果巩固拓展，乡村振兴全面推进，人民生活质量明显提升。

8. 市域治理水平实现新提升

法治文化进一步弘扬，社会主义法治体系更加完善。城乡基层治理和社区协商进一步加强，乡村村民自治制度更加健全，社会治安防控体系更加智慧，公共安全和公共服务更有保障。

（二）主要举措

1. 强力推进创新型城市建设

一是建设创新平台。推进大数据科创城、国家级光学检测中心、新能源汽车电驱动技术研究院等建设，建设一批低成本、全要素、便利化、开放式众创空间。加快推动上饶高新区争创国家级平台。二是培育创新主体。深入实施全社会研发投入三年攻坚行动，实施高新技术企业倍增计划。三是营造创新生态。启动高端人才引进计划、饶商名家培训计划、信江工匠培育计划，持续开展“智汇全球、才聚上饶”招才引智全国行活动。

2. 强力推进产业高质量发展

一是主攻工业、决战园区。加强政策支持力度，做大做强做优上饶有色金融供应链金融平台。以高端化、特色化、绿化为导向，重点发展壮大节能环保等战略性新兴产业，支持各地主导产业集群发展。力争到 2025 年，全市光伏产业规模突破 2000 亿元，有色金属产业规模突破 2000 亿元，装备制造业规模突破 600 亿元，电子信息产业规模突破 200 亿元。二是做强做大旅游业。加速城东文化旅游综合体、野生动物园等重大项目建设，做大做强信江文化经济带，推动“山江湖”旅游联动发展，加快打造世界知名文化旅游目的地。三是大力发展新经济。以打造全国数字经济产业重要基地为目标，大力实施数字经济“一号工程”。实施“企业上云”行动，打造一批工业联网试点示范项目和产业示范基地。力争到 2025 年，全市大数据及其关联产业主营业务收入达到 2000 亿元。加快打造国家康养产业示范区建设，推动中医药传承创新发展，中医治疗和康养服务水平不断提升。

3. 强力推进扩大内需战略

一是扩大有效投资。聚焦“产业兴城、工业强市”，推动企业设备更新和技术改造，扩大前沿技术和“两光一车”主导产业等重点领域投资，大力发展现代农业、健康医疗养老等现代服务业，全面推进产业优化升级。积极融入国家“三张交通网”“两个交通圈”建设，加快打造上饶“米”字形高铁枢纽和“十”字形货运铁路枢纽，进一步强化全国综合交通枢纽地位。调整优化全市交通网格体系，打造干线运输大通道，推动主城区高速绕城、信江河谷城市群快速通道、鄱余万融入大南昌都市交通圈等路网建设。力争到 2025 年，新增高速公路里程 1000 公里。积极争取支撑性清洁高效煤电工程，谋划国电投上饶电厂（一期）、国能黄金埠二期项目落地。二是释放消费潜力。加快打造区域性消费中心，加快上饶国际综合物流园、圆通速递（横峰）智创园、上饶“无水港”建设，谋划建设高铁物流基地，致力打造区域性物流节点城市。推进品质夜市和夜间经济集聚区建设，打造若干省级夜间文旅消费集聚区。

4. 强力推进区域中心城市建设

一是优化区域空间布局。遵循“西拓、南控、北优、东兴、中融合”思路，进一步拉开城市骨架。加速高铁经济试验区建设，增强中心城区核心主导功能和辐射带动能级，打造产城融合示范城市，支持鄱（阳）余（干）万（年）滨湖三县融入大南昌都市圈。二是打造高品质城区。实施城市更新行动，实施城市轨道交通、地下综合管廊改造、城东文化旅游综合体以及城市路网新改建等项目，进一步增强中心城区综合承载能力。推进新型智慧城市建设，实施城市大脑、智慧交通等项目。三是彰显城市文化承载力。以文物和历史建筑建档保护行动传承城市文化符号。四是提升城市精细化管理水平。加快解决老旧小区、老城区停车难、垃圾分类处理等问题。

5. 强力推进乡村振兴战略实施

一是加速现代农业发展。实施“中国好粮油”行动计划，推进特色农业发展工程，实施品牌强农战略，实施农业产业集聚培育工程。二是实施乡村建设行动。整合资金、资源，以农村生活污水治理、“厕所革命”、农村生活垃圾处理为重点，继续推进农村人居环境整治提升五年行动，提升村容村貌。强化农村基本公共服务供给县乡村统筹，实施乡村教育质量、健康乡村、农村养老等乡村公共服务提升计划。三是巩固拓展脱贫攻坚成果。实现巩固拓展脱贫攻坚成果同乡村振兴有效衔接，促进减贫战略和工作体系平稳转型。

6. 强力推进开放型经济试验区东门户建设

一是激发开放潜力。积极申报上饶综合保税区、三清山机场航空口岸、中国（上饶）跨境电子商务综合试验区。深入推进赣浙边际合作（衢饶）示范区建设，打造面向长三角区域开放合作示范区。接续开展“三请三回”“三企入饶”“饶商回归”工程，不断提升招商引资、招才引智的质量和水平。坚定不移扩大对外开放，对标国际国内先进水平，力争到 2025 年全市进出口总额突破330亿元，年均增长5.5%以上；实际利用外资突破20亿元，年均增长6%以上。二是激发改革活力。纵深推进营商环境提升行动，着力构建“亲”“清”政商关系。

7. 强力推进生态文明建设

一是持续打好污染防治攻坚战。坚决抓好各类环保督察反馈问题整改。以长江经济带“共抓大保护”攻坚行动为抓手，统筹推进水污染治理、水生态修复、水资源保护“三水共治”，坚决打好蓝天净土保卫战。二是坚持系统推进生态修复。牢固树立山水林田湖草生命共同体理念，进一步实施“河湖长制”与“林长制”，推进国土绿化、生物多样性保护等工程。坚决打好“十年禁渔”持久战。三是深入拓展“两山”转换通道。加大对自然保护地、湿地和野生动植物保护力度，支持有条件的县（市、区）创建“绿水青山就是金山银山”实践创新基地建设。

8. 强力推进人民生活持续改善

一是拓展就业渠道。强化重点群体就业创业帮扶工作，确保零就业家庭动态清零。二是健全保障体系。加大政府购买养老服务力度。到2025年，城乡社区居家养老服务圈基本建成，城市社区日间照料机构覆盖率达到100%。退役军人服务管理保障工作扎实推进，DRG付费改革、长期护理保险制度国家试点取得新进展。三是发展社会事业。坚持教育优先，新、改（扩）建农村义务教育学校600所，新、改（扩）建城区义务教育学校105所，新增学位12万个。加快补齐农村办学条件短板，推动高中教育提质增效。深入实施“名医、名科、名院”和“三甲医院”扩容工程，加快补齐县域医疗卫生服务能力短板。四是建设平安上饶。推动扫黑除恶常态化，推进社会治理体系和治理能力现代化，保障居民的安全感。

参考文献

上饶市统计局：《2020年上饶统计年鉴》，2021年3月。

B.38

吉安市“十三五”回顾与“十四五”展望

吉安市人民政府课题组*

摘 要： “十三五”时期，是吉安发展进程中具有特殊意义的重要时期，吉安市深入学习贯彻习近平总书记视察江西重要讲话精神，大力推进“三个走在前列、两大战略任务”和“六个奋勇争先”，经济社会发展取得显著成效。“十四五”时期，吉安市将推进“七个勇争先、三个求突破”，着力打造江西“中部脊梁”，建设革命老区高质量发展先行区，奋力开启全面建设社会主义现代化新征程。

关键词： 高质量发展 先行区 吉安市

“十三五”时期是全面建成小康社会决胜阶段，“十四五”时期开启全面建设社会主义现代化新征程。吉安市在总结“十三五”时期发展成绩和经验的基础上，明确了“十四五”时期经济社会发展的主要目标和举措。

一 “十三五”回顾

“十三五”时期，在江西省委、省政府正确领导下，吉安市深入学习贯

---

* 课题组组长：罗文江，中共吉安市委副书记、吉安市政府市长。副组长：毛顺茂，中共吉安市委常委、吉安市政府常务副市长；尹小明，吉安市政府党组成员、秘书长；刘烨球，吉安市政府副秘书长、办公室主任；刘晓彬，吉安市发展和改革委员会主任。成员：尹新平，吉安市政府办公室副主任、调研科科长；吴小斌，吉安市发展和改革委员会综合科科长；冯鑫华，吉安市政府办公室调研科副科长。

彻习近平总书记视察江西重要讲话精神，大力推进“三个走在前列、两大战略任务”和“六个奋勇争先”，“十三五”规划主要目标任务总体实现，吉安发展站在了新的历史起点。

（一）基本特点

1. 综合实力大幅提升

主要经济指标增幅持续保持在全省“第一方阵”。2020 年，全市 GDP 迈上 2000 亿元台阶，达 2168.83 亿元，年均增长 7.8%，提前 3 年实现比 2010 年翻一番的目标（见图 1）；财政总收入突破 300 亿元，达 307.24 亿元，年均增长 6.9%；人均 GDP 突破 7000 美元，达到中等偏上收入国家（地区）水平；常住人口城镇化率达到 54.10%，城镇人口超过农村人口（见图 2）；银行机构存贷比创历史新高；社会消费品零售总额增幅连续 6 年保持全省前三，固定资产投资年均增长 11.5%，经济增长由主要依靠投资拉动向投资、消费协同拉动转变。吉安市连续 7 年获评全省综合考评先进。

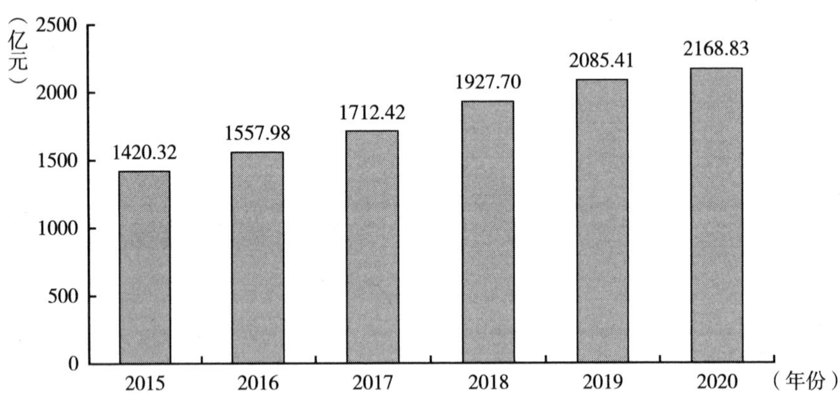

图 1　2015～2020 年吉安市地区生产总值

资料来源：吉安市人民政府。

2. 产业结构加速升级

2020 年，全市三次产业结构调整为 10.8∶44.3∶44.9。电子信息首位产

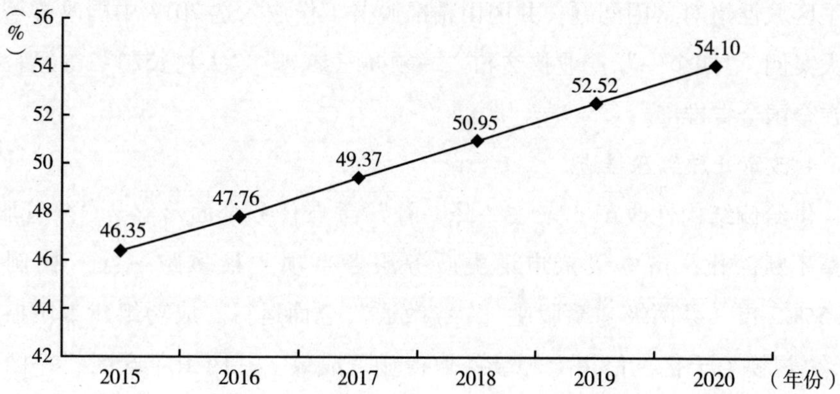

图2　2015～2020年吉安市常住人口城镇化率

资料来源：吉安市人民政府。

业“点线面体网”全链发展，营业收入“四年翻番”、突破1700亿元，生物医药大健康、先进制造、绿色食品、先进材料等主导产业量质双升。合力泰、立讯、木林森企业跻身百亿行列，吉安被国务院评为全国十个“工业转型升级和技术改造成效明显”的地方之一。企业上市取得历史性突破，海能实业、明辉光电、国光连锁、大自然药业先后上市。现代农业加快发展，粮食年产量年年丰收，井冈蜜柚、绿色大米、有机茶叶、有机蔬菜、特色竹木、特色药材六大富民产业种植面积突破600万亩，“井冈山”区域公用品牌影响力扩大。现代服务业提速升级，旅游“三区两网”建设已见成效，15个旅游综合集聚区基本建成。成功获批全国普惠金融改革试验区。获批国家企业技术中心3家，高新技术产业、战略性新兴产业占规模工业比重分别达54.4%和35.2%，均居全省第一。

3. 脱贫攻坚走在前列

牢记习近平总书记“吉安要在脱贫攻坚中作示范、带好头”的殷切嘱托，坚持“三个到位、志智双扶、两表公开、两表认定”工作法则，严格落实贫困县“四个不摘”和非贫困县“四个不减”，大力推进“遇困即扶”和“标准化解围”工作。井冈山市在全国率先脱贫，5个贫困县全部摘帽，570个贫困村全部退出，农村贫困人口和城镇困难群众全面脱贫，历史性解决了区域性绝对贫困问题。井冈山精准脱贫工作法入选2017中国改革年度十大案例，“四个一”产业扶贫和“一领办三参与”“大村长制”等经验模式在全国全省推广。

4. 改革开放纵深推进

供给侧结构性改革“三去一降一补”重点任务全面落实。“放管服”改革不断深化，市本级依申请类政务服务事项“最多跑一次”比例达94.5%，市、县两级“赣服通”“赣政通”全面运行。成功组建市城控集团，“规模上千亿、信用上等级”取得显著成效。井冈山经开区“一区四园”改革成为全省首创。“招大引强”成效显著，“5020”项目实现开发区全覆盖。成功创建井冈山综合保税区，获批跨境电商零售进口试点城市。“十三五”期间，全市实际利用外资年均增长10.9%，进出口总额年均增长11.5%。

5. 城乡面貌显著改善

“主轴驱动、区域协同”持续深化，市中心城区高铁新区“五指峰、三中心、两区块”加快建设。吉泰走廊高质量一体化扎实推进，“四大核心板块”持续优化，井冈山经开区跻身全国经开区50强，吉安高新区获批鄱阳湖国家自主创新示范区，井冈山农业科技园加快创建国家农高区。畅通“微循环”、棚户区改造、老旧小区改造、停车场、菜市场建设力度空前，成功创建全国文明城市并保牌。深化城乡环境综合治理，高标准完成1.7万个美丽乡村点建设。成功建成“两条铁路、两条高速公路、两座航电枢纽、一座机场扩建”重大工程，赣江（吉安段）三级航道基本贯通，全市铁路、高速公路通车总里程分别达到726公里、768公里，实现县县通高速、镇村组通水泥路。电力装机达493万千瓦。

6. 生态环境巩固提升

国家生态文明试验区建设扎实推进，33项重点改革任务全面完成，17项制度成果在全国全省推广，颁布实施3部生态环保地方性条例。“河湖长制”“林长制”全面落实。污染防治“八大标志性战役”和农村人居环境整治“五大攻坚行动”深入开展，38个生猪生态循环养殖小区全面建成，$PM_{2.5}$平均浓度累计下降28.2%，空气质量保持在国家二级标准，地表水考核断面水质排名居全国设区市第30名，节能减排目标任务基本完成，全市公众生态环境满意度列全省第一。先后荣获全国生态保护与建设示范区、国家循环经济示范城市、国家低碳城市等“国字号”荣誉称号。

7. 民生保障坚实有力

全市财政民生支出1936亿元，较“十二五”时期增长77%。民生实事扎实推进，累计新增城镇就业27.92万人、转移农村劳动力超过40万人，实现零就业家庭动态清零。城乡居民收入与经济增长基本同步，全域实现义务教育基本均衡，学前教育突破进展，普惠性幼儿园覆盖率达86.7%，各层次教育全面发展。新冠肺炎疫情防控有力，城乡居民基本医疗保险、大病保险全覆盖，率先在全省实施免费基因检测健康筛查工程。全市人均预期寿命达到77.2岁，荣获首届“健康中国”标志城市称号。全国居家和社区养老服务试点成效显著，多层次养老服务体系初步形成。文化强市扎实推进，成功举行井冈山革命根据地创建90周年纪念活动，承办2019年央视春晚井冈山分会场，电视剧《井冈山儿女》等文艺精品佳作不断涌现。

8. 社会治理创新推进

平安吉安、法治吉安建设深入开展，“扫黑除恶”专项斗争取得重大成果，安全生产“三治理一注重”① 加速演绎，连续11年被评为全省平安建设（综治工作）先进市，获评全国社会治安综合治理优秀市，入选全国第一期市域社会治理现代化试点。新时代“枫桥经验”深入践行，退役军人“尊崇工作法”、农村“法律明白人”培育工程扎实推进，社区治理模式创新有效探索，殡葬改革深化拓展，老龄事业和双拥工作健康发展。在全国双拥模范城评选中实现“四连冠”。

① “三治理一注重”：系统治理、终端治理、常态治理，注重本质安全。

表 1 “十三五”时期吉安市经济社会发展主要指标完成情况

指标名称	2015 年	2020 年		“十三五”累计或年均增长(%)		属性	完成情况
		预期的实现值	规划目标	预期的实现值	规划目标		
地区生产总值(亿元)	1420.32	2168.83	2330	7.8	10	预期性	基本完成或接近完成
财政总收入(亿元)	219.99	307.24	354	6.9	10	预期性	基本完成或接近完成
500 万元以上固定资产投资(亿元)	1486.95	—	2863	11.5	14	预期性	基本完成或接近完成
社会消费品零售总额(亿元)	504.67	875.09	730	—	13	预期性	提前完成
进出口总额(亿美元)	49.5(307 亿元)	76.11(529 亿元)	60.2	11.5(以人民币计)	4	预期性	提前完成
实际利用外资(亿美元)	8.83	13.62	14.2	10.9(综合汇率因素)	10	预期性	全面完成
三产比例	15.4:48.2:36.4	10.8:44.3:44.9	11.3:48.6:40.1	—	—	预期性	全面完成
研究与试验发展经费投入强度(%)	0.6	1.6	1.5	[1]	[0.9]	预期性	有望全面完成
常住人口城镇化率(%)	46.35	54.1	56.35	[7.75]	[10]	预期性	基本完成或接近完成
城镇居民人均可支配收入(元)	27078	39608	43610	7.9	10 左右	预期性	基本完成或接近完成
农村居民人均可支配收入(元)	10355	16491	17450	9.8	11 左右	预期性	基本完成或接近完成

注：1. [ ]表示累计提高或下降数；

2. 社会消费品零售总额受第四次经济普查影响增速不可比。

资料来源：吉安市人民政府。

（二）基本经验

五年来的发展成就充分证明，吉安市委、市政府落实了江西省委、省政府“二十四字”工作思路中提出的“三个走在前列、两大战略任务”和

“六个奋勇争先”战略布局、推进高质量跨越式发展，对标了中央精神，贯彻了省委省政府部署，契合了吉安实际，顺应了时代要求和人民期待。从五年来的发展成就中得出深刻启示，吉安发展必须始终坚持正确的政治方向，传承红色基因，矢志感恩奋进；必须坚持正确的发展战略，保持奋斗精神，铆住主攻方向，打造核心优势；必须坚持高标准的工作定位，以一流标准、系统观念和超前眼光，勇于向好的学、向强的比、向高的攀；必须坚持人民主体地位，带领老区人民为共同富裕美好生活而奋斗，推动发展成果更多惠及吉安人民。

二 “十四五”展望与举措

“十四五”时期，是吉安市与全国全省同步全面建设社会主义现代化的开局起步期，也是厚积薄发、跨越发展的重要窗口期，要以“作示范”的担当、“勇争先”的魄力，着力建设革命老区高质量发展先行区。

（一）战略目标

“十四五”时期，吉安经济社会发展的总体目标是：全面迈出开启社会主义现代化建设坚实步伐，高质量跨越式发展取得重大成果，人民群众过上更加美好的生活。

1. 经济综合实力跃上新台阶

经济保持中高速增长，主要经济指标增速大幅高于全国、明显高于全省平均水平，继续稳居全省“第一方阵”。到 2025 年，全市地区生产总值突破 3130 亿元，人均地区生产总值突破 10000 美元。地区生产总值年均增长 7.6% 左右，规模工业增加值年均增长 8% 左右，固定资产投资年均增长 9% 左右、社会消费品零售总额年均增速 8.5% 左右；一般公共预算收入与经济增长基本同步，居民消费价格指数保持在全省平均水平。

2. 产业质量效益实现新跨越

产业基础高级化、产业链现代化深入推进，区域创新能力进一步提升，关键领域实现创新突破。产业结构持续优化，服务业占全市 GDP 比重、电子信息产业占全省的比重巩固提升，主导产业、实体经济量质齐升，百亿企业梯队加快壮大。到 2025 年，全市三次产业结构进一步优化调整为 9.6∶45.0∶45.4，全社会研发投入占全市 GDP 比重达到 2.3%，百亿企业数量过 5 家。

3. 城乡融合发展开辟新境界

以人为核心的新型城镇化全面迈进新阶段，城镇人口有序扩张；“主轴驱动、区域协同”步伐加快，吉泰走廊一体化初步形成，高铁新区对城市建设发展的龙头引领力、中心镇对乡村振兴的支撑带动力日益彰显，城乡面貌日新月异，吉安在全国的影响力和美誉度显著提升。到 2025 年，全市常住人口城镇化率达到 60% 以上，吉泰走廊经济总量占全市的比重提高 3 个百分点。

4. 生态环境优势得到新拓展

全国生态保护与示范区建设纵深推进，长江经济带“共抓大保护”、城乡环境综合治理成效显著，绿色发展程度大幅提升，生产生活方式绿色转型步伐加快，“碳中和、碳达峰”行动扎实推进，生态价值转化机制创新突破，生态环境质量保持全省领先水平，进入全国先进行列，人民群众对生态和人居环境的满意度持续提高。到 2025 年，全市地表水达到或好于Ⅲ类水体比例稳定在 100%，空气质量优良天数比例超过 95%，森林覆盖率保持稳定。

5. 投资创业环境打造新高地

“忠诚型、创新型、担当型、服务型、过硬型”的“五型”政府建设取得更大成效，“政策最优、成本最低、服务最好、办事最快”的“四最”营商环境持续提升，依法保护企业家权益、激发企业家创新创业活力的氛围日益浓厚，政企重信诺、投资重便利、服务重效能的“三重”和“吉事即办”政务服务品牌加快塑造。

6. 民生福祉改善迈出新步伐

脱贫攻坚成果巩固提升，共同富裕扎实推进，居民收入增长与经济增长保持基本同步，中等收入群体比重进一步扩大。公共服务体系进一步完善，各类教育事业发展统筹推进，重大公共卫生应急和防控救治体系加快构建，人民群众全生命周期健康服务更加完善，社会保障体系更加公平、全面、可持续。居民人均可支配收入年均增长6.9%左右。

7. 社会文明进步达到新高度

中国梦和社会主义核心价值观深入人心，优秀传统文化、光荣革命传统和爱国主义精神等广泛弘扬，红色基因深入传承，井冈山精神生动演绎，庐陵文化精髓与特质进一步彰显，市民道德修养、科学文化素养和文明程度显著提高，全国文明城市、国家卫生城市创建成果巩固提升，市域社会治理现代化试点取得阶段性成果，社会治理创新、和谐社会建设走在全省前列。

（二）主要举措

1. 提高科技创新能力

全面提升创新能力，推动电子信息首位产业和生物医药、先进制造、绿色食品、先进材料四大主导产业领域技术创新突破，以技术创新推动发展升级。构筑创新人才优势，实施高端创新人才引进、本土创新人才成长、庐陵工匠培育等三大工程，打造高质量人才服务体系，到2025年全市建成院士、专家工作站30家以上，博士后工作站30家以上，每年引进博士以上高层次人才50人以上。完善创新支撑体系，强化企业创新主体地位，加快构建全域创新体系，到2025年，全市新增5家以上国家级创新平台，150家以上省级创新平台，培育独角兽企业（含潜在、种子企业）超过3家，高新技术企业总数突破1200家。优化创新发展环境，实施全社会研发投入攻坚行动，健全以创新价值为导向的成果转化激励机制。

2. 构建提升现代产业体系

强化首位产业核心优势，完善产业发展链条，打造细分产业集群，到2025年，全市电子信息产业主营业务收入突破5000亿元，努力建成具有全国影响力的电子信息产业示范基地和革命老区先进制造业发展示范区。形成主导产业特色优势，聚焦生物医药大健康、先进制造、绿色食品、先进材料等主导产业，形成特色鲜明的产业体系。推进开发区改革创新发展，推动开发区提质升级，促进产城融合发展，深化开发区体制机制改革，到2025年，

“1000亿+500亿+300亿”产业园区梯度格局基本形成，全市开发区营业收入突破7000亿元。凸显全域旅游品牌优势，全面推进“三区两网四化”建设，实施文化旅游“五个一”工程，力争吉州窑景区、羊狮慕景区、渼陂古村景区进入国家5A级景区名录，实现国家4A级旅游景区县域全覆盖。加快发展数字经济，实施数字产业化提升、产业数字化赋能和数字经济新业态培育三大行动。大力发展现代服务业，培育现代金融、健康养老、电子商务、物流等现代服务业重点产业，优化服务业区域板块布局，构建现代服务业新体系。

3. 积极融入构建新发展格局

全力扩大有效投资，加快推动长赣铁路、温武吉铁路、赣江井冈山航电枢纽、井冈山机场三期改扩建等一批“两新一重”项目建设，完善投融资体制机制，提升项目服务水平。挖掘内需消费潜力，健全消费市场体系，提升供给质量，优化消费环境，实施“优品、兴市、强商、旺客、捷运”行动，激发消费需求，加快打造区域消费中心城市。到2025年，吉安各县（市、区）建成或改造提升1条以上商业步行街或特色商业街、建成1个大型城市商业综合体，打造1条以上高品质夜间消费街区；全市共培育10个以上省级、2个以上国家级商旅文融合发展示范区。深度融入构建国内国际双循环新格局，深入推进“1+4”产业链铸链强链引链工程，推动产业有效融入国内国际产业链分工。

4. 打造改革开放新高地

推动深层次大改革，实施国资国企改革创新三年行动，落实支持非公有制经济发展的系列政策措施，加快建设高标准市场体系，激发市场主体活力；加快转变政府职能，打造政企重信诺、投资重便利、服务重效能“三重”吉安品牌；加强宏观经济调节，持续深化财税、金融、职业教育重点领域改革，推进改革走深走实。扩大高水平大开放，全面参与共建内陆开放型经济试验区，畅通开放通道、做强开放市场、培育开放主体、拓展开放领域、深化精准对接，构建全方位开放合作格局；推进更高水平“引进来”、更大力度“走出去”和对外贸易稳中提质，建立高能级开放平台，全力争创国家跨境电商综合试验区，打造内陆双向开放新高地。到2025年，全市实际利用外资超过17亿美元，出口总额达525亿元。

5. 统筹推进区域协同发展

打造吉泰走廊发展核心增长极，大力建设“一核三卫”吉泰城镇群发展格局，提高辐射带动能力，把吉泰走廊打造成为全省高铁经济带的中部脊梁和京九（江西）电子信息产业发展带的重要支撑。发力“四大重点板块”建设，推进中心城区高铁新区、井冈山经开区、吉安高新区、井冈山农高区“四大板块”发展，到2025年，高铁新区建成区面积5平方公里，井冈山经开区电子信息产业突破千亿元、园区营业收入冲刺两千亿元，吉安高新区打造成为“中国中部声谷”、国家级电子信息产业基地，井冈山农业科技园加快打造全国知名的现代农业创新创业引领区、高新产业示范区、全国红壤丘陵地区农业产业综合开发示范模板。促进城市和城镇协调发展，做大做强中心城区，提升县城综合承载能力，推动小城镇高质量发展，2025年，中心城区建成区面积达到110平方公里，人口规模达到110万人左右。提升城市功能品质和管理水平，全面实施城市更新行动，加强城市设计和风貌管控，提升城市管理水平。坚持以人为核心推进新型城镇化，深化户籍制度改革，常住人口城镇化率达到60%。推动全国普惠金融改革试验区、井冈山综合保税区等政策平台落实落地，完善对口支援机制，为加快建设革命老区高质量发展示范区注入强大动力。

6. 推动乡村全面振兴

推进工作重心从集中资源支持脱贫攻坚转向巩固拓展脱贫攻坚成果和全面推进乡村振兴，确保不出现规模性返贫。大力发展现代农业，构建现代农业产业体系、生产体系、经营体系，推动现代农业高质量发展，新建、提升改造高标准农田70万亩、105万亩以上，粮食产量稳定在75亿斤左右。做强做优中心镇，在每个县（市、区）重点培育发展3～5个中心镇。实施乡村建设行动，持续开展村庄整治和美丽乡村建设，推动乡村基础设施和公共服务设施提档升级，改善农村人居环境。深化农业农村改革，促进各类要素更多向乡村流动，鼓励发展多种形式适度规模经营，为乡村振兴注入新动能。

7. 巩固提升绿色生态优势

以全国生态保护与建设示范区为抓手，持续做好治山理水、显山露水文章。深入打好污染防治攻坚战，深化长江经济带“共抓大保护”，打好蓝天、碧水、净土保卫战，制定实施全市2030年碳达峰行动计划，积极应对气候变化，持续改善生态环境质量。推动山水林田湖草系统保护与综合治理，加快推进江西吉安（千烟洲）山水林田湖草生命共同体试验区等生态文明试点示范建设。打通生态产品价值转化通道，不断强化优质生态产品供给，加快将生态优势转变成经济优势。纵深推进生态文明制度创新，推进生态环境保护法治进程，强化生态补偿制度创新，健全生态保护治理体系，完善生态环境保护责任，推动建设系统完整的生态文明制度体系。

8. 深入实施文化强市战略

大力弘扬跨越时空的井冈山精神，推动理想信念教育常态化制度化，加强红色资源保护利用，将井冈山打造成为全国党员干部党性教育培训基地和全国理想信念教育基地。弘扬社会主义核心价值观，加强新时代文明实践中心、井冈山报社、吉安电视台、融媒体中心、新闻网站等思想舆论阵地建设，全面提升公民道德素质，巩固提升全国文明城市创建成果。推动传统文化传承创新，加强文物遗产保护和庐陵文化传承与创新，繁荣发展社会主义文艺，推动吉安文化走出去。拓展人民群众文化活动主阵地，不断加大公共文化产品和服务供给，推动现代公共文化服务体系建设，建成覆盖城乡、便捷高效的现代公共文化服务体系。推动现代文化产业高质量发展，丰富优质文化产品供给，完善文体体制机制，打响庐陵文化品牌，吉安市蝉联全国文明城市，所有县（市）创评为全省文明城市。

9. 持续增进人民生活福祉

提高就业质量和人民收入水平，强化就业优先政策，完善就业创业服务体系，优化收入分配结构，促进更充分更高质量就业。建立更加公平更可持续的社会保障制度，健全保障体系，增进民生福祉。加快推进教育现代化，促进各层次教育全面发展，深化教育体制改革创新，全市学前教育毛入园率达到90%，义务教育学校全面完成标准化建设。深入实施健康吉安战略，深化医疗、医保、医药联动改革，优化市、县、乡医疗卫生服务体系，强化公共卫生服务能力，开展爱国卫生和全民健身运动，满足人民群众更高水平的健康服务需求。实施人口均衡发展战略，以“一老一小”为重点，优化生育政策和配套措施，积极应对人口老龄化，促进人口结构优化和长期均衡发展。切实保障残疾人等特殊重点人群发展权利和机会。

10. 开创平安吉安建设新局面

统筹发展和安全，营造安全稳定的政治社会环境。健全地方国家安全工作体系，建立健全党委统一领导的国家安全工作责任制，维护国家安全。确保人民群众生命安全，提高综合防灾减灾能力，严格落实安全生产责任制，保障食品药品安全。筑牢安全发展底线，保障粮食能源安全，维护经济安全稳定，努力实现稳增长和防风险的长期均衡。推进市域社会治理现代化，完善社会治理体系，提升法治建设水平，健全完善社会治安防控体系，创新社会矛盾预防和化解机制，加强特殊人群服务管理，探索具有吉安特色的市域社会治理新模式。

参考文献

国务院：《关于新时代支持革命老区振兴发展的意见》（国发〔2021〕3号），2021年2月22日。

江西省发展和改革委员会：《江西省国民经济和社会发展第十四个五年规划和二〇三五年远景目标纲要》，《江西日报》2021年2月18日。

中共吉安市委：《中共吉安市委关于制定全市国民经济和社会发展第十四个五年规划和二〇三五年远景目标的建议》，2020年12月18日。

B.39
抚州市“十三五”回顾与“十四五”展望

抚州市人民政府课题组*

摘　要：“十三五”以来，抚州市坚持以习近平新时代中国特色社会主义思想为指导，全力推进高质量跨越式发展，“十三五”主要目标任务总体完成，为社会主义现代化建设奠定坚实基础。“十四五”时期，抚州市将在“十三五”全面建成小康社会的基础上，迈出全面建设社会主义现代化的坚实步伐。

关键词：高质量跨越式发展　生态文明建设　转型升级

“十四五”时期是我国“两个一百年”奋斗目标承前启后的历史交汇期，是全省与全国同步全面建设社会主义现代化的开局起步期，也是抚州市应对大变局、抢抓新机遇、加快实现高质量跨越式发展的关键期。抚州将在“十三五”全面建成小康社会的基础上，紧紧抓住大有可为但充满挑战的战略机遇期，迈出全面建设社会主义现代化的坚实步伐。

一　“十三五”回顾

“十三五”以来，面对国内外风险挑战明显上升的复杂环境，全市坚持

---

* 课题组组长：夏文勇，中共抚州市委副书记、抚州市政府代理市长。副组长：谭小平，中共抚州市委常委、市政府副市长。成员：江志坚，抚州市发展和改革委员会主任；李建光，抚州市发展和改革委员会党组成员；裴飞，抚州市发展和改革委员会综合规划科科长；叶松，抚州市发展和改革委员会综合规划科副科长。

以习近平新时代中国特色社会主义思想为指导，深入贯彻习近平总书记视察江西重要讲话精神，坚持用新发展理念指导发展、用生态文明建设统领发展，大胆探索经济发展和生态文明水平提高相辅相成、相得益彰的发展新路，全力推进高质量跨越式发展，“十三五”规划提出的“南昌大都市副中心城市、江西对接‘21世纪海上丝绸之路’桥头堡、全省生态文明先行示范市、全国历史文化名城”四大发展定位基本实现，确定的主要目标任务总体完成，即将如期与全省全国同步全面建成小康社会，为社会主义现代化建设奠定坚实基础。

（一）经济实力稳步提升，综合发展实力迈上新台阶

一是经济总量实现新提升。2016～2020年全市生产总值从1127.6亿元跃升到1572.5亿元，实现了年均7.4%的增长，提前三年实现比2010年翻一番目标；人均GDP接近6000美元。财政总收入年均增长5.6%，社会消费品零售总额年均增长9.8%，出口总额年均增长9.7%，实际利用外商直接投资年均增长8.5%。二是财政质量始终保持较高水平。2016～2020年全市税收收入占财政总收入的比重分别为83.9%、82.7%、84.9%、84.0%以及83.3%，税收占比维持在82%以上。三是县域经济综合实力显著增强。2020年，11个县（区）生产总值平均规模超百亿元，与2016年相比提高40.5亿元；财政总收入平均规模达14.3亿元，比2016年（12.0亿元）增长2.3亿元，9个县（区）财政总收入突破10亿元，其中临川和东乡财政总收入均突破20亿元。

（二）产业转型步伐加快，新旧动能转换呈现新亮点

2020年，全市三产结构处于持续优化调整状态，由2016年的17.4∶42.1∶40.5优化为14.1∶37.4∶48.5。一是工业加快转型升级。2020年，全市923家规上工业企业实现总产值1718.9亿元，同比增长5.2%。工业对经济增长贡献率达到35.8%，拉动经济增长1.3个百分点。高新技术产业、战略性新兴产业增加值占规上工业增加值比重分别达40.8%、17.7%。数

字经济迅速崛起，初步形成以“两云一超一湖”为依托的全产业链，作为抚州数字经济重点企业的九木集团超算中心被工信部评为4A级绿色数据中心，卓朗科技云计算中心同时具备国际T3+级和国家A类能级。抚州市已入选江西省首批数字经济创新发展试验区，新增3个省级重点产业集群，总量达7个。二是农业现代化取得显著进展。2020年全市农林牧渔业增加值为229.5亿元，是2016年的1.1倍，按可比价计算增长45.6%，年均增长3.5%。粮食生产连年丰收，2020年，全市粮食总面积达627.3万亩，为五年最高，总产量达52.2亿斤，长期稳定在50亿斤以上，“赣抚粮仓”优势得到巩固。“两特一游”产业工程扎实推进，建成高标准农田164万亩、8个省级以上现代农业示范区和26个省级示范园。全市新增绿色有机和地理标志农产品36个，达320个。南丰蜜橘、崇仁麻鸡、乐安竹笋荣登中国品牌价值评价榜中国地理标志产品百强。三是服务业提质增效。文化与旅游加快融合，从2016年开始已连续四年举办国际戏剧交流活动，超过20个国家和地区的驻华使节和艺术家来访学习交流，汤显祖戏剧节成为江西文化“新名片”。获评中国国家旅游最佳全域旅游目的地和中国文化竞争力十佳城市，2020年，全市拥有国家5A级景区1家、4A级景区22家，全市接待旅游人数7078.5万人次，实现旅游收入675亿元。全市第三产业增加值占GDP比重达48.5%。“十三五”以来，服务业从业人员占全社会从业人员的比重由39.0%提升到40.5%。全市房地产完成投资149亿元，是2016年的1.3倍，占总固定资产投资的13.1%，比2016年提高了4.2个百分点。

（三）创新能力明显增强，发展质量效益实现新提升

2020年全市R&D经费占地区生产总值比重达1.5%以上，“十三五”期间提高1.1个百分点以上，提升幅度居全省前列。培育科技型企业成效显著，全市高新技术企业数量达到490家，增加429家。科技平台快速增长，先后共创建20个国家级、154个省级科技创新平台，江铃底盘、博雅生物、明正变电成功创建国家级企业技术中心，实现零的突破；抚州市高新区连续

五年进位赶超，获批国家自主创新示范区和国家新型工业化产业示范基地；崇仁工业园区获批更名为江西崇仁高新技术产业园区。

（四）基础设施持续完善，城乡协调发展呈现新面貌

2020年，全市城镇化率达到52.8%，“十三五”期间年均提高1.6个百分点。重大基础设施项目建设进度加快，“三横三纵一连”的高速公路网和“五纵七横十联”的国省道干线公路网基本建成。“四城同创”成效显著，城市形象品质大幅提升。秀美乡村建设稳步推进，共完成2739个新农村建设村点“七改三网”任务，农村生活垃圾实现第三方治理全覆盖。

（五）持续深化机制改革，现代治理体系彰显新成效

“十三五”期间，抚州牢固树立大抓基层的鲜明导向，打造了“四进四联四帮”“五必到五必访”“党员社区报到”“中小学党建‘五引领’”和“1134”党群通等党建品牌。放管服改革成效明显，实现市本级570项政务服务事项“一次不跑”和“只跑一次”，全面实施“多证合一”，服务效能提升工作得到国务院办公厅表扬，抚州政务云平台获评“全国十佳政务云”，市公安局交警支队车管所获评全国一等车管所。建立网络市场监管与服务示范区，荣获“2019中国投资环境质量十佳城市”。全省科技金融创新试验区加快建设，“科技金融云”平台正式运营，与蚂蚁金服合作开展农村普惠金融试点。中小学教育质量综合评价改革深入推进，全市组建教育联盟110多个。医药卫生体制改革不断深化，入围全国医保基金监管方式创新试点城市。法治政府建设提速，一户一位“法律明白人”工作经验在全省推广，公安“大部制”警务改革走在全国前列。

（六）深度融入区域战略，内外双向开放形成新格局

“十三五”期间，抚州深入实施“融入南昌，对接海西，建设向莆经济带”发展战略，大力推进昌抚合作示范区、东临新区建设，成为大南昌都市圈重要支撑城市。对接海西经济区稳步推进，赣闽产业合作示范区、海西

综合物流园建设步伐加快，向莆电子信息产业带初具规模。积极融入“一带一路”，保障中欧班列和铁海联运常态化运营。成功举办中国·抚州“才子之乡”首届人才大会、中国国际美发美容节、中国算力峰会、江西互联网大会、江西文化强省建设推进大会和文化巡礼展等一系列重大会展活动，助推了产业发展，提升了抚州对外形象和知名度、美誉度。

（七）绿色发展持续升级，生态文明建设取得新突破

“十三五”期间，抚州生态文明制度框架全面确立，四大体系近20项制度基本形成，《抚州生态文明建设促进办法》正式发布，是全省市级第一个生态文明建设的地方性法规。获批生态产品价值实现机制、流域水环境综合治理与可持续发展两个国家级试点，获批全国仅10个的国家传统村落集中连片保护利用示范市，成功创建省级生态文明先行示范市，践行“两山”理论、生态文明建设先行先试等方面走在全国前列。生态创建工作成效显著，资溪县、宜黄县成功创建国家生态文明建设示范县，成功创建国家级生态乡镇16个、省级生态乡镇79个、省级生态村102个、市级生态村616个，资溪县获批省级“两山理论”实践创新基地、设立全省首个“两山银行”。深入实施污染防治攻坚战，生态环境质量持续改善，森林覆盖率达66.3%以上，空气质量保持国家二级标准，省级以上考核断面水质优良率和城市集中式生活饮用水源地水质达标率均为100%。化学需氧量、氨氮、二氧化硫、氮氧化物排放总量均提前完成“十三五”规划目标。

（八）民生事业全面进步，人民生活水平达到新高度

“十三五”期间，全市民生投资快速增长。其中，教育、文化和卫生等行业年均分别增长20.4%、20.4%和12.5%。城镇居民人均可支配收入年均增长7.9%，2020年全市城镇居民人均可支配收入36628元，是2016年的1.35倍。居民收入稳定增长带动了生活消费水平提升。2020年全市城镇居民人均年生活消费支出19597元，是2016年的1.24倍，“十三五”期间

年均增长5.4%。高质量打赢脱贫攻坚战，实现了现行标准下农村贫困人口全面脱贫。基本公共服务均等化水平显著提升，养老保险覆盖人数超过233万人，基本医疗保险覆盖人数超过393万人。城乡居民养老保险便民服务体系建设实现全覆盖，城市居家和社区养老服务设施覆盖率达83.33%，农村互助养老服务设施覆盖率达69.98%，有供养需求的农村特困失能人员集中照护率达100%。教育事业全面进步，学前教育三年毛入园率91.17%，普惠性幼儿园覆盖率88.16%，义务教育巩固率达到96.38%。普通高中教育保持全省领先，“一县一校一品”加快推进，现代职业教育体系加快形成，东华理工大学新校区启动建设，东华理工大学长江学院转设为赣东学院，南昌大学抚州医学院移交抚州管理。智慧百乡千村健康医养扶贫工程覆盖300余万人（见表1）。

表1　抚州市“十三五”时期主要指标完成情况

指　标	2015年基期值	2020年完成值	“十三五”累计或年均增长(%)
地区生产总值(亿元)	1105.14	1572.5	7.4
财政总收入(亿元)	165.2	216.6	5.6
500万元以上固定资产投资(亿元)	1099.67	—	10.9
社会消费品零售总额(亿元)	428.2	539.26	9.8
出口总额(亿美元)	16.5	25.2	9.7
实际利用外资(亿美元)	3.8	4.41	8.5
三产比例	16.5:49.7:33.8	14.1:37.4:48.5	—
科技进步贡献率(%)	50.3	60	[9.7]
研究与试验发展(R&D)经费占GDP比重(%)	0.41	1.5	[1.09]
常住人口城镇化率(%)	44.9	52.8	[7.9]
户籍人口城镇化率(%)	—	40.1	—
全市总人口(万人)	400.86	407.3	0.38
城镇居民人均可支配收入(元)	25065	36628	7.9
农民居民人均可支配收入(元)	11441	17385	8.7

资料来源：《抚州市国民经济和社会发展第十四个五年规划和二〇三五年远景目标纲要》。

注：[　] 表示累计提高或下降数。

二 “十四五”展望与举措

“十四五”时期，抚州坚持以习近平新时代中国特色社会主义思想为指导，实施“六大战略”“两大工程”“三大体系”，加快建设具有抚州特色的现代化经济体系，加快打造融入新发展格局重要战略支点，推进市域治理体系和治理能力现代化，推动抚州综合经济实力实现新跨越、绿色发展取得新突破、产业升级迈上新台阶、城乡统筹取得新进展、改革开放走出新步伐、社会文明程度实现新提升、民生福祉达到新水平、社会治理取得新成效，打造全省高质量跨越式发展示范市、全国践行“两山”理论先行区、江西对外开放重要窗口、全国文化强市标杆城市，确保全面建设社会主义现代化开好局、起好步，绘就新时代抚州改革发展新画卷。

（一）实施“六大战略”

一是实施创新驱动发展战略。把科技创新作为推动抚州高质量跨越式发展的战略支撑，坚持人才强市，为创新驱动战略实施提供人力资源支撑；通过强化企业技术创新主体地位激发各类企业创新活力；通过优化创新平台布局培育转型升级动力源；通过营造各类主体公平竞争的市场环境构建创新创业的良好生态环境；打造具有抚州特色的区域创新体系，推动抚州成为中部地区创新性城市。

二是实施数字经济引领战略。全面构建数字经济创新引领的现代化绿色产业体系，力争到2025年，全市数字经济产业规模年均复合增长25%以上，突破3000亿元；加快构建现代工业体系，打造核心产业链；推动生产性服务业高质量发展，努力构建优质高效、布局优化、竞争力强的服务业新体系；推动开发区改革创新发展，将开发区建设成为新型工业化发展的引领区、开放型经济和体制创新的先行区、大众创业万众创新的集聚区、高水平营商环境的示范区。

三是实施扩大内需战略。坚持供给侧结构性改革，不断补齐发展短板，通过“精准扩大有效投资、激发社会消费新潜力、推动外贸出口不断增长、畅通国内国际双循环”，主动融入发展新格局，推动形成更高水平供需动态平衡，培育高质量发展新优势，把抚州打造成为双循环新发展格局下重要节点城市。

四是实施双向开放战略。牢牢把握江西省建设内陆开放型经济试验区的历史机遇，积极参与“一带一路”、长江经济带等重大国家战略，深入实施“融入都市圈、对接长珠闽”发展战略，扎实推进苏区振兴高质量发展，充分发挥向莆铁路双向开放、陆海统筹战略大通道作用，塑造“X”字形（即形成以抚州为中心，西北向沿抚州—南昌—九江发展轴融入南昌都市圈和长江经济带，西南向通过对接赣州接轨粤港澳大湾区，东南向沿向莆铁路对接海西经济区，东北向沿沪昆高铁通道对接长三角一体化）对外开放空间新格局，推动开放型经济跨越发展。

五是实施城乡融合发展战略。实施以人为核心、提升质量为导向的新型城镇化战略，持续优化城市发展格局，完善相关服务功能，促进城市品质提升，构建城乡协调发展的新型城镇化发展格局，不断协调城乡发展要素均衡。

六是实施乡村振兴战略。始终坚持把“三农”工作摆在重中之重的位置，全面推进乡村振兴，推动形成工农互促、城乡互补、协调发展、共同繁荣的新型工农城乡关系，打造全国乡村振兴示范市。

（二）实施“两大工程”

一是实施“两山”转化工程。切实加强生态系统保护和环境治理，坚持以长江经济带“共抓大保护”攻坚行动为统领，以“国家流域水环境综合治理与可持续发展试点”为抓手，实施全流域整治，持续打好“蓝天、碧水、净土”等标志性战役，统筹水陆、地上地下等全方位全要素生态环境治理，持续改善城乡生活生产环境，实现碳达峰、碳中和中长期目标，积极推动经济绿色低碳转型和可持续发展。围绕深入实施国家级生态产品价值实现机制试点，深入践行“两山”理论，坚定生态优先、绿色崛起发展方向，推动绿色制度落地生效。更高水平推进生态文明示范创建，打造美丽中国“抚州样板”。

二是实施文化传承创新工程。充分发掘红色文化、中医药文化、古村落文化、禅宗文化等特色文化，推动文化产业不断壮大，提升文化品牌影响力，将抚州市打造成为中部地区独具韵味和魅力的特色文化城市。力争到2025年，全市规模以上文化企业数量达到180家，产业规模突破120亿元，文化产业增加值占GDP比重达到5%以上。

（三）健全“三大体系”

一是健全改革攻坚体系。全面深化经济体制改革，加快完善社会主义市场经济体制，充分发挥市场在资源配置中的决定性作用，运用好政府的“指挥棒”，不断健全市场机制，高标准打造现代化市场体系。持续推进政府职能转变，建设“五型”政府，推动“放管服”改革走深走实，健全制度化监管体系，创建国内一流营商环境。坚持以人民为中心，不断推进社会事业体制改革，切实解决好医疗、卫生、教育、社保等领域制度障碍，推动社会公共服务的多元化和优质化，更好满足人民需求。

二是健全市域社会治理体系。始终把最广大人民根本利益摆在首位，全力以赴提升人民群众的获得感、安全感、幸福感。深化收入分配制度改革，提高劳动报酬在初次分配中的比重。坚持把实现充分就业和高质量就业摆在经济社会发展的突出位置，实施就业优先政策。把保障人民健康放在优先发展的战略位置，牢固树立大健康理念，争创国家健康城市。落实积极应对人口老龄化国家战略，以“一老一小”为重点，完善人口服务体系。全面建成覆盖全民、城乡统筹、权责清晰、保障适度、可持续的多层次社会保障体系。保障特殊人群基本权益。坚持和完善共建共治共享的社会治理制度。

三是健全地方安全发展体系。切实把安全发展贯穿于全市发展各领域和全过程，守住不发生系统风险底线，推动更高水平平安抚州建设。加强经济安全风险预警、防控机制和能力建设，实现重要产业、基础设施、战略资源等关键领域安全可控。坚持人民至上、生命至上，全面提高“互联网+应急管理”保障能力，着力维护安全生产形势持续稳定，全力推进自然灾害应对有序有效。

参考文献

江西省发展和改革委员会：《江西省国民经济和社会发展第十四个五年规划和二〇三五年远景目标纲要》，《江西日报》2021年2月18日。

中共抚州市委：《中共抚州市委关于制定全市国民经济和社会发展第十四个五年规划和二〇三五年远景目标的建议》，2020年12月8日。

皮书

智库报告的主要形式
同一主题智库报告的聚合

皮书定义

皮书是对中国与世界发展状况和热点问题进行年度监测，以专业的角度、专家的视野和实证研究方法，针对某一领域或区域现状与发展态势展开分析和预测，具备前沿性、原创性、实证性、连续性、时效性等特点的公开出版物，由一系列权威研究报告组成。

皮书作者

皮书系列报告作者以国内外一流研究机构、知名高校等重点智库的研究人员为主，多为相关领域一流专家学者，他们的观点代表了当下学界对中国与世界的现实和未来最高水平的解读与分析。截至 2021 年，皮书研创机构有近千家，报告作者累计超过 7 万人。

皮书荣誉

皮书系列已成为社会科学文献出版社的著名图书品牌和中国社会科学院的知名学术品牌。2016 年皮书系列正式列入“十三五”国家重点出版规划项目；2013~2021 年，重点皮书列入中国社会科学院承担的国家哲学社会科学创新工程项目。

S 基本子库
SUB DATABASE

中国社会发展数据库（下设 12 个子库）

整合国内外中国社会发展研究成果，汇聚独家统计数据、深度分析报告，涉及社会、人口、政治、教育、法律等 12 个领域，为了解中国社会发展动态、跟踪社会核心热点、分析社会发展趋势提供一站式资源搜索和数据服务。

中国经济发展数据库（下设 12 个子库）

围绕国内外中国经济发展主题研究报告、学术资讯、基础数据等资料构建，内容涵盖宏观经济、农业经济、工业经济、产业经济等 12 个重点经济领域，为实时掌控经济运行态势、把握经济发展规律、洞察经济形势、进行经济决策提供参考和依据。

中国行业发展数据库（下设 17 个子库）

以中国国民经济行业分类为依据，覆盖金融业、旅游、医疗卫生、交通运输、能源矿产等 100 多个行业，跟踪分析国民经济相关行业市场运行状况和政策导向，汇集行业发展前沿资讯，为投资、从业及各种经济决策提供理论基础和实践指导。

中国区域发展数据库（下设 6 个子库）

对中国特定区域内的经济、社会、文化等领域现状与发展情况进行深度分析和预测，研究层级至县及县以下行政区，涉及省份、区域经济体、城市、农村等不同维度，为地方经济社会宏观态势研究、发展经验研究、案例分析提供数据服务。

中国文化传媒数据库（下设 18 个子库）

汇聚文化传媒领域专家观点、热点资讯，梳理国内外中国文化发展相关学术研究成果、一手统计数据，涵盖文化产业、新闻传播、电影娱乐、文学艺术、群众文化等 18 个重点研究领域。为文化传媒研究提供相关数据、研究报告和综合分析服务。

世界经济与国际关系数据库（下设 6 个子库）

立足“皮书系列”世界经济、国际关系相关学术资源，整合世界经济、国际政治、世界文化与科技、全球性问题、国际组织与国际法、区域研究 6 大领域研究成果，为世界经济与国际关系研究提供全方位数据分析，为决策和形势研判提供参考。